혁명의 러시아
1891~1991

Revolutionary Russia 1891~1991

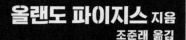

올랜도 파이지스 지음

조준래 옮김

혁명의
러시아

1891
~
1991

어크로스

차례

일러두기

1918년 2월 전까지 러시아는 율리우스력(구력)을 사용했다. 이것은 서유럽에서 사용됐던 그레고리력(신력)보다 13일이 늦었다. 이 책에서 러시아 국내에서 일어난 사건들의 날짜는 1918년 1월 31일 이전인 경우 구력으로 표기했고, 그 후의 사건인 경우에 신력으로 표기했다. 또한 국제적인 사건과 관련된 날짜는 책 전체에서 일관되게 신력으로 표기했다.

이 책의 목적은 장시간에 걸쳐 진행된 러시아 혁명을 간략하게 설명하는 것이다. 나는 100년에 이르는 역사를 단일한 혁명의 사이클로 보여주려 한다. 이 이야기에서 혁명은 19세기(더 정확하게는 기근 위기를 맞아 대중이 봉기하고 전제정부와 충돌을 빚어 최초로 혁명의 도화선에 불이 지펴진 1891년)에 시작해 1991년 소련 체제의 붕괴로 끝난다.

100년의 역사로서 혁명을 펼쳐 보이는 것이 이상하게 여겨질지도 모른다. 이 주제를 다룬 대다수의 연구서는 1917년을 전후로 한 짧은 시기에 초점을 맞추고 있다. 그러나 혁명의 기원과 폭력성, 자유로부터 독재에 이르는 비극적 과정을 이해하기 위해서는 제정 러시아 차르 정부의 역사를 좀 더 면밀하게 살피지 않으면 안 된다. 또한 혁명의 항구적인 결과를 인식하기 위해서는 소련 역사를 더 넓은 맥락에서 바라보아야 할 필요가 있다. 이 책의 처음 몇 장은 차르 정부의 역사를 집중적으로 다뤘다. 국가 권력에서 정치적 균형추의 부재, 일반 민중과 지식인 계층의 분리, 숱한 농민들이 더 나은 삶을 찾아 산업화된 도시로 내몰릴 수밖에 없던 농촌의 낙후와 빈곤, 러시아에서 강압적인 정치 권위가 형성된 배경, 사회주의 인텔리겐치아의 과격주의 등 차르 정부 시절과 관련된 이와 같은 설명은 1917년과 소련 정부를 다룬 이후의 장들에서 다시 등장하게 될 것이다.

러시아 혁명은 언제 끝났을까? 역사가들은 자신이 이야기하고자 하는 바에 따라 여러 날짜를 주장하고 있으며, 물론 이런 견해들 모두는 그 나름대로 정당하다. 어떤 이는 볼셰비키에 대한 무장 저항이 완전히 실패함으로써 내전이 종결되고 소비에트 독재정치가 확립된 1921년에 마침표를 찍는다. 다른 학자들은, 필자 역시 《민중의 비극People's Tragedy》에서 그랬던 것처럼 레닌Vladmir Lenin의 서거와 함께 결론을 맺고 있다(이 책은 《민중의 비극》에 상당 부분 의지하고 있음을 밝힌다). 그들은 이 시기에 스탈린Iosif Stalin 체제의 주요 기관들이 아직 현실화되지는 않았지만 이미 가동 중에 있었다는 것을 근거로 든다. 한두 명의 학자는 1927년 트로츠키와 좌파 야권의 패배로 마무리한다. 또는 스탈린식 경제체제가 1917년이 낳은 지대한 결과였음을 암시하면서, 1차 5개년 계획의 강제적인 산업화와 집단화로 새로운 혁명적 격변이 시작된 1929년에 마침표를 찍는다.

소련 시기를 연구하는 가장 영향력 있는 역사학자 중 한 명인 실라 피츠패트릭Sheila Fitzpatrick은 혁명에 대한 짧은 해설을 1930년대 중반으로 끝맺은 바 있다. 이 시기는 스탈린 혁명의 구조적인 경제 변화가 영구적인 제도로 굳어지고, 혁명의 유토피아적 목적으로부터 후퇴했던 때이다. 피츠패트릭은 이로써 1937~1938년에 벌어진 대숙청이 혁명에 덧붙은 '괴기한 후기後記'였음을, 즉 소련 정부가 지닌 전쟁에 대한 두려움이 불러온 일탈이었음을 지적하고자 했지만, 나중에는 숙청 자체가 소련 체제의 일부이며 이 숙청의 기원이 1917년 당시 소련 정부의 불안정으로 거슬러 올라간다고 밝혔다. 그녀는 러시아 혁명사에서 대숙청을 생략한다면, 그것은 1789년 프랑스 혁명의 맹위를 떨친 원인이 되는 공포정치 (1793~1794)를 빼놓고 프랑스 혁명을 논하는 것과 마찬가지일 거라고 시인했다.[1]

스탈린이 저지른 대숙청은 소련 정부가 행한 폭력의 마지막 물결이 아니었다. 솔제니친Aleksandr Solzhenitsyn이 볼셰비키 실험의 중핵中核으로 묘사했던 강제수용소의 수용 인원은 1938년이 아니라 1952년에 절정에 달했다. 따라서 대숙청의 중단으로 혁명의 역사를 끝내는 것도 적절하지 않다. 혁명을 끝낸 것은 2차 세계대전이 아니었다. 오히려 2차 세계대전은 혁명을 심화하고 확장했다. 군사적 규율의 강화와 희생의 숭배, 목표를 이루기 위해 인명까지도 제물로 바칠 각오, 계획경제를 통해 대중을 군대로 변형시킬 능력 등이 전시 기간에 볼셰비키 정권이 보여준 것들이었다. 이처럼 2차 세계대전을 통해 볼셰비키 정권은 스스로를 확립했고, 또 투쟁 상태로 스스로를 내몰았다. 전쟁은 혁명을 다시 주조하고 강화했다. 소련은 붉은 군대와 엔카베데NKVD(내무인민위원회)●를 통해 우크라이나 서부와 발트해의 국경지역에 대한 통제를 강화했고, 여러 도시와 농촌을 정화했으며, 수십만 명에 이르는 민족주의 반란자들을 강제수용소로 보냈고, 독일군에 대한 '부역자들'과 현역 소비에트군을 본토로 불러들였다. 볼셰비키는 1939년부터 1940년 사이에 한 번, 1945년에 다시 한 번 총칼을 사용해 러시아 혁명을 동유럽으로 수출했다.

이런 측면에서 냉전은 1917년 볼셰비키가 시작한 국제 내전의 연속으로 보아야 한다. 1920년 폴란드 침공을 통해 소련의 권력을 유럽으로 확장하려 한 최초의 시도로부터 출발해, 최후의 해외 원정이 된 1979년 이

● 소련의 정부기관이자 비밀경찰로, 스탈린의 대숙청에 일조한 직접적인 실행기관이었다.

후 아프가니스탄 침공에 이르기까지 혁명 지도자들이 품은 전 세계를 향한 야망은 근본적으로 변하지 않았다. 레닌의 권력 장악은, 러시아처럼 후진적인 농업 국가에서는 혁명이 독자적으로 생존할 수 없으며 산업화에 필요한 자원을 제공해줄 국가나 더 선진화된 산업 국가에서 혁명의 지원이 필요하다는 발상(즉 자본주의가 존속하는 한 사회주의 권력과 자본주의 권력 간의 사활을 건 갈등은 불가피하다는 생각)에 근거해 있었다. 고르바초프Mikhail Gorbachev는 제외하더라도 스탈린, 브레즈네프Leonid Brezhnev, 안드로포프Yuri Andropov는 모두 이런 신념을 공유했던 레닌주의자들이었다.

소련 지도자들은 그들의 정권이 끝나기 전까지 하나같이 레닌이 시작한 혁명을 자신들이 계승해나가고 있다고 믿었다. 물론 시간이 흐르면서, 특히 대중의 공포심을 이용하는 것을 포기했던 스탈린의 사후에 그들의 통치수단은 바뀌었지만 그들은 소련 국가의 건립자들이 상상한 것과 똑같은 유토피아의 목표—프롤레타리아와 새로운 집단적 인간 유형이 누리게 될 물질적으로 풍요로운 공산주의 사회—를 이루기 위해 노력하면서 스스로를 레닌의 상속자로 자처했다. 이러한 이유로 나는 혁명이 1991년 소련 체제의 붕괴와 함께 끝나는 100년의 단일한 사이클로 다뤄져야 한다고 본다.

이 책에서는 이렇듯 긴 주기 동안 세 번의 세대 국면 속에서 혁명이 부침浮沈하는 양상을 설명하고자 한다. 그 첫 국면은 주로 1870년대 또는 1880년대에 태어나 대숙청 당시에(그때까지 살아 있었다면) 제거된 구 볼셰비키당원들의 생애와 상응한다. 그들의 유토피아적 이상, 군대와 규율의 금욕적인 당 문화는 지하조직 활동을 통한 투쟁의 세월 동안 형성됐다. 그러나 그들이 혁명의 권력을 획득한 것은 1차 세계대전의 대재앙을 맞고 나서부터였다. 1차 세계대전은 인명의 가치를 파괴하는 동시에 그 것이 가져온 파멸로 인해 인류의 본성을 바꿀 수 있는 가능성을 열어놓은 것처럼 보였다. 그 파괴적인 분노는 내전에서 절정에 달했고 볼셰비키는 승리했으며 어떤 요새든지 함락할 수 있다고 자신하며 더 강해져갔다. 그 들은 이런 살육의 전장 위에서 새로운 사회를 건설하기 시작했지만 농민 문제를 극복할 수는 없었다. 개인주의적 습성, 가부장적 관습, 농촌과 교 회로 구성된 옛 러시아 세계에 대한 애착을 지닌 소작농 가족이 문제였던 것이다. 그들은 전체 인구의 4분의 3을 차지하고 국가 경제를 지배했다. 더 나은 삶을 위해 '낙후된' 농촌을 떠난 농민의 아들과 딸로 이루어진 당 의 새로운 지지자들 다수에게 혁명은 농업 러시아를 조속히 추방하지는 못할 것처럼 여겨졌다.

바로 이 지점에 스탈린의 '위로부터의 혁명'의 뿌리가 놓여 있다. 그것 은 1928~1932년의 경제개발 5개년 계획으로부터 시작되는, 혁명 사이 클의 두 번째 국면에 해당한다. 볼셰비키의 유토피아적 희망에 새로운 활 력을 불어넣었던 것은 근대화에 대한 스탈린의 비전이었다. 그것은 새로 운 세대의 열렬한 지지자들을 모두 끌어당겼다. 이들은 세기 전환기에 태 어나 소련식 가치를 교육받은 야심에 찬 청년 노동자, 관리, 기술자 들로 서 스탈린이 계획한 단기 집중적인 집단화 정책과 산업화를 실행하고, 1930년대의 대숙청을 틈타 구 엘리트를 대체했던 사람들이다. 소련 역사 에서 농촌 집단화는 실질적인 혁명이었다. 그것은 몇 백 년 동안 지속되 어 온 농민의 생활방식을 완전히 갈아엎는 것이었고, 그 후 국가 전체를 다시 원래대로 회복하지 못하도록 만든 일대 참사였다. 수백만의 노동 가 구를 그들의 터전에서 뿌리째 뽑아내어 소련 전역에 흩어놓았던 농촌 집 단화는 농민에 대해 치른 전쟁이자 사회적 홀로코스트였다. 이 유목적 인구는 대도시와 건설 현장과 강제수용소를 채우면서 소련 산업혁명의 노동력으로 변했다.

1930년대에 스탈린이 건설한 산업 시설은 소련 체제가 붕괴되기 전까지 계속 유지됐다. 스탈린의 경제개발 5개년 계획은 전 세계적으로 공산주의의 발전 모델이 됐다. 소련 정부의 프로파간다에 따르면, 이 경제개발 5개년 계획은 흔히 1945년 소련 군대가 승리하게 된 원인이자 10월 혁명이 성취한 모든 것에 대한 정당한 근거로 주장되어왔다. 그러나 이런 성과는 거대한 인간의 희생, 1991년 문서보관소가 공개되기 전까지 우리가 상상했던 것보다 훨씬 더 큰 규모의 희생을 치르고서 얻어진 것이었다. 과거에 나치즘을 연구하는 역사가들이 사용했던 방법대로 스탈린 체제의 도덕적 성격에 대해 다시 성찰하도록 요구할 만큼 그 희생은 대단히 컸다.

혁명의 세 번째이자 마지막 국면의 서두를 여는 것은 스탈린의 범죄 행위를 비난한 흐루쇼프Nikita Khrushchyov의 연설이다. 소련 체제는 1956년 20차 당대회에서 흐루쇼프의 폭로로 촉발된 신뢰 위기 이후 회복되지 못했다. 이후 30년 동안 소련 지도부는 스탈린의 유산을 바탕으로 얼마만큼 국가를 발전시킬 수 있을 것인가라든지, 전시 지도자로서만 스탈린의 영향력을 인정할 것인가와 같은 논의로 의견이 갈렸다. 국가 전체는 스탈린에 대한 기억을 숭배하며 스탈린 통치기에 이룩한 소련의 성과에 대해 자부심을 갖는 사람들과 스탈린의 희생자들 사이에서 분열됐다. 그러나 흐루쇼프의 연설은 그의 '해빙'의 세월 동안 정체성을 확립한 젊은 세대('60년대인shestidesiatniki')에게 일종의 분기점으로 작용했다. 그들 가운데에는 1955년 모스크바 법대 졸업생인 고르바초프가 있었다. 고르바초프의 사회주의 재건 사상에 최초로 씨를 뿌린 것은 흐루쇼프의 탈脫스탈린주의 정책이었다.

소련 체제 말기의 지도자들에게 불어닥친 도전은 혁명에 대한 국민의 신뢰를 유지하는 것이었다. 혁명은 이미 아주 먼 역사적 사건이 되어버렸기 때문이다. 그 문제는 1945년 이후에 태어난 세대에게서 특히 심각했다. 그들은 '위대한 10월의 사회주의 혁명' 이후 또 다른 정례화된 소련 신화인 '대조국전쟁'을 이해하지 못할 만큼 너무 어렸던 것이다. 스탈린 시대보다 교육 수준이 높고 더 세련된 전후의 소련 베이비붐 세대는 혁명의 역사와 이념보다는 서구 국가들의 음악, 영화, 의상에 더 많은 관심을 가졌다. 이것이 소련 체제의 종말을 불가피하게 만들었던 것일까? 만일 소련만큼 오래 지속된다면 어떤 혁명이라도 에너지가 떨어지고 노령으로 사멸할 것인가? 경제적 근대화가 소련 체제를 더 오랫동안 살아남게 했을지는 의문이지만, (일당 지배 체제를 유지하면서 경제를 자유화하는) 중국 근대화 방식은 안드로포프와 고르바초프 체제에서 소련 정권에 대한 대안이 될 수 있었을 것이다. 그러나 결국 소련 체제를 붕괴시킨 것은 정치 개혁에 대한 고르바초프의 헌신, 즉 레닌주의적 이상에 깊이 뿌리내린 그의 확신이었다.

2017년 혁명 100주년을 맞아 전 세계의 언론 매체는 러시아 혁명에 대해 돌아볼 것이다. 1917년을 돌아보기에 안성맞춤의 시간이다. 소련 체제가 무너진 뒤 한 세대가 지난 이 시점에서 우리는 소련을 냉전시대의 정치 또는 소비에트 연구의 일부로서가 아니라 역사로서, 즉 시작과 중간과 끝이 있는 일련의 사건들로서 분명하게 파악할 수 있다.

회고적 거리를 통해 우리는 새로운 관점에서 혁명을 바라보고, 거대한 질문을 다시 물을 수 있다. 어째서 러시아인가? 어째서 레닌인가? 어째서 스탈린인가? 왜 혁명은 실패했는가? 그리고 그 모든 것이 의미하는 것은 무엇인가? 이 질문들은 100년 전에 그랬던 것처럼 향후 100년이 시작되는 이 순간에도 물을 가치가 있다.

　오늘날의 관점에서 혁명을 보면 1991년에 보았을 때와 매우 다르다. 과거 어느 때보다 지금, 공산주의는 지나간 역사 속의 한 단계처럼 보인다. 자본주의 역시 위기를 맞을 수 있으나, 북한 외에 누구도 더 이상 소련식 계획경제 모델을 성공적인 대안으로 생각하지 않는다. 중국과 쿠바 또한 마찬가지다. 러시아는 세계의 열강이 되기에는 대단히 약해졌다. 어떻게 러시아가 그렇게 오랫동안 소련과 동유럽을 장악할 수 있었을까라고 의아하게 할 만큼, 러시아의 대외적 영향력과 제국의 상실은 대단히 극적이었다. 러시아는 최근 우크라이나에 대한 무력 개입에도 불구하고 더 이상 과거에 그랬던 것처럼 공격적인 위협이 되지 못한다. 러시아는 해외 참전을 시도하지 않는다. 경제적인 측면에서 오늘날의 러시아는 1차 세계대전 전야의 '실세' 모습에서 벗어나 한갓 창백한 그림자로 남아 있다. 70년간의 공산주의가 러시아를 망쳐놓았다. 그러나 권위주의 통치 전통은 20년 전에는 예상하지 못했던 방식으로 오늘날 러시아에서 부활했다. 소련의 역사를 되살리려는 푸틴Vladmir Putin의 정책에 기반한 이 부활은 우리에게 볼셰비즘, 즉 그것의 내력과 유산을 역사의 긴 축 위에서 다시 보아야 할 필요성을 안겨준다.

Revolutionary Russia
1891~1991

1장

_____

시작

_____

1891년 대기근

러시아 남동부 지역의 농민들은 천문학적 규모의 재해가 일어난 한 해를 보낸 뒤, 1891년 여름 다시 기근을 맞았다. 전해 가을에 파종했던 씨앗은 서리가 내리기 전에 미처 싹을 틔우지도 못했다. 혹독한 겨울 동안 어린 나무를 보호해주기에는 눈이 매우 적게 왔다. 봄이 되자 먼지바람이 불어와 겉흙을 날려버렸고, 4월부터 벌써 길고 건조한 여름이 시작됐다. 100일 동안 비 한 방울 내리지 않았다. 우물과 연못은 말라버렸고, 그을린 땅은 갈라졌고, 수풀은 고동색으로 변했고, 노변에는 죽은 가축들이 쌓여갔다.

가을이 되자 기근 지역은 우랄 산맥에서 우크라이나로 확산됐다. 프랑스 국토의 두 배가 되는 이 지역에는 3600만 명의 주민이 살고 있었다. 농민들은 힘을 잃었고 자신들의 오두막집에 눌러앉았다. 농민들은 명아주, 이끼, 나무껍질과 호밀껍질을 섞어 만든 '기근 빵'으로 연명했다. 그렇게 만들어진 빵 덩어리는 색은 노랗고 맛은 썼다. 아직 힘이 남아 있는 사람들은 변변찮은 가재도구를 챙겨, 갈 수 있는 곳으로 달아났다. 도로는 그들이 탄 마차로 빼곡히 채워졌다. 하지만 그다음엔 콜레라와 티푸스가 발생해서 1892년 말, 50만 명의 목숨을 앗아갔다.

제정 러시아 정부는 이런 위기에 서투르게 대응했다. 처음에는 그야말로 눈 가리고 아웅이었다. '흉작'에 대해 모호하게 언급하고, 언론에는 기근에 대해 보도하지 말라고 경고했다. 그럼에도 많은 신문은 이 사실을 알렸다. 이것은 기아에 관한 소문에 충격을 받고 걱정하는 대중에게 진실을 은폐하려 하는 정부의 음모가 있다고 확신을 주기에 충분한 사건이었다. 지원 대상인 주민으로부터 다른 식량공급 수단이 없다는 '통계 증거'를 입수하기 전까지 구호식량을 지급하지 않는다는 고지식한 관료주의에 대한 이야기가 나돌았다. 그러나 대중에게 가장 큰 분노를 일으켰던 것은, 기근 위기가 닥친 후 몇 주가 지난 8월 중순까지 곡물 수출 금지 결정을 연기한 것이었다. 그 결과 상인들은 외국인 업자들과의 계약을 지키기 위해 서둘러야 했고, 굶주리는 농민들을 위해 쓰일 수 있었던 식량은 해외로 사라져버렸다. 심지어 재무부는 그런 금지에 반대하기까지 했다. 민중은 재무부의 경제 정책(소비세를 인상해 농민이 더 많은 곡물을 팔지 않을 수 없도록 한 것)이 기근을 발생시킨 핵심적인 원인이라고 생각했다. 이것과 관련해 정부가 만들어낸 구호는 측은하기 짝이 없다. "우리는 배불리 먹지 못할 수도 있다. 그럼에도 우리는 수출을 감행할 것이다."[1]

정부는 상황에 적절히 대처할 수 없게 되자, 국민에게 도움을 호소했다. 그럼으로써 하나의 역사적 분기점이 탄생하게 될 참이었다. 공적 활동과 토론의 강력한 새 물결이 시작되도록 만들었기 때문이다. 정부는 그런 물결을 통제할 수 없었으며, 그것은 박애적 성격에서 정치적 성격으로 빠르게 변했다.

대중의 반응은 대단했다. '공인들'이 굶주리는 농민을 위한 모금 활동을 펼치고자 수백 개의 위원회를 조직했다. 선량한 시민 수천 명이 젬스트보Zemstvo•가 조직한 구호반에 가입했다. 지방 자치의회인 젬스트보는

• 제정 러시아 시대의 지방 자치의회로, 군과 주에 설치되어 지역내 교육·의료·통신 및 긴급사태 시 구조 업무를 담당했다.

자유주의 성향의 귀족이 주도하고 있었는데, 이들은 1864년 구호반을 설립한 후 농민을 위한 '선행'을 베풀어왔다. 학교와 병원을 짓거나 영농을 지원하거나 대부貸付를 제공했고, 농민의 생활에 대한 통계자료를 수집했다. 톨스토이와 체호프(그는 또한 의사였다) 같은 유명한 작가들은 글쓰기를 제쳐놓고 구호운동에 동참했다. 톨스토이는 사회질서의 문란 때문에 기근이 발생한 것으로 보았다. 즉 기근의 책임은 정교회와 전제정부에 있었다. "우리 자신의 죄 때문에 그 모든 사태가 일어난 것이다. 우리는 스스로 우리 형제들과의 관계를 끊었다. 치료법은 단 한 가지뿐이다. 참회하고 우리의 생활을 바꾸고, 우리와 민중 사이의 벽을 허무는 것이다."[2] 그의 메시지는 농민층과의 단절감, 자신들의 특권으로 인한 죄책감 때문에 괴로워했던 자유주의자들의 도덕적 양심에 크게 호소했다.

기근은 러시아 사회를 정치화했고, 1891년 이후 반정부적 저항은 한층 더 조직화됐다. 전국의 젬스트보는 농촌 경제를 부활시키기 위해 활동을 확장했다. 의사, 교사, 기술자는 전문 단체를 조직하고, 공공정책에 더 많은 영향력을 행사하기를 주장했다. 출판물 등 언론을 통해, 대학과 학계에서 위기의 원인에 대한 열띤 논쟁이 일었다. 자본주의의 발달에 대한 마르크스의 사상이 농민의 궁핍을 가장 설득력 있게 설명하는 이론으로 받아들여졌다. 이에 따르면 농민은 전 세계를 대상으로 하는 시장 체제 때문에 부자와 빈자로 갈라졌다. 대규모 공장 생산은 농촌의 가내수공업을 약화했으며, 토지를 갖지 못한 무산계급proletariat이 형성됐다. 이런 논쟁의 결과로 1880년대에 대체로 휴면기에 있었던 사회주의 운동은 다시 활성화됐다. 1891년에는 아직 십대지만, 훗날 러시아의 주요 마르크스주의 정당인 사회민주노동당SD의 창설자 중 한 명이 된 리디아 단Lydia Dan의 말을 옮기면, 그 기근은 러시아 혁명의 역사에서 중대한 획을 긋게 될 운명이었다. 그녀와 같은 세대의 청년들에게 "그것은 러시아의 사회체제가 완전히 붕괴됐음을 보여주었다. 마치 러시아가 벼랑에 몰려 있는 것같이 느껴졌다."[3]

'혁명적 위기'는 언제 시작되는가? 트로츠키는 혁명을 일으키는 요인을 객관적 요인(인간의 비참함)과 주관적 요인(인간의 활동)으로 구별함으로써 이 질문에 답했다. 러시아의 경우, 그 기근 자체만으로는 충분하지 않았다. 기근의 결과로서 농민 봉기는 단 한 번도 일어나지 않았고, 설령 그런 봉기가 일어났다고 할지라도 그것만으로는 차르 체제에 큰 위협이 되지 못했을 것이다. 기근을 혁명적 위기로 바꾸어놓은 것은 상류계층의 기대, 그리고 그들과 타협에 대한 차르의 거절이었다.

1894년 러시아에서 가장 진보적인 젬스트보의 지도자들은 이른 나이에 사망한 알렉산드르 3세의 뒤를 이어 즉위한 아들 니콜라이 2세에게 정치적 요구사항을 적은 목록을 제출했다. 그들은 젬스트보에 공무 집행권한을 부여해줄 의회를 소집하기를 원했다. 니콜라이 2세는 그들을 '분별없는 몽상들'이라고 비난하고, 대관식 선서에서 자신이 수호하기로 서약한 '전제정치의 원리'에 대한 '확고하고 수그러들지 않는' 충성을 강조하는 연설로써 대중을 격분하게 만들었다. 차르의 통치권은 절대적이고 법률이나 의회, 관료나 여론이 감히 제한할 수 없는 무엇이었다. 그 자신의 통치를 조종할 수 있는 것은 오직 하나님 앞에서의 양심이었다.

니콜라이는 부친의 전제정치를 따르는 것이 자신의 신성한 사명이라고 확신했다. 하지만 그에게는 지배자의 품성과 효율적인 통치 기술이 부족했다. 그가 즉위했을 당시 그는 스물여섯 살에 불과했다. 그는 부친의 서거에 눈물을 흘렸다. "나에게, 또 러시아의 모든 백성에게 무슨 일이 벌어질 것인가?" "나는 차르가 될 준비가 되어 있지 않다. 나는 차르가 되기를 결코 원하지 않는다. 나는 통치에 대해 아무것도 모른다. 심지어 나는 각료에게 말을 거는 방법조차 모르겠다."[4]

만약 그가 처한 환경과 그 자신의 성향이 달랐더라면, 니콜라이 황제는 자유주의 세력의 요구를 만족시키고 혁명 세력을 고립시킬 수 있는 희망이 여전히 남아 있었던 통치 초반 10년 동안 입헌정치로 옮겨감으로써 군주정을 살려냈을지도 모른다. '좋은 인품의 사람'이 훌륭한 왕이 되는 유일한 조건이었던 영국에서였다면, 니콜라이는 존경받는 통치자가 됐을지도 모른다. 실제로 그는 그와 닮은 사촌인 영국의 조지 5세보다 못하지 않았다. 입헌군주의 표본이 된 조지 5세는 온화한 품성을 지녔으며, 기억력이 탁월했고, 예절감각이 완벽했다. 그리하여 입헌군주로서의 의례적 임무에 안성맞춤이었다. 반면 니콜라이 2세는 그런 세계에서 태어나지 못했다. 그는 러시아 전역의 황제이자 전제군주였다. 모스크바, 키예프, 블라디미르 노브고로드, 카잔, 아스트라한, 폴란드, 시베리아, 케르소네소스 타우리카, 조지아 등지의 차르였던 것이다. 왕가의 보수적 동맹국들의 압력과 가문의 전통 때문에 그는 무력과 결단력을 발휘해 통치하고, 반대파를 마주했을 때에는 자신의 '신성한 권위'를 발휘하지 않을 수 없었다.

그러므로 러시아 군주정의 몰락의 근원은 농민의 불만이나 노동운동(오랫동안 마르크스주의 사회 역사가들의 관심의 대상이었던), 또는 제국의 변방에서 일어난 민족주의 운동이 아니라, 대중의 정치적 요구를 인정하거나 심지어 이해하려고도 하지 않았던 화석화된 전제정치와 역동적인 대중문화 간의 점차 커져가는 갈등에 있었다.

19세기의 마지막 몇 십 년이 닥치기 전까지 러시아는 비교적 안정된 사회였다. 마르크스가 러시아를 '전제군주들의 마지막 희망'이라고 불렀을 정도로 러시아는 1848년부터 1849년까지 유럽의 다른 군주정을 흔들었던 혁명에 동요되지 않았다. 러시아 대군은 차르의 제국 통치에 대한 대규모의 민족주의적 도전이었던 1830년과 1863년의 폴란드 봉기를 진압했고, 러시아 경찰은 긴밀히 맺어진 급진주의자와 혁명주의자의 작은 서클 활동까지 방해함으로써 그들 대부분을 지하로 숨어들게 했다.

차르의 권력에 대해 미약하게나마 균형을 잡아주었던 것은 많은 토지를 소유한 귀족계층이었다. 러시아 귀족이 누리던 막대한 부와 사회 내의 높은 지위는 군역과 관직 복무에서 나왔다. 전제정치에 도전할 수 있는 실질적인 공적 기관은 존재하지 않았다. 대다수의 조직체(자치 정부기관, 과학 및 예술 단체, 전문직 단체 등)는 사실상 국가의 창작품이었다. 심지어 정교회의 지도자들 역시 차르가 임명했다.

교회는 특히 러시아 농촌에 대한 막강한 지배력을 유지했다. 여러 마을에서 사제는 글을 읽고 쓸 줄 아는 소수의 식자識者였다. 교구학교를 통해서 정교회의 성직자들은 아이들에게, 집안 어른과 연장자뿐 아니라 또한 차르와 나라의 관리에 대해서까지 충성심과 복종, 존경심을 보이도록 가르쳤다.

그러나 전제정치에 대한 야망에도 불구하고, 차르 정부는 농촌에 전혀 관심을 두지 않았고, 기근 사태가 보여주듯이, 농민 생활의 여러 기본적인 내용을 제대로 파악하지 못했다. 무소불위의 차르의 정부에 대한 혁명가들의 신화적인 이미지와 반대로, 지역 단위의 하위 정부기관들은 사실상 정부의 가장 큰 약점이었다. 19세기 말까지 러시아 제국의 주민 1000명 당 불과 4명의 관리가 할당됐는데, 이는 영국과 웨일즈의 7.3명, 독일

혁명의 러시아

의 12.6명, 프랑스의 17.6명과 비교하면 큰 차이였다. 정치 노선과 반대로, 정규 경찰은 유럽의 기준으로 보면 턱없이 작은 규모였다. 1900년 당시 농촌 인구가 1억 명에 육박했음에도 불구하고, 이를 담당하는 경찰 간부는 1852명, 순경은 6874명에 불과했다. 1861년의 농노제 폐지와 함께 농민이 자기 지주의 직접적인 통치에서 풀려나게 되자, 그들은 스스로를 책임지도록 방치됐다.

농노제 폐지에도 불구하고, 그 후 수십 년간 농노제의 유산은 농민을 계속해서 억압했다. 경작지의 대부분은 지주 귀족의 사유지로 남았다. 귀족들은 토지 소유에 굶주려 있던 농민들에게 19세기 후반 인구가 증가함에 따라 가파르게 상승한 이율을 적용해 경작지를 세놓았다. 법률적으로 성문법의 영역에서 농민들은 배제되어 있었다. 그들의 일상을 통제했던 것은 농민공동체(미르 또는 옵시치나)*의 관습법이었다. 러시아의 대부분 지역에서 농민공동체는 옛 농민의 도덕적 관념을 유지했다. 즉 토지는 하느님 외에는 어느 누구의 소유도 아니라는 것과, 모든 가구는 자신의 노동력으로 땅을 일궈 스스로 살아갈 권리를 지닌다는 것이었다. 토지는 그것을 직접 경작하는 사람이 소유해야 한다는 이런 기본 관념에 의하면, 지주가 땅을 소유하는 것은 정당하지 못하며 굶주린 농민이 지주에게서 땅을 빼앗으려고 하는 투쟁은 정당한 것이었다. 지주의 소유권을 지키기 위해 만들어진 국가의 성문법과, 그런 지주의 권리를 위반하는 농민들의 행동을 변호하는 농민공동체의 관습법 사이에는 끊임없는 갈등이 벌어졌다. 농민들은 지주의 땅에 침입하거나 가축을 방목했으며, 지주의 숲에서 장작을 패오고, 지주의 연못에서 낚시를 했다.

---

* 농촌 지역의 행정기구이자 협동조합 역할을 했던 조직으로서, 농민들은 이를 통해 토지를 공동으로 소유했다.

귀족 출신 치안판사가 농촌 지역의 치안 행정을 맡고 있었다. 1904년 까지도 그들은 소란스러운 음주 행위나 지주의 땅을 무단 침입한 것에 대해 농민을 채찍으로 때릴 수 있는 권력을 가지고 있었다. 이런 신체적 처벌이 주는 심리적 영향을 높게 보기는 어렵다. 농노가 '해방'된 지 43년이 흘렀기 때문이다. 치안판사 앞에서 모자를 벗고 절을 하지 않은 죄목으로 채찍질을 당한 한 농민은 이렇게 물었다. "귀족에게 불쌍한 농민은 과연 어떤 존재인가? 가히 그는 개보다도 못하다…… 최소한 개는 물기라도 하지만, 농민은 온순하고 겸손해서 모든 것을 참아낸다."[5]

강압적인 권위주의는 도처에서 모방됐다. 군대 내 장교와 부하의 관계에서, 고용주와 노동자 사이에서, 농민의 연장자와 그의 아내와 자녀 사이에서 똑같이 나타났다. 러시아 속담에 따르면, 주기적으로 구타를 가함으로써 여자의 행실이 나아진다. 반면, "남자 어른 한 명을 구타하면, 구타당하지 않은 두 명이 처벌받아야 한다". 성탄절과 공현대축일과 슈로베티드•에는 흔히 마을 내 여러 집단 사이에 처절한 싸움이 크게 벌어졌다. 이따금씩은 마을과 마을 사이에서 싸움이 벌어졌고, 한바탕의 질펀한 술잔치가 동반됐다. 그러나 이런 폭력성—농민들의 문화, 그들이 살았던 가혹한 환경 또는 법질서의 허약함 탓으로 풀이할 수도 있을—은 1917년 정권을 전복시키는 데에 중심 역할을 하게 된다.

─────────

차르의 지배 체제는 도시화의 과제와 시장에 근거한 현대 경제의 발전에 제대로 대처하지 못했다. 그 둘은 19세기의 마지막 몇 십 년 동안 수많

─────────

• '재의 수요일'이 오기 전 사흘을 가리키며, 이때에는 참회와 사죄가 행해졌다.

혁명의 러시아

은 민주적 변화를 가져왔다. 이런 관점에서 보면 1890년대는 일대 분수령이었다. 국가에 대한 대항 속에서 시민사회, 공적 영역과 윤리가 출현한 것도 바로 이 10년 동안이었다.

완전한 사회적 변화가 일어나고 있었다. 전제정부가 자신의 필요에 따라 사회를 조직하기 위해 만들어놓은 낡은 봉건 질서soslovia는, 그보다 역동적인 새로운 체계—'계급class'이라는 용어로 설명하기에는 너무나도 복잡한—가 형성되기 시작하자 붕괴되어갔다. 농민, 심지어 농노로 태어난 사람들조차 상인, 기술자, 지주(체호프의 희곡에서 벚꽃 동산을 사들이는 로파힌 같은 인물처럼)로 자리를 잡았다. 귀족의 아들딸이 자유로운 직업을 갖게 됐다. 고등교육의 확산으로 인해 사회적 유동성이 가속화됐다. 1860년과 1914년 사이에 러시아 내 대학생의 숫자는 5000명에서 6만 9000명으로 늘어났다(그들 가운데 45퍼센트가 여자였다). 몇 년 사이에 여론과 공적 활동이 대폭 확장됐다. 일간지 수는 13개에서 856개로 증가했다. 공공기관의 수는 250개에서 1만 6000개로 늘었다.

이 일련의 변화는 제국의 주변부에서 민족주의 운동의 융성을 촉진시켰다. 농촌학교와 소통망이 발전하기 전까지 민족주의는 일선 보통학교와 대학교, 문학잡지와 공적 생활에서 모국어 사용 권리를 주장하는 엘리트의 도시민 운동에 지나지 않았다. 도시 밖을 벗어나면 그것의 영향력은 제한적이었다. 농민들은 자신의 민족적 소속에 대해 거의 의식하지 못했다. 1917년 이후 한 농민은 이렇게 회상했다. "나는 책과 신문을 읽기 시작하기 전까지는 내가 폴란드인이라는 사실을 알지 못했다."[6] 우크라이나, 벨라루스, 캅카스 등의 많은 지역에서는 민족 뒤섞임이 매우 심해서 국지적 정체성 이상의 무엇이 민중의 의식 속에 뿌리내리기는 어려웠다. 한 영국인 외교관은 이렇게 논평했다. "누가 우크라이나의 평범한 농민에게 그의 국적에 대해 묻는다면, 그는 자신이 그리스 정교도라고 대답할 것이다. 만약 자기가 대러시아인인지, 폴란드인인지, 아니면 우크라이나인인지 대답하도록 요구를 받는다면, 그는 자신이 농민이라고 대답할 것이다. 만약 누가 그에게 어떤 언어를 말하느냐고 묻는다면, 그는 자신이 '현지 언어'를 말한다고 대답할 것이다."[7]

　대중에 지지 기반을 둔 민족주의 세력의 성장은 농촌학교, 농민조합 및 협동조합과 같은 기관의 확산에 크게 의존했다. 아울러 1917년 이전의 수십 년 동안 매우 빠르게 성장한 도로와 철도, 우편업무와 전신을 통해 농촌 오지를 개척하는 것에 달려 있었다. 가장 성공적인 민족주의 활동은 농민의 토지 소유욕(토지는 외국인 지주들, 관리들, 상인들이 소유하고 있었다)과 모국어 사용 권리에 대한 요구를 결합시킨 형태로서, 농민들이 학교, 법정, 정부의 혜택을 완전히 누릴 수 있도록 해주었다.

　이와 같은 결합은 우크라이나 민족주의 운동이 성공하는 데 핵심적인 요소로 작용했다. 러시아 제국의 역사상 최초의 민주주의 선거였던 1917년의 제헌의회 선거에서 우크라이나 농민들 가운데 71퍼센트가 민족주의자들에게 지지표를 던졌다. 이것은 불과 한 세대 만에 일어난 놀라운 정치적 의식 변화였다. 이 운동은 외국인 지주들(주로 러시아인과 폴란드인)에 대해, 도시(러시아인, 유대인, 폴란드인에 의해 지배됐던)의 '외국적 영향력'에 대해 투쟁하도록 농민들을 조직했다. 농민의 봉기가 최초로 1902년 폴타바 현 부근에서 분출됐던 것은 우연이 아니다. 당시 폴타바 현에서는 우크라이나 민족주의 운동이 가장 앞서나가 있었다.

　러시아 전역에서, 도시와 대중 소통, 화폐 경제, 그리고 무엇보다 농촌학교 등 근대화의 영향력은 더 젊고 학식을 갖춘 농민 세대를 생산해냈다. 이들은 가부장적인 농촌사회를 갈아엎기를 바랐다. 식자율은 1897년 당시 제국 인구의 21퍼센트에서 1차 세계대전 전야에 이르러 40퍼센트로 급등했다. 도시에 가장 근접한 지역에 사는 농촌 젊은이들의 문자 해독 능력이 가장 높았다(페테르부르크와 모스크바 두 곳에 주둔하는 제국 군대의 신병으로 징병된 열 명의 농민 병사 중 아홉 명은 1904년 무렵에는 글을 읽고 쓸 줄 알았다). 문해력과 혁명의 관계는 잘 알려진 역사적 현상이다. 근대 유럽 역사에서 세 차례의 거대한 혁명인 영국 혁명, 프랑스 혁명, 러시아 혁명은 모두 문해력이 50퍼센트에 이르는 사회에서 발생했다. 문해력은 새로운 사상의 전파를 촉진시켰고, 농민이 새로운 기술과 행정 수완을 익힐 수 있도록 도와주었다. 러시아 혁명의 현지 활동가들은 이렇게 새로운 학식을 갖춘 세대로부터 주로 선발됐다. 구정권 마지막 몇 십 년 동안 불었던 농촌학교 교육의 붐을 누린 수혜자들은 이제부터 아직 글을 모르는 자들에게 대대적으로 새로운 사상을 전수하게 될 역할을 걸머지고 있었다. 백성을 교육시키겠다는 때늦은 시도를 통해서 차르 정권은 스스로의 무덤을 팠던 것이다.

1900년대의 농촌 취학아동에 대한 연구는 그들 중 거의 절반이 도시에서 '교육과 관련된 직업'을 얻기를 원하며, 2퍼센트 미만은 자신들의 농민 부모의 발자취를 따르고자 한다는 것을 보여준다. 한 취학아동은 이렇게 말했다. "나는 가게 점원이 되고 싶어요. 진창 속을 걸어 다니고 싶진 않으니까요. 나는 깨끗한 옷차림으로 가게에서 일하는 사람처럼 되고 싶어요."[8] 이런 청년들에게 사회적 지위의 향상에 대한 욕망은 도시에서의 취업과 자주 동의어로 쓰였다. 어떤 도시의 어떤 직업이든지 그것은 농촌 생활의 고됨과 따분한 일상과 비교해 바람직한 것처럼 비쳤다. 청년들은 농촌을 미신과 빈곤이 판치는 '어둡고' '낙후된' 장소, 즉 트로츠키Leon Trotsky가 '성상화와 바퀴벌레'의 러시아라고 묘사하게 될 세계로 생각했다. 그들은 도시와 도시의 근대적 가치를 독립과 자기존중으로 이루는 첩경이라고 보았다. 볼셰비키 철학이 자리를 잡게 되는 문화혁명의 토대 역시 여기에 놓여 있었다. 당의 인력과 직원은 대부분 이와 같은 농민 청년들로부터 모집됐다. 현대화를 추구하는 당의 이데올로기는 농민의 세계에 대한 폐기에 뿌리를 두고 있었다. 혁명은 그런 농촌 세계를 깨끗이 쓸어낼 참이었다.

빈곤과 인구과잉, 치솟는 토지 임대료 때문에 땅에서 내쫓긴 수백만의 농민들이 도시로 유입되어 공장과 광산에서 일했다. 옛 정권이 다스렸던 지난 반세기 동안 제국의 도시 인구는 700만 명에서 2800만 명으로 증가했다. 그런 급속한 인구 증가는 1890년대에 일어났다. 기근 위기의 결과는 1892년부터 재정부 장관이던 비테Sergei Vitte 백작이 추진한 산업화와 철도 건설 계획의 가속화와 맞물렸다.

농민의 도시로의 이주에는 특정한 유형이 있었다. 맨 처음에는 청년들이 먼저 상경했고, 그다음에는 기혼자, 그다음에는 미혼 여성, 그다음에는 기혼 여성과 아이들이 도착했다. 이것은 농민들이 가능한 오랫동안 자신의 쓰러져가는 농가를 살리려고 노력했다는 것을 의미한다. 청년 농민들은 광산과 공장에서 번 돈을 자신의 고향 마을로 부쳤다. 게다가 농번기가 되면 그들은 고향 마을로 돌아갔다('지하경제를 단속하기'는 개발도상의 사회에서 흔했다). 도시와 농촌은 서로에게 지속적으로 영향을 끼쳤다. 즉 농사를 짓는 농민층이 사라졌다고 말할 수 있는 것처럼 러시아 도시의 '농촌화'에 대해서 논하는 것도 마찬가지로 가능하다.

공장의 노동 환경은 끔찍했다. 비테에 의하면, "농촌 생활의 소박한 관습을 통해 길러진" 노동자는 유럽 또는 북미의 동료 노동자보다 "훨씬 더 쉽게 만족했고", 그 결과 "러시아 기업에게는 저임금이 행운의 선물처럼 나타났다".[9] 노동을 보호할 수 있는 공장 관련 법규는 전무했다. 1840년 대에 영국 노동자들이 벌어들였던 이익과, 1880년대에 독일 노동자들이 벌어들였던 이익은 20세기 초 전환기의 러시아 노동자들에게는 해당되지 않았다. 두 개의 가장 중요한 공장 관련 법규였던, 1885년 여성과 아동의 야간 고용 금지에 관한 법률과 노동시간을 11시간 반으로 제한하는 1897년의 법률은 정부로부터 쟁취해낸 결실이었다. 작은 규모의 공장은, 비록 나라 전체의 노동력 대부분과 여성노동자의 대다수가 거기에 고용되어 있었지만, 법률제정에서 제외됐다. 1914년 여성노동자는 무렵 산업 노동력 가운데 무려 33퍼센트를 차지했고, 섬유산업과 식품가공처리 같은 부문에서는 압도적인 다수였다. 공장이 규정을 따르고 있는지 확인할 책임이 있는 조사단은 인력이 부족했고, 그런 이유로 고용주들에게 무시당했다. 통풍이 제대로 되지 않는 노동 현장은 유독한 연기로 가득 차 있었다. 작업장은 위험한 기계들로 발 디딜 틈 없이 채워져 있었고, 사고가 빈번했다. 하지만 대다수 노동자들은 합법적인 보험 혜택을 거부당했다. 그래서 눈이나 팔 다리를 잃게 되더라도, 단지 몇 푼 되지 않는 보상금을 받는 것이 전부였다. 노동자들의 파업은 불법이었고, 1905년 이전에는 어떤 합법적인 노동조합도 설립되지 못했다.

많은 공장 소유주는 노동자들을 농노처럼 다루었다. 그들은 노동자들이 공장 문을 나설 때마다 훔친 물건이 있는지 몸수색을 했고, 규칙을 조금만 어겨도 벌금을 물리거나 심지어는 채찍질을 했다. 이처럼 비인간적인 '농노제'에 대해 노동자들은 자신의 존엄성을 모욕당한 것으로 느끼고 몹시 분개했다. 1905년 이후에 발생한 파업과 노동 시위에서 '존중하는 태도'가 그들의 주요한 요구사항으로 제기됐다.

러시아 노동자들은 유럽 전역에서 가장 파업 성향이 높았다. 1905년 동안 공장 노동자의 4분의 3이 파업에 참여했다. 역사가들은 이런 노동 투쟁성의 기원을 설명하려고 많은 시간을 보냈다. 공장 규모, 기술과 문해력 수준, 도시 생활 햇수, 혁명적 인텔리겐치아의 영향력 등등 이 모든 요인이 셀 수 없이 많은 저서들 속에서 현미경으로 들여다보듯이 세밀하게 조사됐고, 그 각각의 저서는 러시아에서 '노동자 혁명'의 발생을 설명하는 중요한 혼합적 원인을 밝혀내기를 희망했다. 학자들 사이에서 가장 의견이 불일치했던 부분은 도시화의 결과였다.

어떤 학자들은 혁명의 보병으로 변하게 될 자원들은 도시화가 가장 많이 된 노동자들, 최고의 기술 수준과 문해력을 가진 노동자들이라고 주장했다. 반면에, 다른 학자들은 가장 나중에 온 이주민들(언젠가 트로츠키가 말했듯이, "쟁기질하다가 붙들려서 공장의 용광로로 곧장 던져진"[10] 사람들)이 심리적으로 가장 불안하고 폭력적이며, 농촌과 관련된 자연적인 반발심을 자신이 처한 새롭고 적대적인 산업 환경에 자주 쏟아놓는 경향이 있다고 주장했다.

농민 이주자들이 도시의 노동자들에게 마치 불길에 쏟아붓는 기름과 같은 격이었다는 점은 의심의 여지가 없다. 노동의 불안은 자주 폭동, 포그롬pogrom,● 약탈, 기계 파괴, 공장 밖으로 감독자를 '쫓아내'고 오수물이나 수로에 빠뜨리기 등의 형태로 표출됐다. 그 모든 행동은 고향으로부터 뿌리째 뽑혀 나와 도시의 새로운 세계와 공장의 규율에 적응하려고 몸부림치는 무질서한 농민 대중과 연결 지어 생각할 수 있는 것이다. 하지만 그러한 '원시적' 행동 또는 그런 행동 배후의 미숙한 노동자들이 노동 투

● 19세기 말에서 20세기 초에 러시아에서 일어난 유대인 집단학살을 일컫는다.

쟁을 유발하는 핵심적인 요인이었다고 주장하는 것은 지나친 과장이다. 1890년대에 파업은 산업 시위의 주요한 형식이 됐고, 가장 숙련되고 가장 문해력이 높은 노동자로 꾸려진 훈련된 조직이 요구됐다.

이 대목에서 러시아는 유럽과 현격히 대조된다. 유럽에서 이런 유형의 노동자들은 가장 덜 혁명적이었고, 그들을 대변하는 노동당은 의회에 진입하고 있었다. 러시아에서는 그러한 '노동 귀족'이 거의 없었고, 그들이 염원하는 의회도 전무했다. 그런 역할에 가장 걸맞은 노동자는 인쇄 직공들이었다. 그러나 그들조차도 마르크스주의 및 다른 혁명적 사회주의 정당의 배후에 굳건히 서 있었다. 만일 노동자들이 자신들의 고유한 합법적인 노동조합을 발전시킬 수 있었다고 한다면, 그들은 유럽의 노동운동이 선택한 중도적 개혁의 길을 걸었을 것이다. 그러나 러시아의 정치상황은 그들을 극단으로 내몰았다. 그들은 지하 혁명 운동의 지도에 따를 수밖에 없었다. 그런 다음, 노동자들의 혁명 운동을 대대적으로 일으켰던 것은 바로 차르 정부였다.

기근 위기로 혁명 정당들은 새로운 생명을 얻게 됐다. 단지 노동자 계급에서뿐 아니라 점점 더 확대되고 있는 진보적인 전문직 종사자, 대학생 및 기타 지식인 계층('민중'에 대한 채무와 헌신의 감정을 지닌 사람들로 정의되는 계급)에 속한 사람들로부터도 지지자를 얻었다. 그런 헌신에 핵심적인 요소는 도덕적인 것이었다. 전제정치에 대한 비타협적인 저항의 태도, 그리고 전제정치에 대한 민주적인 저항에 참여하려는 적극성이 바로 그것이다.

인민주의 운동은 부활했고, 사회주의혁명당SR의 창당과 함께 1901년 절정에 올랐다. 인민주의는 농민들의 삶을 향상시키고, 1861년 농노해방 이후 전제정치를 반대하는 민주적 운동에 그들을 포함시키려는 인텔리겐치아의 사명에 그 기원을 두고 있었다. 인민주의자들은 농민의 생활 방식을 숭상했다. 1870년대 이후로 인민주의자들은 농민을 교육하고 조직화하기 위해 농촌으로 들어갔고, 그들 중 일부(이들 무리는 '인민의 의지'라고 불렸다)는 그들의 혁명적 요청에 대해 농민들이 호응하지 못하는 것에 좌절한 나머지 점점 더 폭력과 테러에 의지했다. 인민주의자들은 농민 공동체가 사회주의 사회의 토대가 될 수 있으며, 그럼으로써 러시아는 여타 서구의 자본주의 발전으로 농민계층이 파괴되고 마르크스주의 혁명의 기대가 산업 노동계급에 의존하고 있던 것과는 다른 독자적인 길을 걷게 될 것이라고 믿었다. 마르크스주의자들과 반대로, 인민주의자들은 러시아가 역사의 자본주의적인 단계를 먼저 통과하지 않고 사회주의 사회로 곧장 전진해나갈 수 있다고 믿은 것이다.

기근 위기는 그런 전망을 좌절시켰다. 그 위기는 산업화에 대한 대가를 치르도록 농민에게 조세 압박을 가함으로써 유발됐는데, 이는 계급이자 동시에 생활 방식으로서 농민들이 자본주의 발전의 압력 아래서 문자 그대로 죽어가고 있다는 사실을 암시했다. 오직 마르크스주의만이 유일하게, 자본주의 경제가 어떻게 농촌의 빈곤을 초래했는가를 보여줌으로써 기근의 원인을 설명해낼 수 있는 것처럼 보였다. 1890년대에 이르러 순식간에 마르크스주의는 전국적인 인텔리겐치아의 신조가 됐다. 과거에 자신이 품은 마르크스의 사상에 대해 망설였던 사회주의자들은 위기를 계기로 마르크스주의로 전향했다. 농민에 대한 인민주의적 믿음에 더 이상 희망이 없다고 생각했기 때문이다. 심지어 표트르 스트루베Pyotr Berngardovich Struve 같은 자유주의 사상가들조차 기근 때문에 마르크스주의의 열정에 동화됐다. "마르크스의《자본론》을 읽은 것보다" 기근이 "훨

씬 더 많이 나를 마르크스주의자로 만들어놓았다".[11]

사회주의혁명당 역시 이런 사상적인 표류에 휩쓸렸다. 모스크바 대학의 법대 졸업생인 빅토르 체르노프Viktor Chernov가 이끌었던 사회주의혁명당은 정치적으로는 인민주의자들의 신념—인민주의자들이 '근로 대중'이라고 불렀던 노동자와 농민 모두가 빈곤 및 정부에 대한 저항으로 결속된다는—을 그대로 고수하면서 사회학적 측면에서 자본주의 발전에 대한 마르크스주의의 견해를 수용했다.

마르크스의 《자본론》은 이미 1872년에 러시아에서 출간됐다. 이 러시아어 판본은 원래의 독일어본이 출간된 지 꼭 5년 뒤이자, 영어로 출간되기 15년 전에 외국어로 출판된 최초의 사례였다. 차르 정부의 검열관은 "러시아 내의 극소수만이" 그 두꺼운 정치경제학 서적을 읽을 것이며, "그보다 더 적은 수가 그것을 이해할 것"[12]이라고 생각하고는 그것을 실수로 통과시켰다. 예상과 반대로, 마르크스의 자본주의 체제에 대한 비판은 그것이 언급한 어떠한 서구 사회보다도 러시아에서 먼저 혁명으로 이르게 될 운명이었다.

인텔리겐치아가 마르크스주의에 이끌렸던 이유는 그것의 '과학적'인 성격 때문이었다. 리디아 단의 표현을 빌리면, 그것은 빈곤과 후진성의 고통에 "객관적인 해결책"을 제시하는 "이성의 진로"로 비쳤던 것이다. 또 다른 이유는 러시아가 서유럽 자본주의 국가들과 비슷해질 것이라고 마르크스주의에서 약속했기 때문이었다. 러시아 내에서 마르크스주의 운동에 가담했던 어느 활동가는 이렇게 회상했다. "우리의 마르크스주의의 유럽적 성격에 매혹됐다. 그것은 우리의 토속적인 외형과 지방적 편협성의 냄새와 맛을 풍기지 않았으며, 새롭고 신선하고 흥미로웠다. 마르크스주의는 우리가 절반은 아시아적인 나라로 머무르지 않을 것이며, 자유주의적 정치체제의 문화와 제도와 속성을 가진 서유럽의 일부가 될 것이라는 약속을 제시했다."[13]

사회민주주의 운동에서 많은 지도자(몇 명을 거론하면, 트로츠키, 마르토프Yuli Martov, 악셀로드Parel Axelrod, 카메네프Lev Kamenev, 지노비예프Grigory Zinoviev 등이 포함되는)를 배출하며 대단히 출중한 역할을 했던 유대인들에게 마르크스주의가 매력적인 대상으로 느껴졌던 근본 원인은 아마도 이 점에 있을 것이다. 인민주의가 농촌 러시아(유대인에 대한 차별과 포그롬을 일으켰던 나라인)를 기반으로 하겠다고 제안했다면, 마르크스주의는 현대 서구의 관점을 제공했다. 마르크스주의는 단순히 농민 해방이 아니라, 국제주의 원리에 기반한 보편적인 인간 해방 운동 속으로 유대인을 참여시키겠다고 약속했다.

심지어 청년 레닌까지도 기근 위기 뒤에는 마르크스주의의 흐름에 완전히 동화됐다. 레닌이 이미 유년기부터 마르크스의 사상에 대한 탁월한 이론가였다고 묘사하는 소련 신화와 정반대로, 이 볼셰비키 혁명 지도자의 정치 입문은 늦었다. 졸업반이었을 때 레닌은 그가 다니던 학교의 교장(운명의 아이러니로, 그는 1917년 레닌의 최대 숙적이었던 케렌스키Aleksandr Kerensky의 생부였다)으로부터 "도덕적이고 종교적으로 교육을 잘 받았고" "말과 행동에서 학교 당국에 어떠한 불미스러운 사건"[14]도 일으키지 않는 모범생으로 칭찬받았다.

레닌의 생부는 그의 아들이 장차 경멸하게 될 전형적인 자유주의 신사였다. 레닌의 귀족적인 출생 배경은 레닌의 소련 전기 작가에게는 곤란한 요소였다. 그러나 그것은 그의 군림하려는 성격을 이해하는 데 중요한 힌트를 준다. 그것은 하급자로부터의 비판을 참지 못하는 성격이나, 대중을 그저 그의 혁명적 계획을 위해 필요한 인간 재료로 보는 그의 성향에서도 엿보인다(기근 시기에 그는 혁명의 발발 가능성을 높여주기 때문에 농민들에게 원조를 중단해야 한다고 주장했다). 1917년 막심 고리키가 썼듯이, "레닌은 '지도자'인 동시에 러시아 귀족이었다. 그에게는 이 멸종된 계급의 어떤 심리적 특성이 남아 있었다. 따라서 그는 러시아 국민에게 이미 실패할 운명이 예정되어 있는 하나의 잔인한 실험을 실행하는 것에 대해 스스로를 정당하다고 생각했다".[15]

레닌이 마르크스주의와 닿았을 때 그는 이미 '인민의 의지' 사상으로 무장하고 있었다. 인민의 의지당은 1881년 알렉산드르 2세의 암살을 수행했던 인민주의 운동의 테러리스트 분파였다. 인민의 의지당에 가담했던 레닌의 형은 1887년 알렉산드르 3세에 대한 불발로 끝난 살해 음모에 가담한 죄목으로 처형됐다. 레닌이 자기 형의 죽음을 듣자마자 자신의 누이 마리아에게 이렇게 말했다는 소련 시절의 한 전설이 있다. "결단코 우리는 그 길을 택하지 않을 것이다. 우리의 길은 달라야 한다." 여기에서는 인용한 그의 말에서 '우리'가 표현하듯이 이미 레닌이, 노동계급의 조직을 위해 테러를 거부하는 마르크스주의의 대의에 헌신한다고 암시하고 있다. 하지만 이것은 터무니없는 주장이다(그 당시 마리아는 아홉 살에 불과했다). 형의 처형이 레닌의 혁명 운동에 촉매제였던 것은 사실이지만, 그의 형과 마찬가지로 그의 최초의 성향은 인민의 의지당 사상으로 쏠려있었다. 1889년 이후 완만하게 발전한 레닌의 마르크스주의에는 테러리스트의 과격한 정신, 그리고 권력 쟁취의 압도적인 중요성에 대한 믿음이 듬뿍 배였다.

레닌은 혁명주의 이론가 표트르 트카초프Pyotr Nikitich Tkachov(1844~1886)의 자코뱅주의에 특히 많은 영향을 받았다. 1870년대에 트카초프는 사회 혁명은 민주적 수단을 통해서는 성취가 불가능하다—자본주의 발전 법칙은 농민들이 보다 부유해지면 현 체제를 지지하리라는 것을 보여 준다—는 것을 근거로 잘 훈련되고 대단히 중앙집권화된 전위대를 통해 권력을 장악하고 독재 권력을 세우는 것을 주장했다. 트카초프는 정부를 지지할 만큼 준비된 실질적 사회 세력이 아직 없으며, 기다리는 것은 정부가 성장하도록 방임하는 것이기 때문에 최대한 빨리 쿠데타를 실행하지 않으면 안 된다고 주장했다.

레닌 이데올로기의 모든 주요한 요소는 마르크스에게서 나온 것이 아니라 트카초프와 인민의 의지로부터 나온 것이었다. 잘 훈련된 전위대의 필요성에 대한 강조, 행동('주관적인 요소')이 역사의 객관적 흐름을 바꿀 수 있다는 믿음(특히 국가기구의 장악이 사회혁명을 일으킬 수 있다는 신념), 테러와 독재정치에 대한 그의 변호, 자유주의자와 민주주의자에 대한 그의 경멸(아울러, 그들과 타협을 한 사회주의자에 대한 그의 경멸) 등등이 그렇다. 그는 대단히 러시아적인 처방인 음모의 정치학을 마르크스주의 변증법에 주입했다(그가 조작하지 않았다면 마르크스주의 변증법은 정치적 행동을 통해 혁명을 초래하기보다는 객관적인 조건의 발전을 통해 혁명이 성숙하기를 기다리려는 의지에 얽매여서 수동적인 상태로 머물러 있었을 것이다). 마르크스주의가 레닌을 혁명가로 만든 것이 아니라, 레닌이 마르크스주의를 혁명적으로 만든 것이었다.

레닌은 투쟁을 위해 훈련됐다. 그는 혁명적 투쟁에 완전히 헌신했다. 1916년 그는 프랑스 사회주의자(이자 그의 연인인) 이네사 아르망Inessa Armand에게 "잇따른 투쟁활동, 그게 바로 나의 인생이야!"[16]라고 고백했다. 직업 혁명가의 이면에 '개인적인 레닌'은 없었다. 특이한 사건을 빼더라도 그는 식사, 수면, 노동 시간을 정확히 정해둔 채 중년의 지방 서기처럼 살았다. 레닌에게는 강한 청교도적 성향이 있었고, 그것은 그의 정치

혁명의 러시아

적인 통치 행태에서 나타났다. 그는 자신의 결심을 강화하고 완고함을 키우기 위해 감정을 억제했다. 그는 성공적인 혁명가가 되기 위해 필요한 것은 완고함이라고 확신했다. 그것은 바로 혁명의 목적을 위해 피를 흘릴 수 있는 능력이다. 레닌의 생애에서 감정은 전혀 존재하지 않았다. 한번은 그가 베토벤의 피아노 소나타 '열정'의 연주를 들은 뒤 이렇게 시인했다. "이 음악은 내가 친절하고 어리석은 것을 말하고, 사람들의 머리를 쓰다듬기를 원하도록 만든다. 그러나 지금은 사람들의 머리통을 후려갈겨야 할 때이다. 그것도 무자비하게 두들겨주어야 한다."[17]

레닌은 1893년 수도 상트페테르부르크에 도착한 후 표준적인 마르크스주의 사상에 훨씬 더 가까워졌다. 즉 러시아는 단지 자본주의 단계의 시작에 놓여 있으며, 부르주아계급과의 제휴를 통한 노동자들의 민주주의 운동은 사회주의 혁명이 시작되기 전에 전제정치를 타도하기 위해 필요하다는 견해였다. 쿠데타와 테러는 더 이상 거론되지 않았다. 언론과 집회의 자유를 노동자들에게 승인하는 '부르주아 민주주의'가 확립된 이후에야 혁명의 두 번째 단계이자 사회주의 단계가 시작될 수 있다는 것이었다.

이 대목에서 망명 중인 마르크스주의 이론가 게오르기 플레하노프 Georgy Plekhanov의 영향력은 지대했다. 두 단계의 혁명 전략을 최초로 구성한 사람이 바로 그였다. 러시아의 마르크스주의자들은 그런 전략이 주어지고 난 뒤에야 비로소, 이제 막 자본주의 단계로 진입한 나라에서 자본주의 이후의 사회를 어떻게 불러올 것인가라는 문제에 대한 해답을 얻었다. 플레하노프의 혁명 전략은 권력 장악(플레하노프는 이것이 '공산주의 형태의 폭정'만을 초래할 것이라고 보았다)을 포기할 때에 사회주의를 향해서 더 진전할 수 있다는 그들의 믿음에 근거를 제공했다.

마르크스주의자 진영은 선전선동의 힘을 빌려 다가올 혁명을 위해 노동자들을 교육시키는 일에 착수했다. 숙련되고 교육받은 일부 노동자들은 자본주의를 타도하기보다는 자본주의 체제 안에서 자신의 삶을 개선하는 방향에 더 기울어져 있었다. 노동자들의 운동을 혁명의 목표로부터 멀리 떼어놓으려 하는 일단의 마르크스주의자, 경제주의자 집단이 그들을 지지했다. 레닌은 훗날 그의 수사학의 고유한 특징으로 자리 잡게 될 폭력론으로 경제주의를 공격했다. 레닌은 경제주의의 전략이 사회주의와 혁명을 파괴할 것이며, 사회주의와 혁명은 인민의 의지당의 형태를 따르는 잘 훈련된 전위당의 중앙집권화된 정치적 지도 아래에서만 성공할 수 있다고 주장했다. 경찰 정권을 타도하려면, 당 또한 중앙집권화되고 제대로 된 규율 아래 놓이지 않으면 안 되는 것이었다. 즉, 당은 차르 정부에 필적할 만한 수준이 되어야 했다.

　　레닌은 경제주의자와의 논쟁에서 1917년 혁명 당시 볼셰비키와 국제공산주의에 교과서 또는 지침서 역할을 하게 될 팸플릿을 꺼내들었다. 당의 구성원이라면 지도부의 명령을 군대식으로 따라야 한다는 《무엇을 할 것인가?》에 담긴 진술의 함의는 그것이 1902년 처음 나타났을 때는 충분히 이해되지 않았다. 사회민주노동당에 소속됐던 어떤 이는 이렇게 회상했다. "자기 당원을 체포하게 될 당이 존재하리라고는 우리 중 누구도 상상하지 못했다."[18]

　　그런 조짐은 1903년 8월 런던(샬롯 가 107번지의 공산주의자 클럽*)에서 가진 제2차 당대회에서부터 나타나기 시작했다. 그 결과 당 내에는 분열이 일었고, 두 개의 뚜렷한 사회민주노동당 분파가 형성됐다. 이런 분열의

---

* 아이러니하게도 오늘날 이 자리에는 다국적 광고회사인 사치앤드사치Saatchi and Saatchi 사社의 본부가 들어서 있다.

원인은 당원의 자격에 대한 규정으로, 겉보기에는 아주 사소한 것처럼 보였다. 레닌은 당원 전원이 당의 조직에서 활동가가 되기를 바랐던 반면, 율리우스 마르토프는 당의 성명서에 동의하는 사람은 누구든지 당원으로 받아들여져야 한다고 생각했다. 이 논쟁의 표면 아래에는 당이 어떠해야 하는가에 대한 두 개의 대립적인 관점이 놓여 있다. 군사적, 혁명적 전위대가 될 것이냐, 아니면 서유럽 의회 스타일의 광범위한 당(느슨한 통치 형태를 지닌)이 될 것이냐 하는 것이었다. 레닌은 이 문제에 대한 투표에서 근소한 표 차이로 승리했고, 자신의 분파를 '볼셰비키'(다수파)로, 자신의 반대파를 '멘셰비키'(소수파)로 지칭하도록 만들었다. 멘셰비키는 자기들을 이런 명칭으로 부르도록 허용한 것이 어리석은 일이었다는 것을 뒤늦게 깨달았다. 그런 칭호는 그들에게 소수당이라는 영원한 이미지를 덮어씌웠는데, 그것은 볼셰비키와의 경쟁에서 중대한 불이익으로 작용할 운명이었다.

Revolutionary Russia
1891~1991

2장

최종 리허설

1905년 피의 일요일

햇볕이 쨍쨍한 일요일 아침이었다. 시위자들의 긴 무리가 빙판길을 가로질러 상트페테르부르크의 중심을 향해 행진하고 있었다. 교회 종소리가 울려 퍼졌고, 황금색 지붕이 햇빛 아래 반짝거렸다. 첫 줄에는 주일 정장 차림의 여성과 아이들이 서 있었다. 군인들로 하여금 발포를 단념하게끔 하기 위함이었다. 가장 긴 행렬의 선두에는 긴 흰색 카속* 차림에 십자가상을 옮기고 있는 수염 난 가폰 신부의 모습이 보였다. 게오르기 가폰Georgy Gapon은 수도 안의 노동자 거주 지역에서 설교자로 이름을 떨쳤다. 그는 자신의 추종자들에게 성서의 구절을 인용해가며 쉬운 말로써, 만일 '백성들'이 차르에게로 나아가 청원하면 차르는 하나님 앞에서 백성의 요구를 만족시켜주어야 할 의무를 진다고 설교했다. 그가 행진 시위자들에게 작성해준 청원서는 이렇게 시작한다.

폐하, 상트페테르부르크와 여러 땅에서 살고 있는 노동자들과 주민들인 저희와 저희의 아내, 자녀, 저희의 연로한 부모는 정의와 보호를 청하러 폐하게 찾아왔나이다. 저희는 빈핍합니다. 저희는 억눌려 있습니다. 저희는 과중한 노역의 부담을 겪고 있고, 저희는 모욕적인 취급을 받고 있습니다……

---

* 성직자들이 입는 검은색 또는 주홍색의 옷.

저희는 폭정과 무법 속에서 숨 막혀 죽기 직전입니다.[1]

가폰 신부의 뒤에는 차르의 초상화와 다음과 같은 문구가 쓰어진 큼지막한 흰색 깃발이 나부꼈다. "군인은 민중에게 발포하지 않는다!" 행진 조직자들은 혁명가들의 기치인 붉은 깃발을 금지했다.

시위대가 나르바 정문에 접근하자 기병 중대가 발포를 시작했다. 시위자들의 일부는 달아났지만, 대다수는 그들에게 총을 조준하고 있는 보병 대열을 향해 계속 전진했다. 공포탄이 두 차례나 공중으로 발포됐고, 그 다음 무장하지 않은 군중을 향해 가까운 거리에서 세 번째 사격이 가해졌다. 사람들은 비명을 지르고 땅에 쓰러졌지만, 군인들은 이제 공황 상태에 빠져 시위 인파를 향해 쏘아대기를 멈추지 않았다. 40명이 사망하고 수백 명이 부상하고 나서야 군중은 달아나려고 발버둥쳤다. 가폰 신부도 인파에 밀려 넘어졌다. 하지만 벌떡 일어나 그의 주변에서 벌어지는 대살육을 믿을 수 없는 눈으로 쳐다보고 있는 그의 귀에 이런 소리가 들려왔다. "더 이상 신은 없다. 더 이상 차르도 없다!"[2]

수도의 다른 지역에서도 유혈 사태가 일어났다. 궁전 광장 위에는 또 다른 6만 명의 시위 인파를 저지하기 위해 겨울궁전 앞에 대규모 병력의 기병대와 대포 몇 문이 설치되어 있었다. 경비병들은 채찍과 칼등을 이용해서 군중을 쫓아내려고 했다. 그러나 이것이 효과가 없자, 그들은 사격 자세로 돌입했다. 시위 참가자들은 총구가 자신들 쪽으로 향하는 것을 보고서 무릎을 꿇고 모자를 벗은 다음 성호를 그었다. 군의 나팔 소리가 울렸고, 발포가 시작됐다. 모든 것이 끝나고 생존자들이 사상자로 뒤덮인 현장을 둘러보았을 때, 군중의 감정은 불신에서 분노로 바뀌었다. 러시아 혁명사에서 일대 전환점이 된 중요한 순간이다. 군중 속에 있었던 어느 볼셰비키당원이 그때를 이렇게 회상했다. "나는 내 주변 사람들의 얼굴을 살펴보았지요. 나는 두려움이나 공포를 발견하지 못했습니다. 천만에요. 더없던 신앙심과 존경심의 표정이 적개심, 심지어는 증오로 바뀌어 있었습니다. 나는 그야말로 모두의 얼굴에서 그런 증오와 원한의 표정을 보았지요."

몇 백 년 동안 체제를 지탱해왔던 선한 차르에 대한 민중의 신화적 믿음은 불과 몇 초 사이에 갑작스레 파괴됐다. 총격이 그치고 잠시 뒤에 한 노인이 열네 살 먹은 소년을 돌아보며, 분노 가득한 목소리로 말했다. "아들아, 기억해라, 잘 기억해두어라. 그리고 차르에게 되갚아주겠다고 맹세해라. 얼마나 많은 피가 흘려졌는지 똑똑히 보았지? 그러니 복수하겠다고 맹세해라. 아들아, 맹세하거라!"[3]

1905년 1월 9일의 참사를 일컫는 '피의 일요일'의 대학살을 규탄하는 파업과 시위의 물결이 일었다. 그 한 달 동안만 하더라도 전국에서 40만 명 이상의 노동자가 연장을 내려놓았다. 그것은 러시아 역사상 가장 큰 노동자 시위였다. 그러나 파업은 제대로 조직되지 않았다. 파업이 진행되는 과정 중에 노동자들의 요구사항이 작성됐다. 게다가 사회주의 정당들은 아직도 대단히 허약했고, 유럽에서 망명생활을 하고 있는 정당 지도자들은 경찰로부터 지나치게 삼엄한 감시를 받고 있어서 선도적 역할을 하기는 불가능했다. 노동자들은 자력으로 혁명을 일으킬 수 없었다.

'피의 일요일' 사건을 차르 정부 권위에 대한 혁명적 위기로 전환시킨 것은 자유주의적인 중간계급과 귀족의 반응이었다. 1903년 이후 자유주의 성향의 전문직 종사자들과 젬스트보의 활동가들은 국민의회에 대한 요구를 포함해 정치 개혁에 찬성하는 운동을 벌였다. 그들은 합동으로 '해방연맹'을 결성했고, 차르를 향한 그들의 청원은 가폰에게 영향을 끼쳤다.

'피의 일요일'이 차르의 권위에 가한 최초의 충격은 아니었다. 러일전쟁에서 러시아가 당한 군사적 굴욕은 광범위한 여론을 차르에게서 등 돌리게 만들었고, 해방연맹의 활동에 힘을 더해주었다. 명실상부 현대 유럽 열강이 일개 아시아 국가에 패배한 것은 처음이었기에, 일본에 패했다는 소식이 전해졌을 때 러시아 국민이 받았던 충격은 이루 말할 수 없을 정도였다. 1904년 1월 차르의 해군이 만주에서 일본군의 기습공격을 받아 만신창이가 되면서 전쟁이 시작됐다. 일본인은 극동에서의 러시아의 공격적인 경제 팽창, 그리고 준공 시기가 다가오고 있던 시베리아 횡단철도의 저의에 대해 분노했다. 러시아인들은 개전 초기의 절망에도 아랑곳하지 않고 손쉬운 승리를 장담했다. 러시아 정부가 발행하는 포스터에는 눈이 쫙 째지고 살갗이 노란 작고 별 볼 일 없는 원숭이가 활력 넘치는 러시아 군인의 거대한 흰 주먹에 놀라 달아나는 모습이 그려져 있었다. 자유주의자들 역시 애국주의적 감정에 휩쓸린 채 러시아가 "현대식 무기를 지닌 새로운 몽골군, 황색의 위험"에 맞서서 유럽 문명을 지키고 있다고 주장했다. 젬스트보는 다시 활동을 개시했고, 만주 전선에 의료지원 부대를 파견했다.

만약 전쟁에서 이겼다면, 차르 정부는 이렇게 타오르는 애국주의의 감정을 정치적 자본으로 바꿀 수 있었을지도 모른다. 그러나 러시아 군대가 6000마일이나 떨어진 곳에서 전쟁을 치르기는 힘들었다. 가장 큰 문제점은 최고 사령부의 무능력 그 자체였다. 이들은 19세기의 군사교리를 엄격하게 고수했고, 가망 없는 총검 공격으로 견고하게 구축된 포대 진지에 맞서 싸우라고 명령함으로써(이런 실책은 1914~1917년에도 반복될 운명이었다) 러시아 군인 1000명의 목숨을 낭비했다.

전쟁이 갈수록 더 악화되어가자, 자유주의자들은 정부에 등을 돌리고 정치 개혁을 향한 애국주의적 주장에 정부의 서투른 군사작전을 이용했다. 심지어 예전에는 정부의 보호에 의존했던 주요 산업가들조차 전쟁으로 인해 경제적 손실을 입고 고통을 겪게 되자 비판의 목소리에 동참했다. 1904년 7월 반동적 성향의 내무부 장관 뱌체슬라프 폰 플레베 Viacheslav von Phehve가 폭탄 테러리스트에 의해 산산조각이 났을 때조차 여론에서 단 한마디의 유감의 말도 표하지 않을 정도로 차르 정부에 대한 평판은 나빠졌다. 바르샤바 거리에서는 군중들이 플레베의 죽음을 축하하기까지 했다.

플레베의 암살에 충격을 받은 차르는 그의 후임으로 또 다른 강경파 인사를 앉힐 계획이었으나, 전선에서 비보가 들려오고 국내 반대파의 저항이 거세지자 마침내 스스로를 '젬스트보 인사'라고 불렀던 자유주의자인 미르스키 공작을 임명했다. 미르스키의 등용에 크게 고무된 103명의 젬스트보 대표들은 상트페테르부르크의 회의에서 입법의회를 포함한 정치 개혁을 위한 10개 결의안을 통과시켰다. 여러 궁전에서 불법적으로 소집된 그 회의는 사실상 러시아 역사 최초의 국민회의였다. 그 당시 러시아 국민은 이것을 1789년의 프랑스 삼부회에 비유했다. 여러 시민 단체와 협회는 그 회의의 결정을 지지하기 위해 회합을 가졌다. 해방연맹은 젬스트보의 지자들이 참여하는 일련의 연회(1847년부터 1848년까지 프랑스에서 열렸던 것과 유사한)를 조직했고, 여기서 그들은 자유와 헌법을 위한 축배의 잔을 들었다.

미르스키는 온건한 개혁 프로그램으로 황제를 설득하고자 젬스트보

회의의 결의문을 신중하게 요약한 문서를 차르에게 제출했다. 그 요약문에서는 (입법의회보다는) 자문의회만을 요구했고, 젬스트보 대표자들이 차르가 임명하는 자문 입법기구인 국무원에 참석하는 것을 요구했다. 그러나 니콜라이 황제는 이것조차도 과도하다고 여겼고, 정치 개혁에 대한 어떤 이야기도 "신이 짐에게 맡긴 백성에게 유해한" 것이라고 하면서 거부했다. 12월 12일 차르는 법치를 강화하고, 언론 규제를 경감하며, 젬스트보의 권위를 확장하기로 약속하는 제국의 선언문을 발표했다. 그러나 이 선언문에는 입법기구에 관한 논쟁적 주제에 대해서는 단 한마디 언급도 없었다. 그 내용을 들으면서 미르스키는 절망에 빠졌다. 그가 동료에게 얘기했다. "모든 것이 실패했다. 자, 감옥을 세우자."[4]

러시아 역사 속에서 구체제의 수십 년 동안 반복된 단 하나의 주제가 있다면, 그것은 개혁에 대한 욕망과 개혁을 성취하는 데 있어 차르의 반대에 직면하는 잇따른 실패였다. 아마도 미르스키의 제안은 차르 정부가 혁명을 피할 수 있었던 절호의 기회였을 것이다. 어떤 정부든지, 그 권위가 위태로울 경우 생존에 대한 최선의 희망은 반대파의 중도세력을 만족시켜서 분열시킬 수 있을 만큼 신속하게 양보하는 것이 아닐까.

'피의 일요일' 사건은 차르의 정치적 지도력을 유지할 수 있는 기회를 끝내버렸다. 그 사건은 자유주의자들을 좌파 노선으로 몰았고, 정부에 대해 보다 급진적으로 단합된 반대세력을 조성했다. 교육받은 시민들은 대학살에 격분했다. 대학생들은 수업 거부를 이어갔고, 대학 캠퍼스를 정치적 소요의 중심으로 바꾸어놓았다. 2월 말경 정부는 학기 말까지 모든 고등교육 기관을 사실상 폐쇄하지 않을 수 없었다. 전문직 노동조합은 전국적 차원에서 노조 연합회로 연대했고, 이후 여기에 여성평등조합과 준노동단체조합(이를테면 철도 노동자와 고용인들 조합)이 합세했다. 이로써 인텔리겐치아는 대중과 직접적으로 연결될 수 있었다.

시위운동은 비러시아계가 살고 있는 국경지대까지 빠르게 확산됐다. 러시아의 지배에 대한 증오심이 광범위하게 퍼져나가 사회적, 정치적 긴장이 강해지고 있던 폴란드, 핀란드, 발트해 지방과 캅카스 지역에서 시위운동이 특히 거셌다. 폴란드 지역 열 곳에서 1905년 봄과 여름에 발생한 파업은 제국의 다른 곳에서 일어난 파업의 수를 모두 합친 것보다도 더 많았다. 바르샤바와 로지의 파업 노동자들은 바리케이드를 세우고 경찰과 충돌했다. 폴란드와 핀란드와 발트해 지역 주민들에게 일본에게 러시아가 치욕적으로 패배했다는 소식은 곧 제국의 정부가 무너지고 자신들의 독립을 위한 길이 열릴 것이라는 믿음을 불어넣어주면서 환영받았다.

농촌에도 항거의 분위기가 확산됐다. 정부가 약해진 것을 본 농민들은 이 기회를 틈타 지주들에 대한 지대 지불 거부 운동을 펼쳤다. 농민들은 지주의 토지를 무단 침입하고, 지주 소유의 나무를 베고, 건초를 훔쳐 갔다. 초여름부터는 지주의 재산을 강탈하고 지주의 저택에 불을 질러 그가 도망치도록 만들면서 지주의 사유지에 대한 총력전을 펼치기 시작했다. 사람들은 화염에 휩싸인 지주 저택에서 치솟는 불길 때문에 밤하늘이 환하게 빛나는 모습이라든지, 길 위에서 약탈한 지주의 소유물을 가득 실은 마차 대열이 이동하는 모습에 대해 이야기했다. 1905년과 1906년에 걸친 농민 폭동 기간에 무려 3000개의 대저택(전체 가운데 15퍼센트)이 파괴됐다. 대부분의 폭동은 최대 규모의 사유지가 밀집되어 있고 농민의 빈곤이 최고조에 이르렀던 모스크바 남부의 중앙 농업 지대에 집중됐다.

시골의 지주는 농민들을 막을 수 있도록 정부의 도움을 요청했고, 정부는 군대를 파견했다. 1905년 1월부터 10월까지 농민 봉기를 진압하기 위해 최소한 2700차례나 군대가 배치됐다. 이는 만주로 파견하기 시작한 군 기강의 해이를 가속화했다. 국내에서 점증하고 있는 반란적 혁명의 위협이 국외에서의 러시아군의 패배에 대한 예측과 맞물려서 차르는 일본과의 강화에 응하지 않을 수 없었다. 국내에서 사회적 혁명이 벌어지고 있는 상황에서 외국과의 전쟁을 수행하는 것은 불가능한 것으로 판단됐다. 대다수 보병들은 농민이었고, 그들은 자신들이 농민의 불만을 진압하기 위해 동원되는 것에 대해 분개했다. 부대 전체가 명령을 따르기를 거부했고, 반란이 사병들 사이로 확산됐다. 차르의 가장 충성스런 군인에 속한다고 알려져 있었던 카자크 기병대조차 반란의 분위기에 휩쓸렸다. 그 후 6월 14일에 이런 소요는 흑해 함대에까지 퍼져나갔다.

　수병들의 반란은 구더기가 들끓는 고기 한 조각 때문에 시작됐다. 포템킨 호에 탄 배의 의사는 그 고기를 먹기에 적합하다고 판정했다. 수병들이 함장에게 불만을 토로하자, 함장은 수병들의 대표인 바쿨렌추크를 사살하도록 명령했다. 수병들은 반란을 일으켜 7명의 장교를 살해하고 전함 위에 붉은 깃발을 게양했다. 반란자들은 이미 2주 동안이나 파업 노동자들과 시 정부가 사실상 전쟁을 벌이고 있던 오데사로 포템킨 호를 몰고 갔다. 바쿨렌추크의 시신은 의장대에 둘러싸여, 항구에서 도시로 이르는 대리석 계단의 발치 아래 놓여졌다(이 장면은 훗날 에이젠슈테인의 영화를 통해 영원히 기록되기에 이른다). 항구의 진입로에 거대한 인파가 모여, 순교한 혁명가의 상여 주위에 화환을 놓았다. 군중을 해산하기 위해 군대가 파견됐고, 군인들은 계단을 내려오면서 그 아래에 포위된 민간인을 향해 무차별적으로 발포했다. 발포가 멈추기까지 2000명이 사살되고 3000명이 부상을 입었다. 반란자 수병들은 루마니아의 콘스탄자로 배를 몰고 가서, 그곳에 포템킨 호를 정박시켰다. 이 반란은 그 자체만 놓고 보면 작은 위협에 불과했다. 그러나 혁명이 제국군의 심장부에까지 퍼졌다는 것을 세계에 알림으로써 러시아 정부에게는 대단히 당혹스러운 일이 됐다.

러시아 제국이 붕괴 직전으로 내몰렸지만, 정부는 여전히 무능함과 완고함으로 그 위기에 대응했다. 니콜라이 황제는 사태의 위험성에 대해 인지하지 못하는 것처럼 보였다. 온 나라가 혼돈에 빠져 있는 동안 그는 날씨와 차 모임에 대한 시시한 기록들로 자신의 일기를 채웠다. 대신들은 황제에게 피의 일요일 사건에서 시위를 일으킨 주범은 외국인 첩자들이었다고 보고했다. 세심하게 선발된 '믿을 만한' 노동자들의 대표단이 황제의 궁으로 불러들여졌고, 아이들처럼 가지런히 서서 차르의 담화를 들었다. 거기에서 황제는 노동자들이 '해외의 혁명가들'에게 속아 넘어간 것을 비난했고, 자신은 그들의 '확고부동한 헌신'을 믿기 때문에 '그들의 죄를 용서하겠다'고 약속했다. 황제는 새로운 내무상인 알렉산드르 불리긴Alexander Bulygin으로부터 나라를 진정시키기 위해서는 정치적 양보가 필요하다는 조언을 들으면서 큰 충격을 받았다. "자네가 겁을 집어먹고 있다고 백성들이 생각한다면, 혁명이 일어날 것이네." 황제가 그렇게 말하자 불리긴은 이렇게 대답했다. "혁명은 이미 시작됐습니다, 폐하."[5]

1905년 2월 18일 니콜라이 황제는 국민들이 왕의 권좌 뒤에서 단결해줄 것과 '정부 내의 개혁'을 위한 방안들을 건의해줄 것을 촉구하는 제국의 선언서를 발표했다. 불리긴은 거국 의회 개최에 대한 제안서를 작성하라는 지시를 받았다. 이후 넉 달 동안 수만 장의 개혁 탄원서가 농촌 의회, 군대, 각 도시와 공장으로부터 차르에게로 전달됐다. 1789년 프랑스 혁명 기간에 쏟아져 나온 민원들로 가득 찬 편지들처럼, 국민들은 점점 더 커져가는 민주주의의 언어를 쏟아내기 시작했다. 그러나 니콜라이 황제가 수용하기에는 그들의 요구가 지나치게 급진적이었다. 다수의 국민은 입법 권한을 가진 국회, 결과적으로는 입헌군주제의 설립을 요구했다. 반면에 차르가 수락할 수 있는 준비가 된 유일한 의회의 종류(8월 6일 차르의 서명을 받기 위해 제출된 불리긴의 두마* 설립안)는 귀족계급의 지배를 보장하기 위해 제한된 선거권 위에 선출된 순전히 자문 성격의 기구(미르스키가 이를 제안했었다)였다.

불리긴 두마(의회)는 때늦은 안이었다. 6개월 전만 하더라도 그것은 환영받았을지 모른다. 정부로 하여금 정치적 주도권을 되찾도록 해주었을 것이다. 그러나 지금 거의 모든 중도파 개혁가들에게 불리긴 두마는 마음에 들지 않았다. 상트페테르부르크의 성인 주민들 중 1퍼센트 미만이 투표권을 얻었으며, 많은 지방 도시에서 그 투표권자의 수는 훨씬 적었다. 사회주의 정당들은 선거를 거부하기로 결정했다. 그들은 정부가 더 양보하도록 압력을 가하기 위해, 이미 커져가고 있던 대중들의 시민 불복종 운동을 지원하기로 뜻을 모았다.

1905년 동안 노동자들의 파업과 시위는 점점 더 조직화되고 공격적으로 변했다. 그것은 부분적으로는 사회주의 정당들의 영향력이 커져감으로 나타난 결과였지만, 주된 이유는 노동자들이 고용주, 경찰과 점점 더 격렬하고 극심한 충돌을 빚게 되면서 그들 스스로 계급의식이 더 강해지고 폭력적으로 변해간 데 있다.

총파업은 노동계급의 즉흥적이지만 잘 통솔된 봉기의 고전적인 본보

---

* '두마'는 제정 러시아의 의회를 뜻하며, 니콜라이 2세의 '10월 선언'으로 1906년부터 1917년 혁명 직전까지 존속했다.

기였다. 그것은 9월 20일 모스크바 인쇄공들의 파업에서부터 시작됐다. 가장 많이 교육을 받은 노동자들인 그들은 더 많은 급여와 더 나은 노동 조건을 요구했다. 파업 노동자들은 대학생들과 접촉했고(인쇄소는 대학 주변에 있었다), 그들과 함께 시위를 벌였고, 경찰의 습격을 받았다. 노동자들은 경찰을 향해 돌을 던졌고, '자기들'의 거리를 방어하기 위해 바리케이트를 세웠다. 10월 초 상트페테르부르크와 몇몇 다른 도시의 인쇄공들은 동료 노동자들과의 연대를 이루며 시위 현장에 나왔다.

다음으로, 철도 노동자들이 파업에 가담했다. '철도노조연맹'은 여름 이후 정치 개혁에 찬성하는 운동을 펼치기 위해 총파업을 일으키는 계획을 논의해왔던 '노동조합연맹'에 소속되어 있었다. 10월 10일 사실상 전체 철도망이 정지 상태에 들어갔다. 공장, 상점, 수송 노동자들, 은행과 사무직 노동자들 병원 직원들, 교사, 강사, 심지어 상트페테르부르크 제국 극장의 배우들까지 포함해 수백만 명의 노동자들이 정부에 대한 전국적 파업을 지지하며 쏟아져 나왔다.

총파업 조직은 10월 17일 상트페테르부르크에 세워진 '노동자 대표 소비에트'에 많은 신세를 졌다. '소비에트'라는 낱말은 러시아어로 '평의회'를 의미했다(1917년 이후까지 '소비에트'라는 낱말에 특별히 공산주의적인 의미는 들어있지 않았다). 사실 이 페테르부르크의 소비에트는 총파업을 지휘하기 위해 마련된 노동자들의 임시 위원회에 불과했다. 이 소비에트는 진전된 상황을 파업 참가자들에게 알려주기 위해 자체의 기관지인 〈이즈베스티야Izvestiia〉를 발간했고, 자체 의용대를 조직했으며, 식량을 분배했다. 페테르부르크 소비에트는 다른 50개의 도시들에 노동자 스스로의 힘으로 소비에트를 세우도록 노동자들을 독려하는 모범이 됐다.

페테르부르크 소비에트는 멘셰비키가 장악했다. 멘셰비키는 그것을,

노동대중이 주도적인 역할을 맡게 될 정치 운동을 조직하려 계획하는 자신들의 사회민주주의 이데올로기의 실현이라고 생각했다. 트로츠키(그 당시에 멘셰비키였던)는 페테르부르크 소비에트의 실질적인 배후세력이었다. 그는 이 단체의 결의안을 작성했고, 〈이즈베스티야〉의 사설을 담당했다. 이와 달리 볼셰비키는 자신들과 같은 전문적 혁명가들의 선봉대의 지휘를 받지 않는 노동계급의 주도권에 대해 회의적이었고, 페테르부르크 소비에트의 활동에 적극적으로 참여하지 않았다. 11월 제네바 망명을 끝내고 돌아온 레닌조차도 페테르부르크 소비에트가 거주하고 있던 기술 대학에서 연설하려고 하지 않았다. 그럼에도 불구하고 1917년 이후 기술 대학의 건물에는 레닌이 연설했다고 주장하는 명판이 세워졌다. 볼셰비키에게는 자신들의 건국 신화를 1905년의 1차 혁명에서 끌어오는 것이 중요했다.

정부는 수도에 대한 통제력을 상실했다. 정부는 총파업을 끝내고 나라 전체의 질서를 회복하기 위해 충분한 수의 충직한 부대의 지원에 의존할 수 없었다. 니콜라이 황제는 그가 왕좌를 잃어버릴 것을 두려워했던 자신의 고문들의 압력을 받아서 비테 백작이 작성한 선언서에 마지못해 서명하기로 동의했다. 그 선언서는 시민의 자유와 의원내각제, 보통 선거에 의해 선출된 입법의회를 허용하는 것을 내용으로 담고 있었다. 그것은 사실상 해방연맹의 정치 프로그램이었다. 비테의 목적은 자유주의자들을 진정시킴으로써 좌파를 고립시키는 것이었다.

그 선언서가 발표되자 거리에서 환성이 터져 나왔다. 이런 '인민의 승리'를 통해 마침내 모든 계급이 일심동체가 됐다는 감정, 일리야 레핀Ilya

Repin이 〈10월 17일의 선언서〉라는 그림에서 표현한 전국적 단합의 도취적인 감정이 지배했다. 비가 많이 내리는 날씨에도 불구하고 거대한 인파가 '집회의 자유'라는 글자가 씌어진 붉은 깃발을 들고 겨울궁전 앞에 모여 들었다. 그것은 '피의 일요일' 대학살 사건의 현장에서 펼쳐진 상징적인 승리였다. 장교들과 사교계 부인들이 붉은 완장을 두른 채, 노동자들, 대학생들과 연대하며 〈라 마르세예즈〉•를 불렀다. 총파업은 취소됐다.

그러나 '인민'의 일체감은 환상에 불과했다. 정치적 이해관계를 가지고 있었던 자유주의 상류층에게 이 '10월 선언'은 그들의 투쟁을 승리로 장식하는 마무리였다. 그들에게는 러시아가 입헌적 자유에 근거한 유럽 국가의 일원이 되어가는 듯 생각됐다. 옛 검열법의 효력이 정지됐기 때문에 일간지의 지면은 대담한 사설들로 채워졌다. 사회주의 지도자들이 망명생활을 마치고 돌아왔다. 하원 선거에서 경쟁하기 위해 정당들이 조직됐다. 군중들이 스스로를 시민으로 인식함에 따라 거리, 광장, 공원이 토론장으로 변했다. 새로운 러시아가 태어나고 있다는 이야기가 돌았다.

그러나 노동자와 농민에게 10월 선언의 정치적 양보는 그들의 사회적 고충에 대해, 여덟 시간 노동, 고용주의 인격적인 대우, 더 나은 보수와 노동조건 등의 해결책 중 어떤 것도 주지 못했다. 그들에게는 혁명이 이제야 막 시작된 것이었다. 10월 이후 파업과 농촌의 소요가 재개됐고, 1906년 내내 계속됐다. 많은 농민은 10월 선언이 그들의 마음에 들지 않는 질서를 뒤집을 수 있는 면허를 그들에게 주었다고 착각했다. 또한 군부대에서의 반란 역시, 전보다 훨씬 더 큰 규모로, 새로이 나타났다. 10월 말과 12월 사이에 군대에서 일어난 반란의 수는 211건이었다.

• 프랑스 혁명 당시 오스트리아와 프로이센 등 반혁명 연합군이 프랑스로 쳐들어오자, 마르세유 의용군이 파리로 진군해오면서 불렀던 노래다. 오늘날 프랑스의 국가國歌가 되었다.

사회민주노동당원들은 이런 혁명의 징조에 용기를 얻어서 모스크바에서 무장봉기를 일으키기로 결정했다. 레닌은 그 활동에 많은 관심을 쏟았다. 페테르부르크 소비에트 역시 트로츠키의 지도를 받으면서 정부와의 마지막 결전을 준비하고 있었다. 페테르부르크 소비에트는 일련의 무장 파업을 지지했고, **노동자 계급의 헤게모니**를 확고히 하기 위해 무장봉기를 일으키는 계획을 논의했다. 12월 3일 페테르부르크 소비에트의 지도자들은 무장 반란을 모의한 죄목으로 체포됐다. 사회민주주의당 모스크바 지부는 총파업을 선언하고 노동자들에게 무기를 지급했다. 바리케이드가 올라갔고, 모스크바 시가지들은 노동자들과 경찰 간의 전쟁터로 변해버렸다. 섬유공장이 밀집해 있는 프레스냐 지구는 혁명의회와 의용부대를 갖춘 반란의 중심지로 변했다. 프레스냐 지구로 차르의 군대가 투입됐고, 폭격이 가해졌다. 봉기의 진압 과정에서 1000명 이상의 비무장 시민들이 살해됐다. 그 후 몇 주간 정부는 대규모 검거와 즉결처형을 통해 잔혹한 탄압을 시작했다. 경찰은 노동자의 아이들을 막사에서 체포한 뒤 그들에게 '경고를 주기 위해' 구타를 가했다. 교도소는 미어터지고, 공격적인 노동자들은 일자리를 잃었으며, 사회주의 정당들은 지하로 숨어들었다. 천천히, 공포정치를 통해서 나라의 질서는 회복됐다.

1905년에 대한 소련의 찬양에서 모스크바 봉기는 중요한 위치를 차지할 예정이었다. 그 당시의 '쓰러진 영웅들'은, 볼셰비키가 자신들의 대의를 위해 순교자를 요구했던 1917년과 내전 시기에 병적이라고 할 만큼 숭배받았다. 그 봉기는 실제로 성공할 가능성이 매우 희박했고, 비참하게 실패했지만, 그것은 중요한 것이 아니었다. 모스크바 봉기는 권력을 쟁취하는 것이 가능하다면 (그 성공의 가능성이 아무리 희박하더라도) 언제든지 행동해야 한다(왜냐하면 오직 행동만이 상황을 변화시킬 수 있다)라는 원리를 보여주는 사례로서 남게 됐다. 나폴레옹은 한때 이렇게 말했다. "일단 싸움에 뛰어들자, 그다음에 무엇을 해야 할지는 나중에 생각하고!On s'engage et puis on voit" 1917년 10월 당시 레닌이 세웠던 원칙은 바로 그것이었다.

1905년의 교훈은 무엇이었을까? 비록 차르 정부는 흔들렸지만, 무너진 것은 아니었다. 그 이유는 대단히 분명하다. 첫째, 다양한 반정부 운동은 그 나름의 독자적인 리듬을 따랐고, 정치적으로 결합하는 데에 실패했다. 이런 양상은 두마와 소비에트가 혁명 전체에 대해 조정자의 역할을 수행했던 1917년 2월에는 달라질 예정이었다. 둘째, 군대는 여러 차례의 폭동이 있었지만, 그럼에도 여전히 체제에 충성했으며 정부가 안정을 찾도록 일조했다. 이것 역시 재래식 군대가 1차 세계대전으로 무너지고 육군과 해군의 기간 부대가 민중의 편으로 빠르게 옮겨갔던 1917년 2월에는 달라질 운명이었다. 일본에 대한 대립관계의 상대적으로 빠른 중단이 1905년 정부의 회복을 이끈 중요한 배후 요인이었다. 사정은 완전히 달라졌을 수도 있었기 때문이다. 전쟁을 더 오래 끌었다면(또는 9월 포츠머스 조약●에서 러시아가 획득했던 것보다 덜 유리한 강화를 맺었다면), 차르는 사회 내의 군부 및 애국주의자 계급의 지지를 잃었을 것이다. 마지막으로, 자유주의자들의 정치적 이해관계와 급진적인 사회 개혁에 대한 좌파의 요구 사이에는 혁명 진영 내부에서 심각한 의견충돌이 있었다. 차르 정부는 10월 선언을 발표함으로써 자유주의자들과 사회주의자들의 사이를 틀어지게 하는 데에 성공했다. 러시아 민중은 1905년 1월과 10월 사이에 그랬

● 1905년 9월 5일 미국의 중재로 미국 포츠머스에서 러시아와 일본 사이에 체결된 강화조약.

던 것과는 달리, 헌법적인 민주주의 운동을 두 번 다시는 지지하지 않을 것 같았다.

그러나 차르 정부가 탄압과 개혁을 통해서 혁명의 위기를 극복하는 데에 성공했다고 해도 그 권위는 이미 약화됐다. 국민은 더 이상 차르를 신뢰하지 않았다. 그들이 자유를 맛보았기 때문이다. 국민은 1905년 이전의 상황으로 되돌아갈 수 없었다. 따라서 만약 정부가 개혁을 포기한다면 국민은 다시 궐기할 준비가 되어 있었다.

'1차 혁명'은 그것을 겪은 모든 사람들에게 그들의 삶을 형성하는 중요한 경험이었다. 1905년의 청년 동지들 다수는 1917년에는 원로들이었다. 그들은 첫 혁명의 기억에서 영감을 얻었다. '1차 혁명' 당시에 열다섯 살이었던 보리스 파스테르나크Boris Pasternak는 〈1905년〉이라는 자신의 시(1927년에 발표)에서 '1차 혁명'의 중요성에 대해 이렇게 함축적으로 말했다.

총이 겨누고 있는
이 밤은
파업으로
선잠에 빠져 있네.
이 밤은
우리의 어린 시절이자
우리 스승들의 청춘이라네.[6]

엄밀한 의미에서 아무것도 바뀐 것이 없었지만, 농촌 지역에서 1905년은 일대 분수령이었다. 농민들은 좌절감을 느꼈지만, 지주의 땅을 쟁취하는 데에서는 패배하지 않았다. 자신의 영지로 되돌아온 지주들은 젊은 농민들의 분위기에서 어떤 변화가 있음을 감지했다. 예전에 농민들이 보여주었던 존경심은 온데간데없었고, 옛 주인에 대한 퉁명스러움으로 바뀌어 있었다. 많은 귀족들이 농민의 범죄, 파괴 행위와 훌리거니즘에 대해 하소연했다. 1912년의 이 시처럼 농촌의 민요에서는 귀족에 대한 이런 새로운 퉁명스러움을 표현하고 있다.

> 밤마다 나는 으스대며 걷는다
> 부자들도 나를 방해하지 않는다.
> 어떤 부자가 나에게 시비라도 걸려 하면
> 나는 그의 머리통을 거꾸로 달아맬 테다.[7]

농민들은 '자유의 날들'에 자신들의 손에 잠시 놓였던 토지에 대한 소유권을 포기해야 한 것을 원통해했다. 농민들은 적대적인 눈길과 폭력 행위라는 조잡한 행동을 통해서 토지가 '자기들의 것'임을 알렸고, 차르 정부가 힘을 잃자마자, 그들은 토지를 다시 돌려달라고 부르짖었다.

귀족들 가운데서 하층계급을 점점 더 두려워했던 것은 대지주만이 아니었다. 도시의 사회 지도층 역시 폭력적 혁명의 무서운 현실을 직면하지 않을 수 없었다. 폭력적인 혁명이, 그것도 더 큰 폭력과 함께, 또다시 분출할 것이라는 전망 때문에 그들은 공포에 사로잡혔다. 차후 도래할 혁명은 자유, 평등, 박애에 대한 찬양에 머무르지 않을 것이라는 점이 분명해졌다. 혁명은 소유를 박탈당한 사람들의 억눌렸던 분노와 증오심의 과격한 분출이자 무서운 폭풍처럼 도래하여, 옛 제국의 문명을 완전히 쓸어버릴 참이었다. 1905년 이후의 러시아를 금방이라도 터질 듯한 활화산처럼 묘사했던 블로크와 벨리 같은 시인들의 끔찍한 전망 역시 그것과 같았다.

결국 볼셰비키는 1905년의 진정한 승리자들이었다. 훗날 레닌이 유럽에서의 망명 생활 중에 실패한 혁명의 실질적인 교훈을 완전히 이해하고, 볼셰비키와 멘셰비키 사이의 이데올로기적, 전술적인 구분이 뚜렷해졌을 때, 볼셰비키는 뚜렷한 운동 세력으로서 등장했다. 1905년 이전까지 사회민주당 내 분파들 사이의 차이점은 주로 특정 개인과 관련된 것이었다. 즉, 볼셰비키주의는 레닌에 대한 개인적인 충성 서약으로 정의됐고, 멘셰비키주의는 어떠한 지배적인 지도자에 대한 거부가 특징이었다.

레닌이 보기에, 1905년은 세 가지 사안을 분명하게 드러냈다. 첫째, '부르주아'의 파탄 및 전제정치 권력에 대한 정치적 저항세력으로서의 부르주아 자유주의 정당들의 파탄. 둘째, 농민층의 어마어마한 혁명적 잠재력. 셋째, 제국의 기반을 치명적으로 허물 수 있는 국경지역 내 민족주의 세력의 잠재력.

그리고 그런 결론에 이르자 레닌은 근본적인 볼셰비키의 사상(정통 마르크스주의와 비교할 때 이단이라고 할 수 있는)을 전개했다. 즉 노동계급의 '전위대'는, 구체제를 무너뜨리기 위해 농민들 및 여러 민족들과 연합체를 구성하는 경우에 '부르주아 민주주의 혁명'을 우선적으로 거치지 않고도 권력을 장악하고 사회주의 혁명을 수행할 수 있다는 견해였다.

트로츠키 또한 1905년에 대한 분석에서 도출해낸 자신의 '영구혁명' 이론에서 유사한 사상을 제안했다. 트로츠키는 러시아 부르주아들이 진정으로 민주적인 혁명을 수행할 수 있는 능력이 없음을 스스로 보여주었다고 주장했다. 그러나 마르크스주의 이론이 사회주의가 혁명의 '부르주아 민주주의' 단계로부터 발전할 것이라고 추측했던 것과 달리, 러시아 부르주아들의 약점은 서유럽 자본주의 국가들의 보다 선진화된 사회보다 후진적인 러시아에서 더 일찍 노동자 계급이 사회주의 혁명을 수행하는 것을 가능하게 했다는 것이다. 트로츠키는 러시아에 세워질 노동자들의 국가가 자본주의 국가들의 조직적인 저항을 견뎌내지 못할 것이라고 생각했다. 러시아에 들어설 노동자 국가의 존립은 그것의 국제적인 발전에 좌우될 운명이었다. 즉 프롤레타리아와 농민층의 동맹을 통해 다른 나라로 퍼져나갈 수 있는 혁명의 능력이 중요했다. 그것은 자본주의 제도의 전 지구적인 성격을 고려할 때 끊임없이 제기되는 지상명령이었다. 비록 트로츠키는 아직 멘셰비키 파에 속해 있었지만, 이미 그의 이론은 러시아처럼 미개발된 국가들이 사회주의 혁명을 시작하기 전에 부르주아-민주주의 단계(참정권과 시민권을 통해 노동과 노동조합이 성장할 수 있었던)를 거쳐야 한다고 주장했던 정통 마르크스주의인 멘셰비키주의보다는 볼셰비키주의와 더 잘 어울렸다. 1917년에 그는 볼셰비키주의를 지지했다.

레닌과 트로츠키는 그들이 1905년에 배운 경험을 토대로 1917년의 혁명적 전술을 작성했다. 바로 그런 까닭에, 1920년 레닌은 유명하게도, 1905년 혁명에 대해 "1917년의 혁명을 일으키는 데에 없어서는 안 됐을" "최종 리허설dress rehearsal"이라고 지칭한 것이다.[8]

Revolutionary Russia
1891~1991

3장

_____

마지막 희망

_____

스톨리핀의 개혁과 좌절

러시아의 의회 시대는 1906년 4월 27일 상트페테르부르크의 겨울궁전의 대관식 홀에서 두마의 개회식과 함께 시작됐다. 홀의 한쪽에는 러시아 전제정치의 위대하고 훌륭한 인사들이 자리해 있었다. 장관, 상원의원, 제독과 장군, 법관 등등. 이들은 모두 훈장과 금술이 주렁주렁 달린 제복을 입고 있었다. 그들과 마주보고 서 있는 이들은 새로운 러시아 민주정부의 의회 대표로서, 면 셔츠와 헐렁한 윗옷을 입은 농민, 정장 차림의 전문직 종사자, 검은 옷의 수도사와 사제, 다채로운 민속 의상을 입은 우크라이나인, 폴란드인, 아르메니아인, 타타르인, 이브닝드레스를 입은 소수 귀족들의 잡다한 혼합이었다. 그러나 그 속에 노동자들은 단 한 명도 없었다. 한 크림반도 출신의 대표가 이렇게 회상했다. "두 적대 진영은 서로를 마주한 채 서 있었다. 나이 많은 백발의 궁전대신들, 예절과 전통의 수호자들은 두려움과 혼란스러움을 감추지 못하면서도 거만한 태도로, 혁명에 의해 궁전 안으로 쓸려 들어온 '거리의 사람들'을 건너다보았고, 서로 조용히 속삭였다. 다른 쪽 또한 상대 못지않은 무시와 경멸감을 드러낸 채 맞은편을 쳐다보았다."[1]

개회식의 대치는 장차 벌어질 전쟁의 맛보기에 불과했다. 러시아 정치사에서 1905년의 혁명과 1917년 2월의 두 혁명 사이의 시기는 왕정주의 세력과 의회주의 세력 간의 전쟁이라고 불릴 수 있을 것이다. 무엇보다도 나라 전체가 여전히 혁명의 위기로부터 막 벗어나고 있을 무렵, 황제의 궁전은 의회에 자리를 내주지 않을 수 없었다. 그러나 1905년의 기억이 사라지자마자, 러시아에서는 새로운 혁명의 힘이 끌어내려지고 과거의 전제정치가 회복됐다.

1905~1906년의 헌법 개혁은 양 진영 모두에게 희망을 줄 수 있을 만큼 충분히 양면적이었다. 니콜라이 황제는 단 한 번도 10월 선언을 자신의 통치권에 대한 제한으로 받아들이지 않았다. 그는 10월 선언을 자신의 왕권을 구하기 위한 양보로 승인했지만, 그 선언문을 '헌법'(이 낱말은 그 문서 어디에서도 언급되지 않았다)으로 여기면서 준수하겠다는 맹세는 결코 하지 않았다. 따라서 전제정치의 원리를 유지하겠다는 그의 대관 서약은 적어도 그의 마음속에서만은 사실상 유지됐다. (1906년 4월에 통과된) 기본법에는 지금부터 앞으로 차르의 권위가 서구 입헌주의 국가들의 경우처럼 인민으로부터 나온다고 생각해야 한다는 내용이 전혀 명시되어 있지 않았다. 차르는 비록 접두사 '무제한적인' 대신에 '최고의'라는 접두사가 붙여졌지만 '전제군주'라는 칭호를 계속 유지했다. 니콜라이 황제는 자신의 지위를 과거와 변함없는 것으로 생각했다.

황실은 정치권력의 핵심으로 남아 있었다. 차르는 총리(이반 고레미킨 Ivan Goremykin)와 내각('장관 회의')을 임명했다. 두마가 휴회 중일 때 황제는 계엄령(헌법 제87조에 의거)을 선포해 두마를 해산하고 통치할 수 있었다. 이것은 정부가 제출한 법안에 대해 의회가 반대하는 경우에 의회의 심의를 피해나갈 수 있는 일종의 개구멍이었다. 두마는 왕실의 전통적인 동맹자들이었던 귀족과 농민(이들은 군주제 지지자들이라고 잘못 인식됐다)을 지지하는 쪽으로 무게가 쏠린 채 간접투표 방식을 통해 선출됐다. 비록 두마는 입법권을 가진 의회였지만, 차르와 귀족이 지배하는 상원('국가회의')의 동의 없이는 자신의 법안을 통과시킬 수 없었다.

두마 체제는 두마가 선거법을 입안하면서 예상했던 것보다 훨씬 더 과격한 면모를 드러냈다. 타우리드 궁전에서 회기를 시작할 때부터 두마는 혁명의 연단이자, 전체정치의 요새를 두드리는 수사적인 타격으로 변했다. 사회주의혁명당과 사회민주노동당은 두마 선거를 엉터리 민주주의라고 비난하면서 거부했다. 그러나 전체 448석 가운데 153석을 확보한 최대 정당인 입헌민주당(카데트)은 급진적인 성향을 드러냈으며, 두마에 의한 정부 관료의 임명, 상원의 폐지, 성인 남성의 보통 선거권을 포함한 광범위한 정치 개혁을 요구하기 시작했다. 두 번째로 큰 당은 107석의 노동당(트루도비키)이었고, 이들은 농민의 지지를 기반으로 하는 당이었다. 이 당의 의원들은 싸구려 담배를 피웠고, 우아한 왕궁의 바닥에 해바라기 씨를 뱉어댔다. 그들의 최대 목표는 지주의 재산을 강제로 몰수해 토지 문제를 급진적으로 해결하는 것이었다. (지주에 대한 보상금을 추진하고자 했던) 카데트와 함께 그들은 두마 내에 토지 개혁을 위한 법안을 도입했다.

1905년 일시적으로, 많은 지주들이 자기 계급을 살리기 위해 일정한 형태의 토지 징발을 수용하기로 마음먹었던 때가 있었다. 농업 문제에 대한 차르의 주요 고문관이었던 반동주의자 드미트리 트레포프Dmitri Trepov는 비테에게 만일 나머지 농지를 계속 유지하는 데에 도움이 된다면 자신의 농지 절반을 기꺼이 포기할 것이라고 말했다. 그러나 혁명의 위협이 서서히 물러나자, 귀족계급은 타협하고 싶은 마음이 점점 더 줄어들었다. '귀족 연합'(황실과 상원과 정부 내의 유력한 후원자가 결탁해 만들어진 지주의 조직)은, 농민에게 더 많은 토지를 허용하는 것은 그들의 빈곤 문제를 해결하지 못할 것이라는(왜냐하면 농민의 빈곤을 초래한 것은 토지 부족보다는 농민 공동체의 비효율성이었기 때문에) 합당한 근거를 내세우면서 두마의 개혁안에 반대하는 운동을 펼쳐나갔다.

차르는 두마의 급진적인 요구를 거부하면서, 7월 8일 두마를 해산했다. 입헌민주당은 '의회 원칙에 대한 공격'과도 같은 해산에 격분해, 핀란드만의 비보르크에서 민중에게 1905년 총파업에서 그랬듯이 대규모 시민불복종 운동에 동참할 것을 촉구하는 선언문을 발표했다. 민중은 비보르크 선언에 무관심한 반응을 보였다. 100명 이상의 주요 당원들이 재판에 회부됐으며 선언에 가담한 죄목으로 의원직을 정지당했다. 그들은 두번 다시 민중의 지지를 신뢰하지 않을 참이었다. 또한 민중의 대표이기를 자처하지 않을 참이었다. 이 순간부터 그들은 자기들이 줄곧 그래왔던 상태—즉 중간계급을 대표하는 자연스러운 정당—그대로가 되려고 의식적으로 노력했다. 자유주의와 민중은 각자의 길을 걷게 됐다.

———————

그러는 사이, 차르는 표트르 스톨리핀Petr Stolypin을 총리로 임명했다. 그는 1905년 당시 가장 격렬한 반란이 일어났던 곳 중 하나였던 사라토프의 주지사로서 그 고장의 법과 질서를 회복하기 위해 확고한 조치를 단행했던 것으로 이름을 떨쳤던 인물이었다. 그러나 또한 보다 장기적인 안정을 도모하기 위해 농업 개혁과 정치 개혁을 단행하는 안을 제안했던 것으로도 유명했다.

러시아 역사에서 스톨리핀만큼 논란이 많은 인물은 별로 없다. 좌파에서는 그를 차르의 질서에 대한 냉혹한 수호자라고 비난했다. 군대의 야전 법정이 농민의 혁명을 잠재우기 위해 사용했던 교수대의 올가미('스톨리핀 넥타이')와, 혁명가들을 시베리아로 이송하는 데에 사용됐던 열차('스톨리핀 열차')에 그의 이름이 붙었다. 1917년 이후에는 차르의 가장 확고한 추종자들까지도 그를, 전제정치의 신성한 원리를 훼손하는 데 기여했을 뿐인 위험한 개혁을 만들어낸 건방진 지방 관료라고 맹렬히 비난하게 됐다. 그러나 스톨리핀의 권위주의적인 정치력의 숭배자들—블라디미르 푸틴이 그들 중 한 명이었다—은 그를 혁명과 내전으로부터 러시아를 구원할 수 있는 유일한 정치가라고 생각했다. 그들은 만일 충분한 시간만 주어졌다면 그의 개혁이 국가를 자유주의적인 자본주의 사회로 바꾸어 놓았을 것이라고 주장한다. 그러나 이것은 대단히 큰 '만약'이다. 시간은 스톨리핀이 가지지 못했던 유일한 무엇이었다. 정치 개혁을 통해서 혁명의 상황을 안정시키는 것이 정말로 가능했을까? 정말로 한 사람의 노력이 차르의 목숨을 구할 수 있었을까?

스톨리핀은 표트르 대제로부터 푸틴에게로 이어지는, 국가를 사회 관리와 근대화의 중심적인 주체로 생각하는 러시아 통치 권력의 전통에 속한다. 스톨리핀의 개혁의 목표는 민주주의 질서를 창조하는 것이 아니라, 차르의 통치를 뒷받침하기 위해 민주주의적 요소를 사용하는 것이었다. 이 같은 도구주의적 국가통제주의자로서 그는 두마와의 관계를 규정했다. 스톨리핀은 두마를 국가의 부속물로 보았다. 즉, 행정을 점검하거나 지도하기 위해서가 아니라 정부의 정책을 지지하기 위한 공공단체로 간주했다. 그의 정부 모델은 영국보다는 프로이센의 형태에 가까웠다(비스마르크Otto Eduard Leopold von Bismarck가 그의 정치적 영웅이었다).

1907년 2월 소집된 제2차 두마에 대해 스톨리핀은 자신의 입맛에 맞는 범위에서만 그 활동을 허용했다. 그가 이끄는 정부는 선거에 영향을 주고 협력자들의 정계 복귀를 확보하기 위해 최선을 다했다. 10월 선언의 정치적 원리에 토대를 둔 '국가 질서를 주장하는 당파'인 10월당(옥탸브리스트) 당원들의 복귀를 확보하는 것이 목적이었다. 그러나 좌파의 모든 정당이 1906년 대의원들의 급진적 의사에 고무되어 두마 보이콧을 끝낸 상황에서, 선출된 54명의 10월당원들은 98명의 입헌민주당과 60명에 이르는 기타 중도 및 우파 의원들의 지지를 받는다 하더라도 222명(65명의 사회민주노동당원을 포함하는)에 이르는 거대 사회주의자 진영에 맞서는 효과적인 다수로 정부가 활용하기에는 턱없이 부족한 숫자였다. 또한 스톨리핀은 복종적인 역할을 해달라고 농민 대표들에게 의지할 수도 없었다. 스톨리핀의 고향인 사라토프 현의 한 주민은 토지 개혁에 대한 논의 과정에서 커다란 파문을 일으켰다. 그는 한 귀족 대표에게 이렇게 말했다. "우리는 당신의 사유재산에 대해 알고 있소. 우리는 한때 당신의 소유물이었기 때문이지. 나의 삼촌은 사냥개와 교환됐소."[2]

스톨리핀은 자신의 개혁에 대한 지지를 얻을 수 없었기 때문에, 다음 회의가 열릴 때는 보수당원들이 지배하도록 하기 위해 (6월 3일의 명령을 통해) 두마를 해산하고 선거법을 바꾸는 것에 대해 망설이지 않았다. 귀족들의 대표는 농민들, 노동자들, 소수민족들을 희생시킴으로써 늘어났다. 1907년 11월 제3차 두마가 소집됐을 때 친정부 성향의 정당들(10월당과 우파들)이 443석 가운데 287석을 차지했다. 급진주의자들은 제3차 두마를 "지주와 하인의 두마"라고 불렀다.

6월 3일의 명령은 헌법에 대한 사실상의 위반이었고, 자유주의자들은 서둘러 그것을 쿠데타라고 비난했다. 심지어 10월당조차 그것에 대해 불편해했다. 스톨리핀은 두마를 고압적으로 다룸으로써, 차르 체제와 사회 사이에서 교량역할을 할 수 있는 자유주의자들로 이루어진 정치적 지지의 잠재적 기반을 약화시켰다. 스톨리핀은 오늘날 제3세계에서의 독재정치를 용서해주는 데에 효율적으로 사용되는 주장을 연상시키는 논리로써 의회 원칙과의 결별을 정당화하면서, 러시아가 서유럽 국가들처럼 통치되어서는 안 된다고 영국 대사에게 말했다. "정치 생활과 의회의 이상은 압도적 대다수가 무지하고 글을 못 읽는 민족에게는 수수께끼 같은 것이기"[3] 때문이었다.

———————

스톨리핀의 토지 개혁은 그러한 결점을 고치려는 시도였다. 즉 그의 개혁의 목적은 농민 토지소유자라는 새로운 계급을 창출하는 것이었다. 스톨리핀은 그런 농민 토지소유자들이 사유재산을 소유함으로써 국가 체제 안에 자신의 몫을 가지고 있다고 생각하며, 정부에 대한 지지자로서 지역 젬스트보 정치에 참여하게 되기를 희망했다. 스톨리핀은 그것을 "최대 강자에게 거는 도박"이라고 불렀다.

이 개혁에는 보다 강한 농민들이 농민공동체를 떠나서 자급 농장주로 새로 시작함으로써 농민공동체를 해체하고, 토지에 대한 농민 혁명의 기관을 조직하는 것이 포함됐다. 1906년 11월 9일 법령에 따라서 농민 가정의 가장은 마을('후토라'라고 불리는) 외곽의 완전히 폐쇄된 농장이나 마을 안의 연합된 자산들('오트루바'라고 불리는) 내의 공동경작지를 사유 재산으로 전환할 수 있는 권리를 부여받았다. 영농기술을 통해 농지 분리를 활성화하고 분리자들이 농민토지은행으로부터 저리의 융자를 받아 토지를 구매하도록 돕는 법안이 계속 이어졌다. 정부는 이 개혁을 지원하기 위해 총력을 기울였다. 이것은 정부가 농민의 일상생활에 심대한 변화를 일으키기 위해 벌인 최초의 노력이었고, 만약 그 시도가 성공하지 못했다면 마지막 수고가 될 참이었다. 네 개의 장관부서, 수백 개에 이르는 지방과 관구 토지 위원회, 수천 명의 관리, 통계학자, 농학자들이 최대한 빨리 인클로저 운동을 일으키기 위해 고용됐던 것이다. 정부가 자신의 생존이 사유재산제에 바탕을 둔 새로운 영농 질서의 창출에 달려 있다는 점을 인식했던 것이었다.

　수백 년 동안 농민들의 삶의 중심이었던 농민공동체의 해체에 농민들이 반대하는 데는 뿌리 깊은 문화적 이유가 있었다. 가장 큰 걱정거리는 몇몇 농민들에게 공동 토지의 일부를 소유할 권리를 줌으로써 다른 농민들의 기초적인 생계수단인 이 토지에 대한 관례적인 사용 권리를 빼앗게 되지 않을까 하는 것이었다. 만약 농민 토지 소유주가 자신의 소유권을 자기 가족의 장자에게 물려주거나 그것을 완전히 팔아버린다면 무슨 일이 벌어질 것인가? 가정의 나머지 식구들은 극빈자로 전락하게 될 것이다. 또는 만약 가장 부유한 농민이 토지를 모조리 사들인다면 어떤 일이 벌어질 것인가? 식구들 전부는 스스로를 지탱하지 못할 것이다. 또한 당시에 인클로저 운동을 장려하도록 지시를 받았던 정부 감독관들이 최우량지에 대한 정당한 몫 이상을 분리 농민에게 보상해주지 않을까 하는 염려가 퍼져 있었다.

　또한 옛날부터 마구 뒤엉켰던 토지들의 조합을 어떻게 분리해낼 수 있을까 하는 것에 대해 농민들이 걱정했던 진짜 이유가 있었다. 어떤 조건을 통해서 한 장소의 좋은 토지가 다른 곳의 나쁜 토지와 교환될 수 있는 것인가 하는 것이었다. 언제나 공동으로 소유되어왔던 목초지와 숲과 강을 어떻게 분리할 것인가? 만약 새로이 울타리를 친 농장이 독자적인 길을 낸다면, 이것은 현재의 도로 경계선과 권리에도 영향을 끼치지 않을까? 농민들이 자기의 땅에 끌린 데에는 각별한 의미가 있었다. 땅의 넓이와 길이를 곱함으로써 농지의 면적을 계산하는 법을 아무도 농민에게 가르쳐주지 않았다. 농민의 밭은 '눈대중을 통해서'라든지, 땅 위를 보폭으로 재보거나 토지의 길이나 성질이 어디가 고르지 않은지를 대강 어림짐

작으로 나뉘어졌다. 따라서 농민들은 도시에서 제작된 장비와 자와 삼각대를 든 정부 측 측량사가 똑같다고 평가한 두 개의 농지가 실제로 같은 크기라고 검증해줄 확실한 수단을 가지고 있지 않았다.

이 모든 두려움은 농민공동체로 하여금 분리주의 농민들에게 저항하도록 유도했다. 1915년 이전에 기록된 600만 건의 토지 병합 민원 중에서 3분의 1 이상이 나중에 신청자에 의해 자진 철회됐다. 처리가 완료된 100만 건 중에서 3분의 2는 농민공동체의 반대에도 불구하고 정부가 밀어붙인 것이었다. 전체적으로 볼 때, 토지 개혁은 실패로 평가됐다. 1906년과 혁명 전야 사이의 기간에 유럽 러시아 지역의 농가 중 약 15퍼센트가 사유농지로서 토지를 병합했고, 소유권의 세습을 누리는 농가의 전체 숫자가 단지 30퍼센트가량에 불과했다. 그러나 토지를 사유화한 농가와는 반대로, 주로 농민공동체의 반대라든지 행정적 지연 때문에 사유화를 시도했지만 실패에 그친 농가도 있었고, 그 결과 잠재적인 분리 농민들이 이익을 상실하게 됐다.

어쩌면 토지 개혁은 성공하기에는 너무 야심 찬 계획이었다고 볼 수 있을 것이다. 러시아 농민들에게 외국의 자본주의 방식을 강요하는 것은 상트페테르부르크의 행정 관료들이 승인할 준비가 됐던 것보다 훨씬 어려운 것으로 밝혀졌다. 농민공동체는 많은 점에서 무용하고 비효율적이며 낡았지만, 다른 측면에서는 옛날처럼 빈곤의 궁지 위에서 살아가며 위험을 감수하기를 겁내고 외부자에게 적대적인 농민의 기본적인 필요에 여전히 호응하는 조직이었다. 스톨리핀은 농민이 가난한 이유는 그들이 공동체를 갖추고 있었기 때문이라고 추측했고, 그래서 농민공동체에서 농민을 해방시키면 농민의 삶이 개선될 것이라고 보았다. 그러나 그 반대의 주장도 옳았다. 농민공동체가 존재했던 이유는 농민이 가난했기 때문이다. 농민공동체는 빈곤의 부담을 분산시키는 기능을 했고, 농민이 가난한 상태로 머무는 한 그들이 농민공동체를 떠나서 얻게 될 이익은 없었다. 좋든 싫든 농민공동체의 평등주의적 관습은 사회정의에 대한 농민의 기본적인 이념을 실현시켰던 것이었고, 1917년에 입증됐듯이 그런 관습이야말로 농민이 지난한 투쟁을 통해 쟁취하고자 하는 이상이었다.

귀족은 토지에 관한 농민 혁명에 위협을 받고 있었기 때문에 스톨리핀을 지지했다. 그러나 일단 위협이 지나갔다고 생각되자, 그들은 수상에게 등을 돌렸다. 황실과 군대, 교회, 귀족계급, 민족주의 진영의 보수주의자 동맹은 스톨리핀의 광범위한 개혁 프로그램에 대해 자신들이 원하지 않는 자유주의 국가로 러시아를 이끌어가는, 차르와 사회질서에 대한 도전이라고 생각했다.

스톨리핀의 정치 프로그램은 황실로부터 제국의 국가로 권력의 무게를 옮길 것이라는 위협을 주었다. 차르는 자신의 개인 통치의 연장으로 국가를 생각했다(이것은 중세시기 모스크바 공국에 뿌리내리는 세습상속제 이데올로기였다). 이와 달리 스톨리핀은 국가를 왕조나 귀족계급으로 이해하기보다는 개혁의 추상적인 대리자로 간주했고, 그 목적이 제국의 이익에 봉사하는 것이라고 보았다. 스톨리핀 개인의 인격적 무게 때문에 차르와 그의 지지자들에게 스톨리핀의 국가관이 던지는 도전장은 훨씬 더 막강해 보였다. 정치인으로서 총리는 니콜라이 황제보다 훨씬 더 막강했다. 니콜라이 황제는 스톨리핀의 정치 프로그램이 통합하게 될 근대 국가의 복잡한 체계를 통제하기에는 대단히 역부족이었다. 만약 스톨리핀으로 하여금 정치적 목표를 이루도록 내버려둔다면, 차르 개인의 통치는 이 행정 체계의 그림자에 가려질 것이었다. 그리고 황실과 귀족계급이 이끌고 있는 신비롭게 허락된 권력의 피라미드는 무너지게 될 것이었다.

스톨리핀에 대한 황실의 저항이 처음 나타났던 것은 1909년 해군 작전 참모부 법안에 관한 문제와 관련해서였다. 두마 내 제국국방위원회에 소속된 10월당 당원들은 군 예산에 대한 거부권을 행사한 뒤 그 법안을 제안했는데, 여기에는 해군 작전참모부가 황실이 아니라 전쟁부의 통제를 받지 않는다면 해군에 대한 신용대부를 거절하겠다는 협박의 내용이 담겨져 있었다. 니콜라이 황제는 그런 최후통첩을 왕권으로부터 군사지휘권을 탈취하려는 두마의 시도라고 보고, 그 법안의 통과를 막기 위해 거부권을 행사했다. 황제는 스톨리핀과 내각의 장관들이 그 법안을 지지했다는 사실을 알고 노발대발했다. 그러나 스톨리핀의 사표를 수리하는 데까지는 이르지 않았다.

이 위기를 계기로 수상에 맞서서 전제정치를 옹호하는 세력들이 결집했고, 그들은 사실상 그의 모든 정치 개혁을 무화시키려고 노력했다. 국가의 초등교육체제를 확장하는 것에 대한 스톨리핀의 제안은 독자적인 교구학교를 두고 있었던 교회 내의 반동정치가들에 의해 묵살됐다. 유대인 및 다른 종교적 소수자에 대한 차별을 완화하는 취지의 법안도 마찬가지의 운명에 처해질 참이었다.

스톨리핀의 지방정부 개혁은 귀족들로부터 심한 저항을 받았다. 그것이 농촌 정치에 대한 귀족의 지배에 걸림돌이 된다는 이유 때문이었다. 스톨리핀의 새 개혁안의 의도는 지주와 마찬가지로 농민에게도 젬스트보 내에서 귀족과 동등한 대표권을 부여하는 것이었다. 또한 이 개혁안은 농민 법정을 폐지하고 농민을 민법 체제 안으로 완전히 이동시키는 방법을 제안했다. 스톨리핀은 이런 조치가 그의 토지 개혁을 성공으로 이끌기 위해 반드시 필요하다고 보았다. 그는 만약 그가 창출해내고자 했던 보수적인 농민 지주들로 이루어진 새 계급이 다른 계급이 누리고 있는 것과 동등한 정치적, 법적 권리를 갖고 있는 시민이 되지 않는다면, 현재의 질서를 지지하지 않을 것이라고 생각했다. 스톨리핀은 "최우선적으로, 우리는 시민과 소지주를 창출해내야 한다. 그러고 나면 농민 문제는 해결될 것이다"라고 말했다. 스톨리핀은 '볼로스티'(군과 면 사이의 중간 행정 단위 농촌 자치구) 수준에서의 새로운 젬스트보 대표권을 설정하는 방안을 제안했다. 그렇게 된다면, 혈통이 아니라 소유 재산에 기반해 선거권을 획득할 수 있게 되는 것이다. 그러나 귀족들은 젬스트보가 농민들로 넘쳐나지 않을까 두려워했고, 관료주의적 중앙집권화를 통해 '지방 사회'(즉, 귀족들 자신)를 해체하려 한다면서 스톨리핀을 비난했다. 이런 이유로 귀족들은 두마와 상원과 귀족연합을 통해 스톨리핀에게 저항했고, 그로 하여금 개혁을 포기하도록 종용했다. 만약 스톨리핀이 농촌 지역에서 지역 정부의 사회적 기반을 넓히는 데 성공했더라면, 아마도 러시아 정부는 1917년에 그토록 비참하게 무너지지 않았을 것이며, 소비에트 권력이 실제 그랬던 것처럼 그렇게 성공적으로 1917년 이후의 정치적 진공상태를 메우지 못했을 것이다.

해군 인사 문제의 위기와 귀족들의 반발 결과, 스톨리핀은 두마 내에서 지지를 상실했고 10월당은 몰락했다. 스톨리핀은 제국의 서부 국경지대에서 살아가는 러시아인들의 이익을 대변하기 위해 1909년 결성된 민족주의자 당에 의지하게 됐다.

러시아 제국의 이 서부 지역에는 대부분의 지주들이 폴란드인이었기 때문에 젬스트보는 결코 세워지지 못했다. 그러나 민족주의자들은 러시아 제국의 국익이 소유 재산뿐 아니라 민족성에도 기초한 투표 절차에 의해 확보될 수 있다고 주장하면서 '서부 젬스트보 법안'을 지지했다. 민족주의자들은 이 지역에 살고 있는 소규모 자작농들이 주로 러시아인, 우크라이나인, 백러시아인들이며, 모두가 한결같이 러시아 민족주의 이념을 품고 있다고 보았다. 만약 서부 젬스트보 법안에서 낮은 기준의 소유재산에 근거한 선거권이 의도한 바대로 그들이 젬스트보 내에서 최대 투표 지분을 얻게 해준다면, 그들은 모범적인 농민 시민이 되는 것이었다. 폴란드 지주가 지배하는 지역은 러시아인들에 의해 통치될 계획이었다.

그 법안은 두마(하원)에 의해 가결됐지만, 국가회의(상원)에서는 부결됐다. 상원에 소속된 골수 귀족들은 러시아의 국익을 관철시키기 위해서 귀족계급의 특권을 희생시키는 것을 좌시하지 않았다. 귀족들의 관점에서는, 농민들이 러시아인이라는 사실보다 폴란드인들이 귀족이라는 사실이 우선시되어야 했다. 귀족들의 저항에 힘을 실어주었던 것은 반동적 성향의 내무장관으로서, 황실의 총아이자 스톨리핀의 매서운 적수였던 트레포프와 두르노보Pyotr Durnovo였다. 스톨리핀은 차르가 두마를 정지시키지 않는다면, 또 헌법 제87조의 계엄령에 근거해 법안을 통과시키지 않는다면 사임할 것이라고 협박했다. 마지못해서였지만, 니콜라이는 동의했다.

스톨리핀은 우격다짐의 성격으로 승리했지만, 그의 고압적인 전술 때문에 거의 모든 사람이 그로부터 떠나갔다. 차르는 굴욕을 당했다. 이제 총리가 차르의 지지를 기대할 수 있는지 아닌지는 전혀 분명하지 않았다. 두마에 대한 스톨리핀의 태도에 대해 자유주의 인사들은 격분했다. 10월 당원들 중에서 민족주의자들만이 스톨리핀의 유일한 지지자로 남았고, 나머지는 야권 진영으로 옮겨갔다.

스톨리핀은 1911년 9월 1일 키예프 오페라 극장에서 혁명 성향의 대학생으로 경찰의 정보원이었던 드미트리 보그로프Dmitri Bogrov에 의해 살해됐다. 차르는 스톨리핀의 비보를 듣고는 "이제 더 이상 개혁에 대한 이야기는 없을 것이다"라고 말했다. 황후는 스톨리핀이 신비주의적인 라스푸틴Grigory Rasputin의 단호한 반대자였기 때문에 그의 죽음을 다행으로 여겼다. 그녀는 혈우병을 앓고 있는 아들 알렉시스 황태자를 고쳐줄 것이라고 라스푸틴을 신뢰했으며, 그녀 자신과 니콜라이에 대한 개인적 조언자로 그를 등용했다.[4] 몇몇 역사학자들은 스톨리핀의 암살이 황실과 연줄을 가진 경찰요원들이 승인하거나, 더 나아가 계획된 것이 아니겠냐고 추측한다.

스톨리핀은 보그로프의 흉탄에 맞아 쓰러지기 오래전부터 정치적으로 이미 사망한 상태였다. 만일 그가 '가능성의 기술'에 더 능숙했었다면 그는 개혁을 위한 더 많은 시간을 벌 수 있었을지 모른다. 그러나 그는 자신의 원칙을 아주 철저하게 지킨 나머지, 좌우파 진영 모두의 반대자들과 협상하고 타협해야 할 필요성을 잊어버렸다. 스톨리핀은 구 엘리트 정치인의 전통적인 특권을 무시함으로써 그들을 멀리 떠나가게 했고, 두마가 그의 앞을 가로막자 두마를 억압함으로써 자유주의자들을 멀어지게 했다. 이런 정치적 단호함은 그의 관료로서의 좁은 안목과 차르에 대한 의존에서 비롯됐다. 스톨리핀은 행정적 지시를 통해 개혁을 이룰 수 있을 것이라고 생각했고, 보다 광범위한 사회적 지지층을 동원하기 위해 관료사회 바깥으로 나가본 적이 없었다. 그는 만약 개혁의 수혜자인 농민들을 조직했다면 성공했을지도 모를 자신의 고유한 정당을 세우는 일에 실패했다. 스톨리핀 개인은 존재했지만, 스톨리핀 추종자들은 전혀 없었다. 따라서 스톨리핀이 숨을 거두자, 그의 개혁 또한 그를 따라서 소멸했다.

몇몇 역사학자들은 스톨리핀이 죽으면서 구 정권의 마지막 희망도 사라졌다고 주장한다. 스톨리핀이 주장했던 것은 의회주의 노선을 따라 정부를 자발적으로 개혁하는 것이었다. 그런데 이 개혁이 그 계획했던 목적대로 성공했을까? 1911년경 러시아가 입헌 질서를 향해 전진하는 데에는 큰 진전을 보지 못했다. 시민의 자유와 언론의 자유에서는 몇몇 성과가 나타났고, 황실 권력과 행정부에 대한 균형추로서 두마가 존속했다. 그러나 그렇다고 해서 차르가 통치하는 러시아가 어떤 서구의 자유주의적인 '정상 상태'로 나아가고 있다는 뜻은 아니었다.

차르 정권의 성격이 그 자체의 개혁 불가능성을 확증하는 유일한 최대의 보증서였다. 니콜라이 2세의 전제주의 이데올로기는 스톨리핀의 개혁 프로그램이 표방하는 서구 입헌주의적인 전망에 대해 매우 적대적이었다. 게다가 황실의 견고한 권력은 교회와 지주 귀족의 기득권적 이해관계와 맞물려 그의 개혁 프로그램이 실현되는 것을 막을 수 있을 만큼 충분히 강했다.

우리는 필시 1905년의 혁명을 초래한 사회 문제가 어떤 일괄적인 정치 개혁을 통해서 해결될 수 있었을 것인가를 물어야 할 것이다. 국민 대다수의 주요 관심사인 토지 문제가 지주의 땅에 대한 몰수 없이 과연 해결될 수 있었을까? 공장 내의 노동 환경을 개선하고 제한된 노조의 권리를 허용하도록 하는 두마의 온건한 제안이 노동자들을 만족시켰을까? 이 모든 물음에 대한 대답은 '천만에'이다.

1907년과 1911년 사이에 산업계의 상황이 비교적 평온한 상태로 지나간 뒤에, 파업의 횟수와 파업의 호전성 모두가 급격히 증가했다. 그것은 1912년 4월 시베리아 레나 지역의 시위 광부들에 대한 대학살에 뒤이은 전국적 규모의 시위로부터 촉발됐고, 1914년 7월 상트페테르부르크에서의 총파업으로 절정을 이루었다. 당시 상트페테르부르크에서는 프랑스 대통령의 공식 방문이 진행되고 있는 가운데 노동자들이 바리케이트를 설치하고 가두전이 벌어졌다. 이 두 해 동안 300만 명의 노동자들이 9000 건의 산별 파업에 가담했다. 그런 파업은 멘셰비키보다 볼셰비키의 호전 적인 구호를 선호하면서 조직된 것들이었다. 1차 대전 전야에 러시아의 도시는, 그 정치개혁의 노력에도 불구하고 분명 1905년 당시보다 더 폭력적이고 새로운 혁명의 입구에 세워져 있었다.

정부는 스톨리핀의 암살 후 모든 개혁을 취소했다. 후속 총리를 맡은 블라디미르 코콥초프Vladimir Kokovtsov(1911~1914)가 황실의 지시를 따라서 두마의 문을 닫았다. 우파 인사들이 차르에 압력을 가하여 두마를 폐쇄하거나 적어도 그것을 자문기관으로 좌천시키라고 재촉했다. 니콜라이 황제를 자제시켰던 것은 서유럽 국가들의 압박과 민중의 반대에 대한 두려움뿐이었다.

그러는 사이 차르는 반동적 민족주의자들의 지지를 얻어내려고 노력했다. '소박한 러시아 국민'이 자신들의 '차르-아버지'를 사랑한다는 환상(이 믿음은 니콜라이 황제가 '소박한 농부에 불과한' 존재로 여겼지만, '성스러운 인간'으로 추앙받던 라스푸틴을 통해 구체화됐다)과 군주정에 대한 대중의 지지를 결집시키기 위해 민족주의가 사용될 수 있다는 환상을 부추겼다. 차르는 '러시아 인민연합'을 후원했다. 그것은 극단적인 민족주의 및 반유대주의 당파였고, 거기에 소속된 준군사단체('검은 백인대Black Hundreds')가 거리에서 '외국인' 혁명가들에 맞서 싸우며, 유대인에 대한 포그롬을 자행했다. 그러나 민족주의 진영이 내민 카드는 정부가 쓰기에는 위험한 것이었다. 두마의 정당들 또한 국민의 관심을 정부와 반대되는 쪽으로 돌리기 위해 그 방법을 사용했기 때문이다.

유럽에서 전쟁의 위협은 커져가고 있었다. 발칸반도의 양대 제국인 오스만 터키와 오스트리아-헝가리 제국이 점점 거세지는 슬라브 민족주의 운동 아래서 균열되는 조짐을 보이면서, 베를린과 상트페테르부르크 사이의 긴장을 고조시켰다. 특히 러시아가 자신의 슬라브인 동포들의 보호자로 자처했던 지역에 대한 제국주의적 이익을 보호하기 위해 독일이 오스트리아를 지원했기 때문에 긴장은 계속 커져갔다. 러시아는 19세기 전체에 걸쳐 얻으려고 계획했었던 것을 원했다. 러시아의 종교적 유산이 있는 고대 비잔틴 수도인 콘스탄티노플을 탈환하는 것, 지중해와 흑해 사이의 중요한 군사적 수로인 해협을 정복하는 것, 러시아가 슬라브인 기독교도들을 대표하기를 바라는 지역에서 오스만 제국의 붕괴를 이끌어내는 것이 그것이었다.

러시아는 독일과 오스트리아-헝가리 제국과의 동맹을 통해 유럽 내에서 자국의 이익을 추구하는 데에 19세기의 대부분의 시간을 쏟았다. 로마노프 왕조는 이런 친독 정책을 오래전부터 지지해왔는데, 그것은 부분적으로는 통치 왕가 사이의 강한 혈통적 유대 때문이고, 부분적으로는 유럽 자유주의에 대해 그들이 공통적으로 반감을 가지고 있었기 때문이다. 그러나 1905년 이후에는 더 이상 여론을 무시한 채 외교 정책을 추진하는 것이 불가능해졌다. 두마와 언론은 비엔나 정부의 통치에 저항하는 슬라브 민족주의 세력을 지원하는 것을 포함해서 발칸반도에서의 러시아의 국익을 위해 보다 공격적인 정책을 추진할 것을 요구했다. 독일의 이해관계가 로마노프 황실을 지배하고 있다는 의심이 들자(알렉산드라 황후는 그녀의 독일인 혈통 때문에 특히 국민의 신망을 잃었다) 새로운 종류의 독일 혐오적 러시아 민족주의가 혁명적 날을 세우게 됐고, 여기에 범슬라브주의 정서가 불을 붙였다. 독일의 지원을 받는, 발칸반도의 오스트리아 침략자들에 대한 러시아 정부의 회유책에 대해 민족주의 여론은 점점 더 실망감을 느꼈다.

1914년 발칸반도의 슬라브인 형제들을 지키기 위해 전쟁을 치르자는 생각이 황실과 장교부대와 정부의 상당 부분에까지 확산됐다. 차르 또한 발칸반도에서 적극적인 이해관계를 관철시킴으로써 러시아와의 잠재적인 갈등으로 독일을 끌어들이고 있던 오스트리아에 대해 단호한 태도를 취해야 한다는 견해에 이르게 됐다. 차르의 외무장관인 세르게이 사조노프Sergei Sazonov는 러시아 군대가 독일과 전쟁을 치를 준비가 되어 있지 않다는 것을 알고 있었기 때문에 보다 신중했다. 그러나 그는 유럽 전쟁이 불가피해질 경우를 대비하여 러시아의 군사적 목표를 지원해줄 수 있는 유리한 동맹을 조직하기 위해 외교적으로 열심히 뛰었다. 두르노보 등의 다른 대신들은 발생할 가능성이 큰 오랜 소모전을 견뎌내기에는 러시아가 너무 약하며, 그 결과 폭력적인 사회 혁명이 필연적으로 나타날 것이라고 차르에게 경고했다. 1914년 2월의 보고서에서 두르노보는 대단한 예지력과 함께 혁명의 예상 경로를 이렇게 그려놓았다.

그 사태의 최초의 발단은 모든 재난에 대해 정부를 비난하는 것에서부터 시작될 것이다……가장 믿을 만한 병력을 잃고 나서, 토지에 대한 농민의 원초적인 욕망의 파도에 휩쓸린 채 패배한 군대는 너무 사기가 꺾여 법과 질서의 수호자 역할을 하지 못할 지경에 이를 것이다. 입법기관과 지성적인 야권 정당들은 국민의 눈앞에서 실질적 권위를 잃어버린 채 그들 자신이 각성시킨 민중의 파도를 저지하지 못할 만큼 무력한 상태일 것이다. 결국 러시아는 절망적인 무정부상태로 빠져들게 될 것이다.[5]

혁명의 러시아

니콜라이 황제는 딜레마에 빠졌다. 만약 그가 전쟁을 벌인다면, 그는 두르노보가 경고했던 위험을 감수해야 한다. 그러나 그 반대의 경우라면, 친독일적이라고 간주되고 있는 왕실 가문에 대한 애국주의적 감정의 봉기가 일어날 것이고, 필시 그의 정치 권위가 상실되는 결과를 가져올 것이다. 결정을 내릴 수 있는 충분한 시간이 없었다. 만일 러시아가 병력을 징집하려고 한다면, 적국들보다 먼저 시작해야 했기 때문이다. 러시아보다 면적이 작은 이들 국가는 더 신속하게 병력을 징집할 수 있는 뛰어난 철도 운송 체계를 갖추고 있었기 때문이다.

　　7월 28일 세르비아 민족주의자들에 의해 오스트리아의 페르디난트 대공이 저격당한 뒤에 오스트리아는 세르비아에 대해 전쟁을 선포했다. 차르는 군대에 대한 부분적인 징집을 명령하는 한편, 독일 황제에게 오스트리아의 행동을 제지해달라고 요청했다. 그러나 이제 사조노프는 러시아에 대한 독일의 선전포고가 임박했다고 보고(8월 1일 선전포고가 있었다) 총동원령을 요구했다. 사조노프는 "만약 황제 폐하께서 전쟁에 대한 민중의 요구를 듣지 않고 세르비아를 위해 검을 뽑지 않는다면, 혁명의 위험과, 어쩌면 왕권의 상실까지도 각오해야 할 것"이라고 니콜라이 황제에게 경고했다. 불행하게도 황제는 동의했다. 7월 31일 그는 전쟁을 위한 군대 동원 명령을 지시했다.

Revolutionary Russia
1891~1991

4장

전쟁과 혁명

1914년 1차 세계대전의 발발

제1차 세계대전 전야에 러시아 내에 혁명적 상황이 도래했는가 아닌가는 논쟁거리로 남아 있다. 그러나 러시아 혁명이 많은 면에서 1차 세계대전의 결과라는 점에는 누구도 이의를 달지 않는다. 군사적 패배로 인해 반역과 무능으로 비판받던 '친독적' 황실과 정부에 대해 사회 여론은 등을 돌리게 됐다. 따라서 민족의 구원을 위해 황실과 정부를 제거하는 것이 애국적인 행위로 여겨졌다. 1917년 2월 혁명은 군주정과 그 군사 지도부에 맞선 민중의 봉기가 될 예정이었다. 그것은 전쟁에 의해 파생된 '민족'에 대한 새로운 의미를 사회 전체로 확산시켰다.

이 모든 일은 장기적으로는 1914년에 나타났다. 차르의 선전포고는 처음에는 전 국민의 단결 정신을 불러일으켰다. 노동자들의 파업은 정지됐다. 조국의 방어를 위해 사회주의자들도 연합했다. 볼셰비키와 다른 과격주의자들의 대규모 검거가 벌어졌다. 두마는 8월 8일 전시에 '불필요한 정책'으로 정부에 부담을 주고 싶지 않다고 선언하면서 자진 해산했다. 애국주의 시위자들이 독일 대사관과 독일 상점과 관공서를 습격했다. 이런 반독 정서의 물결(이것은 1917년 2월 민중봉기의 일부가 될 예정이었다) 속에서 시민들은 자신의 이름이 조금 더 러시아인답게 들리도록 개명했다. 정부는 이런 외국인혐오증xenophobia의 혁명적 잠재력을 두려워한 나머지 독일어처럼 들리는 상트페테르부르크라는 도시명을 슬라브어에 더 가까운 페트로그라드로 바꾸었다.

그러나 이런 애국주의적 징조는 모두 기만적이었다. 대다수의 농민 병사들은 자신들이 싸우는 목표였던 러시아 제국에 대해 거의 이해하지 못했고, 전쟁과 자신들의 관련성에 대해서 모호하게 이해하고 있었다. 한 신병들 무리에서 이렇게 말하는 소리가 들려왔다. "우리는 탐보프 사람들이다. 독일인들은 우리 마을까지 이르지 못할 것이다."[1]

러시아 군대는 최소한 인력과 군수품에서는 독일 군대와 대등했다. 8월 1일 이전의 비밀 동원 덕분에 러시아 군대는 독일군이 출정한 뒤 불과 3일 만에 실전 배치됐다. 그리하여 슐리펜Schlieffen 계획•(이 계획은 러시아가 준비하는 데 3주 이상이 걸릴 것이기 때문에 독일이 프랑스를 격파하고 동쪽으로 방향을 틀 수 있을 것이라고 예상했다)은 좌절됐고, 독일군은 두 전선에서 동시에 싸우느라 발이 묶였다.

프랑스의 압박을 받은 러시아군은 동프로이센의 독일군을 공격해 독일군이 서부전선에서 병력을 퇴각하도록 했다. 폰 렌넨캄프Von Rennen-kampf와 삼소노프Alexander Samsonov 장군의 대담한 공격 때문에 독일인들은 후퇴했지만, 그다음 러시아군은 공격을 멈추었고, 물자를 모으고, 아무 중요성이 없는 포위된 요새를 방어하기 위해 전력을 분산시켰다. 이것을 틈타 독일군은 남쪽으로 병력을 재집결시켜 타넨베르크 전투에서 삼소노프의 군대를 궤멸했다. 독일군은 철도를 이용해 군대를 남쪽으로 이동시키면서 그다음 마수리안 호수 전투(9월 9~14일)에서 러시아군을 물리쳤고, 렌넨캄프가 퇴각 명령을 내리지 않을 수 없게 했다. 독일군은 러

• 1차 세계대전 직전인 1914년 8월 독일의 알프레트 폰 슐리펜 장군이 벨기에와 프랑스를 공격하기 위해 세운 전략이다. 열악한 철도시설을 가진 러시아가 전선에 배치되는 데 수주일이 걸릴 것으로 예상하고 프랑스와 먼저 단기전을 벌여 승리하고, 독일의 뛰어난 철로를 이용해 독일군을 동부전선으로 이동시켜 러시아와의 전투에서 승리를 거둔다는 계획이었다.

시아 장군 폰 렌넨캄프의 이름을 '레넨 폼 캄프'(독일어로 '전쟁터로부터의 도주'라는 의미)로 고쳐야 한다고 농담하기까지 했다.

전투 형태가 기동전에서 진지전으로 바뀌면서 가을부터 동부전선은 안정되기 시작했다. 양측 군대가 방어전을 이롭다고 생각하고 참호를 파고 들어앉았기 때문에 8월의 전투처럼 대규모 공세는 시도되지 않았다. 100명의 보병을 물리치는 데에 참호에 자리 잡은 한 명의 기관총 사수만으로도 충분했고, 진격 부대가 전선에서의 손실을 메울 수 있는 것보다 훨씬 빠르게 철도가 방위 병력을 실어 나를 수 있었기 때문이다.

러시아의 군사적 약점이 드러나기 시작한 것은 이 지점에서였다. 두르노보가 경고했던 것처럼 러시아는 소모전을 치를 준비가 되어 있지 않았다. 다른 유럽 열강들은 이런 새로운 형태의 산업전에 적응하는 데에 그럭저럭 성공했다. 그러나 러시아는 사회적으로 분열되어 있었다. 러시아의 정치체제는 지나치게 엄격했고, 러시아의 경제는 장기전의 압박을 견뎌내기에 지나치게 허약했다.

러시아의 유일한 최대 자산은 농민 병사에 대한 고갈되지 않을 듯한 공급이었다. 그러나 러시아의 동맹국들이 베를린을 향해 거침없이 진군하는 '증기 롤러'* 같은 러시아 군대에 대해 논하면서 추정한 것만큼 큰 장점은 되지 못했다. 러시아는 교전국들 중에서 가장 인구가 많은 국가였지만, 동시에 인력 부족으로 가장 고통을 겪는 국가이기도 했다. 러시아 인구의 상당 부분은 군인으로 징집되기에 너무 어렸다. 징집 가능한 2700만 명의 남자들 가운데서 48퍼센트는 가정에서 유일한 남자 인력이거나 독자라는 이유로 면제됐다. 한층 더 심각했던 것은 러시아 예비군의 부실

---

* 땅을 다지는 중장비로 증기의 힘으로 움직인다.

함이었다. 예산을 절감하기 위해 군대는 현역 외에는 정규 훈련을 거의 시키지 않았다. 그러나 개전 초 몇 달 동안 너무 많은 사상자가 발생하자, 당장 러시아군은 제대로 훈련되지 않은 예비군을 소집하지 않을 수 없게 됐다.

명확한 명령체계의 결여는 러시아 군대의 최대 약점이었다. 군사 지휘권은 전쟁성, 벨라루스의 바라노비치•에 있는 최고사령부(스타프카Stavka), 전선사령부 사이에서 분할됐고, 그들 각자가 독자적인 목적을 추구했다. 최고사령관은 전문 훈련이나 군사적 경험이 없는 귀족 출신 기병과 조신의 좁은 무리 가운데서 선출됐다. 최고사령관인 니콜라이 대공은 실제 전투에 참여한 경험이 전혀 없었다. 전쟁성 장관인 수호믈리노프Vladimir Sukhomlinov 장군은 '살롱 군인'이었다. 그는 전투를 위해 부대를 거의 훈련시키지 않았다. 그가 내린 명령은 끊임없이 실수를 거듭했다. 러시아 군대는 일본과의 충돌로부터 아무것도 배우지 못했다. 러시아 군대는 19세기의 전술 형태대로 전쟁을 수행했다. 사상자가 얼마나 발생하든지 아랑곳없이 병사들에게 적의 포대 진지를 공격하라고 명령하고, 한물간 기병대를 위해 물자를 낭비하고, 후방의 쓸모없는 요새를 수비하고, 현대식 포병전의 기술적 요건을 무시했다. 러시아군이 참호 구축술을 경시한 나머지, 러시아측 진영의 참호는 대단히 원시적이라서 무덤과 다를 바가 없었다.

한겨울 내내 전쟁을 질질 끌게 되면서, 러시아군은 심각한 군수품 문제를 겪게 됐다. 러시아의 수송망은 군수품, 식량, 옷, 의료품을 전선으로 대량 수송하는 일을 감당하기에는 너무나 허약했다. 전쟁부는 당장의 재

• 벨라루스 서부에 위치한 도시로 현재 명칭은 바라나비치다.

혁 명 의 러 시 아

고로 전쟁을 치를 수 있다고 생각하며 군수산업을 무시해온 탓에, 결국 도착하는 데 많은 시간이 걸리는 외국으로부터 포탄과 총을 주문해야 했다. 러시아는 우방인 프랑스와 영국으로부터 단절되어 있었다. 프랑스와 영국은 터키군과의 교전 때문에 러시아에 선뜻 무기를 공급해줄 수 없었다(이탈리아군은 보다 선뜻 연합군의 원조를 받았지만, 그런 원조를 통해서도 효율적으로 싸우지 못했다). 1915년 봄 러시아의 부대 전체가 총도 없이 훈련을 받았으며, 많은 2선 부대는 그들 앞에서 적의 총탄을 맞고 쓰러진 군인들에게 총을 집어 들고 싸웠다.

부대의 규율과 사기는 허물어지기 시작했다. 자신의 명령을 따르지 않는 부대를 통제할 수 없었던 일부 지휘관들은 사병들을 태형으로 다스리려 했다. 그런데 이것은 사병들 사이에 아직 남아 있던 농노제 문화의 끔찍한 기억(존경심을 나타내는 칭호로 장교에게 말을 걸어야 하고, 장교의 장화를 닦아야 하며, 장교의 개인 심부름을 들어야 하는 사병의 의무가 그랬다)을 상기시켰으며, 이것은 결국 농민 병사들과 그들의 귀족 지휘관들 사이의 내부 다툼으로 번졌다.

차르의 지휘체계는 사상자들로 장교단이 빠르게 고갈됨으로써 약화됐다. 하급 사령부의 신임 부사관들은 하급계층 출신자였고, 그들은 사병들에게 동조적이었다. 이들 부사관은 1917년 당시 군사혁명의 주역으로 활동할 운명이었다. 나폴레옹 전쟁을 이끌었던 원수들이 황제의 부대에서 하급 사관에서부터 군생활을 시작했던 것과 매우 유사하게, 붉은 군대의 훌륭한 지휘관들 다수(차파예프Vasily Chapaev, 주코프Georgi Zhukov, 로코소프스키Konstantin Rokossovsky)는 차르 군대에서 부사관으로 복무한 이력을 갖고 있다. 1차 세계대전 당시 부사관 계급이었던 자들이 2차 대전에서는 장군으로 활약하게 되는 것이다.

1915년 5월이 되자 독일군과 오스트리아군은 동부전선을 곧장 가로질러 러시아의 방어선을 뚫고 대규모 공격을 시작했고, 차르의 군대를 황급히 후퇴하도록 만들었다. 모든 것이 대혼란과 공황 속에 빠졌다. 러시아 군대는 후퇴하는 동안 물자가 적의 수중에 들어가지 못하도록 건물, 교량, 군수품 창고를 부수고 곡물을 없앴다. 이런 러시아군의 파괴 행위는 특히 유대인 정착촌Pale of Settlement — 유대인을 차르의 백성으로서 살도록 법적으로 강제해놓은 구역 — 을 통과하면서 유대인의 재산에 대한 약탈로 이어졌다. 끝없는 퇴각이 이어졌던 그 여름의 몇 달 동안 러시아 군대의 사기는 심하게 추락했다. 100만의 병력이 적에게 항복했다. 막대한 병력이 후방으로 탈영했고, 그들 중 다수는 다른 목적으로 총기를 사용했고 강도질로 생계를 이어갔다.

황실에서 반역이 이루어지고 있다는 소문이 군대 내부에서 빠르게 확산되어갔다. 독일 혈통의 황후와 황실 및 내각의 수많은 독일식 이름이 이런 음모설에 신빙성을 더해주었다. 1915년 3월, 수호믈리노프의 후견인인 먀소예도프Sergei Myasoyedov 대령이 독일 간첩 혐의로 처형된 것도 그런 분위기에서였다. 부사관 중 한 명은 자신의 병사에게 러시아군이 퇴각해야 하는 이유에 대해 이렇게 설명했다. "우리 러시아군의 최고사령부에는 배반자와 첩자들이 많다. 우리에게 포탄이 떨어지도록 만든 전쟁성 장관 수호믈리노프와, 적에게 요새를 넘겨준 먀소예도프가 그런 자들이다." 그가 말을 끝내자 취사 담당 병사가 이렇게 결론을 냈다. "생선은 머리에서부터 비린내가 나기 시작하지요. 그렇게 숱한 도둑과 사기꾼을 자신의 곁에 둔 차르는 도대체 어떤 작자일까요? 우리가 전투에서 패할 것은 명명백백하군요."[2] 많은 병사들에게 이와 같은 대화는 혁명의 중요한 심리적 요인으로 작용했다. 즉 군주정에 대한 군대의 충성심을 무너뜨

혁명의 러시아

리는 결정적 요인이 됐던 것이다. 병사들이 이길 것이라고 기대할 수 없는 전쟁을 치르라고 강요하는 정부, 적절한 무기와 군수품을 그들에게 공급하는 데 실패한 정부, 그리고 지금은 적과 한통속이 되어버린 정부는 더 이상 희생을 무릅쓸 가치가 있는 대상이 아니라는 것이 분명해졌다.

니콜라이 황제는 러시아 군대의 사기와 규율을 회복하기 위해 필사적으로 노력하면서 군통수권을 장악했다. 병사들이 '러시아'를 위해 싸우지 않는다면, 차르를 위해 싸워야 한다는 뜻이었다. 그것은 니콜라이가 통치 기간 중 내린 최악의 결정이었다. 또한 그것은 그가 모든 패배에 대해 책임을 질 것이라는 뜻이었다. 전선에 차르가 모습을 나타낸 것은 군대의 사기에 나쁜 영향을 끼쳤다. 브루실로프Alexei Brusilov 장군은 이렇게 지적했다. "니콜라이가 군사 문제에 대해 아무것도 모른다는 사실을 모두가 알고 있었다. 비록 '차르'라는 낱말이 여전히 군대에 마술적인 위력을 행사했지만, 그에게는 그런 마술을 실현할 카리스마가 전혀 없었다. 병사들 무리와 마주하면 그는 불안해했고, 무슨 말을 해야 할지 알지 못했다."[3]

차르가 지휘를 맡음에 따라 최고사령부는 바라노비치에서 모길료프*로, 동쪽으로 200마일 이동했다. 모길료프라는 이름을 러시아어로 '무덤'을 뜻하는 낱말에서 유래하는 따분한 지방 도시였다.

러시아군의 전선에서의 패배에 대해 대중은 정부를 비난했다. 빠르게 정치 문제로 변한 전쟁 수행의 문제에 대해 정부는 1891년 당시처럼 지원을 약속함으로써 그런 위기에 대처했다. 효율적인 정부 운용체제가 없었기 때문에, 통상 '젬고르Zemgor'라고 일컫는 '젬스트보 연합'과 그것의 도시 동맹인 '도시 연합'이 사실상 군사적 지원을 관장하면서 행동에 돌

• 벨라루스 동부에 위치한 도시로 현재 명칭은 마힐료우다.

입했다. 1890년대 이후로 젬스트보 위원으로 활동했던 르보프 공이 이끌었던 젬스트보는 전국적 규모의 거대한 비공식 정부로 성장했다. 여기에는 8000개의 부속 기관과 수십만 명의 직원들이 일했고, 사회와 정부가 일부씩 부담하는 20억 루블 상당의 예산이 지출되고 있었다.

2월 혁명의 시민 정신은 젬고르 및 다른 자발적 기구들의 전시활동에 그 기원을 두고 있었다. 이런 활동 중 하나가 전시산업위원회였다. 이것은 대형 군수품 생산자들의 독점을 무너뜨리고, 산업에 대한 전시 통제 속에서 자신과 두마 내 자신의 협력자들의 더 많은 영향력을 확보하기 위해 자유주의 사업가들이 설립한 단체였다. 1917년의 초대 임시정부에 참여한 세 명의 장관들을 제외한 모두가 젬고르 또는 전시산업위원회를 통해 국가 지도자로 활동하게 될 참이었다. 이 두 기관은 긴밀한 유대관계를 맺고 있었다. 이를테면 르보프는 젬스트보 연합의 수장이었으며, 전직 두마 위원이자 전시산업위원회의 임원이었다. 이들 공공기관의 활동이 결합하여 효율적인 정치적 힘을 발휘할 수 있었다. 그들은 정치 개혁의 필요성을 절감했던 몇몇 자유로운 성향의 장관들의 지지와, 전쟁수행에 대한 노력을 중시했던 브루실로프 등의 고위 지휘관 다수의 지지를 얻었다.

차르는 이처럼 개혁을 지지하는 목소리가 계속 압력을 높여가고 있었기 때문에 급기야 1915년 7월 19일 두마를 다시 소집하는 데에 동의했다. 이제 마침내 자유주의 반대 진영은 그들이 '국민의 신뢰를 받는 부처部處'라고 부르는 것(차르가 임명하지만 그들에 의해 승인되는 정부)을 요구할 수 있는 연단을 가지게 됐다. 의원들의 3분의 2가 이런 활동을 강화하기 위해 진보진영을 결성했다. 그들은 차르에게 의회의 지지를 얻을 수 있는 새로운 내각을 임명할 것을 촉구했다. 그보다 급진적인 의원들은 정부 측에 두마에 대해 책임감을 가지라고 촉구했다.

차르의 각료들 중에서는 진보진영과의 타협을 지지하는 사람들이 점점 더 다수를 차지했다. 그들은 차르가 전선으로 떠나면서 정부가 황후와 라스푸틴의 손에 휘둘리고 있다는 경고를 들었다. 알렉산드라는 니콜라이에게 다시 전제권력을 발동하라고 설득했다. 9월 2일 두마는 다시 차르의 명령에 의해 폐회했다. 이로 인해 페트로그라드에서 이틀간 총파업이 벌어졌지만, 거리에서의 혁명에 겁을 먹은 자유주의자들은 더 이상의 조치는 취하지 않았다. 니콜라이는 자신의 불순종하는 장관들을 모길료프로 불러들인 다음 그들을 질책했다. 황후는 유순한 성품의 자기 남편에게 말했다. "당신의 주먹을 보이세요. 당신이 전제군주라는 사실을 그들이 잊지 않도록 말이에요."⁴ 심지어 황후는 차르에게 라스푸틴이 준 빗으로 머리를 빗으며 의지를 다지라고 조르기까지 했다. 그런 마술이 힘을 발휘했던 것 같다. 개혁에 대한 이야기를 꺼내려고 마음먹고 그 자리에 온 장관들이 차르를 보자 기가 죽었기 때문이다. '장관들의 반란'은 끝이 났고, 그들은 하나둘씩 경질됐다. 그리하여 정치적 수단을 통해 자신을 구원할 수 있었던 러시아 군주정의 마지막 기회는 이제 마침내 사라져버렸다.

정부 내의 이런 모든 변화의 배후에서는 황후의 영향력이 작동하고 있었다. 차르가 전선에 가 있는 동안 알렉산드라는 수도에서 실질적 전제군주의 노릇을 했다(전제군주는 단 한 명만 존재했기 때문에). 황후는 예카테리나 여제 이후 내각의 대신들을 접견한 러시아 최초의 여성이라고 뽐내기를 좋아했다. 황후의 '성스러운 친구' 라스푸틴이 그녀의 야심을 부추겼고, 그는 자신의 권력욕을 채우기 위해 그녀를 대변자로 이용했다. 황후는 식량공급, 교통, 재정, 토지개혁에 관한 라스푸틴의 권고가 담긴 편지를 니콜라이에게 보내곤 했다. 심지어 황후는 그 '성스러운 자'가 '한밤중에 보았던' 것을 토대로 군사 전략을 세우라고 남편을 설득하려 하기까지 했다.

1916년 무렵 황후와 라스푸틴의 영향력은 사회와 정부 간의 정치적 마찰을 일으키는 중대한 원인이 됐다. 베를린 정부와의 단독강화를 추진하고 있다고 전해지는 비밀조직이 황실 내에 있다는 소문이 퍼져나가면서 군사령부에 반역의 음모가 존재한다는 생각은 힘을 얻게 됐다. 황후와 라스푸틴이 독일을 위해 활동하며, 그들이 베를린 정부와 직접적인 연락을 취하고 있고, 차르가 자신의 숙부인 카이저 빌헬름Kaiser Wilhelm에게 러시아군의 이동 상황에 대해 보고하고 있다는 소문이 널리 퍼져 있었다. 로마노프 왕조의 황궁을 '친독일적'이고 '부패했다'고 비난하는 것은 궁극적으로 혁명을 애국적인 행위로 정당화하는 데 일조했다.

황실에서 벌어지는 성적 스캔들에 관한 소문도 비슷한 신빙성을 얻었다. 황후가 라스푸틴의 정부이자 자신의 시녀 안나 비루보바의 레즈비언 애인이었으며, 황후가 안나와 함께 라스푸틴과 난교행위를 벌였다는 주장이 나왔다. 알렉산드라의 '성적 타락'은 러시아 군주정의 병적 상태를 단적으로 증명하는 일종의 은유가 됐다. 이것과 유사한 사례로서, 마리 앙투아네트와 '발기불능의 루이 왕'에 관한 포르노그래피적인 소문이 1789년 프랑스 혁명 전야에 돌았던 적이 있다.

이런 소문 중에서 어느 하나도 사실에 근거하고 있지 않다(비루보바는 라스푸틴의 마술적 힘에 빠져버린 우둔한 노처녀였으며, 1917년 그녀에 대한 비난을 조사하기 위해 임명된 특별 위원회를 통해 의학적으로 처녀임이 증명됐다). 그러나 소문의 요점은 그 자체의 진실이나 거짓에 있지 않았다. 그보다 중요한 것은 군주정에 대한 성난 대중을 동원할 수 있는 그런 소문의 위력이었다. 혁명의 위기 상황에서 실제로 중요한 것은 지각과 신념이다. 험담과 반쪽 진실, 사실과 위조, 그리고 언론에서 보도된 후 환상으로 왜곡되는 불완전한 정보로 인해 탄생하는 이런 '분위기'를 배제한 채, '혁명적 분위기'를 이해하거나, 여러 주장이나 사건에 대한 해석에 혁명이 의존하는 방식을 이해하는 것은 불가능하다.

페트로그라드의 주민 한 명이 이렇게 회상했다. "소문이 모든 주민들의 삶을 가득 채웠다. 검열을 받는 신문보다 그런 소문들이 더 신뢰를 받았다. 대중은 정치적 사안에 대한 정보를, 아니 그 어떤 것이라도 간절히 원했다. 따라서 전쟁이라든지 독일의 음모에 관한 어떤 소문이든지 그것은 도깨비불처럼 퍼져나가기 마련이었다."[5] 이런 이야기에 혁명적인 위력과 의미를 주었던 것은 그것들이 얼마나 많이 '사회 일반의 정서'(또한 그런 정서를 형성한 이전의 소문들)와 일치하는가 하는 문제였다. 어떤 소문이 그것이 제아무리 잘못됐다고 하더라도 일단 보편적인 믿음의 주제가 되면, 그것은 대중의 태도와 행동을 지시하며 정치적 사실의 지위를 획득한다. 모든 혁명은 부분적으로 신화에 근거한다.

정부의 시도가 이런 소문을 반박하기에는 역부족이었다. 정부는 공적인 정보가 그 자체의 생존을 좌우하는 시기에 그런 공적 정보를 어떻게 관리해야 하는가에 대한 대책을 갖고 있지 못했다. 황실 가문은 자신들의 애국심을 선전하기 위해 황제의 딸들과 황후에게 적십자 제복을 입힌 뒤 사진을 찍는 행사를 마련했다. 그들은 개전 초기에 페트로그라드 군병원의 부상자들을 위문했다. 그러나 그들이 미처 알지 못했던 것이 있었다. 간호사 제복이 담긴 배송물이 페트로그라드 시의 매춘부들에게 입수됐고, 매춘부들이 그 제복을 입고 다니며 거리에서 영업을 한다는 것과, 그래서 간호사가 심어주는 인상이 바뀌었다는 사실이다. 전선의 병사들은 군인들의 치료를 돕는 약품이나 다른 수단을 갖고 있지 않으면서 의무용 차('간호사 수송차량')를 타고 다니는 간호사를 성적 대상('위로를 베푸는 자매')이나 쓸모없는 여자('인정사정없는 자매')로 취급했다. 간호사들에 대한 어떠한 이야기라도 그것은 자동적으로 병사들 사이에서 더러운 농담으로 변해버렸다. 이를테면 1915년 11월에 보도된, 차르가 한 무리의 간호사들에게 훈장을 수여한다는 소식은 간호사들이 단지 본연의 직업적 봉사뿐만이 아니라 다른 종류의 봉사 때문에도 상을 받는 것이라는 소문을 불러일으켰다.

차르는 점점 커져가는 불만의 목소리 때문에 걱정에 잠긴 나머지, 두마 의원인 10월당원 프로토포포프Alexander Protopopov를 내무장관 대행으로 임명하고 두마의 재소집을 허락했다. 그것은 전 국민의 신뢰를 받는 정부 내각이 곧 임명될 것임을 암시하기 위한 전략으로 진보진영의 중도파를 매수하려는 때늦은 노력이었다. 그러나 실제로는 라스푸틴의 후견인이자 황실의 명령대로 움직일 뿐인 프로토포포프에게 두마 의원들은 너무도 빨리 환멸을 느꼈다. 11월 1일 다시 개원한 두마는 이제 입헌민주당까지도 정부를 비판하는 일종의 혁명적 연단으로 변해버렸다.

입헌민주당의 당수가 매 발언마다 멈춘 뒤 "이것은 반역입니까? 아니면 우둔함입니까?"라고 물으면서 정부의 잘못을 비난하는 연설을 했을 때 모든 의원들이 (연합국의 외교관들과 긴밀히 교류하고 있는 신중한 정치가인) 밀류코프Pavel Miliukov가 스스로 정부의 반역을 입증할 증거를 가지고 있는 것이 틀림없다고 결론을 내렸을 정도로 반역에 대한 소문은 대단히 활발하게 정치적 열정을 불붙였다. 이것은 밀류코프가 의도한 바가 아니었다. 그는 자신의 수사적 물음에 대해 '우둔함'이라고 대답했을 것이다. 그러나 대중은 음모론에 아주 큰 영향을 받아서 대중이 밀류코프의 연설을 다 읽었을 즈음에는 반역이 이미 기정사실이라고 결론을 내리지 않을 수 없게 되었다. 밀류코프의 연설은 언론에서 보도가 금지됐고, 이 사람 저 사람 손을 거치며 손때 묻은 원고로 읽힐 수밖에 없었기 때문에 사람들은 더욱 쉽게 이런 결론에 도달하게 됐다. 그 타이핑된 연설문 중 일부는 문장 중간에 어떤 특정한 사회 불만(정부가 저지른 다른 잘못 말고도 정부가 교사들을 부당하게 대우했다는 비판)의 내용이 끼어 들어가 있었을 정도로 그 연설이 몰고 온 혁명적 효과는 실로 대단했다. 밀류코프는 이렇게 회상했다. "나의 연설은 혁명에 대한 폭풍 신호라는 평판을 얻었다. 그것은 나의 의도가 아니었다. 그러나 지금 우리나라의 지배적인 분위기는 나의 주장에 대한 확성기로 사용되고 있다."[6]

이 모든 소문들이 상류계층 사이에서 돌았다는 사실 때문에 대중은 그런 소문을 더욱더 신뢰하게 됐다. 러시아군 참모총장이었던 바실리 구르코가 이렇게 썼다. "상류사회에서 말해지는 것은 수도 두 곳의 사회로 흘러들어간 다음, 결국에는 하인과 경비원의 입을 거쳐서 대중에게로 전달된다. 결국 그런 소문이 그들에게 혁명적인 영향력을 발휘하는 것이다."[7] 특히 라스푸틴에 관한 소문은 왕가 혈통의 문제 때문에 '어둠의 세력들'이 지탄받고 있었던 황실과 외교계에서 돌았다. 페트로그라드에 주재하는 영국과 프랑스 대사들은 이런 소문들의 의미를 자기들 나라의 정부에 사실로 전달했다.

황실 종친까지도 니콜라이를 멀리하기 시작했다. 그를 그의 동생인 미하일 대공으로 교체하고 전 국민의 신뢰를 얻는 정부를 구성하자는 궁정 내 몇몇 음모도 있었다. 역사가들은 이런 음모에 대해 다양한 견해를 내놓고 있다. 어떤 이들은 그런 음모를 2월 혁명의 서막이라고 보는 반면,

다른 이들은 기껏해야 한담에 불과한 것으로 치부한다. 그러나 어느 경우든지 사실이 아니다. 음모가들은 진지한 의도를 가지고 있었다. 하지만 설령 그들이 그런 음모를 실현하는 데에 성공했다고 해도 그들은 거리의 혁명에 의해 순식간에 묻혀졌을 것이다.

성공을 거둔 유일한 음모는 1916년 12월 16일에 벌어진 라스푸틴 살해였다. 펠릭스 유수포프 공작의 아름다운 아내를 만나려고 페트로그라드 궁전 안으로 유인된 라스푸틴은 음모자들에 의해 독극물에 중독됐고 여러 차례 총격을 받았다. 그의 시신은 네바 강에 던져졌고, 이틀 뒤 강물에 떠밀려 와 발견됐다. 그 후 며칠 동안 노동자 계급 여성들이 라스푸틴의 육신으로 신성화된 강에서 '성수'를 뜨기 위해 현장에 모여들었다. 러시아 사교계는 그의 살해 소식을 기뻐하며 반겼다. 12월 17일 음모자들 중 한 명인 드미트리 대공이 미하일로프스키 극장에 등장하자, 사람들은 그에게 기립박수를 보냈다. 그러나 라스푸틴의 죽음이 군주정을 구할 수 있으리라는 모든 희망은 허상에 불과했다.

이 무렵 라스푸틴의 '위업'에 대한 소문은 병사들로 하여금 차르에 대해 등을 돌리도록 만들었다. 차르의 직위가 어떠한 마술적 힘을 가지고 있었다 할지라도, 그것은 군인들 사이에서 유통됐던 황실의 부패와 반역죄에 관한 불경스런 이야기에 파묻혀 영원히 상실되어버렸다. 전선의 병사들을 향해 비행기로 살포한 독일의 선전선동 전단은 독일 국민의 지지를 받는 독일 황제의 모습과 함께, 라스푸틴의 음부에 기대어 휴식을 취하고 있는 차르의 모습을 묘사한 그림으로 그러한 메시지를 강조했다. 군인들 사이에서는 황후가 군사 기밀을 독일측에 누설하고 있다는 견해가 널리 퍼져 있었다. 그래서 황후가 포탄과 식량과 의료품을 군대에 주지 않고 있으며, 러시아에서 생산된 빵을 독일에 몰래 수출함으로써 나라 전체를 기근의 낭떠러지로 내몰고 있다는 생각이 만연했다. 러시아 군인들은 황후가 니콜라이로 하여금 단독강화를 맺도록 강요하고 있으며, 지금 벌어지고 있는 전쟁 전체가 러시아를 독일의 노예로 만들기 위한 로마노프 왕조의 음모였다고 주장했다. 이것이 군대의 사기와 규율에 끼치는 파급 효과는 실로 파국적이었다. 특히 군수품의 부족 사태가 최고조에 달했던 몇 달 동안 이런 소문이 돌았을 때, 병사들은 자신의 진지를 지키기를 거부했다. 그들은 황후를 변호하려고 하는 사관들, 특히 독일식 이름을 가진 사관들의 명령에 따르기를 거부했다. "독일인들이 이미 다 차지해 버렸는데 싸워본들 무슨 소용인가?"라고 많은 병사들이 넋두리했다. 전장에서 러시아군이 당한 막대한 손실의 이유에 대해 사회주의적으로 해석하는 동료의 주장을 병사들이 옮기거나 귀 기울이게 되면서 군대의 권위는 무너졌다. 병사들은 부자를 위한 전쟁과 가난한 자를 위한 전쟁이 따로 있으며, 무능하고 배신적인 정부가 가난한 사람들의 목숨을 쓸데없이 낭비하고 있다고 인식하게 되면서 과격해졌다.

이런 측면에서 군대는 혁명의 학교였다. 군대를 통해 많은 농민 출신 청년들이 제복을 입었고, 자기 농촌마을의 좁은 테두리에서 벗어나 먼 곳까지 나아가게 됐으며, 군대를 통해서 무기와 신기술을 다루는 방법, 그리고 집단을 조직하는 법을 배웠다. 군대는 그들을 더 유식하고, 사회적으로 더 민감하게 만들었고, 그들의 동료의식과 자존감과 힘의 감각, 그리고 과업을 위해서 총을 쓰겠다는 의지를 높여주었다. 군대에서 익힌 기술 덕분에 그들은 자연스럽게 농촌 지역에서 혁명의 지도자가 될 수 있었다. 군대에서 고향으로 돌아온 병사들은 1917년 토지 몰수 당시 앞장을 섰다. 그들은 농촌 소비에트의 지도자가 될 계획이었다. 나중에 그들은 내전에도 참전했다(내전 시기에 수백만 명의 농민은 붉은 군대에서의 혁명가들로 훈련됐다). 이런 측면에서 우리는 1914~1921년의 시기를 하나의 혁명적 연속체의 시간으로 보아야 한다.

전쟁이 발발한 지 3년차 되는 해에 러시아군은 1400만 명의 병력을 모집했고, 그들 중 대다수가 농민 출신이었다. 지주의 대토지와 상업 농장은 노동력 부족으로 타격을 입었고, 생산면적이 3분의 2나 축소됐다. 또한 농민들은 곡물 판매를 줄였는데, 전시 소비산업의 감소로 인해 농민들이 살만한 물건이 더 줄었기 때문이다. 농민들은 자신의 가축을 더 잘 먹였고, 헛간을 세우거나 자신의 곡물로 밀주 보드카를 빚었다. 냉철한 전쟁의 수행을 위해 정부는 보드카 판매를 금지시켰기 때문이다. 러시아 북부의 도시들은 식량 부족을 겪기 시작했다. 물가가 치솟았다. 빵집과 푸줏간 앞에는 긴 줄이 세워졌다. 여성들은 공장에서 오랜 시간 노동한 후에 가게 앞에서 줄을 섰다. 빵 가게 앞의 줄은 일종의 정치 토론장과 같은 역할을 했다. 거기서 굶주린 시민들은 온갖 소문과 견해를 교환했다. 바로 거기에서 노동자들의 혁명이 탄생했던 것이다.

산업계의 평화가 지속됐던 1년이 지난 뒤에 노동과 자본의 전쟁은 1915년에 일련의 파업을 기점으로 계속됐다. 그런 파업은 더 크고 더 정치적인 시위로 변해갔다. 파업은 빵을 달라는 요구로부터 시작됐으나, 여덟 시간 노동, 전쟁 종식, 군주정의 타도를 요구하는 것에까지 나아갔다. 혁명적 정당들은 이런 시위에서 부차적인 역할을 하는 데 그쳤다. 그들은 모두 그 전쟁에서 경찰의 탄압 때문에 심각한 손상을 입었다. 페트로그라드 소속 볼셰비키당원의 수는 500명이 채 되지 않았다. 지방 당 조직은 각각 한 줌의 당원들만을 보유하고 있었다. 레닌은 1917년 1월 9일 취리히에서 열린 '피의 일요일' 20주기를 기념하는 연설에서 이렇게 말했다.

"구세대에 속한 우리들의 눈이 미래의 혁명의 결전을 보지 못한 채 죽을지도 모른다."[8]

그럼에도 불구하고 볼셰비키는 전쟁으로부터 사상적인 이득을 보고 있었다. 멘셰비키와 사회주의혁명당은 러시아에게는 자신을 방어할 권리가 있다는 점을 근거로 내세우며 군사활동을 지원하는 쪽(수호자파)과, '제국주의 전쟁'의 종식을 국제적으로 펼쳐나가기를 원하는 쪽(국제주의자파)으로 나뉘었다. 이런 분열은 1917년 내내 두 당 모두를 제대로 기능하지 못하게 하는 요인으로 작용했다. 또한 이런 분열 때문에, 1889년 이후로 유럽의 사회주의 정당들을 조직하고 통합했던 제2차 인터내셔널이 해체됐다. 그런 분열의 중심을 이루고 있었던 것은 민족적 이익보다 계급적 이익을 우선하는 세력과, 민족국가의 합법성 및 민족국가들 간의 갈등의 필연성을 주장하는 세력 간의 근본적인 세계관의 차이였다. 오직 볼셰비키만이 전쟁을 반대하며 결집을 이루었다. 평화적 시위와 협상을 통해서 전쟁을 끝내고자 한 멘셰비키와 사회주의혁명당 소속 국제주의자들과 반대로, 레닌은 전 세계 노동자들에게 각자의 정부에 대항하여 무기를 들고, 전쟁을 일련의 내전 또는 유럽 전역을 가로지르는 혁명(전쟁에 반대하는 전쟁)으로 바꿈으로써 전쟁을 끝낼 것을 호소했다. 트로츠키와 알렉산드라 콜론타이 같은 많은 좌파 멘셰비키는 전쟁 종식과 관련한 국제적인 혁명 활동에 대한 레닌의 주장을 좇아서 볼셰비키로 전향했다.

볼셰비키는 또한 노동자들의 점점 높아지는 호전성을 통해서도 이득을 보고 있었다. 러시아 북부의 대규모 산업도시의 노동자들은 멘셰비키에게서 등을 돌리기 시작했고, 전쟁수행을 위해 노동자와 고용주를 화해시키려 했던 전시산업위원회의 부속물인 '노동집단'에 가입하라는 멘셰비키의 촉구를 거부했다. 1916년 봄, 뉴레스너 기계제작공장에서 벌어진 대규모 파업에서 주도적인 역할을 한 것은 볼셰비키였다. 그 결과, 볼셰비키 지지자의 수는 급격히 불어나서 1916년 말경 수도에서는 3000명, 전국적으로는 1만 명을 기록했다.

10월, 페트로그라드의 뉴레스너와 르노공장의 노동자들은 다시 파업을 벌였다. 그들은 경찰과 싸웠다. 인근에 세워진 181보병연대 소속 바라크의 병사들이 경찰을 향해 돌멩이와 벽돌을 던지면서 노동자들을 보호했다. 그러나 현장은 카자크 기마부대에 의해 정리됐다. 폭동에 가담한 연대는 수도에서 옮겨졌고, 130명의 병사들이 체포됐다. 그다음 이틀 동안 63개 공장에 소속된 7만 5000명의 노동자들이 파업에 가담했다. 질서는 곧 회복됐으나 병사들의 행동은 거리에서 점차 커져가고 있던 저항을 통제하는 것에 대한 군대의 거부를 암시하는 불길한 징조였다.

Revolutionary Russia
1891~1991

5장

_____

2월 혁명

_____

1917년 1차 혁명

그 사건은 빵에서부터 비롯됐다. 여러 주일 동안 페트로그라드의 빵집 마다 긴 줄이 늘어서 있었다. 그러나 문제는 공급되는 물자의 부족이 아니었다. 잇따른 빵 폭동에서 시작했던 것이 급기야는 혁명으로 변했을 당시, 최소한 일주일 동안 주민을 먹일 수 있을 만큼의 충분한 곡물이 창고에 쌓여 있었기 때문이다. 문제는 영하의 기온이었다. 러시아는 지난 몇 년간을 통틀어 가장 추운 겨울을 맞이하고 있었다. 또 다른 문제는 교통체계의 붕괴였고, 이 때문에 곡물과 연료가 수도로 배달되는 데에 지장이 생겼다. 공장 문이 닫혔다. 해고된 노동자 수천 명이 거리를 배회했다. 여자들은 빵 한 덩어리를 사려고 줄을 섰다가, 이른 새벽 시간이 되어 그날 팔 빵이 한 개도 없다는 소리를 들을 뿐이었다. 소문이 퍼져나갔다. 사람들은 '자본가들'이 창고의 물품을 풀지 않고 가격을 올리고 있다고 말했다. 여기서 '자본가들'은 전시의 외국인혐오증의 분위기에서 독일인 또는 유대인 상인과 동의어로 이해됐다. 2월 19일 페트로그라드 시 정부는 3월 1일 배급제도가 시작될 것이라고 발표했다. 그 후 사재기 소동이 이어졌다. 가게의 선반은 텅 비어버렸고, 난투극이 벌어졌으며, 일부 빵집의 유리창은 박살이 났다.

　2월 23일 목요일이 되자 수도의 기온은 봄 날씨 같은 영하 5도로 올랐다. 그날은 사회주의 달력에서 중요한 기념일인 '국제 여성의 날'이었다.

그래서 정오쯤 주로 가게 점원이나 사무노동자로 일하는 여성의 큰 시위 일파가 권리 평등을 외치면서 도심을 향해 행진하기 시작했다. 온화한 날씨 때문에 평소보다 더 많은 무리가 나왔고(시민들은 긴 겨울 동면에서 깨어나 햇살을 즐기고 먹을 것 마련에 동참하기 위해 거리로 나왔던 것이다), 여성들은 쾌활했다. 그러나 곧 이런 분위기는 바뀌기 시작했다.

비보르그 공장 지구에 소속된 여성 직물공들은 빵 부족에 대해 시위하기 위해 거리로 나왔다. 그들은 이웃한 금속가공공장의 남자 노동자들과 함께 "빵을 달라!", "차르를 타도하라!"라는 구호를 외치면서 도심 쪽으로 행진했다. 오후가 끝날 즈음 10만 명의 노동자들이 파업을 시작했다. 땅거미가 내리기 전에 카자크 부대 및 경찰과 충돌이 벌어졌고, 군중은 해산했다.

다음날 아침 15만 명의 노동자들이 다시 한 번 도심을 향해 행진했다. 노동자들은 칼, 망치, 스패너, 쇠붙이로 무장했는데, 그것은 자신들의 행진을 방해하기 위해 밤사이에 투입된 군인들과 싸우기 위해, 또 다른 이유로는 물건이 가득 든 네프스키 대로의 식품점을 터는 데 쓰기 위해서였다. 즈나멘스카야 광장에서 그들 무리에 여러 계층의 사람들이 합류해 거대한 집회를 이루었다. 무력한 경찰이 지켜보는 가운데, 한 웅변가가 알렉산드르 3세의 승마상 앞에 모인 군중에게 연설을 했다. 알렉산드르 3세의 승마상은 '하마'라는 글자로 낙서가 되어 있었다. '하마'는 이 경탄할 만하지만 우스꽝스러운 전제정치의 기념물에 대해 군중이 붙인 별명이었다.

탄압 조치가 나오지 않자 그것에 고무되어, 2월 25일 한층 더 많은 군중이 거리로 나왔다. 바로 총파업이었다. 이제 시위는 더 정치적인 성격을 띠었다. 붉은 깃발과 현수막이 눈에 띄기 시작했다. "차르를 폐위하라!", "전쟁을 타도하라!"가 그들의 중요한 요구였다. 경찰과의 싸움도 벌어졌지만, 시위자들은 또한 군인들을 자기편으로 끌어들이려고 노력했다. 네프스키 대로에서 카자크 기마 중대가 시위자들을 가로막았다. 군중의 무리 가운데서 한 어린 소녀가 나와서 카자크 군인들 쪽으로 걸어간 다음 그들 중 어떤 사관에게 붉은 장미꽃 한 다발을 건네주었고, 그 사관은 말 위에서 몸을 구부려 이런 평화의 제안을 받아들었다. 그것은 혁명이 의지했던 그 심리적 요소들 중의 하나인 상징적인 승리였다. 이제 시민들은 자신들이 승리할 것임을 짐작했다.

심지어 이 시점에서도, 만약 정부가 시위자들과 공개적인 충돌을 피하기만 했다면 이런 상황을 억제할 수도 있었을 것이다. 과거에 식량 시위가 그랬듯이 만약 빵이 상점으로 배달됐다면, 시위는 동력을 잃어버렸을 것이다. 수도의 볼셰비키 지도자인 알렉산드르 슐랴프니코프는 이것이 혁명의 시작이라는 견해에 코웃음을 쳤다. 2월 25일 그는 자신의 볼셰비키 동료들에게 이렇게 말했다. "노동자들에게 1파운드의 빵을 줘봐라, 그러면 시위는 잠잠해질 것이다."[1] 그러나 차르가 그날 저녁 페트로그라드 군관구 사령관인 하발로프 장군에게 "내일 무질서를 진압하라"[2]라고 지시하자, 역설적이게도 무질서를 억제할 수 있는 모든 기회가 사라져버리고 말았다.

2월 26일 일요일 아침, 수도의 한복판은 무장 캠프로 바뀌어 있었다. 군인과 경찰이 도처에 배치됐다. 정오 무렵 거대한 노동자 무리가 공장 지구에 다시 한 번 집결해 도심으로 행진했다. 그들이 네프스키 대로에 집결하자, 경찰과 군인들이 여러 지점에서 그들을 향해 발포했다. 볼린스키 연대 소속 분견대가 쏜 총에 50명이 넘는 시위자가 사망했던 즈나멘스카야 광장에서 최악의 잔학 행위가 발생했다. 자기 휘하의 젊고 불안한 기색이 역력한 군인들에게 군중을 향해 발포하라고 명령할 수 없었던 한 사관은 부하들 중 한 명에게서 총을 빼앗아 군중을 향해 쏘기 시작했다. 시위 군중의 편으로 건너간 그 연대 소속의 두 명의 군인 역시 사상자 가운데 포함됐다.

러시아의 두 번째 '피의 일요일'인 이러한 유혈 사태는 결정적인 전환점이 됐다. 시위자들은 자신들이 정권에 대한 생사의 투쟁에 참여하고 있다는 것을 깨달았으며, 동료들의 죽음 때문에 그들은 대담해졌다. 군인들의 입장에서는 민중에 대한 도덕적 의무와 차르에 대한 충성의 선서 사이에서 선택의 갈림길에 서 있었다. 만일 그들이 전자를 선택한다면, 그야말로 완전한 혁명이 일어나게 될 것이었다. 그러나 만일 후자를 따른다면, 차르 정권은 1905년에 그랬듯이 생존을 연장하게 될 것이었다.

네프스키 대로에서의 총격 사건이 벌어지고 난 후, 한 무리의 시위자들이 파블로프스키 연대의 막사로 잠입했다. 이 연대의 병사들은 총격 소식에 놀라서 폭동을 벌이며 시위자들에게 가담했다. 시위자들은 막사의 무기고로 잠입하여 총 몇 정을 집은 뒤에 네프스키 대로를 향해 행진하기 시작했고, 가는 도중 경찰과 충돌을 벌였다. 그러나 그들은 탄약이 떨어지자 당장 하발로프가 지휘하는 카자크 군대에게 진압됐고, 그들의 병영 숙소에 감금됐다. 19명의 주모자들이 체포되고 구금됐다. 그러나 이때에도 진압을 감행하기에는 너무 늦었다.

볼린스키 연대 소속 훈련 부대가 시위자를 향해 발포한 후에 회의와 죄책감을 느끼며 막사로 돌아오고 있었다. 병사들 중 한 명이 그들이 사살한 군중들 가운데서 자기 어머니를 알아보았다고 주장했다. 이튿날 아침, 군중을 향해 다시 한 번 발포하라는 명령을 받았을 때, 그들은 자신들의 지휘관을 쏘았고, 폭동을 일으키며 군중의 편에 가담했다. 그리고 곧 다른 연대도 동참했다.

　군인들의 폭동은 앞선 나흘간의 시위를 완전한 혁명으로 바꾸어놓았다. 차르의 정부당국은 사실상 수도에서 강제적인 무력을 상실했다. 정부는 더 이상 상황을 통제할 수 없었으며, 북부전선이나 지방 주둔지로부터 더 많은 부대를 차출해 오는 것을 두려워했다. 그들 역시 폭동에 동참할 가능성이 있었기 때문이다. 군대는 분열될 것이며, 아마도 러시아는 전쟁을 그만둘 수밖에 없을 것이다. 반역을 일으킨 수도의 군인들은 혁명 군중에게 군사력과 조직을 제공했다. 그들은 이합집산의 시위를 '민중을 위한' 전략적 목표물—무기고, 전화교환소, 철도역, 경찰본부와 교도소—의 점령을 위한 전투로 바꾸어놓았다.

　민중에게는 실질적인 지도자가 없었다. 사회주의 계열 정당은 불시에 습격을 받았다. 그들의 주모자들은 유형을 당하거나 감옥에 갇히거나 망명 생활을 하고 있었다. 그들의 조직원들 다수가 군중들 무리에 섞여 있었기 때문에 그들은 민중을 지휘할 수 있는 위치에 있지 못했다. 군중 지도자는 거리에서 자체적으로 탄생했다. 역사교과서에 그 이름이 나오지 않는 학생들, 노동자들, 사관생도들, 부사관들, 사회주의자들이 바로 그들이다. 군중은 '혁명'에 대한 지지를 표현하기 위해서 단춧구멍 위에 리본을 달거나 붉은 완장을 착용했다. 주민들이 자신들의 부엌에서 '혁명가들'에게 직접 밥을 해 먹였다. 가게주인들은 자신들의 가게를 군인들을 위한 기지로 바꾸어놓거나 거리에서 경찰이 발포할 경우를 대비해서 시민들을 위한 피신처로 바꾸어놓았다. 아이들은 '지도자들'을 위해 심부름을 다녔고, 참전 군인들도 그들의 명령에 복종했다. 마치 거리의 민중들이 보이지 않는 거대한 실타래에 갑작스럽게 한데 묶인 것만 같았다. 그리고 이것이 그들의 승리를 약속했다.

27일 이른 오후, 2만 5000명의 군중이 두마가 있는 곳이자 러시아의 새로운 민주주의의 요새인 타우리드 궁 앞에 모여들었다. 그들 중 다수는 인근 막사의 병사들이었다. 그들은 정치적 지도자를 찾고 있었다. 맨 처음 나타난 사람은 멘셰비키 당원들인 흐루스탈레프-노사르, 치헤이제, 스코벨레프였다. 그들은 사회주의혁명당원인 케렌스키와 함께 나타나서 '노동자 대표 소비에트의 임시 집행위원회'가 설립됐다고 발표했다. 그들은 그날 저녁에 예정되어 있는 소비에트 집회에 보낼 대표자들을 선출하라고 노동자들에게 호소했다.

그 명칭을 무색하게 할 만큼, 그 혼란스런 첫 소비에트 회의를 위해 타우리드 궁의 좌측에 있는 연기 자욱한 방에 꾸역꾸역 밀려든 50명의 대표들과 200명의 참관인들 중에는 노동자가 많지 않았다. 대다수 노동자들은 소비에트의 존재를 알지 못한 채 여전히 거리에 나와 있었고, 그들의 투표소는 지식인들이 점령하고 있었다. 소비에트 집행부는 여섯 명의 멘셰비키, 두 명의 볼셰비키, 두 명의 사회주의혁명당원, 5명의 무소속 의원들로 이루어져 있었으며, 공장 대표는 단 한 명도 없었다. 회의는 무질서했다. 군인 대표들의 '긴급 발표'와 '비상통보'로 인해 토의가 자주 중단됐다. 이 집회에서는 페트로그라드 노동자 및 군인 대표 소비에트를 설립하기로 결정했다.

진정한 노동자 소비에트를 꿈꿔왔던 사회주의자들에게 이것은 계획의 차질로 비쳐졌다. 부대로 조직된 군인들은 자신들의 소비에트 대표를 선출하는 데에 노동자들보다 훨씬 더 유리한 위치에 있었다. 28일 저녁에 타우리드 궁의 예카테리나 홀에서 페트로그라드 소비에트의 최초 합동 회의가 열렸을 당시, 노동자들의 헐렁한 푸른색 셔츠는 바다를 이룬 회색

혁명의 러시아

제복들 속에 파묻혀 보이지 않았다. 총 3000명의 대표 가운데서 3분의 2 이상이 군복을 입고 있었다.

그러는 사이, 궁전의 우측에서는 두마 지도자들이 시간이 지날수록 거리에서의 외침이 점점 더 커져가고 점점 더 위협적으로 변해가고 있던 혁명 군중의 선도자 역할을 맡을 것인지 말 것인지를 결정하기 위해 회의하고 있었다. 밀류코프 같은 중도파인사는 차르의 권력을 찬탈하는 것은 불법행위라고 경고했다. 그러나 그런 법적인 세부사항은 지금 관심거리가 되지 못했다. 어쨌거나 이것은 혁명이었기 때문이다. 지금 거리를 지배하는 유일한 실질적 권력은 폭력의 힘이었다. 혼돈이 깊어지고 소비에트가 정치적 권위의 중심적 경쟁자로 등장하면서, 두마 지도자들은 스스로 나서서 '질서회복을 위한 임시 위원회'를 조직했고, 스스로를 책임자로 선포했다.

타우리드 궁의 양측에 있는 지도자들의 목적은 수도 내의 질서를 회복하는 것이었다. 술에 취한 노동자들과 군인들 수천 명이 상점을 약탈하고 가택에 침입하며, 말쑥한 옷차림의 시민들을 구타하거나 갈취하면서 도시를 휩쓸고 다녔다. 경찰에 대한 투쟁이 혼란스런 폭력으로 변질돼버렸다. 병사들을 그들의 병영막사로 되돌려 보내는 것이 급선무였지만, 반란을 일으킨 병사들은 장교가 자신들을 처벌할 것을 두려워한 나머지 자신들의 사면에 대한 확약을 요구했다. 그들 각자의 근무지로 돌아가는데 따르는 조건과 요구사항을 쭉 적어놓은 1호 명령지가 바로 그 결과로서 나타났다. 부대 운영과 무기 통제를 담당하는 군인 위원회의 설치. 비번 병사들에 대한 시민적 권리의 보장. 장교들에게 ('충성'과 같은) 존경을 나타내는 호칭의 폐지. 상관의 명령이 소비에트의 명령에 위배되지 않을 경우에만 지휘관에게 복종해야 하는 병사의 의무. 군대의 규율을 파괴하는 것

이상이었으며, 따라서 어떤 측면에서는 볼셰비키가 권력을 장악하도록 도와주었던 이 핵심적인 문서를 군인들이 공동으로 작성하고 소비에트 집회에서 투표로 통과시키는 데에는 불과 몇 분밖에 걸리지 않았다.

소비에트의 지도자들은 질서가 회복되기를 원했을 뿐 권력을 장악할 의도는 전혀 없었다. 그들은 사회주의 질서로 옮겨가려고 시도했지만, 반혁명 아니 어쩌면 내전을 두려워했던 것 같다. 차라리 그들은 두마 지도자들이 정부를 구성하기를 원했다. 그들 대다수는 멘셰비키 인사들, 기타 사회주의자 인사들이었다. 이들은 민주주의적 질서 내에서 사회주의가 진화해나갈 것이라고 생각했다. 그들은 마르크스주의 원리와 역사에 대한 독해를 통해 러시아와 같은 후진적인 농업국에서는 사회주의가 세워지기 전에 '부르주아 민주주의 혁명'이 일어나야 한다고 배웠다. 지금 필요한 것은 대중이 스스로를 정치적으로 조직할 수 있는 자유였다. 따라서 훗날 트로츠키가 2월의 '역설'이라고 지칭했던 것이 발생했다. 즉 거리에서 만들어진 혁명이 살롱에서 만들어진 정부를 낳았다는 사실이다.

3월 1일 합의가 이루어졌다. 두마 지도자들이 임시정부를 구성했고, 소비에트측은 임시정부가 포괄적인 민주주의 원칙의 목록을 지키기만 한다면 임시정부를 지지하겠다고 합의했다. 이것이 바로 10월까지 지속됐던 이중권력 체계의 골격이었다. 실질적 권위를 단독으로 보유하고 있는 소비에트가 없다면, 임시정부는 무기력했다. 그러나 소비에트의 상태는 민중의 발의가 개입할 만한 아주 많은 여지를 만들었고, 소비에트의 새로운 권위는 혁명적 변화에 대한 매우 큰 기대감을 낳았기 때문에, 무정부상태로의 이동을 멈출 수 있는 더 강한 정부에 대한 절박한 요구가 생겨났다.

혁명의 러시아

차르는 페트로그라드의 반란소식을 접한 뒤 최고사령부에서 이바노프 장군(차르는 페트로그라드 군관구의 수장인 하발로프를 대리하도록 그를 임명했다)에게 수도로 징벌 부대를 이끌고 나가 그곳에 통치권을 바로 세우라고 지시했다. 차르는 차르스코예 셀로에 있는 아내와 아이들과 재결합하기 위해 열차를 타고 모길료프로부터 떠났지만, 고작해야 프스코프까지밖에 이르지 못했다. 서둘러 준비한 탓에, 중세 시기 공화국이었던 그 고도에서 니콜라이 황제를 환영하기 위한 어떤 공식 행사도 열리지 않았다. 북부전선의 사령관이 역에서 차르를 알현하기 위해 뒤늦게 도착했을 뿐이었다. 사령관은 황실 예복을 입을 틈도 없이 너무 서두른 탓에 고무장화를 신고 있었다.

3월 1일 최고사령관인 알렉세예프 장군은 혁명 진압 원정을 취소해버렸다. 그는 반란 진압에서 훨씬 더 많은 병력을 잃을까 봐 두려워했고, 이미 활동하고 있는 두마 정부가 질서 회복을 위한 최선의 희망이라고 결론을 내렸다. 이튿날이 되자 다름 아닌 차르의 퇴위가 군대와 전시 군사 작전을 살려낼 수 있을 것이라는 점이 분명해졌다. 차르의 선임 장군들은 프스코프에 정박한 차르가 탄 열차로 보낸 전보를 통해 그렇게 밝혔다. 니콜라이는 운명에 순응하는 듯, 자기 아들을 위해서 왕위에서 물러나기로 합의했다. 로마노프 왕조의 운명을 결정짓는 이 중요한 순간에 그의 마음속을 어떤 생각이 지나가고 있었는지에 대해 말하기는 어렵다. 황제의 열차에 차르와 동승하고 있었던 사람들은 이런 시련 동안 차르에게서 이상한 감정의 결핍을 느꼈다. 차르는 결정을 내리고 나서 오후 산책에 나섰고, 여느 때처럼 저녁 차를 마시러 기차의 식당차를 찾았다. 차르의 부관 중 한 명이 이렇게 회상했다. "황제께서는 평온하고 차분히 앉아 계셨다. 그는 계속 대화를 이어나갔다. 오직 슬프고 생각에 잠겨 있는 그

의 눈만이 먼 곳을 응시하고 있었고, 그가 담배를 집어들 때 보였던 초조
해하는 동작만이 그의 불안한 속마음을 드러냈다."[3] 어쩌면 퇴위가 위안
이 됐는지도 모른다. 이런 퇴위는 차르가 "전제정치를 유지하겠다"는 대
관식 서약과, "이 서약 전체를" 아들에게 "승계하도록 한다"는 대관식 서
약을 어기는 것으로부터 차르를 면제해주었다. 차르는 이 '신성한 의무'
에 강박적으로 시달렸기 때문에, 스스로 입헌군주가 되는 것보다는 퇴위
하는 편이 더 쉽다고 생각했다.

차르는 이런 위기를 겪는 내내 자신의 가족과 재결합하는 것에 관심이
집중되어 있었다. 그는 아들 알렉세이가 혈우병 때문에 오래 살 수 없으
며, 차르인 그 스스로가 왕권을 포기한 이상 러시아를 떠날 수밖에 없다
는 말을 듣고 난 뒤에, 아들을 위해서라도 퇴위하기로 결정했고, 미하일
대공에게 권좌를 넘겨주었다. 그러나 이 소식이 페트로그라드의 군중에
게로 전해지자, 그곳에서는 군주정의 타도를 요구하는 플래카드를 든 격
분한 시위대가 나타났다. 위험을 무릅쓸 만한 성품이 아니었던 미하일은
설득을 통해 하야했다.

군주정의 몰락은 제국 전역에서 환희의 장면으로 장식됐다. 열광하는
군중들이 페트로그라드와 모스크바의 거리에 모여들었다. 건물의 지붕
과 창문에 붉은 깃발이 게양되거나 내걸렸다. 헬싱포르스, 키예프, 트빌
리시처럼 차르의 실각이 민족 해방과 연관되어 있었던 군소국가들의 수
도에서도 각 민족을 상징하는 깃발이 붉은 깃발과 나란히 게양됐다. 군중
들은 군주정의 상징이자 로마노프 왕조의 기호이며 문장인 쌍두독수리
깃발을 갈기갈기 찢었다.

농촌 지역에서 농민들은 수도에서의 '대사건들'에 대해 처음에는 조용
한 목소리로 말했지만, 곧 그들 역시 군주정의 몰락을 축하하게 됐다. 혁

명이 일어난 최초 석달 동안 지방 첩보원들의 보고에 기대어 두마가 조사한 바에 의하면 이 과정은 이렇게 요약된다.

러시아 농민이 차르에게 헌신적이며, 러시아 농민은 차르 없이는 '살 수 없다'라는 보편적인 신화는 실제로 러시아 농민들이 차르 없이도 살 수 있다는 것을 발견하게 된 순간 그들이 느꼈던 보편적인 환희와 안도감을 통해 허물어졌다…… 이제 농민들은 말한다. '차르는 스스로 몰락했고, 우리를 파탄으로 몰아넣었다'라고."[4]

2월 혁명은 군주정에 반대하는 혁명이었다. 2월 혁명으로 출범한 새로운 민주정은 군주정의 모든 특징을 부정함으로써 성립했다. 그 민주정의 지도자들은 차르를 구 러시아의 어두운 저항과 연관시켰고, 차르의 제거를 자유 및 계몽과 동일시하는 수사법을 사용했다. 신문 1면과 포스터와 현수막에 등장하는 혁명의 상징은 끊어진 사슬, 찬란한 태양, 그리고 넘어뜨려진 권좌와 왕관이었다.

군주정은 죽었다. 관료체제, 경찰, 군지휘부, 교회 등 군주정을 지탱했던 기관들은 전부 하룻밤 사이에 무너졌다. 실제로 누구도 군주정을 되살리려고 시도하지 않았다. 내전 시기에 반혁명세력의 지도자들 중 어느 누구도, 비록 그들의 조직 안에 다수의 군주정 지지자들의 활동이 포함되어 있었지만, 군주정을 정치적 대의로 환호하지 않았다. 그들은 군주정에 대한 지지가 자신들에게 자살행위가 될 것임을 깨달았기 때문이다. 트로츠키가 평소의 무뚝뚝함으로 표현했듯이, "이 나라는 군주정이 민중의 목에 두 번 다시 올라타지 못하도록 그것을 그토록 격하게 토해냈다."[5]

차르스코예 셀로에 가택연금 상태에 있었던 황제의 가족은 1917년

8월 신변의 안전에 대한 염려 때문에 시베리아로 이송됐다. 원래 차르와 그의 가족을 영국으로 보낼 계획이었으나, 국왕이었던 조지 5세가 노동당의 원성을 살 것이 두려워 초대를 취소했고, 그래서 황제의 가족은 혁명 군중으로부터 멀리 떨어져 있는 시골 벽지인 토볼스크로 보내졌다. 그곳에서 그들은 1918년 봄까지 평온하게 살았다. 그러나 1918년, 황제의 가족을 구출하려 한다는 군주제 지지자들의 음모가 있다는 소문이 돈 뒤에 그들은 볼셰비키에 의해 예카테린부르크로 보내졌고, 7월 16일과 17일 사이 한밤중에 처형됐다. 니콜라이 황제와 알렉산드라 황후, 그리고 그들의 자녀 다섯 명은 예카테린부르크의 이파티예프 저택에 본부를 둔 볼셰비키 소총부대가 가까이에서 쏜 총을 맞고 숨졌다. 옛 차르의 서거 소식에 대한 대중의 반응은 몹시 가라앉아 있었다. 영국의 정보원이었던 브루스 로카트는 "모스크바 시민들이 그 소식을 놀랄 정도로 무덤덤하게 받아들였다"[6]고 지적했다. 차르는 1917년 2월 이후로 이미 정치적으로 죽어 있는 상태였기 때문이다.

타우리드 궁전 밖에 운집해 있었던 군중들은 그들의 새로운 지도자의 이름인 임시정부에 대해 거의 알지 못했다. 임시정부의 각료들 대다수는 1915년 이후 자유주의 야권 진영이 제안한 여러 '비밀 부서들'과 함께 명명됐다. 각료들 모두는 부유한 엘리트가문 출신이었다. 타우리드 궁전 바깥의 군중들에게 신임 수상인 르보프 공의 이름이 전해지자, 한 병사가 소리쳤다. "그러니까 우리가 한 일이 고작 차르를 공작으로 바꾼 거라 이거야? 그게 전부냐고?"[7]

오직 법무장관인 알렉산드르 케렌스키의 이름이 발표됐을 때에만 군중들은 환호를 보냈다. 임시정부에서 유일한 사회주의자이자 소비에트

위원이었던 그는 민중의 희망을 대변하게 됐다. 행복감에 젖었던 자유의 첫 몇 주 동안 이런 희망은 '케렌스키 숭배'로 표현됐다. 급진적 지식인들의 인기를 얻었던 케렌스키는 '국가의 대표 시인', '러시아의 심장과 심성을 가진 무관無冠의 황제', '혁명의 첫사랑'이라는 찬사를 들었다. 그는 빼어난 연설가였고, 그의 연설은 연민을 자아내는 힘과 연극배우와 같은 동작과 심지어는 절정의 순간 터져 나오는 눈속임용 발작으로 가득 차 있었다. 그 모든 것이 그의 청중의 심금을 뒤흔들기 위해 계산된 것이었다. 군주제의 형태로 권력이 형성되는 나라에서 차르의 제거 직후 지도자에 대한 새로운 숭배가 태어난다는 것은 놀라운 일이 아니었다.

법무장관은 임시정부에서 가장 바쁜 사람이었다. 집회, 출판, 언론의 자유의 부여, 종교와 인종과 성에 대한 법적 규제의 철폐 등 휘황찬란한 일련의 개혁을 그가 주관했다. 레닌은 이를 두고 하룻밤 사이에 러시아를 '세계에서 가장 자유로운 나라'로 만들어놓았다고 표현했다. 정부의 주요 목표는 정치 개혁이었다. 지식인들의 자유주의적 입헌적 가치가 정부 지도자들의 관점을 형성했다. 지도자들은 스스로를 계급과 당의 이익보다 민족의 자긍심과 구원을 우선하는 전시 정부로 간주했다. 그들의 목표는 전쟁이 끝날 때까지, 그리고 토지개혁과 소수민족의 요구와 같은 혁명의 근본적인 문제를 단독으로 합법적으로 해결할 수 있는 제헌의회가 선출될 때까지 나라를 지켜보는 것이었다. 실제로 그들은 민중에게 아직 존재하지 않는 의회에 의해 민중 자신의 문제가 합법적으로 해결되는 것을 기다려달라고 요청할 계획을 세워놓고 있었다. 만약 그들이 제헌의회를 소집하기 위해 더 빠르게 행동했다면, 그들은 스스로를 위해 민주적인 통치권을 제정했을 것이다. 그러나 그들은 선거 준비에 빠져 옴짝달싹 못하게 됐고, 투표가 개최될 수 있게 된 것은 볼셰비키가 권력을 잡은 뒤인 11월에 이르러서였다.

1917년 정치 개혁은 민중의 혁명에 대한 기대를 만족시킬 만큼 충분하지 않았다. 임시정부의 지도자들은 스스로를 1789년의 프랑스 혁명가들에 비유했다. 그들은 프랑스 혁명사에서 자신들의 정책의 선례와 자신들이 제안하는 제도의 모델을 찾았지만, 러시아는 제2의 프랑스가 될 수 없었다. 혁명의 입헌적 단계는 1905년과 1917년 사이에 이미 지나갔다. 이미 더 이상 베풀 수 있는 정치 개혁이 남아 있지 않았다. 유럽 역사에서 선례를 찾아볼 수 없는 오직 근본적인 사회혁명만이 구체제의 몰락이 가져온 권력의 문제—레닌이 그의 기념할 만한 문구 "끄또 까보(누가 누구를 통치할 것인가?라는 뜻)"로써 물었던 물음—를 해결할 수 있었다.

2월 혁명으로 새로운 민주정치 문화가 탄생했다. 자기 스스로를 '민주주의자'라고 부르는 것이 정치적으로 옳은 행동으로 간주됐다. 그러나 추상적인 민주주의의 언어는 사회 계급에 관한 러시아인의 이념에 곧바로 흡수됐다. 평범한 러시아 국민은 점점 더 계급의 관점에서 자신에 대해 생각했다. 그들은 계급과 무관하게 만인에 대한 호칭의 형식으로 쓰이는 '시민(그라주다닌)' 대신에 '노동하층민(뜨루쟈흐쉬샤)'을 위해 따로 쓰이는 '동지(따바리쉬)'로 더 많이 스스로를 지칭하기 시작했다. 일반적으로 '민주정치(지마끄라치야)'라는 낱말은 정치적 원리라기보다는 사회적인 규정으로 사용됐다. 그것은 '평민'의 의미로 이해됐고, 따라서 그것의 반대말은 '독재정치'가 아니라 '부르주아(부르조이)'였다. 이것은 단지 언어학적인 의미론의 문제가 아니었다. 일반 대중은 '우리'와 '그들'의 관점에서 '민주정치'를 이해했기 때문이다.

1917년의 혁명은 권위의 총체적 위기로 이해되어야 한다. 국가뿐 아니라 권위를 상징하는 모든 형상들—판사, 경찰, 정부관리, 육군과 해군 사관, 사제, 교사, 고용주, 지주, 마을의 장로, 가부장적인 아버지, 남편 등—이 거부됐다. 사실상 삶의 영역 전체에서 혁명이 진행되고 있었다.

유일한 실질적 정치 권위는 소비에트뿐이었다. 그러나 소비에트조차 도 멀리 떨어진 지방(여기서 도시와 촌락은 마치 국가로부터 독립한 것처럼 기능했다)에서의 혁명에 대해 제한적인 통치권을 가질 뿐이었다. 따라서 1917년의 정치는 이중권력 내부의 충돌(역사가들의 관심을 잠시도 벗어나지 않았던 임시정부와 소비에트의 분열)이 아니라, 권력의 파편화와 관련된 더 심오한 문제로 이해되어야 한다.

1905년 당시와 마찬가지로, 농민공동체는 토지 혁명에서 중요한 한 부분이었다. 농민들은 자기들만의 특별위원회를 선출했다(그 위원회들 가운데서 몇몇은 '소비에트'라고 불렸다). 그것들은 혁명적인 형태를 갖춘 공동체에 지나지 않았다. 대체로 이들 농민 기관들은 토지 문제를 해결하기 위해 제헌국민의회를 기다려 달라는 임시정부의 요청을 묵살했다. 농민들은 귀족의 재산을 자기들이 몰수하는 것을 합법화하기 위해 자신들만의 '법률'을 제정했다.

봄부터 귀족의 토지에 대한 대규모 몰수가 시작됐다. 농민들은 지주의 저택에 침입했고, 지주의 곳간에 있는 곡물을 반출했으며, (그림, 책, 조각 등등) 넘쳐나는 풍요의 느낌을 주는 물건은 무엇이 됐든지 파괴하거나 망가뜨렸다. 이따금씩 농민들은 지주의 저택에 불을 지르고 그 식구들을 살해하기까지 했다.

이러한 '지주의 저택에 대한 전쟁'은 관할지와 지방의 농민의회, 그리고 전국적 차원에서는 5월 4~25일에 열린 초대 전 러시아 농민의회에 의해 유사법적인 허가를 받았다. 이것보다 더 농촌 지역에서 정부의 권위를 실추시킨 일은 없었다. 그 농민의회들의 운영진을 장악했던 사회주의 혁명당은 토지 문제에 대해 인내심을 가져줄 것을 호소했다. 그러나 대표들의 강경한 분위기는 사회주의혁명당이 농민들의 그런 탈취를 승인하지 않을 수 없게 만들었다. 농민들은 이런 농민의회의 결정이 '법'의 지위를 가진다고 믿었다.

농민들의 상황과 비슷한 양상으로 노동자들의 상황도 전개됐다. 1917년 봄 그들의 기대는 걷잡을 수 없이 급등했다. 임시정부가 그들을 만족시키는 것은 불가능했다. 4월과 7월 사이에 50만 명 이상의 노동자들이 파업을 계속 이어나갔다. 그들은 경제적인 요구뿐 아니라 정치적인 요구까지도 주장했다. 특히 노동자들은 하루 8시간 노동을 '시민'으로서의 자신의 권리와 존엄의 상징으로 생각했다. 파업 노동자들은 고용주가 자기들을 존중해줄 것을 요구했다. 어린아이, 동물, 노예에게 하대하는 '너'에 반대되는 공식적 존댓말인 '귀하'로 불러줄 것을 요구했다. 그들은 다른 시민과의 동등함을 주장하기 위해 정장과 칼라가 달린 와이셔츠에 넥타이를 맨 채 시위를 벌였다. 여성들 또한 남성과 동등한 임금을 요구했다.

노동자들의 조직은 급속히 증가했다. 노조와 소비에트는 1905~1906년에 자신들이 멈추었던 지점에서부터 다시 활동을 시작했다. 그러나 1917년 두 차례의 개혁이 이들의 활동을 앞질렀다. 공장폐쇄와 해고(이것은 "노동자들이 정신을 차리도록 하기 위해" 자본가들이 협박처럼 사용하는 전술이었다)를 막기 위해 경영진을 감시하는 공장위원회(노동자들은 이것을 "노동자들에 대한 통제"라고 불렀다), 그리고 공장을 수호하도록 조직된 '붉은 근위대'가 그것이었다. 두 단체는 모두 볼셰비키의 지배를 받았다. 노동자들의 무장은 점점 더 커져가는 그들의 연대를 이루기 위해 중요한 요건이었다. 7월경, 페트로그라드 한곳에서만 '붉은 근위대'에 소속된 무장 노동자는 2만 명에 달했다.

　병사들 또한 1호 명령에 의해 설립된 '군인위원회'라는 고유의 기관을 가지고 있었는데, 이 기관은 장교들과의 관계를 감독했고, 장교들의 군사 명령을 논의했다. 일부 병사는 노동자와 똑같은 권리를 요구하면서, 하루에 8시간 이상 싸우는 것을 거부했다. 많은 병사들이 자신의 지휘관에게 경례하기를 거부했다. 그들은 이미 사병인 자신들에 의해 혁명이 이루어졌고, 자신들이 권력을 가지고 있다고 주장하면서 기존의 장교들을, 자신들이 직접 선출한 지도자들로 교체했다. 이와 같은 '사병권력'의 주장은 1917년 군대를 휩쓸고 지나간 '참호 볼셰비키주의'의 정신을 이루었던 필수적인 요소였다. 이 용어는 반드시 볼셰비키주의자는 아니더라도(최전방부대에는 당원이 거의 없었다), 자신의 고향으로 돌아가기 위해서 어떤 희생을 치르더라도 평화를 원했던 병사들을 지칭하기 위해 장교들이 사용했던 표현이다. 일반 사병에게 볼셰비키는 그들에게 한시라도 빨리 평화를 안겨 줄 수 있는 유일한 주요 정당이었고, 이런 이유로 많은 병사들이 볼셰비키당에 동화됐다.

　임시정부는 국가의 수호자로서 전쟁이 마무리되고 제헌의회가 민족문제를 해결할 때까지 러시아 제국의 국경을 방어하는 것을 자신의 의무라고 생각했다. 이것은 과도기의 조치로서, 지역적 자치와 문화적 자유의 권리를 비러시아인 거주 지역에 양도하는 가능성을 배제하지 않았다. 그러나 임시정부는 특히 폴란드와 우크라이나를 비롯하여 민족주의자들의 독립 요구에 굴복하는 것을 금지시켰다. 임시정부측은 폴란드와 우크라이나에서 이런 요구가, 서부 국경 지방을 장악한 독일군과 오스트리아 군대에 유리한 트로이의 목마처럼 악용될 수 있다고 우려했다. 실제로 러시아의 적국들은 이 허약한 신생 국가들을 조종하고 러시아에 대한 싸움에서 그들을 이용하기 위해 민족주의세력이 독립을 쟁취하는 것을 적극적으로 돕고자 했다.

1917년 대부분의 시간 동안 민족주의자들이 요구했던 것은 독립이 아니라, 러시아 연방국가 내에서의 보다 큰 자유였다. 오직 폴란드와 핀란드만이 처음부터 독립을 요구했다. 대부분의 지역에서는 국가의 문제보다 사회적인 문제가 더 절박했다. 민족주의는 계급 이익의 지지를 받는 지역에서 가장 거셌다. 농민은 토지를 원했다. 그들은 자신들의 언어로 말을 걸어오는 정치인을 선호했고, 외국 지주들과의 투쟁에서 자신들을 돕는 민족주의자들을 지지했다. (소비에트 지도자들이 지지하는) 임시정부가 더 많은 자유에 대해 협상을 거부하면서 독립에 대한 요구는 더욱더 커져 갔다. 핀란드와 우크라이나에서는 민족주의 세력이 장악하다시피 한 의회가 6월말경 독립을 선언했다. 폴란드의 경우는 이런 법칙에 대한 하나의 예외에 속했다. 여기에서 민족주의세력의 독립에 대한 요구는 이미 3월초부터 임시정부의 지지를 받았다. 왜냐하면 독일군과 오스트리아군이 점령한 폴란드의 경우에는, 폴란드인들에게 자유를 준다고 약속하더라도 잃을 것이 전혀 없었기 때문이다. 오히려 정반대로, 군사 활동에 폴란드 주민의 지지를 얻을 수 있는 가능성이 있었다.

레닌은 4월 3일 자정이 조금 못 되어서, 페트로그라드의 핀란드 역에 도착했다. 바깥의 광장은 자동차들과 탱크처럼 장갑을 두른 차량들로 빼곡히 가득 차 있었다. 받침대로 세워진 조명등이 붉은 깃발을 흔들며 레닌을 환호하러 나온 노동자들과 군인들의 얼굴 위를 훑고 지나갔다. 국경 검문에서 면제된 유일한 차량인 레닌의 '봉인 열차'•가 마침내 스위스로부터 도착하자, 우레 같은 〈라 마르세예즈〉가 군악대에서 울려 퍼졌다.

혁명의 러시아

독일군은 레닌의 반전활동이 러시아의 전투력을 약화시키기를 기대하면서, 페트로그라드로의 그의 귀환을 주선했다.

레닌은 러시아에는 이방인이었다. 1905~1906년 동안 러시아에서 여섯 달을 머문 것을 제외하면, 레닌은 지난 17년 동안을 유럽에서의 망명생활로 보냈다. 소련이라는 국가의 통치자가 될 운명이었던 이 인물은 지금 자기 국민들이 어떻게 살고 있는지 전혀 알지 못했다.

레닌은 이미 그 자신의 혁명인 두 번째 혁명에 대해서 구상하고 있었다. 취리히로부터 오는 길에 그는 10개 항목의 프로그램으로 혁명의 개요를 짜놓았다. 그것이 그의 유명한 4월 테제였다. 그리고 그는 핀란드 역에 도착한 후 그 프로그램을 강력히 주장하기 시작했다. 그 내용은 간단했다. 임시정부에 대한 지지 중단. 멘셰비키 및 제2인터내셔널의 방어주의자들과의 깨끗한 결별. 노동자들의 무장화. 소비에트로 모든 권력의 이양. 직접적인 강화의 체결. 볼셰비키마저 크게 놀랐다. 많은 이들은 레닌의 테제가 '광인의 헛소리'에 불과하다고 생각했다. 레닌은 사회민주당의 프로그램을 거꾸로 뒤집었다. 그는 혁명의 '부르주아 단계'에 대한 필요를 인정하지 않았고, 그것 대신 일거에 '프롤레타리아 혁명'을 일으키자고 요청했다.

이 테제는 전쟁(전쟁은 레닌에게, 유럽 전역이 사회주의 혁명의 직전에 놓여 있기 때문에 러시아 혁명은 순식간에 국제화될 것이고, 따라서 러시아 혁명은 '부르주아 민주주의적 목표'에 국한될 필요가 없다는 결론을 내리도록 이끌었다)뿐 아니라 레닌이 1905년에 배웠던 교훈(러시아 내 부르주아계급은 민주 혁명을 이끌기에는 너무도 취약하다는 깨달음)에도 뿌리를 내리고 있었다. 그러나 이 테제의

• 스위스에 체류해 있던 레닌에게 독일 정부가 제공한 열차로, 독일 정부는 적국인 러시아 제국을 무력화하기 위해 레닌에게 비밀리에 접촉한 것이다.

진짜 숨은 뜻은 가장 극단적인 볼셰비키주의자들 모두가 가능하다고 판단했던 모든 것을 뛰어넘었다. 그것은 바로 볼셰비키는 2월 혁명을 지지해서는 안 되며, 임시정부에 반대하도록 대중을 조직해야 한다는 것이었다.

레닌은 점차 당의 의지를 그가 발표한 테제에 가깝게 몰고 갔다. 그의 우월한 인품이 한 가지 요인으로 작용했다. 그가 임시 정부에 반대하는 임박한 봉기보다 '긴 동요의 시기'를 염두에 두었을 만큼 그의 자신감은 확고했다. 그러나 이론에 관심이 덜했던 노동자와 군인의 대규모 입당이 레닌에게 유리하게 작용했던 주요 원인이었다. 그들은 지도자들보다 더 급진적이었다. 마르크스의 이론에 대해 잘 모르고 있었기 때문에 어째서 '부르주아 혁명'을 거쳐야 하는지에 대해 이해하지 못했다. 한 단계를 통해서 사회주의에 이를 수 있는데, 어째서 그들의 지도자들은 두 단계를 거쳐 사회주의에 이르려고 하는 걸까? 이미 2월에 충분한 피를 흘리지 않았던가? 이럼으로써 나중에 부르주아를 제거하는 것이 더욱 힘들어질 뿐이라고 하면서, 어째서 그들은 부르주아가 권력을 잡도록 놔두는 것일까?

4월의 위기 때문에 당원들은 레닌의 메시지에 담긴 의미를 절실히 느끼게 됐다. 외무장관 밀류코프가 영국 언론에 소비에트의 평화작전이 교전 당사국들의 국민들에게 '제국주의 전쟁 반대'에 대해 궐기하라고 호소하고 있지만, 러시아의 맹우 제국들에 대한 러시아의 충성은 변하지 않을 것이라고 전하자 위기가 발생했다. 밀류코프의 행동은 임시정부를 통해서는 평화를 성취할 수 없을 것이라는 레닌의 견해가 옳을 수도 있음을 입증한 셈이 됐던 것이다. 4월 20~21일, 수천 명의 무장 노동자들과 군인들이 전쟁과 '부르주아 장관들'에 대한 반대시위를 하기 위해 페트로그라드의 거리로 쏟아져 나왔다. 이들 시위대와, 우파 애국주의자들의 맞불 시위가 충돌하여 난투극이 벌어졌다.

내전을 염려한 나머지 소비에트 지도자들은 임시정부의 권위를 강화하기 위해 자유주의자들과의 연합정부를 구성했다. 여기에서 사회주의자들(멘셰비키, 사회주의혁명당, '노동그룹'●)은 농업부 장관(체르노프), 노동부 장관(스코벨레프), 국방부 장관(케렌스키)을 비롯해서 16개의 내각의 직위 가운데 6개만을 차지했을 뿐이다(사회주의자들이 절대로 정부에 관여해서는 안 된다는 주장에 따라서 소수만이 선출됐던 것이다). 연합정부에 가담한 주도적인 소비에트 지도자는 조지아 출신 멘셰비키 파인 이라클리 체레첼리(우편및 전신부 장관)였다. 그는 5월과 10월 사이에 연합정부의 토대를 이루게 될 혁명적 방어주의 정책(러시아와 혁명을 방어하기 위해 전쟁을 계속 수행하기로 하는 것)을 구상했다.

전쟁은 임시정부에서 가장 많은 논쟁을 불러일으켰던 문제였다. 근본적으로 1917년의 정치는 혁명을 전쟁을 끝내는 수단으로 보는 좌파 진영과, 전쟁을 혁명을 끝내는 수단으로 보는 우파 진영(입헌민주당을 포함하는) 사이의 투쟁이었다.

동맹국들은 러시아에 대해 여름에 공격을 개시하라는 압력을 계속 늘려갔다. 러시아 군대의 전투력은 대단히 의심스러운 상태였다. 그러나 연합정부의 지도자들은 병사들이 혁명을 수호하기 위해 기꺼이 싸울 것이며, 이것이 국민 전체의 통합과 규율을 회복시킬 것이라고 확신했다. 그들은 1792년 대오스트리아전 전야의 프랑스의 상태와 작금의 러시아

● 노동그룹Trudovaja gruppa은 20세기 초 러시아의 중도파 노동당을 가리킨다.

를 비교했다. 그들은 조국('la patrie')의 방어가 "무기를 들어라, 시민들이여Aux armes, citoyens"라는 전 국민의 합창을 이끌어냈던 것처럼, 혁명전쟁이 새로운 시민적 애국심을 낳을 것이라고 생각했다. 독일군에 대한 패배는 로마노프('친독일적인') 왕조의 회복을 의미하는 것이었다.

이런 애국주의적 희망의 상당 부분은 부대의 사기를 높이기 위해 전선을 순방했던 케렌스키에게로 집중됐다. 비록 그가 오른팔을 다쳤다는 기록은 없지만 그는 팔걸이 붕대에 오른팔을 감싼 채 군복을 몸의 절반에만 걸치고 있었다. 이것은 부대에게 자유를 위해 싸울 것을 촉구하는 그의 연설에 연극적인 효과를 더해주었다. 케렌스키를 맞도록 선발된 군인들의 그를 향한 찬양은 사병들이 전투에 몹시 목말라 있다는 인상을 주었다. 하지만 실제로는 공격 날짜가 다가옴에 따라 탈영병의 수가 급격히 늘어나고 있었다.

공격은 6월 16일에 시작됐다. 자원병 부대인 '죽음의 여군 부대'는 솔선수범하여 남자들을 부끄럽게 하면서 싸우도록 독려했다. 주요 공격은 남쪽의 르보프를 향했고, 다른 한편으로 서부전선과 북부전선에서 지원 공격이 또한 시작됐다. 이틀 동안 군대의 전진이 계속 이어졌다. 독일군의 방어선은 무너졌고, 애국주의 신문에서는 영광스러운 '자유를 위한 승리'가 발표됐다. 그러나 그다음 러시아군의 진격이 멈췄다. 독일군이 역습을 시작했고, 러시아 군인들은 당황하여 달아났다. 싸우는 것에 대한 군인들의 단순한 거부가 낭패의 가장 큰 원인이었다. 병사들은 전장으로 나가려 하지 않았고, 대신 자신들에게 명령하는 장교들을 향해 총구를 겨누었다. 병사들이 술집을 약탈하고 유대인 거주지역을 휩쓸고 지나가면서 부대가 퇴각한 곳은 아수라장으로 변했다.

공격 작전의 실패는 임시정부의 권위에 치명타를 입혔다. 동맹은 붕괴됐다. 사회주의자들과 입헌민주당원들이 새로운 동맹을 짜 맞추려고 애쓴 3주간, 권력은 공백 상태에 있었다. 이것이 7월 봉기의 배경이었다.

7월 봉기는 페트로그라드 반정부 세력의 가장 위협적인 요새에 해당하는 제1기계화 연대에서 시작됐는데, 비보르그 지역에 있는 이 부대의 막사는 수도에서 가장 파업이 잘 일어나는 공장들 가운데에 자리 잡고 있었다. 6월 20일 이 연대는 500대의 기관총과 대원들을 전선으로 보내라는 명령을 받았다. 페트로그라드 주둔군 부대가 전선으로 배치되도록 명령을 받은 것은 2월 혁명 이후 처음 있는 일이었다. 페트로그라드 주둔지에 소속된 25만 명의 군인들이 '반혁명적' 위협에 맞서서 도시를 방어하도록 머무를 수 있는 권리는 1호 명령에 의해서 보장됐다.

제1기계화 연대는 임시정부측이 자신의 주둔지를 파괴할 목적으로 공격을 이용한다고 비판하면서 만일 임시정부가 이런 '반혁명적' 명령을 계속한다면, 임시정부를 타도하겠다고 결정했다. 주둔지의 볼셰비키 군사 조직은 봉기를 독려했다. 그러나 당의 중앙위원회는 봉기의 실패가 반볼셰비키적인 반발을 일으킬 것을 두려워하면서 더 신중한 태도를 보였다. 레닌이 그 주둔지의 성급한 추종자들을 통제할 수 있었을까 하는 점은 명확하지 않았다.

7월 3일, 군인과 노동자의 조밀한 무리가 무장행렬을 이룬 채 시내를 통과하고 있었다. 군중의 무리는 타우리드 궁으로 이동하고 있었는데, 그곳에서는 소비에트 지도자들이 사회주의 정부를 구성할 것인지, 아니면 입헌민주원들과 또 다른 연합을 구성할 것인지를 놓고 토론을 벌이고 있었다. 그러나 땅거미가 지자, 군중들은 뿔뿔이 흩어졌다. 이튿날로 예정된 또 다른 시위에 대해 볼셰비키 중앙위원회는, 권력 장악을 위해 그런 시위를 이용할 것인지가 불투명한 상태였지만, 시위를 지지하기로 합의했다.

그 이튿날인 7월 4일 레닌은 평소 그답지 않게 머뭇거렸다. 이날에는 2만 명의 크론시타트 수병들이 봉기 시작에 대한 지시를 기다리며 마지막 차르가 총애하는 발레리나 크셰신스카야의 대저택의 볼셰비키 본부 앞에 운집했다. 레닌은 연설하기를 꺼렸다. 마침내 그가 설득에 못 이겨 발코니에 나타났을 때, 그는 1분이 채 안 되는 동안 불분명한 목소리로 연설했다. 거기에서 그는 소비에트 권력의 도래에 대한 확신을 표현했지만, 그것을 어떻게 일으킬 것인가에 대한 특별한 언급 없이 수병들을 떠났다. 그것은 레닌이 자기 앞에 서 있는 혁명 군중을 이끌어야 하는 책임과 마주한 뒤 용기를 잃어버렸던, 그의 긴 경력에서 몇 안 되는 특별한 순간이었다.

크론시타트 수병들은 봉기의 개시에 대한 분명한 요청이 없는 것에 당황해하면서, 타우리드 궁전을 향해 떠났다. 그들은 네프스키 대로에서 푸틸로프 금속가공공장의 또 다른 거대한 노동자들 무리와 뒤섞였다. 그들 무리가 리체이니 대로로 꺾어지는 순간, 옥상과 건물 창문으로부터 카자크 군인들과 사관생도들의 사격이 일제히 개시됐고, 시위참여자들은 당황하여 황급히 흩어졌다. 어떤 이들은 대응 사격을 했고, 다른 이들은 상점의 문이나 창문을 깨고 들어가 대피소를 찾아 뛰었다. 사격이 멈추었을 때, 시위 주도자들은 전열을 재정비하고 대오를 복구하려고 애썼지만, 무리의 균형은 이미 깨져버렸고, 수십 명이 죽어 있었다. 그들 무리는 타우리드 궁전 부근에 있는 부유한 저택가를 통과하면서, 상점과 가옥을 약탈하고 옷을 잘 차려입은 행인을 공격하면서 난동을 부리는 폭도로 변해버렸다.

타우리드 궁을 둘러싼 무장한 성난 군중의 거대한 인파가 쿠데타를 일

혁 명 의 러 시 아

으키는 것을 막을 수 있는 방법은 전혀 없었다. 궁전 안에서 권력의 문제를 토론하고 있었던 소비에트 지도자들에게는 자신들이 기습을 당할 것이라는 예감이 '명명백백한' 것처럼 보였다. 하지만 레닌으로부터 공격 명령은 결코 들리지 않았고, 아무 지시가 없는 상태에서 반란자들은 무엇을 해야 할지 알지 못했다. 신은 봉기가 좌절되도록 날씨로 조화를 부리는 듯 했다. 오후 5시에 먹구름이 갈라지고, 거기에서 양동이로 퍼붓는 듯한 폭우가 쏟아졌다. 시위자들 대부분은 비를 피할 곳을 찾아 뛰어다녔고, 다시 대오로 돌아올 엄두를 내지 못했다. 한편 자리를 지키고 있었던 사람들도 빗줄기 때문에 더 이상 참지 못하고, 체념한 듯 궁전을 향해 총을 쏘기 시작했다. 크론시타트 수병들 몇 명은 창문을 타고 궁전 안으로 기어들어가서 체르노프를 붙들고 그에게 성난 목소리로 외치면서, 문이 열린 차 안으로 그를 끌고 들어갔다. "개새끼야, 네게 권력이 굴러왔을 때 권력을 잡으란 말이다!" 부스스한 차림에 겁에 질린 사회주의혁명당 당수가 풀려난 것은 소비에트 의회로부터 트로츠키가 나타나서 자신의 유명한 연설로 그 사태를 중재하고 나섰을 때였다. 트로츠키는 "러시아 혁명의 자긍심이자 영광인 크론시타트 동지들"에게 "개인에 대한 사소한 폭력"으로 대의를 망치지 말라고 호소했다.[8]

군중의 무력감을 상징하는 마지막 장면이 펼쳐졌다. 오후 7시경, 푸틸로프 공장의 노동자들 한 무리가 궁전 안으로 난입해, 소총을 흔들어대며 소비에트에 대한 권력을 요구했다. 그러나 소비에트 의장인 니콜라이 치헤이제는 전날 저녁에 소비에트가 인쇄한 한 장의 성명서를 그들 무리의 히스테리컬한 주도자에게 조용히 건네주었다. 그 성명서에는 시위자들이 집으로 돌아가거나 혁명에 대한 변절자로 비난받아야 한다고 씌어져 있었다. 치헤이제가 고압적인 목소리로 말했다. "자, 이것을 받게. 여기에 자네와 자네의 푸틸로프 동료들이 해야 하는 일이 씌어져 있네. 그것을 신중히 읽어보고 우리 일을 방해하지 말게."[9] 당황한 노동자는 성명서를 집어들고 푸틸로프 공장의 나머지 동료들과 함께 홀을 떠났다. 두말할 것 없이 그는 분노와 좌절감을 느꼈다. 그는 저항할 수 없었다. 강제적인 힘이 부족해서가 아니라 자신감이 부족했기 때문이다. 수백 년 동안 겪어온 농노생활과 복종 때문에 노동자는 자신의 정치적 주인에게 감히 저항할 엄두를 내지 못했다. 그리고 바로 그 점에 러시아 국민의 불행이 있었다. 이것은 혁명 전체에서 가장 흥미로운 장면 중 하나였다. 숨은 권력관계가 사건들의 표면 위로 드러나고, 역사의 더 큰 흐름이 분명하게 나타나는 흔치 않은 일화들 중 하나인 것이다.

군중들은 흩어졌다. 봉기는 끝이 났다. 임시정부를 섬기는 부대가 타우리드 궁전을 수비하기 위해 도착했다. 볼셰비키가 독일인을 위해 부역한다고(전시의 총력을 약화시키기 위해 독일 정부가 레닌을 '봉인 열차'에 태워 보냈기 때문에) 비난하는 내용, 그리고 전선에서의 패배에 대해 볼셰비키를 비난하는 내용의 전단지가 법무부의 손을 거쳐 살포됐다. 볼셰비키들의 주요 지도자에 대한 체포영장이 발부됐다. 군대는 크셰신스카야 저택에 본거지를 둔 당 본부를 철거했다. 수도는 반볼셰비키 정치의 히스테리에 굴복했다. 정체가 드러나 있거나 의심받는 볼셰비키들은 길거리에서 '검은 백인대'의 습격을 받았다. 수백 명의 볼셰비키가 체포됐다. 그러나 레닌은 달아나 피신했다. 그는 '반역죄'로 재판받기를 거부하면서, 국가가 반혁명적인 '군사독재정부'에게 지배를 받고 있다고 비난했다. '군사독재정부'는 이미 프롤레타리아와의 내전으로 바빴다. 그는 7월 8~10일에 이렇게 썼다. "그것은 법정의 문제가 아니라, **내전에서의 한 에피소드에** 관한 문제다…… 러시아 혁명의 평화적 발전에 대한 희망은 영원히 사라져버렸다."[10]

　이제 그의 생각은 권력 장악을 위해 무장봉기를 일으키는 계획으로 옮겨졌다.

Revolutionary Russia
1891-1991

6장

레닌의 혁명

1917년 10월 혁명

7월 8일 알렉산드르 케렌스키가 총리가 됐다. 그는 민중의 지지를 받는 동시에 군부가 인정하는 유일한 거물 정치인으로서 국가를 재통합하고 내전으로 치닫는 것을 막을 수 있는 인물로 지목됐다. (7월 25일에 작성된) 새로운 연합정부의 프로그램은 지난 2월에 소비에트와 이중 권력 구조를 토대로 합의된 민주적인 원칙을 더 이상 따르지 않았다. 케렌스키는 입헌민주당의 주장에 따라 대중 집회에 대한 강력한 새 규제만을 통과시켰고, 전선에서의 사형제도를 부활시켰으며, 군대의 규율을 회복하기 위해 군위원회의 영향력을 넓히기로 하는 데에 동의했다. 또한 케렌스키는 라브르 코르닐로프 장군을 새로운 총사령관으로 임명했다.

코르닐로프는 기업주, 사관들, 우파 인사들에게 구세주로 환호받았다. 코르닐로프는 그들의 후원에 힘입어, 민간인에 대한 사형제 부활, 철도와 방위산업의 군사화, 노동자 단체활동 금지를 포함한 반동적 조치를 계속 추진했다. 그런 조치는 소비에트에 대한 명백한 위협으로 계엄령에 상응하는 것이었다. 케렌스키는 결정을 계속 미루다가, 8월 24일, 마침내 코르닐로프의 주장에 동의했다. 그리하여 코르닐로프로 하여금 그들이 이끄는 군사독재정부의 설립을 기대하도록 만들었다. 총사령관인 코르닐로프는 이 쿠데타를 막기 위해 볼셰비키가 봉기를 일으킬 것이라는 소문을 듣고는 수도를 점령하고 수비대를 무장해제하기 위해 카자크 부대를 파견했다.

케렌스키가 코르닐로프에게 등을 돌린 것은 바로 이 지점이었다. 케렌스키의 정치적 운명은 빠르게 급락하고 있었으며, 따라서 그는 자신의 운명을 회복하기 위해 180도 변화를 꾀하려 했다. 케렌스키는 코르닐로프를 '반혁명주의자'이자 정부에 대한 변절자라고 비난하면서 그를 총사령관직에서 직위해제하고, 시민들에게 페트로그라드를 방어할 것을 촉구했다. 소비에트는 수도 방어를 위한 군대를 동원하기 위해 초당 차원의 위원회를 설립했다. 볼셰비키는 '7월의 나날들'의 여파로 진압된 후 다시 지위가 회복됐다. 트로츠키를 비롯해 볼셰비키 지도자들 일부가 풀려났다.

오직 볼셰비키만이 노동자와 군인을 동원할 능력이 있었다. 북부의 산업 지역에서는 '반혁명'과 맞서 싸우기 위해 즉석에서 혁명위원회가 구성됐다. '붉은 근위대'가 공장에 대한 방어를 조직했다. 임시정부를 타도하기 위해 그 '7월의 나날들' 동안 페트로그라드에 마지막으로 도착했던 그 크론시타트 수병들이 다시 한 번 귀환했다. 이번에는 코르닐로프에 대항해 페트로그라드를 방어하기 위해서였다. 그러나 궁극적으로 교전 의지는 없었다. 카자크 부대가 페트로그라드로 이동하는 중에 캅카스 북부 출신의 소비에트 대표를 만났고, 그는 그들에게 무기를 내려놓으라고 설득했기 때문이다. 내전은 또 하루가 연기됐다.

코르닐로프는 '반혁명 음모'에 연루된 혐의로 서른 명의 다른 장교들과 함께 모길료프 부근의 비호프 수도원에 수감됐다. 우파 인사들이 정치적 순교자로 묘사했던 '코르닐로프파 인사들'은 내전 시기에 '붉은 군대'와 맞서 싸웠던 백군(또는 반볼셰비키 군대)의 중심 세력인 '의용군 부대'의 핵심적인 중추세력이 될 예정이었다.

혁명의 러시아

'코르닐로프 사건'으로 케렌스키의 지위는 강화되지 않고 오히려 약화됐다. 케렌스키는 우파로부터 코르닐로프를 배신한 것에 대해 비난을 듣는 동시에 좌파로부터 코르닐로프의 '반혁명' 음모에 관여했다는 폭넓은 의심을 받았다. (코르닐로프의 활동에서 두드러지게 중요한 역할을 했던) 입헌민주당과 동맹을 계속하자는 케렌스키의 주장은 좌파의 이런 의혹을 증폭시켰다. 케렌스키의 아내가 이렇게 썼다. "케렌스키와 임시정부의 위신은 코르닐로프 사건으로 완전히 망쳐졌다. 그의 곁에는 지지자들이 거의 남아 있지 않았다."[1] 그해 봄 민중의 영웅이었던 자는 가을이 되자 민중의 반영웅으로 변했다.

사병 집단은 자신들의 상관이 코르닐로프를 지지하지 않았는지 의심했다. 이런 이유로 8월 말부터 군내 기강이 심각하게 저하됐다. 군인회의는 강화를 요청하고 소비에트에 권력 이양을 촉구하는 결의안을 통과시켰다. 탈영자의 비율은 가파르게 상승했다. 매일 수만 명이 부대를 떠났다. 탈영병은 대부분, 한창 수확기인 고향 마을로 돌아가기를 애타게 원하는 농민들이었다. 이 농민 병사들은 무장하고 조직된 상태로 지주의 저택을 습격했고, 9월 이후 그 횟수는 더 잦아졌다.

이와 유사한 급진적 행동이 산업 대도시에서 코르닐로프 위기에 뒤이어 나타났다. 볼셰비키는 8월 31일 페트로그라드 소비에트에서 처음으로 다수를 확보하면서 이런 흐름의 최대 수혜자가 됐다. 그 후 얼마 지나지 않아 리가,• 사라토프,•• 모스크바 소속 소비에트들이 볼셰비키의 수중에 떨어졌다. 볼셰비키의 부상은 무엇보다 그들이 '소비에트로 모든 권력을 이양하라'고 단호히 주장했던 유일한 주요 정당이라는 사실에 기인했다.

• 오늘날 발트3국 중 하나인 라트비아의 수도.
•• 러시아 서부의 도시.

이것은 강조해야 할 점이다. 왜냐하면 10월혁명에 대한 가장 큰 오해 중 하나가 볼셰비키가 대중의 지지의 파도를 타고 압승을 거두었다는 주장이기 때문이다. 사실은 그렇지 않았다. 10월혁명은 소수 주민의 적극적인 지지를 받았던 쿠데타였다. 다만 그것이 소비에트 권력에 대한 민중의 이상에 집중되어 있던 사회혁명의 한복판에서 일어났을 뿐이다. 코르닐로프 위기가 벌어진 뒤에는 소비에트의 통치를 촉구하는 공장과 마을과 군부대의 결의안이 갑자기 봇물처럼 쏟아져 나왔다. 그러나 그 결의안들은 한결같이 모든 사회주의 정당이 빠짐없이 소비에트 정부의 설립에 참여할 것을 촉구했고, 그 정당들 간의 논쟁에 대해 자주 조바심을 뚜렷이 나타냈다.

코르닐로프 사건의 진짜 의미는 소비에트에 반대하는 '반혁명적 위협'이 존재한다는 민중의 믿음을 강화시켜주었다는 데에 있다. 볼셰비키는 10월 붉은 근위대 및 다른 군대를 징집하기 위해 그런 위협을 들먹이곤 했다. 이런 측면에서 코르닐로프 사건은 볼셰비키의 권력 장악을 위한 총리허설과 같았다. 볼셰비키의 군사조직은 7월 이후 지하로 숨어 있다가 코르닐로프에 대한 투쟁에 참여해 새로운 힘을 얻으면서 다시 표면 위로 부상했다. 붉은 근위대는 증강됐다. 그 위기에서 4만 명이 무장을 했다. 트로츠키는 훗날 이렇게 회고했다. "코르닐로프에 대항한 군대가 향후 10월 혁명의 부대가 될 운명이었다."[2]

코르닐로프 사건으로 레닌은 임시정부에 대해 봉기할 시간이 도래했다고 판단했다. 그러나 봉기는 당장 일어나지 않았다. 권력 문제가 해결될 것으로 예상됐던 9월 14일 '민주회의'가 개최되기 전에, 레닌은 사회주의혁명당과 멘셰비키를 설득해 자유주의자들과의 동맹을 탈퇴하고 범

사회주의 정부에서 자기들과 연합하게 하려는 볼셰비키당원들의 노력을 지지했다. 좌파 정당들의 협력을 통한 코르닐로프 격퇴는 정치 수단으로 소비에트 권력을 쟁취할 가능성을 열어놓았다. 레프 카메네프는 이런 계획을 도맡았던 볼셰비키였다. 카메네프는 레닌과 반대로, 2월 혁명의 민주주의적 제도와 소비에트 운동의 틀 안에서 권력 쟁취를 위한 활동을 펼쳐야 한다고 믿었다. 카메네프는 나라 전체의 상태가 아직 볼셰비키 봉기를 벌일 만큼 무르익지 않았고, 봉기를 일으키려는 모든 시도는 그것이 무엇이든지 결국에는 테러, 내전, 당의 패배로 귀결될 것이라고 주장했다.

그러나 레닌은 사회주의혁명당과 멘셰비키가 '민주회의'에서 입헌민주당과 결별하는 데에 실패하자 그 즉시 무장봉기를 위한 자신의 작전으로 되돌아갔다. 사회주의혁명당과 멘셰비키는 케렌스키의 지도를 따르면서 9월 24일 자유주의자들과의 동맹을 연장했다. 이런 행동 때문에 같은 주에 열린 시 두마 선거에서 그들은 많은 표를 잃었다. 모스크바에서 사회주의혁명당에 대한 지지율은 6월 선거 당시의 56퍼센트에서 고작 14퍼센트로 하락했고, 멘셰비키도 12퍼센트에서 4퍼센트로 떨어졌다. 이와는 달리 6월 선거에서 11퍼센트를 득표한 볼셰비키는 9월 51퍼센트로 압승을 거두었다. 한편 입헌민주당은 17퍼센트에서 31퍼센트로 소폭 증가했다. 투표 결과는 국가 전체의 여론의 양극화를 나타냈고, '내전 선거'라는 별명이 붙었다. 계급의 이익을 노골적으로 내세운 극단적 당파를 중심으로 유권자들이 결집했던 것이다.

레닌은 핀란드에 위치한 자신의 새로운 은신처로부터, 무장봉기의 시작을 촉구하는, 점점 더 초조함이 묻어나는 편지들을 중앙위원회에 쏟아 부었다. 그는 볼셰비키가 "국가의 권력을 장악할 수 있고, 또 장악해야 한다"라고 주장했다. 볼셰비키가 국가의 권력을 장악할 수 있는 까닭은, 당이 이미 모스크바와 페트로그라드에서 다수를 차지했으며, 이것만으로도 "내전에 민중을 동원하는 데에 충분하다"는 데 있었다. 또 볼셰비키가 국가의 권력을 장악해야 하는 까닭은, 만약 볼셰비키당이 제헌의회의 소집이 투표를 통해서 권력을 얻게 될 때까지 기다린다면, '케렌스키 주식회사'는 페트로그라드를 독일에게 내주던지, 아니면 군사 독재정권을 세우든지 함으로써 소비에트에 대한 선제공격을 가할 것이라는 이유에서였다. 레닌은 볼셰비키당원들에게 "봉기는 예술이다"라는 마르크스의 격언을 일깨우면서, "볼셰비키에 대한 '공식적인' 다수의 지지자를 기다리는 것은 순진한 일이 될 것이다. 어떤 혁명도 그것을 기다리지는 않는 법"이라고 결론을 내렸다.[3]

중앙위원회는 레닌의 지시를 무시했다. 중앙위원회는 여전히 카메네프의 의회 전술에 전념했고, 10월 20일에 소집될 예정인 제2차 '전러시아 소비에트 회의'에서 소비에트에 대한 권력 이양이 이루어질 때까지 기다리기로 결의했다. 레닌은 수도로부터 120킬로미터 떨어진 휴양도시 비보르크로 이동하면서, 당 기관들에 공격적인 메시지를 폭우처럼 쏟아부었고, '소비에트 회의'가 열리기 전에 즉시 무장봉기를 개시하라고 촉구했다. 레닌은 9월 29일 이렇게 썼다. "만일 우리가 '소비에트 회의'를 '기다리면', 우리는 혁명을 **망치**게 될 것이다."[4]

레닌의 조급함은 정치적이었다. 만약 '전러시아 소비에트 회의'에서 투표를 통해 권력 이양이 이루어진다면, 그 결과로서 나타나게 될 것은 틀림없이 사회주의 정당들 전부로 구성된 소비에트 동맹일 것이다. 볼셰비키는 최소한 사회주의혁명당과 멘셰비키의 좌파(어쩌면 그들 거의 모두)와 권력을 나누어야 할지 모른다. 이것은 레닌의 당내 최대 라이벌인 카메네프에게 승리를 가져다줄지 모른다. 그는 아마도 그 어떤 소비에트 연합정부에서라도 중심적인 인물로 부상할 것이다. 레닌은 전러시아 소비에트 회의보다 먼저 권력을 장악함으로써 정치적 주도권을 유지하게 될 것이며, 볼셰비키가 단독으로 권력을 잡도록 할 계획이었다. 또한 나머지 사회주의 정당들로 하여금 볼셰비키의 행동을 지지하고 그의 통치에 가담하거나 반대세력이 되도록 할 계획이었다. 레닌의 혁명은 임시정부에 반대하는 것만큼 소비에트에 기반한 다른 정당들에도 반대하는 혁명이었다.

당원들에 대한 인내심이 바닥나버린 레닌은 페트로그라드로 돌아가서, 10월 10일 중앙위원회의 비밀회의를 소집했다. 이 회의에서 그는 봉기 준비에 대한 찬성 10표, 반대 2표로 중대 결정을 내렸다. 다만 그 봉기를 언제 일으킬지는 아직 불분명했다.

대다수의 볼셰비키 지도자들은 '전러시아 소비에트 회의' 이전에 어떤 행동을 취하는 것에 반대했다. 10월 16일에 열린 중앙위원회 회의에서 대해 '볼셰비키 군사조직' 및 다른 활동가들은 페트로그라드 군인과 노동자는 당의 일방적인 호출에 따라 움직이지 않을 것이며, "이를테면 군대의 철수(즉, 케렌스키 부대의 해산)처럼 봉기를 위한 어떤 긍정적인 동기에 자극받아야 행동할 것"이라고 선언했다.[5] 그러나 레닌은 즉각적인 무장의 필요성을 주장했으며, 페트로그라드 민중의 신중한 분위기를 폄하했다. 레닌이 권력을 장악하는 방법으로 고려한 쿠데타는 잘 무장되고 충분히 훈련됐을 경우에는 소규모 병력만으로도 가능했기 때문이다. 심지어 레닌은 발트해 주둔 부대에 소속된 볼셰비키 지지자들이 페트로그라드를 군사적으로 침입함으로써 쿠데타를 벌이는 계획까지 준비했다.

레닌은 10월 16일 회의를 강행했다. 가까운 미래에 봉기를 일으키는 것에 대한 레닌의 제안이 중앙위원회에서 무사 통과됐을(찬성 19표 반대 2표) 정도로 그의 영향력은 대단했다. 카메네프와 지노비예프는 그 결의안을 지지할 수 없었기에 중앙위원회에서 사임했고, 10월 18일, 신문의 사설을 통해 내란에 대한 자신들의 반대의사를 밝혔다.

볼셰비키의 음모가 만천하에 알려지게 되자, 소비에트 지도자들은 전러시아 소비에트 회의를 10월 25일까지 연기하기로 결의했다. 그들은 추가로 확보한 5일이 먼 지방의 지지자들을 모을 수 있는 기회가 되기를 희망했다. 하지만 이로 인해 볼셰비키가 봉기를 준비하는 데 필요한 추가의 시간을 벌었을 뿐이다. 그런 지연은 전러시아 소비에트 회의가 아예 열리지 못할 수도 있다는 볼셰비키의 주장에 신뢰감을 더해주었고, 그것을 방어하기 위해 볼셰비키 지지자들을 거리로 동원하도록 도왔다. 케렌스키가 페트로그라드 수비대의 대부분을 북부전선으로 이동시키겠다는 바보같은 계획을 발표하자, '반혁명'에 대한 소문은 한층 더 거세졌다. 볼셰비키 봉기의 가장 주도적인 조직력인 '군사혁명위원회'가 10월 20일에 결성된 목적은 페트로그라드 주둔 부대의 철수를 막기 위해서였다. 전선으로 이동할 것이라는 위협에 놀란 다수의 병사들은 참모본부의 명령에 따르기를 거부하고, 자신들의 충성심을 '군사혁명위원회'로 옮겼다. 10월 21일 군사혁명위원회는 스스로 페트로그라드 주둔 부대에 대한 지휘권을 선언했다. 페트로그라드 부대에 대한 군사혁명위원회의 장악이 바로 봉기의 서막이었다.

볼셰비키 지도자들 중 단 한 명도 내란이 언제, 어떤 방식으로 일어나기를 바라는지에 대해 표명하지 않았다는 점이 그 사건의 아이러니 중 하나다. 중앙위원회와 군사혁명위원회의 대다수 인사들은 10월 24일 저녁

늦은 시간까지도, 이튿날 스몰니 학교(황토색의 거대한 고전주의 양식으로 지어진 이 궁전 건물은 한때 귀족 집안의 여성들을 위한 학교였다)의 흰 기둥이 늘어선 무도회장에서 전러시아 소비에트 회의가 열리기 전에 임시정부가 타도되리라고는 상상하지 못했다. 볼셰비키의 지지자들이 오로지 반혁명 세력의 공격으로부터 수도를 방어하기 위해 거리를 점거했던 것이다.

레닌의 개입이 결정적이었다. 그는 머리에 붕대를 휘감은 채 가발과 모자를 쓰고 위장한 차림으로 페트로그라드의 은신처를 떠나서, 봉기의 시작을 지휘하기 위해 스몰니 학교의 옛 강의실 중 한 곳(36호실)에 자리 잡은 볼셰비키 본부를 향해 출발했다. 레닌이 시내를 가로질러 오는 길에 타우리드 궁전 근처에서 정부의 경찰에 의해 제지당했지만, 경찰은 그를 별 볼 일 없는 취객으로 오인하고 그를 지나보냈다. 우리는 만약 그때 레닌이 체포됐다면 역사가 어떻게 바뀌었을까를 묻지 않을 수 없다.

레닌은 스몰니에 도착하자마자 봉기 시작을 위한 명령을 내리라고 중앙위원회 측에 윽박질렀다. 시내 지도가 펼쳐지고, 볼셰비키 지도자들이 주요 공격 노선을 그리면서 지도를 뚫어질 듯이 내려다보았다. 레닌은 전러시아 소비에트 회의에 제출할 볼셰비키 내각의 목록을 만들자고 제안했다. 그들 스스로를 어떤 이름으로 부를 것인가라는 문제가 나타났다. '임시정부'라는 명칭은 폐기됐다. 그들 스스로 '장관'이라고 지칭하는 것은 부르주아의 행태 같은 느낌을 주었다. 자코뱅당을 모방해 '인민위원'이라는 명칭을 생각해낸 것은 바로 트로츠키였고, 모두가 그 제안에 찬성했다. 레닌이 이렇게 말했다. "그래, 그거 아주 좋은데? 혁명의 냄새가 나. 정부 또한 '인민위원회'라고 부르면 되겠군."[6]

1917년 10월 25일의 사건보다 더 신화적으로 왜곡된 역사적 사건은 별로 없다. 볼셰비키의 폭동을 대중에 의한 영웅적인 전투로 보는 일반적인 관점은 역사적 사실보다는, 1927년 세르게이 예이젠시테인의 선전선동 영화인 〈10월〉의 영향이 더 크다. 소련에서 명명됐던 대로 말하면 "위대한 10월 사회주의 혁명"은 페트로그라드 주민 대다수가 알아차리지 못했을 정도로 사실상 쿠데타에 불과할 정도의 소규모의 행동에 지나지 않았다. 볼셰비키가 권력을 장악하는 동안 극장, 식당, 시내 궤도전차는 정상적으로 운영됐다.

케렌스키 내각의 잔당들이 아무런 구원의 희망도 없이 공작석孔雀石 응접실에서 은거하고 있던 그 겨울궁전을 '급습'한 전설적 사건은 차라리 가택연금과 더 비슷했다. 볼셰비키당원 블라디미르 안토노프-오프세옌코Vladimir Antonov-Ovseenko가 이끌었던 그 습격은 예이젠시테인의 영화제작팀이 재연 과정에서 궁전에 입힌 것보다도 더 적은 피해를 입혔다. 볼셰비키의 습격이 시작되기 전에, 궁전을 수비하던 병력들 대부분이 굶주리고 실의에 빠져 이미 집으로 가고 없었던 것이다. 볼셰비키의 내란에 적극적으로 참여한 사람들의 수는 크지 않았다(또 많은 인원이 필요하지도 않았다). 아마도 궁전 광장에 모인 1만 명에서 1만 5000명가량의 노동자, 군인, 수병 정도였을 것이다. 비록 나중에 더 많은 사람들이 자신들이 '습격'에 가담했다고 주장하게 되겠지만, 그들 모두가 실제로 '습격'에 참여했던 것은 아니다. 일단 궁전이 장악되자, 궁전과 궁전의 거대한 와인 저장고를 약탈하기 위해 많은 수의 군중이 후에 가담했던 것이다.

담배연기로 가득 찬 스몰니 학교의 대강당에서, 겨울궁전을 장악했다는 소식이 전러시아 소비에트 회의에 전달됐다. 제복 재킷과 군복 외투 차림의 노동자와 군인이 주를 이루었던 670명의 대표들은 소비에트 내의 모든 정당에 기초하는 사회주의 정부를 구성하자고 멘셰비키가 제안한 결의안을 만장일치로 통과시켰다. 잠시 후 권력 장악의 소식이 발표되

혁명의 러시아

자, 멘셰비키와 사회주의혁명당의 대표들 대다수는 자신들은 이런 "범죄적인 모험"과 무관하다고 선언했고, 항의의 표시로 회의장을 박차고 나갔다. 아마도 강당의 절반을 차지하고 있었음 직한 볼셰비키 대표들은 휘파람을 불고, 발을 쾅쾅 구르고, 그들을 향해 욕설을 퍼부었다.

레닌이 계획한 도발, 즉 선제 쿠데타가 제대로 먹혔던 것이다. 멘셰비키와 사회주의혁명당원들은 회의장을 박차고 나감으로써, 자신들의 실수를 최초로 인정했던 멘셰비키 인사 니콜라이 수하노프의 표현을 쓰면 "소비에트와 대중과 혁명에 대한 독점권을 볼셰비키에게 내준" 셈이 된 것이었다. "우리 자신의 어리석은 결정 때문에 우리가 레닌의 총 '노선'의 승리를 보장해준 꼴이 된 것이다."**7**

멘셰비키와 사회주의혁명당의 분열이 직접적인 결과로서 나타났다. 트로츠키가 주도권을 잡았다. 트로츠키는 "우리 곁을 떠난 가증스러운 무리들"과 동맹하기로 한 멘셰비키 지도자 마르토프의 결정을 비난하면서, 대강당에 남아 있던 그 멘셰비키와 사회주의혁명당 대표들에 대해 다음과 같은 기억에 남을 만한 문장을 낭독했다. "너희들은 가련한 파산자들이다. 너희들의 역할은 끝났다. 너희들이 가야 할 곳, 바로 역사의 쓰레기통 속으로 들어가라!" 마르토프는 그의 남은 여생 동안 그가 두고두고 번민하게 될 어떤 분노에 휩싸여 이렇게 소리쳤다. "그렇다면 우리는 떠나겠다!" 그리고 그는 회의장에서 나갔다.**8**

새벽 두 시가 지난 시간이었다. 트로츠키가 소비에트 권력을 훼손하려는 멘셰비키와 사회주의혁명당의 '위험한' 시도를 비난하는 결의문을 제출하는 일만이 남아 있었다. 아마 자신들이 하고 있는 일의 중대함을 인식하지 못했을 대표자들 무리는 트로츠키의 안을 지지하기 위해 손을 들었다. 그들의 행위의 결과로 인해 볼셰비키의 통치를 찬성하는 소비에트의 승인 도장이 찍히게 됐다.

새 정권이 지속되리라고 생각한 사람들은 극소수였다. "한 시간 동안
의 칼리프"가 대부분의 언론에서 내린 결론이었다. 사회주의혁명당의 당
수인 아브람 고츠Abram Gots는 "고작해야 며칠만이" 볼셰비키에게 주어
졌을 뿐이며, 고리키는 새 정권이 불과 2주 동안만 살아남을 것이라고 판
단했다. 멘셰비키 지도자 중 한 명인 체레텔리는 3주라고 주장했다. 대다
수의 볼셰비키당원들도 그런 의견들보다 낙관적이지 않았다. 교육인민
위원이었던 루나차르스키가 10월 29일 자신의 아내에게 이런 편지를 보
냈을 정도로 "상황은 대단히 유동적"이었다. "매번 편지를 끝마칠 때마
다 나는 그 편지가 나의 마지막 유언이 될 것인지조차 짐작할 수 없소. 나
는 어떤 순간이라도 감방에 처넣어질 수 있기 때문이오."[9]

수도에 대한 볼셰비키의 장악력은 취약했다. 수도에서는 연일 정부의
모든 부서와 주요 장관들, 국가 은행, 우체국과 전신국이 볼셰비키의 권
력 장악에 대해 항의하는 시위를 벌이고 있었다. 아울러, 볼셰비키는 지
방에 대해서는 어떠한 장악도 하지 못했다. 철도의 통제권을 상실한 상태
에서 그들은 페트로그라드를 먹여 살릴 수단이 전혀 없었다. 마치 '프롤
레타리아 독재'의 원형이었던 파리코뮌이 다른 프랑스인들로부터 너무
고립되어 1871년 프랑스 군대의 공격을 견뎌내지 못했던 운명을 볼셰비
키가 되풀이할 것처럼 생각됐다.

가장 직접적으로 군사 위협을 가한 것은 케렌스키였다. 10월 25일 겨
울궁전에서 피신했던 그는 그 후 페트로그라드의 볼셰비키에 대항하기
위해 북부전선에 있는 18개의 카자크 부대를 규합했다. 페트로그라드에
서는 케렌스키의 공격을 지지하는 소수의 사관과 장교들이 봉기를 벌일

혁명의 러시아

계획이었다. 한편 모스크바에서는 케렌스키에게 충성하는 부대가 열흘 동안 볼셰비키에 대항해 싸웠다. 가장 치열한 격전은 크렘린을 둘러싸고 벌어졌고, 도시가 자랑하는 귀중한 건축 유물들은 손상을 입었다.

내전 초기의 이런 격전은 철도노조 '비크젤Vikzhel'의 개입으로 더 복잡해졌다. 사회주의 제諸 정당 노동자들로 이루어진 '비크젤'은 철도 운행을 중단하겠다고 위협하면서, 격전을 중지시키고, 볼셰비키로 하여금 정당 간 회담을 통해 사회주의 연립정부를 구성하도록 압박했다. 만약 수도로의 식량과 연료 공급이 끊긴다면 레닌 정부는 존속하지 못할 것이었다. 레닌 정부는 모스크바와 페트로그라드에 주둔한 케렌스키의 병력에 대한 군사 작전에서 철도에 의지했기 때문이다. 10월 29일 볼셰비키는 멘셰비키, 사회주의혁명당과 협상을 시작했다. 그러나 레닌은 어떠한 타협에도 반대했다. 레닌은 케렌스키 부대에 대한 승리를 확신하자마자, 정당간 협의를 약화시켰고, 그 협의는 마침내 11월 6일 중단됐다. 볼셰비키의 권력 장악으로 인해 러시아 내 사회주의 운동은 최종적으로 분열됐다.

비록 권력 장악이 '전러시아 소비에트 회의'의 이름으로 실현됐지만 레닌은 그 기관 또는 그 상설 집행부를 통해 통치하고자 하는 의도가 전혀 없었다. 상설 집행부에서는 사회주의혁명당 좌파, 무정부주의자, 멘셰비키 소속 국제주의자들의 소집단이 레닌 독재의 원동력이랄 수 있는 '인민위원회(소브나르콤)'에 대해 의회적인 제동장치로서 기능했다. 11월 4일 인민위원회는 소비에트 회의의 승인을 받지 않고도 법률을 통과시킬 수 있는 독자적인 권리를 제정했다. 그것은 소비에트 권력의 원칙에 대한 명백한 위반이었다. 그 시간 이후로 인민위원회는 소비에트 회의의 의견을 묻지 않고 독자적으로 통치했다. 12월 12일 2주일 만에 처음으로 소비에트 회의의 집행부가 모임을 가졌다. 인민위원회는 휴회 기간에 동맹국들과의 평화협상을 시작했고, 우크라이나에 선전포고를 했으며, 모스크바와 페트로그라드에 계엄령을 선포했다.

레닌은 권력을 잡은 첫날부터 자신의 권력 장악에 반대하는 모든 '반혁명적' 정당들을 해산하기 시작했다. 10월 27일 인민위원회는 반대정파의 언론을 폐지했다. '군사혁명위원회'는 입헌민주당과 멘셰비키와 사회주의혁명당의 지도자들을 체포했다. 11월 말경, 볼셰비키가 공간을 마련하기 위해 범죄자 재소자들을 석방하기 시작했을 만큼 교도소는 이런 '정치범'들로 넘쳐났다.

새로운 경찰국가의 형태가 느리지만 확실하게 나타나기 시작했다. 12월 5일 군사혁명위원회는 폐지됐고, 이틀 후 군사혁명위원회의 업무는, 훗날 카게베KGB(국가보안위원회)가 될 새로운 보안기관 '체카(반혁명 및 사보타주 진압을 위한 특별 위원회)'로 이전됐다. 인민위원회 회의에서 체카의 책임자로 제르진스키Felix Dzerzhinsky가 임명됐고, 여기서 제르진스키의 임무는 내전이라는 '내부전선'에서 혁명의 '적들'에게 사형을 가하는 것으로 정의됐다.

우리는 모든 전선 중에서 가장 위험하고 가장 잔혹한 그 전선으로 혁명의 수호를 위해 어떤 일이라도 할 각오가 되어 있는 결의에 찬, 확고하고 헌신적인 맹우들을 보내야 한다. 내가 어떤 혁명적 정의를 찾고 있다고 생각하지 말라. 지금 우리는 정의를 필요로 하지 않는다. 지금은 일대일의 전쟁, 결승점을 향한 투쟁이다. 죽느냐 사느냐의 문제인 것이다![10]

볼셰비키를 반대하는 당파들은 '제헌의회'에 희망을 걸었다. 제헌의회야말로 보통 선거권을 가진 성인들에 의해 선출됐으며 계급에 상관없이 모든 시민을 대표하는 진정한 민주주의 기관임에 틀림없었다. 반면 소비에트는 노동자, 농민, 군인만을 대표하는 데 불과했다. 따라서 볼셰비키가 제헌의회에 감히 도전하지는 못할 것처럼 보였다. 사실상 볼셰비키는 분열되어 있었다.

레닌은 형식적인 민주주의 원칙을 꾸준히 업신여겼다. '4월 테제'에서 레닌은 소비에트 권력이 제헌의회보다 더 높은 차원의 민주정체라고 생각한다는 점을 분명히 밝혔다. 소비에트에는 '부르주아적' 요소가 전혀 없었으며, 따라서 그는 프롤레타리아의 통치에도 부르주아를 위한 자리가 전혀 없다고 생각했다. 그러나 볼셰비키의 권력 장악은 제헌의회의 소집을 보장해줄 하나의 조치라고 부분적으로 정당화됐고, 레닌은 7월 이후로 '케렌스키 주식회사' 측이 제헌의회가 열리는 것을 허용하지 않을 것이라고 계속 주장해온 터라, 레닌은 체면을 잃지 않고는 자신의 약속을 번복할 수 없었다.

나아가, 당내 중도파는 제헌의회에 대한 11월의 선거에서 권력을 획득하기 위해 경쟁하는 데에 몰두했다. 카메네프를 비롯한 어떤 이들은 국민의회로서의 제헌의회와 지역 수준에서의 소비에트 권력을 결합하는 안을 지지하기까지 했다. 그것은 그 당시 러시아의 혁명적 상황에 적합하며, 소비에트 정권의 폭력적 진화라는 결과를 초래하면서 국가 전체를 내전의 소용돌이 속으로 몰아넣는 것을 방지하는 직접 민주주의의 흥미로운 혼합적 형태가 될 수 있었다.

11월 선거는 볼셰비키에 대한 국민투표였다. 그 결과는 불투명했다. 사회주의혁명당이 최대 득표(38퍼센트)를 했지만, 10월의 권력 장악을 지지하는 사회주의혁명당 좌파와 그렇지 않은 사회주의혁명당 우파의 구별이 투표용지 자체로는 나타나지 않았다. 미처 투표용지의 수정이 이루어지기 전에 당내 분열이 너무 갑작스럽게 일어난 탓이었다. 볼셰비키는 고작 1000만 표(24퍼센트)를 얻었을 뿐이고 그것들 중 다수는 북부 산업 지대의 노동자와 군인들이 던진 것이었다. 농업지대인 남부에서는 볼셰비키의 성적이 저조했다.

단지 사회주의혁명당의 분열 때문이 아니라, 10월 봉기로 인해 계급투쟁이 위기의 절정에 이르고 선거 이후 여론이 좌파로 몰렸기 때문에 레닌은 즉시 투표 결과를 부당하다고 발표했다. 레닌은 이렇게 주장했다. "당연히, 이번 혁명의 이익은 제헌의회의 형식적인 권리보다 더 높다." 그는 제헌의회가 '내전'에서 청산되어야 할 '부르주아 의회'라고 못 박았다.[11]

페트로그라드는 제헌의회의 개원일인 1월 5일 봉쇄 상태에 놓여 있었다. 볼셰비키는 대중의 회합을 금지했고 시내를 군대로 가득 채웠다. 이 군대는 '제헌의회 사수를 위한 연합'이 조직한 5만 명의 시위자 무리를 향해 발포했다. 최소한 10명이 죽고 수십 명이 부상을 입었다. 정부군이 비무장 상태의 군중에게 발포한 것은 2월 이후로 이번이 처음이었다.

오후 4시 제헌의회가 소집되고 있었던 타우리드 궁전의 예카테리나 홀의 분위기는 긴박했다. 대의원의 수만큼이나 많은 군 병력이 들어차 있었다. 군인들은 홀의 뒤편에 서 있거나, 보드카를 마시거나 사회주의혁명당 의원들을 향해 욕설을 퍼부으면서 회랑에 앉아 있었다. 레닌은 과거 차르 정부의 대신들이 두마의 회의가 진행되는 동안 앉아서 관전했던 옛 정권의 특별석에 앉아 그 광경을 지켜보았다. 레닌의 얼굴은 중대한 결전이 시작되기 전의 장군의 표정과 같았다.

체르노프가 의장을 보는 가운데 사회주의혁명당은 토의를 시작했다. 사회주의혁명당원들은 입법 문제는 뒤로 미룬 채 토지와 강화에 대한 법령을 신속히 통과시키려고 했다. 그러나 그 누구도 군인들의 야유밖에는

혁명의 러시아

어떤 소리도 들을 수 없었다. 잠시 후 볼셰비키는 제헌의회가 "반혁명분자들"의 손에 들어갔다고 선언하고는 회의장을 박차고 나갔고, 좌파 사회주의혁명당원들이 뒤따라 나갔다. 그리고 새벽 4시, '붉은 근위대'가 회의 자체를 끝내버렸다. 그들 중 한 명인 한 수병이 연단 위로 기어 올라간 다음 체르노프의 어깨를 두드리면서 "근위대가 지쳐 있기 때문에" 모두가 회의장에서 나가야 한다고 선포했다. 체르노프는 몇 분만 더 회의를 계속하고자 했으나, 근위대가 위협을 가하자 마침내 휴정하기로 합의했다. 대의원들이 줄을 지어 나간 다음 타우리드 궁전의 문은 자물쇠로 잠겼고, 그렇게 하여 러시아 민주주의 성채의 12년간에 걸친 역사는 막을 내리고 말았다. 이튿날 대의원들이 궁전으로 돌아왔을 때 그들은 출입을 제지당했고, '제헌의회' 해산에 대한 인민위원회의 결의를 전달받았다.

러시아 국민의회의 폐쇄에 대한 대중의 반발은 전혀 없었다. 사회주의혁명당의 전통적인 지지 기반이었던 농민들은 관심이 없었다. 사회주의혁명당원들은 자기들처럼 농민들이 제헌의회를 숭배한다고 그릇 판단했다. 글을 깨우친 농민들에게 제헌의회는 어쩌면 '혁명의 상징'으로 생각될 수 있겠지만, 자신이 사는 고향 마을로 정치적 견해가 제한되어 있는 대다수 농민들에게 제헌의회는 도시 출신의 정파가 지배하고 신임을 잃은 두마와 연관되어 있는 아득히 멀리 떨어진 정치기구에 불과했다. 농민들은 그들의 정치적 이상과 더 가까운 독자적인 마을 소비에트를 갖고 있었다. 그런 마을 소비에트는 사실상 보다 혁명적인 형태를 지닌 마을 의회와 다를 바 없었다. 한 사회주의혁명당원 선전원은 한 무리의 농민 병사들이 하는 이야기를 들었다. "우리의 대표들이 만나서 모든 것을 결정할 수 있는 소비에트가 이미 있는데 어째서 우리에게 제헌의회 따위가 필요하단 말인가?"**12**

자신들의 소비에트를 통해 농민들은 귀족의 토지와 사유재산을 나누었다. 그들은 자신의 고유한 평등주의적인 사회정의의 규범에 따라 그렇게 했고, 10월 26일에 '소비에트 회의'에서 통과된 토지에 관한 법령의 승인을 필요로 하지 않았다. 그들에게 무엇을 해야 하는지를 가르쳐주는 중앙권력은 단 하나도 없었다. 대부분의 지역에서 코뮌은 몰수한 경작지를 각 가구의 '먹는 입'의 수에 따라서 할당했다. 농민들과 마찬가지로 지주 역시 만일 자신의 노동력으로 경작할 수 있는 힘이 있으면 통상적으로 한 조각의 텃밭을 분배받았다. 농민공동체의 중심을 이루고 있었던 토지와 노동의 권리는 기본 인권으로 받아들여졌다.

사회주의혁명당 우파는 수도에서 패배한 뒤, 민주주의의 부활을 위한 지지를 결집하기 위해 지방에 있는 자신의 옛 근거지로 되돌아갔다. 그런 귀환은 지방의 새로운 현실 속에서 고통스러운 교훈을 일깨워주었다. 이 도시 저 도시마다 중도파 사회주의자들은 극좌파에게 밀려 소비에트의 통제권을 잃어버렸다. 볼셰비키와 사회주의혁명당 좌파가 산업화의 영향을 받은 농민들 대다수, 그리고 노동자들과 주둔 부대 군인들의 지지에 의지할 수 있었던 북부와 중부의 산업 지역에서 대부분의 지방 소비에트는 10월 말까지 일반적으로 투표제도를 통해서 볼셰비키의 수중에 들어갔고, 노브고로드와 프스코프와 트베리에서만 심각한 충돌이 일어났다. 그보다 남쪽에 있는 농업 중심적인 지방에서는 권력 이양이 더디게 진행됐고, 시가지에서 충돌이 일어나 더 많은 피가 흘려졌다.

소비에트 권력의 확립 과정에서 자주 뒤따랐던 것은 '부르주아' 소유재산의 몰수였다. 레닌은 지역의 볼셰비키 지도자들로 하여금 일종의 복수에 의한 사회정의 실현의 형태로서 '약탈자들에 대한 약탈'을 조직하도록 독려했다. 소비에트 관리들은 엉성하게 만든 체포영장을 가지고 다니면서, '혁명을 위해' 돈과 귀중품을 압수하면서 집집마다 돌아다녔다. 소비에트는 **부르주아**들에게 세금을 부과했고, 징수를 강행하기 위해 인질을 잡아갔다. 볼셰비키의 테러는 그렇게 시작됐다.

징벌과 보복은 강력한 혁명적 충동이었다. 대다수 러시아인에게 모든 사회 특권의 폐지는 혁명의 기본 원칙으로 받아들여졌다. 볼셰비키는 이런 사회적 특권 철폐를 위한 전쟁에 제도적인 형식을 도입함으로써 빈민층에 속한 다양한 사람들로부터 혁명적 에너지를 끌어낼 수 있었다. 빈민들은 자신들의 운명을 개선하는 데에 어떤 영향을 줄 것인가를 고민하지 않은 채 그저 부자와 권세가가 몰락하는 것을 보고 희열을 느꼈다. 과거의 부유한 계급으로 하여금 자신들의 널찍한 집을 도시 빈민과 나눠서 살도록 하거나 거리의 눈이나 쓰레기를 치우는 것과 같은 보잘것없는 일을 하도록 한 소비에트의 정책은 대중에게 큰 인기를 얻었다. 트로츠키는 이렇게 말했다. "수백 년 동안 우리 아버지들과 조상들은 지배 계급의 오물과 더러움을 치워왔다. 그러나 이제부터 우리는 그들로 하여금 우리의 더러움을 치우게 만들 것이다. 우리는 그들이 부르주아로 남아 있겠다는 욕망을 포기할 정도로 그들의 삶을 더없이 불편하게 만들어야 한다."[13]

볼셰비키는 **부르주아**를 '기생충' 또는 '인민의 적'으로 묘사했다. 그들은 부르주아를 파괴하도록 대규모의 테러를 장려했다. 레닌은 1917년 12월에 쓴 〈어떻게 경쟁을 조직할 것인가?〉에서 각 도시와 마을이 스스로 일어나야 한다고 말했다.

러시아의 땅을 모든 해충과 벼룩과 같은 악당으로부터, 또 벌레와 같은 부자로부터 청소해야 한다. 어떤 곳에서는 여남은 부자들과 악당들, 그리고 태업을 벌이는 대여섯 명의 노동자들······ 감옥에 처넣어질 것이다. 다른 곳에서 그들은 변소를 청소하는 일에 투입될 것이다. 또 다른 곳에서 그들은 시간 노동을 다 채우고 나면 '노란색 표'를 받게 될 것이며, 그렇게 함으로써 그들이 스스로를 개선할 때까지 모두가 유해한 분자로 그들을 바라보며 감시하도록 할 것이다. 또 어떤 곳에서는 게으름뱅이 열 명 중 한 명은 현장에서 사살될 것이다.[14]

체카의 담벼락에는 "부르주아에게 죽음을!"이라는 구호가 적혀 있었다.

재산을 몰수당하고 강등당한 이 '구시대의 사람들'은 생존을 위해 발버둥쳤다. 그들은 단지 생계를 이어가기 위해서 남아 있는 마지막 재산마저 팔지 않을 수 없었다. 일례로, 메옌도르프 남작부인은 밀가루 한 포대를 사기 위해서 다이아몬드 브로치를 5000루블에 팔았다. 귀족집안이나 세도가의 자손들은 보잘것없는 거리의 행상으로 나앉았다. 많은 사람들이 전 재산을 팔아치운 뒤 해외로 떠났다. 1920년대 초 무렵 약 200만 명가량의 러시아 이민자들이 베를린과 파리와 뉴욕에 머물렀다. 또는 반혁명 세력을 지지하는 '백군 근위대'가 권력의 본부를 두고 있는 우크라이나와 쿠반 같은 남쪽으로 피신했다. 제국 군대에서 복무했던 지원자들, 카자크 병사들, 지주와 부르주아 가문의 자손으로 구성된 '백군 근위대'는 볼셰비키에 대한 투쟁으로 결속됐다. 단 하나 분명한 그들의 목표는 1917년 이전으로 시간을 되돌려놓는 것이었다.

초창기 볼셰비키의 모든 법령 가운데 10월 26일 소비에트 회의에서 통과된 평화에 대한 법령만큼 정서적 호소력을 지닌 것은 아무것도 없었다. 그 어떠한 합병 또는 배상금도 거부하는 낡은 소련의 상투어 위에서 '정당하고 민주적인 평화'를 주창하는 과장된 말투의 '모든 교전국 국민들을 향한 성명서'인 법령을 레닌이 낭독하자, 스몰니 홀에는 압도적인 감정의 파도가 일었다. 《세계를 뒤흔들었던 열흘》에서 존 리드는 이렇게 회상했다. "갑자기 우리는 부드럽게 치솟는 인터내셔널 가를 흥얼거리듯이 함께 부르면서 두 발로 서 있었다······ '전쟁은 끝났다!'라고 내 옆에 서 있던 한 젊은 사내가 얼굴에 환한 표정을 지으면서 말했다."[15]

그러나 전쟁은 결코 끝난 것이 아니었다. 강화조약은 현실을 반영하는 진술이 아니라, 희망의 표현일 뿐이었다. 볼셰비키는 그것을 서유럽에서의 혁명의 불길을 부채질하기 위한 선전선동으로 이용했다. 그것은 그들이 전쟁을 끝내기 위해, 또는 차라리 레닌이 지적했듯이, 그것을 내전의 연속으로 바꾸기 위해 가지고 있었던 유일한 수단이었다. 그 연속적인 내전에서 만국의 노동자들은 각자의 교전중인 정부에 대항해 결속하게 될 것이었다. 만국의 사회주의 혁명이 임박했다는 믿음은 볼셰비키의 사상에서 중요한 자리를 차지했다. 마르크스주의자들인 그들로서는, 선진산업사회 프롤레타리아의 지원을 받지 않은 채 러시아처럼 후진적인 농업국가에서 혁명이 오랫동안 존속할 수 있으리라고는 상상조차 할 수 없었다. 유럽의 혁명이 바로 코앞에 있다는 가정 아래서 권력 장악이 이루어져왔다. 서유럽에서의 파업 또는 폭동에 대한 소식 하나하나마다 이제 본격적으로 상황이 '시작'됐다는 징조로 환영받았다.

그러나 만약 이 혁명이 불발한다면 어떻게 될 것인가? 만약 그렇게 된다면, 볼셰비키는 군대를 잃어버릴 것이며(수백만의 군인들이 강화조약을 구실로 내세우면서 징집 해제를 요구하게 될 것이다), 독일의 습격에 대해 속수무책인 상태가 될 것이다. 니콜라이 부하린Nikolai Bukharin 같은 당내 좌파인사들에게 제국주의적인 독일과의 단독강화는 국제적인 대의에 대한 배신으로 비춰질 게 불 보듯 뻔했다. 그들은 (아마도 붉은 군대만 거느리고) 독일의 침략자들에게 맞서서 '혁명의 전쟁'을 치르는 편을 더 지지했다. 그들은 이런 '혁명의 전쟁'이 서유럽에서의 혁명을 촉발시킬 것이라고 주장했다. 한편 레닌은 그런 싸움을 지속할 가능성에 대해 점점 더 회의적이었다. 군사력이 부족한 상황에서, 볼셰비키에게는 단독강화를 맺는 것 외에 다른 선택의 여지가 없었다. 단독강화는 그들에게 그들 자신의 세력 기반을 굳히기 위해 그들에게 필요한 '숨 돌릴 틈'을 줄 참이었다. 나아가, 동부전선에서의 단독강화가 동맹국들로 하여금 서부전선에서의 작전을 연장시킬 수 있도록 해준다면, 해당 정책은 혁명의 잠재성을 높여줄 것으로 생각됐다. 레닌은 유럽에서 전쟁이 끝나기를 원하지 않았다. 그는 전쟁이 최대한 길게 연장되어서 혁명의 발발 가능성을 높여주기를 바랐다. 볼셰비키는 혁명적 목적으로 전쟁을 이용하는 데에 능수능란했다.

11월 16일 소련대표단은 독일과의 휴전 협상을 위해 벨라루스의 브레스트-리토프스크 시로 떠났다. 12월 중순 트로츠키는 어떠한 문서도 조인되기 전에, 서유럽 국가에서 혁명이 시작되기를 희망하면서 강화 협상을 오래 끌기 위해 파견됐다. 독일 측의 인내심은 바닥을 드러냈다. 독일은 볼셰비키가 지배하는 러시아로부터 독립을 쟁취하기 위해서 독일의 보호국으로서의 지위를 받아들일 준비가 되어 있는 우크라이나 측과 협상을 시작했고, 그들의 가혹한 요구(여기에는 러시아로부터 폴란드의 분리, 리투아니아 영토와 라트비아의 영토 거의 전부에 대한 독일측의 합병이 포함됐다)를 러시아인들이 받아들이도록 압박하는 수단으로 이런 협박을 이용했다. 트로츠키는 휴전을 요구했고, 나머지 볼셰비키 간부들과 협의하기 위해서 페트로그라드로 복귀했다.

1월 11일, 중앙위원회의 결정적인 회의에서 혁명전쟁에 대한 부하린의 요구는 최대 분파 조직의 지지를 얻어냈다. 그러나 레닌은 단독강화를 맺는 것 외에는 달리 방도가 없다고 주장했다. 그것도 늦게 하기보다는 빠르면 빠를수록 좋다는 것이었다. 그는 독일혁명이 발발하기를 은근히 기대하면서 혁명 전체를 위험에 빠뜨리는 것은 부질없는 짓이라고 주장했다. "독일은 이제 갓 혁명을 수태했다. 그러나 우리는 더없이 건강한 아이를 이미 낳았다."[16]

중앙위원회에서 자기 등 뒤에 지노비예프와 다른 네 명(여기에는 그림자 같은 인물인 스탈린도 포함됐다)만을 남겨둔 채, 레닌은 부하린과 맞설 다수를 확보하려고 트로츠키와 동맹을 맺을 수밖에 없었다. 트로츠키는 최대한 회담을 오래 끌도록 브레스트-리토프스크로 다시 파견됐다. 그러나 2월 9일 독일은 우크라이나와 조약을 맺었고, 일주일 후 러시아에 대한 적대행위를 재개했다. 독일군은 5일 만에 페트로그라드쪽으로 240킬로미터를 진격했다. 그것은 그 이전의 3년 동안 독일군이 진격했던 것과 맞먹는 거리였다.

레닌은 노발대발했다. 독일과의 협상에 서명하기를 거부함으로써 중앙위원회 내부의 그의 반대자들은 적군이 진격해오는 것을 가능하게 해주었을 뿐이다. 열띤 토론을 벌인 후 마침내 그는 2월 18일 중앙위원회에서 목적을 이루었다. 독일 측의 조건을 수락한다는 뜻을 담은 전보가 베를린으로 보내졌다. 그러나 며칠 동안 적군은 소련의 수도를 향해 계속 진격해왔다. 독일군의 항공기들이 페트로그라드 상공에서 폭탄을 투하했다. 레닌은 독일군이 도시를 점령하고 볼셰비키를 제거하려는 작전을 세우고 있다고 확신했다. 레닌은 자신의 예전의 입장을 바꾸었고 '혁명의 전쟁'을 요구했다. 레닌은 연합국들에 군사적 지원을 요청했다. 그러나 그들은 러시아인들이 세운 정부의 성격보다는 러시아인들을 전쟁에 더 붙잡아두는 데에 관심이 있었고, 그런 입장에서 원조를 베풀었다. 볼셰비키는 모스크바로 수도를 옮기기 시작했다. 페트로그라드는 공황상태에 빠졌다.

2월 23일 독일측은 마지막 강화를 제안했다. 이제 베를린 정부 측은 지난 5일 동안 자국부대가 점령했던 영토를 요구하고 나섰다. 중앙위원회에서 레닌은 자신들에게는 가혹한 강화조건을 받아들이는 것 외에는 다른 방법이 없다고 계속 주장했다. "만약 그 조건에 서명하지 않는다면, 3주 이내에 소비에트 권력의 사형선고에 서명하지 않을 수 없을 것이오."**17** 결국 독일측 제의를 받아들이기로 합의가 이루어졌다. 부하린의 분파는 항의의 표시로 중앙위원회에서 일괄 사퇴했다.

마침내 3월 3일 강화조약이 조인됐다. 당 지도자들 중 누구도 브레스트-리토프스크로 가서 나라 전체에서 '수치스러운 강화'로 평가받는 조약에 본인 이름을 넣기를 원하지 않았다. 사회주의혁명당 좌파는 항의의 표시로 소비에트 정부에서 퇴진했고, 권력의 자리에 볼셰비키를 홀로 내버려두었다.

브레스트-리토프스크 조약의 조항들에 따르면, 러시아는 유럽 대륙의 자국 영토 거의 전부를 포기하지 않을 수 없었다. 폴란드, 핀란드, 에스토니아, 리투아니아가 독일의 보호 아래 독립과 유사한 위치를 쟁취했다. 소련 군대는 우크라이나 밖으로 분산됐다. 소련 정부는 인구의 34퍼센트 (5500만 명), 농지의 32퍼센트, 산업시설의 54퍼센트, 탄광의 89퍼센트를 잃었다(이제 석탄 대신 토탄과 장작이 소비에트 러시아의 가장 큰 연료 자원이 되었다). 유럽의 열강이었던 러시아는 17세기 모스크바 공국과 같은 신세로 전락했다. 그러나 레닌의 혁명은 살아남았다.

Revolutionary Russia
1891–1991

7장

내전과 소비에트 체제의 형성

1918~1921년 볼셰비키의 성장

브레스트-리토프스크 조약 때문에 체코와 슬로바키아 군인들로 이루어진 대규모 병력—전쟁 포로 및 오스트리아 헝가리 군대에서 탈출한 탈영병—은 소비에트 영토에서 발이 묶이게 됐다. 민족주의자들은 오스트리아-헝가리 제국으로부터 자국의 독립을 위해 싸우기로 결정했기 때문에, 전쟁에서 러시아군의 편을 들었다. 그러나 지금 그들은 프랑스 내에서 싸우는 체코 군대의 일부로서 자신들의 투쟁을 계속하고자 했다. 그들은 적진을 통과하는 위험을 무릅쓰는 대신, 블라디보스토크와 미국을 경유해 유럽에 이를 목적으로 동쪽으로 떠나 세계 일주를 감행하기로 결정했다. 3월 26일 펜자에서 소련 당국과의 협정이 성사되어, 3만 5000명의 체코 부대 장병들이 자기방어를 위해 지정된 수의 무기를 지참한 채 '자유 시민'으로서 시베리아횡단철도를 통해 이동하는 것이 허용됐다.

5월 중순경 우랄의 첼랴빈스크에 도착했을 때 그들은 자신들의 무기를 압수하려고 하는 지역 소비에트 기관원들 및 붉은 근위대와 무력충돌을 빚게 됐다. 체코 군대는 무질서한 소비에트 시베리아를 싸우며 통과하기로 결정한 뒤, 여러 조로 나뉘어져, 붉은 근위대의 수중에서 도시를 하나둘씩 탈취해나갔다. 무장을 제대로 갖추고 있지 않고 잘 훈련되지도 않았던 붉은 근위대는 훌륭하게 조직된 체코군을 처음 보았을 때 혼비백산했다. 6월 8일 8000명의 체코군 병력이 사회주의혁명당 우파의 근거지인

볼가 강 유역의 사마라 시를 점령했다. 제헌의회가 폐쇄된 뒤에 사회주의
혁명당 우파의 지도자들은 그곳으로 피신했고, 이제 체코 군대의 지원을
받는 '코무치Komuch'(제헌의회 의원위원회) 정권을 세웠다. 우파 사회주의
혁명당원들은 볼셰비키를 타도할 수 있도록 프랑스와 영국의 원조를 확
보할 것이며, 독일과 오스트리아와의 전쟁에 러시아를 다시 합류하도록
만들겠다고 약속했다. 백군과 붉은 군대의 군사분계선 위에 형성된, 내전
의 새로운 국면이 그렇게 시작됐다. 여기에는 궁극적으로 14개의 연합국
이 관여하게 될 계획이었다.

　이미 전투는 러시아 남부의 돈 강에서 시작됐다. 여기에서 코르닐로프
와 그의 지휘를 받는 '백군 근위대'는 비호프 수도원에서 탈출해 4000명
의 의용군 부대를 결성했다. 부대원들의 대다수는 장교들로서, 그들은 2
월에 얼음으로 뒤덮인 초원을 지나 남쪽의 쿠반으로 퇴각하기 전에 붉은
군대로부터 로스토프를 순식간에 탈환하였다. 4월 13일 예카테리노다르
에 대한 공격 도중에 코르닐로프는 살해당했다. 지휘권을 인계받은 안톤
데니킨Anton Denikin 장군은 백군 부대를 몰고 다시 돈으로 되돌아갔다. 돈
에서는 카자크인 농부들이, 총구를 들이대며 곡물을 빼앗고 카자크인 정
착지를 파괴하는 볼셰비키에 대항해 반란을 일으키고 있었다. 6월경 4만
명의 카자크인들이 크라스노프 장군의 돈 부대에 합류했다. 백군들과 함
께 그들은 볼가 강 유역의 북쪽을 공격하고, 모스크바를 공격하기 위해
체코군과 연합할 수 있는 유리한 위치에 있었다.

　내전은 주로 볼셰비키가 백군과 연합국들의 러시아에 대한 내정간섭
으로 인해 싸울 수밖에 없었던 하나의 무력충돌이라고 해석된다. 이런 좌
파적 사건 해석에서 붉은 군대는 그들이 내전에서 취했던 '비상조치들'

(즉 명령과 테러를 통한 지배, 징발, 대규모 징집 등등)에 대한 책임을 면제받는
다. 왜냐하면 그들은 반혁명세력에 맞서서 자신의 혁명을 수호하기 위해
결단력 있고 빠르게 행동해야 했기 때문이라는 것이다. 그러나 이런 관점
에서는 내전, 그리고 레닌과 레닌의 추종자들에게 혁명과 내전의 관계가
시사하는 의미 전체가 누락되기 쉽다.

그들의 관점에서 내전은 계급투쟁의 필수적인 단계였다. 그들은 내전
을 더 집약적이고 군사적인 형태의 혁명의 연장으로 여기면서 환호했다.
트로츠키가 6월 4일 소비에트에 이렇게 선포했다. "우리 당은 내전을 지
지한다." "내전이여 만세! 노동자와 붉은 군대……를 위한 내전, 반혁명
에 대한 직접적이고 무자비한 투쟁을 위한 내전."[1]

레닌은 내전을 대비하고 있었고, 어쩌면 자기 당의 세력 기반을 세우
기 위한 기회로 여기면서 환호했는지도 모른다. 그런 충돌의 결과는 너무
뻔했다. 그것은 바로 나라 전체를 '혁명 지지세력'과 '반혁명 지지세력'으
로 양극화하는 것이었다. 또한 국가의 군사력과 정치력을 신장시키는 것
이자, 반체제 세력을 억제하기 위해 테러를 사용하는 것이었다. 레닌은
이 모든 것이 프롤레타리아 독재통치의 승리를 위해서 필요하다고 보았
다. 레닌은 파리코뮌의 실패의 원인은 내전 개시에 대한 코뮌 지도자들의
실패였다고 자주 말했다.

당시 군사인민위원을 맡고 있던 트로츠키는 체코군이 쉽게 승전했다
는 소식을 듣고 나서, 차르의 군대처럼 징집군의 방식을 따르고, 붉은 근
위대를 정규군과 직업 장교 및 중앙통제적 명령체계로 대체해 붉은 군대
를 개혁해야 한다는 것을 분명히 알게 됐다. 당원들 사이에는 이런 정책
에 대한 반발이 심했다. 붉은 근위대는 노동계급의 부대라고 볼 수 있지

만, 집단 징집제는 볼셰비키의 관점에서 볼 때 적대적 사회세력인 농민들에 의해 군대가 장악될 수 있다는 염려였다. 당내 구성원들은 옛 차르 정부의 장교들(볼셰비키는 내전에서 7만 5000명을 징집할 계획이었다)을 징집하는 것에 대한 트로츠키의 계획에 특히 반대했다. 볼셰비키당원들은 그것을 옛 군대 질서로의 복귀이자, '붉은 군대의 장교'로서의 자신의 출세에 방해가 되는 것으로 보았다. 소위 '군사적 반발'은 직업 장교들과 다른 '부르주아 전문가들'에 대한 하위계급의 불신과 적개심을 중심으로 공고해졌다. 그러나 트로츠키는 자신에 대한 비판가들의 주장을 조롱했다. 혁명의 열정이 군사적 전문지식을 전혀 대체할 수 없다는 것이었다.

6월에 집단 징집이 시작됐다. 공장 노동자와 당 활동가가 일차적으로 소집 대상이었다. 농촌 지역에는 군무 담당기관 자체가 없었기 때문에 농민을 징집하는 것은 예상했던 것보다 훨씬 더 어려웠다. 1차 징집에서 예상했던 27만 5000명의 농민 모집병 중에서 실제로 징집된 인원은 4만 명에 불과했다. 농민들이 수확기에 자신의 고향 마을을 떠나려 하지 않았기 때문이다. 징집에 반대하는 농민 봉기와 붉은 군대로부터의 집단 탈영이 끊이지 않았다.

농촌 지역에서 소비에트 권력이 강화되면서 농민 징집병의 비율은 증가했다. 1919년 봄 무렵 붉은 군대의 인원은 100만 명으로, 1920년에는 300만 명으로, 그리고 1920년 내전이 끝날 쯤에는 500만 명으로 늘어났다. 여러 면에서 붉은 군대는 너무 비대해서 효율적이지 못했다. 완전히 파괴된 소비에트 경제가 총과 식량과 의복을 공급할 수 있는 능력을 갖출 수 있는 속도보다 붉은 군대는 더 빠르게 몸집을 불렸다. 병사들은 사기를 잃었고, 수천 명이 무장한 채 집단으로 탈영했으며, 그 결과 신병들은 훈련도 제대로 받지 못한 채 전장으로 내던져졌고, 그들의 탈영 확률은 더 높아졌다. 그리하여 붉은 군대는 집단 징집, 물자 부족, 탈영이라는 악순환 속으로 끌려들어갔다. 그것은 결국 전시공산주의라는 가혹한 제도를 가져왔다. 계획경제에 대한 볼셰비키의 최초의 시도였던 전시공산주의의 중심 목표는 생산 전체를 군대의 수요에 맞추는 것이었다.

전시공산주의는 곡물 독점에서 시작됐지만, 경제에 대한 포괄적인 국가적 통제를 포함하는 것까지 확장됐다. 전시공산주의는 개인 상업활동을 폐지하고 대규모 산업을 국유화하고, 기간산업 분야의 노동을 군대처럼 조직하며, 그 정점인 1920년에는 국가의 보편적 배급제도로서 화폐를 대체하는 것을 목표로 정했다. 전시공산주의는 스탈린 경제의 모델이었기 때문에 전시공산주의가 어디에서 유래됐으며, 어떤 지점에서 그것이 혁명의 역사에 부합하는가를 결정하는 것이 중요하다.

한 가지 관점은 전시공산주의가 내전의 긴급 상황에 대한 실용적인 처방이었다는 주장이다. 이것은 1918년 봄 레닌이 윤곽을 그려놓았을 것으로 예상되며, 1921년 신경제정책 시기에 그가 돌아갈 예정이었던 혼합경제로부터의 일시적인 이탈이었다. 이런 견해는 이 두 국면 동안 볼셰비키가 추구했던 '연성'의 사회주의가, 내전과 스탈린주의 시대의 '강성' 또는 반反시장 사회주의와 반대되는 레닌주의의 진짜 얼굴이었음을 암시한다. 또 다른 견해는 전시공산주의가 레닌의 이데올로기에 뿌리내리고 있었으며, 그것은 볼셰비키가 1921년 대규모 시위로 좌절당하기 전까지 법령으로써 사회주의를 도입하려는 시도였다는 주장이다.

그러나 어느 측 주장도 옳지 않다. 전시공산주의는 단순히 내전에 대한 반응에 불과한 것이 아니었다. 그것은 내전을 치러내기 위한 수단이자, 농민과 다른 사회적 '적들'에 대해 계급 전쟁을 수행하기 위한 일련의 정책이었다. 이 점을 본다면 어째서 백군 부대를 물리친 뒤 일 년 동안 그 정책이 계속 유지됐는지를 알 수 있다. 뿐만 아니라, 볼셰비키에게 뚜렷한 이데올로기가 있었다고 말하기도 어렵다. 정책을 두고 그들은 주장이 갈려 있었다. 좌파는 자본주의 체제의 철폐를 곧장 추진할 것을 바랐던 반면에 레닌은 경제 재건을 위해 자본주의적 요소를 사용하는 쪽을 주장했다. 이런 견해의 엇갈림은 내전 기간 내내 반복해서 떠올랐으며, 그 결과 전시공산주의의 정책들은 당의 통합을 위해 끊임없이 재단되고 변형되어야 했다.

근본적으로 전시공산주의는 볼셰비키가 자신의 세력 기반인 도시의 식량 위기와 굶주린 도시로부터 노동자들이 탈출하는 현상에 대해 내놓은 정치적 응답이었다. 볼셰비키 정권의 처음 여섯 달 동안 약 100만 명 가량의 노동자들이 식량 공급이 가능한 곳에 더 가까이 살기 위해 거대 산업도시를 떠나 농촌 지역으로 이동했다. 페트로그라드의 제철 산업이 가장 큰 타격을 입었다. 그곳의 노동인구는 이 여섯 달 동안 25만 명에서 고작 5만 명으로 줄었다. 한때 볼셰비키의 강력한 지지 기반이던 뉴레스너New Lessner와 에릭슨Erickson 공장은 10월에 각각 7000명 이상의 노동자를 두고 있었다가, 4월 무렵에는 모두 합쳐 200명 미만을 두게 됐다. 슐랴프니코프의 표현을 빌리면, 볼셰비키 당은 '존재하지 않는 계급의 선봉대'로 변해가고 있었다.[2]

이 위기는 지폐로 살 수 있는 것이 아무것도 없게 되자, 농민이 지폐를 받고 식량을 팔기를 거부했던 것이 근본 원인이었다. 농민은 생산을 감축하고 남는 농산물을 비축했으며, 가축을 살찌우는 데 곡물을 사용하거나 도시의 암시장에 팔았다. 도시민들은 농촌과 직접 거래하기 위해서 농촌을 찾았다. 그들은 시골 장터에서 팔거나 교환할 옷이며 가내 수공품이 든 자루를 짊어지고 농촌으로 간 다음, 식량이 가득 든 자루를 들고 도시로 돌아왔다. 노동자들은 농부와 거래하기 위해 자기가 다니는 공장에서 훔친 연장이나 도끼, 쟁기, 석유난로, 라이터 등 단순한 공산품을 팔았다. 이런 '보부상'들의 인파로 철도가 마비됐다. 모스크바와 남부 농촌 지역 사이의 주요 교차로인 오룔 역에서는 매일 3000명의 보부상들이 지나다녔다. 그들 대부분은 무장집단을 이루어 기차를 점거하면서 농촌을 오갔다.

5월 9일 볼셰비키는 곡물 독점을 선언했다. 모든 농민의 잉여 수확물은 국가의 재산이 됐다. 무장단체들이 곡물을 징발하기 위해 농촌으로 침투했다. (실제로 남아도는 농산물이 없었기 때문에) 곡물이 하나도 없는 것을 발견하게 되자, 그들은 '쿨라크'가 곡물을 숨겨놓는다고 의심했고, 이윽고 '곡물 전쟁'이 시작됐다. 쿨라크는 볼셰비키가 꾸며낸 '자본주의적' 농민이라는 유령 같은 계급이었다.

레닌은 놀랍도록 폭력적인 내용을 연설하면서 '곡물 전쟁'의 구호를 선포했다. "쿨라크는 소비에트 정부의 위험한 적이다…… 이런 흡혈귀들은 민중의 굶주림에 기생하면서 부유해졌다…… 쿨라크에 대해 가차 없는 전쟁을 벌이자! 그들 모두에게 죽음을 안기자!"[3] 징발대는 곡물의 필요량이 채워지기 전까지 마을 주민들을 구타하고 고문했다. 자주 농민들은 이듬해의 수확을 위해 필요한 종자마저 바쳐야 했다. 농민들은 피같이 소중한 곡물을 징발대로부터 감추려고 애썼다. 이러한 징발에 반대하는 농민 봉기가 수백 번이나 일어났다.

이에 대한 응답으로 볼셰비키는 자신들의 정책을 더 강화했다. 1919년 1월 볼셰비키는 독점을 식품 품목 전체로 확장하는 총체적인 '식품 추가 징수(프로드라즈뵤르스트카)'로써 곡물 독점을 대체했고, 추정 수확량에 따라 추가징수액을 정하는 지역 식품위원회의 권한을 박탈했다. 이후로 모스크바 정부는 농민들의 마지막 곡물과 종자 비축분인지 아닌지를 계산하지 않은 채 농민들로부터 원하는 만큼을 빼앗아갈 예정이었다.

식량 추가징수의 목적은 단지 점점 증가하는 붉은 군대의 필요를 충족시키기 위한 것만이 아니었다. 식량 추가징수는 보따리 무역을 근절함으로써 노동자를 공장에 붙들어두는 데 일조했다. 노동의 통제가 전시 공산주의의 핵심이었다. 트로츠키가 표현했듯이, 노동의 통제는 "국가의 계획에 따라 필요한 적재적소에 노동자를 파견할 수 있는 통치적 권한"이었다.[4] 이런 계획경제를 향해 한 걸음 더 나아간 것이 1918년 6월 28일의 대규모 산업의 국유화였다. 국가에서 임명한 경영자가 (1917년 11월 '노동자 통제에 관한 법령'에 의해 공장을 책임지는) 공장위원회와 노조의 권한을 대신하게 됐는데, 이것은 산업관계에 큰 혼란을 불러왔고, 1918년 봄 내내 볼셰비키에 반대하는 노동자들의 시위를 촉진했다. 국유화에 대한 명령은 페트로그라드에서 계획된 총파업이 일어나기 사흘 전에 통과됐고, 신임 공장 사장이 시위를 계속한다면 해고하겠다고 협박하는 것을 허용했다.

전시공산주의의 마지막 핵심 요소는 바로 배급제도였다. 좌파 볼셰비키는 배급을 공산주의 질서를 세우는 행위로 보았다. 배급 쿠폰은 화폐의 대체물이었다. 볼셰비키는 화폐의 소멸이 자본주의 체제의 종말을 뜻한다고 잘못 이해했다. 볼셰비키의 통치는 배급제를 통해 사회에 대한 통제를 한층 더 강화했다. 한 개인이 받는 배급의 유형이 새로운 사회 위계질서 안에서 개인의 위치를 규정했다. 붉은 군대의 병사들과 관료들은 1등급의 배급을 받았다(그 배급량은 빈약했지만 적절했다). 대다수 노동자들은 2등급의 배급을 받았다(그것은 적절한 수준 이하에 가까웠다). 반대로 부르주아는 배급 대상자들 중에서 최하층을 이루면서 3등급의 배급을 받아야 했다(지노비예프의 인상적인 표현을 빌리자면, 이것은 "빵 냄새를 잊지 않을 수 있

혁명의 러시아

을 만큼의 빵"에 해당했다).[5]

전체주의 국가는 경제와 사회의 모든 측면을 통제하려고 시도했던 전시공산주의에 기원을 두고 있었다. 이런 이유로 소비에트 관료체제는 내전 동안 괄목할 정도로 비대해졌다. 차르 정부가 오랫동안 안고 있었던 문제―국토 전반에 영향력을 행사할 수 없었던―가 소비에트 정부에는 없었다. 1920년 무렵, 540만 명의 인력이 정부를 위해 일했다. 소비에트 러시아에서 공무원의 수는 노동자의 수보다 두 배가 더 많았고, 이 공무원들이 새로운 정부의 중심적인 사회적 기반이었다. 이것은 프롤레타리아의 독재 통치가 아니라, 관료체제의 독재 통치였다.

관료체제에서 지위 상승을 획득할 수 있는 가장 확실한 방법은 당에 가입하는 것이었다. 1917년부터 1920년까지 140만 명이 당에 가입했고, 그들은 거의 모두가 하급 계층과 농민 가정 출신이었다. 또한 그들 중 다수는 붉은 군대를 거쳤는데, 붉은 군대는 수백만 명의 징집병들에게 훈련된 혁명적 전위대의 보병들인 '볼셰비키'처럼 생각하고 행동하는 법을 가르쳤다. 당의 지도부에서는 이런 대규모의 당원 가입이 당의 질을 저하시킬 것이라고 우려했다. 문해력 수준은 대단히 낮았다(1920년 당시 당원들 중 4년 이상의 초등교육을 받은 사람은 8퍼센트에 불과했다). 당원들의 정치적 해독능력은 대단히 초보적인 수준이었다. 당이 설립한 언론인 학교에서는 학생들 중 단 한 명도 영국이나 프랑스의 수상이 누구인지 대답하지 못했고, 어떤 이들은 제국주의가 영국 어디에 존재하는 어떤 공화국이라고 생각했다. 그러나 다른 한편으로, 이런 교육의 결여는 당 지도자들에게는 유리한 점으로 작용했다. 그들에 대한 추종자들의 정치적 복종을 정당화시켰기 때문이다. 교육 수준이 낮은 평당원들은 당의 구호를 앵무새처럼 따라했고, 비판적인 사고 전체를 정치국과 중앙위원회에 내맡겼다.

당은 비대해지면서 또한 지역 소비에트를 지배하기 시작했다. 여기에는 소비에트의 변형—의회의 통제를 받는 지역 혁명조직으로부터, 집행부를 장악한 볼셰비키 인사들이 모든 실질적인 권한을 행사하는 당·국가의 관료기관으로의 변형—이 동반됐다. 내전에서 중요하게 평가된 거점 지역을 위시해 다수의 상층 소비에트에서는 실무자가 선출되지 않았다. 단순히 모스크바의 중앙위원회가 소비에트를 운영하도록 인민위원들을 파견하는 식이었던 것이다. (볼로스티 수준의) 농촌 소비에트에서는 집행부가 선출됐다. 여기에서 볼셰비키가 성공을 거둔 원인은 부분적으로는 공개적인 투표제와 유권자들에 대한 협박 덕분이었다. 그러나 또한 1차 세계대전 당시에 농촌을 떠나서 내전 시기에 돌아오게 된 젊고 문해력이 높은 농민들이 지지했기 때문이기도 하다. 이들은 새로운 군사 기술과 조직에 능숙했고 사회주의 사상에 정통한 농민들로서, 훗날 볼셰비키에 가담해 내전이 끝날 때까지 농촌 소비에트를 지배할 예정이었다. 이런 연구가 자세하게 수행된 볼가 지역을 예로 들면, 농촌 소비에트 집행위원의 3분의 2가 35세 미만의 문해력을 갖춘 남성 농민이었고, 1919년 가을 볼셰비키로 등록을 한 상태였다(그 이전 봄 무렵에는 불과 3분의 1만이 볼셰비키에 가입되어 있었다). 이런 측면에서 프롤레타리아 독재는 농촌 지역에서의 문화혁명에 크게 의존했다. 농민들의 세계 전반에서 공산주의 정부는 공식적인 계급에 합류하려는 야망을 품은 문해력을 갖춘 농민의 자손들이 주축이 되어 세워졌다.

이상하게 보일지 모르지만 레닌이 소비에트 러시아에서 널리 알려지

게 된 것은 뒤늦은 때인, 그가 거의 죽음 직전에 이른 1918년 9월이 되어서였다. 그는 소비에트 권력에 오른 뒤 처음 열 달 동안 대중의 눈앞에 좀처럼 나타나지 않았다. 레닌의 아내인 나데즈다 크룹스카야Nadezhda Krupskaya는 이렇게 회고했다. "그 누구도 레닌의 얼굴조차 알지 못했다."[6]

그 모든 일은 8월 30일에 바뀌었다. 그 볼셰비키 지도자는 모스크바의 한 공장을 방문하는 동안 파니 카플란Fanny Kaplan이라는 이름의 어느 테러리스트 암살자가 쏜 두 발의 총을 맞고 부상을 입었다. 소비에트 언론은 레닌의 빠른 회복을 기적이라고 표현했다. 레닌은 민중의 이익을 위해 자신의 목숨을 희생하는 것조차 두려워하지 않는, 초자연적인 힘의 보호를 받는 그리스도와 같은 인물로 찬사를 받았다. 시내 거리마다 레닌의 초상화가 나타나기 시작했다. 그가 최초로 등장한 것은 다큐멘터리 영화인 〈레닌의 크렘린 산책〉이었다. 이 영화는 그가 살해됐다는 점점 커져가는 소문을 잠재우기 위해 그해 가을에 전국적으로 상영됐다. 그것이 바로 레닌 숭배의 시작이었다. 레닌 숭배는 레닌의 의지와 반대로, 자신의 지도자를 '민중의 차르'로 추대하기 위해서 볼셰비키가 고안해낸 의례였다.

바로 그렇게 '적색 테러'도 시작됐다. 비록 카플란은 꾸준히 부인했지만, 그녀는 사회주의혁명당과 자본주의 열강을 위해 협력했다는 비난을 받았다. 그녀는 소비에트 정부의 편집증 이론(소비에트 체제가 내부의 적과 외부의 적의 촘촘한 연결망으로 둘러 싸여 있고 백군과 반혁명세력의 봉기에 대한 연합국들의 지지가 이를 입증하며, 그런 적대세력을 이겨내기 위해서는 끊임없이 내전을 벌어야 한다고 주장하는)에 대한 살아 있는 증거였다. 이와 동일한 논리가 스탈린 통치 기간 내내 소비에트 테러를 작동시키게 될 참이었다.

언론은 레닌의 암살 시도에 대한 대중의 보복을 요구했다. 체카의 교도소를 둘러보면 광범위한 부류의 다양한 사람들이 잡혀 와 있는 것을 볼

수 있었다. 정치인, 상인, 장사꾼, 관리, 성직자, 교수, 창녀, 반체제 노동자, 농민 등 요컨대 사회의 단면을 보는 듯했다. 사람들은 (총격 또는 범죄 등) '부르주아의 도발'의 현장 가까이에 있었다는 죄목으로 체포됐다. 체카의 불심검문 당시 몸수색을 당한 한 노인은 황실 제복을 입은 어떤 남자의 사진이 발견됐다는 이유로 체포됐다. 그것은 1870년대에 촬영한 고인이 된 친척의 사진이었다.

체카의 고문 방법의 독창성은 스페인 종교재판과 쌍벽을 이룬다. 각 지역의 체카마다 특성이 있었다. 하리코프 지역의 체카는 '장갑 마술'에 조예가 깊었다. 그것은 물집이 생긴 피부가 떨어져 나갈 때까지 희생자의 손을 끓는 물에 집어넣는 것이었다. 키예프 지역의 체카에서는 쥐가 든 우리를 희생자의 몸통에 박아 넣고 그것을 뜨겁게 달궈서 쥐들이 탈출하기 위해 희생자의 몸을 갉아먹으며 파고 들어가도록 했다.

'적색 테러'는 사회 전역에서 반발을 일으켰다. 당내에서도 그것이 지나치다는 비판이 있었다. 그러나 레닌, 스탈린, 트로츠키 등 지도부의 '강경파 인사들'은 체카를 지지했다. 레닌은 내전에서 테러를 사용하지 못할 정도로 비위가 약한 자들을 참지 못했다. 레닌은 제2차 소비에트 회의에서 1917년 10월 26일 사형제 폐지에 관한 카메네프의 결의안을 통과시켰다는 소식을 듣자마자 이렇게 물었다. "총살부대 없이 어떻게 혁명을 할 수 있단 말인가? 스스로 무장해제함으로써 적을 없애기를 기대하는가? 다른 어떤 억압 수단이 있단 말인가? 감옥? 내전에서 그것을 중요하게 생각하는 사람이 누가 있단 말인가?"[7]

트로츠키는 스탈린이 면밀하게 탐독했던 책인 《테러리즘과 공산주의》(1920)에서 테러는 계급 전쟁에서 승리로 나아가는 데 있어서 필수적이라고 주장했다.

'적색 테러'는 소멸하기를 원치 않지만 파멸할 운명에 처한 한 계급에게 사용됐던 무기이다. 만일 '백색 테러'가 프롤레타리아의 역사적 출현을 지체시키는 데 그친다면, '적색 테러'는 부르주아의 파멸을 앞당긴다. 이런 서두름―순전한 가속도의 문제―은 어떤 시기에서는 결정적으로 중요하다. '적색 테러'가 없다면, 유럽에서 혁명이 도래하기 전에 러시아의 부르주아는 전 세계의 부르주아와 결탁하여 우리의 목을 조를 것이다. 우리는 이 점을 보지 못하는 사기꾼이 되거나 또는 그것을 부인하는 사기꾼이 되어서는 안 된다. 소비에트 체제의 존재 사실 자체가 갖는 혁명적인 역사적 중요성을 인식하는 사람은 결국 '적색 테러'를 인정하지 않을 수 없다.[8]

테러는 처음부터 볼셰비키 체제의 필수불가결한 요소였다. 이 시기 동안 볼셰비키에게 희생당한 희생자의 수가 얼마인지는 아무도 모른다. 하지만 붉은 군대가 저지른 농민과 카자크 농가에 대한 집단 학살을 포함한다면, 아마도 내전에서 죽은 사람들의 수―100만 명을 넘는 인원―와 맞먹을 것이다.

―――――

사마라의 탈환 이후 체코 부대는 해체됐다. 이 부대는 1918년 11월 1차 세계대전이 끝난 후에도 전투를 계속 벌여야 할 이유가 없었던 것이다. 붉은 군대에 저항할 만한 유효한 힘이 없었기 때문에 코무치가 볼가 지역의 지배권을 잃어버리는 것은 시간 문제였다. 사회주의혁명당 당원들은 옴스크로 피신했는데, 거기에서 그들의 임시 지역 정부는 시베리아 부대의 우파 장교들(이들은 반볼셰비키 운동의 최고사령관직을 맡도록 알렉산드르 콜차크Alexander Kolchak 제독을 초빙했다)에 의해 전복됐다. 콜차크는 영국, 프랑스, 미국의 지원을 받았다. 이들 국가는 세계대전이 끝났고, 러시아의 국내 정치에 연합국이 개입해야 할 어떠한 군사적 이유도 더 이상 존재하지 않았지만, 정치적인 이유에서 볼셰비키를 권력으로부터 제거하는 것에 전념했다.

10만 병력으로 이루어진 콜차크의 백군은 볼가 강으로 진군했다. 거기서 1919년 봄에 볼셰비키는 후방에서 벌어진 대규모의 농민 봉기를 해결하려고 노력했다. 6월 중순경 붉은 군대는 필사적인 반격을 통해 콜차크 부대를 러시아 동부의 우파Ufa로 후퇴시켰다. 그 후 백군이 응집력을 상실하고 시베리아로 퇴각하면서 우랄의 여러 도시와 그 너머의 지역이 연달아 붉은 군대에 장악됐다. 마침내 콜차크는 이르쿠츠크에서 생포됐고, 1920년 2월 볼셰비키에 의해 처형됐다.

한편 콜차크의 공격이 한참 치열했을 때, 데니킨 부대가 돈바스 석탄 지역과 우크라이나 남동부로 침투했다. 그곳에서는 카자크인들이 자신들을 고향 땅에서 쫓아내려고 볼셰비키가 벌이고 있었던 집단 테러 작전('카자크인 소탕작전')에 대항해 봉기를 일으켰다. 명백히 정치적 동기에서 반볼셰비키 작전에 전념하고 있던 영국과 프랑스의 군사적 지원을 얻어 백군은 손쉽게 우크라이나로 진격해 들어갔다. 붉은 군대는 물자부족의 위기를 겪고 있었고, 3월과 10월 사이에 남부전선에서 100만 명 이상이 탈영했다. 붉은 군대가 말과 군수품의 징발, 추가 병력의 징집, 그리고 탈영병을 숨기고 있다고 의심되는 마을에 대한 탄압에 집중하자, 볼셰비키의 후방은 농민 봉기 속에 빠져들었다. 우크라이나의 남동부 지역에서 붉은 군대는 네스토르 마흐노Nestor Makhno의 농민 파르티잔 부대에 크게 의지했다. 마흐노의 부대는 무정부주의자들의 검은 색 깃발 아래서 싸웠지만, 더 나은 지원을 받고 잘 훈련된 백군 부대의 상대는 되지 않았다.

7월 3일 데니킨은 소비에트 정부의 수도에 대한 총공격을 명령하는 '모스크바 지령'을 발표했다. 그것은 백군 기병대의 신속성에 의존해 붉은 군대의 일시적인 허약함을 노리지만, 잘 훈련된 예비군과 견고한 관리 체계 및 물자공급선의 지원을 받지 못해 백군의 후방을 무방비 상태로 방치할 위험을 안고 있는, 모 아니면 도인 도박이었다.

백군은 북쪽으로 밀고 올라가서 모스크바로부터 불과 250마일 정도밖에 떨어지지 않은 오룔을 점령했다. 그러나 데니킨의 부대는 무리를 했다. 그들은 후방에서 마흐노의 무정부주의 파르티잔 부대와 우크라이나 민족주의자 부대에 대항해 자신들의 기지를 방어할 수 있는 충분한 병력을 갖고 있지 못했고, 모스크바 공격이 절정에 이르렀을 때 기지를 방어하기 위해 퇴각할 수밖에 없었다. 그들은 보급품의 정기적인 공급이 없었기 때문에 결국에는 농가를 약탈하기에 이르렀다. 그러나 백군이 당면한 가장 큰 문제는 농민이 그들을 지주들의 원한을 푸는 보복 군대로 생각하면서 두려워한다는 점이었다. 농민들은 백군의 승리가 토지 혁명을 뒤집을 가능성을 두려워했다. 데니킨 부대의 장교들은 주로 대지주의 자손들이었다. 토지 문제와 관련해 백군은 귀족이 보유한 여분의 토지를 장래의 어느 시점에 농민에게 매각하기로 하는 입헌민주당의 계획을 벗어나지 않을 것임을 분명히 했다. 그러나 이런 제안에 따르면, 농민은 혁명 기간에 자신들이 귀족에게서 탈취한 토지의 4분의 3을 반환해야 했다.

백군이 모스크바로 진격하는 동안 농민은 붉은 깃발 뒤에서 집회를 열었다. 6월과 9월 사이 25만 명의 탈영병들이 오룔과 모스크바 군관구 단두 지역 소속의 붉은 군대로 귀환했다. 이곳은 1917년 한 해 동안 지역 농민들이 상당한 양의 토지를 획득했던 지역이었다. 농민들은 폭력적인 징발과 인민위원을 내세운 볼셰비키 정권을 대단히 혐오하면서도, 토지에 대한 혁명을 수호하기 위해 백군에 반대해 붉은 군대의 편을 들게 될 참이었다.

붉은 군대는 20만 명의 병력을 이끌고 반격을 벌였고, 그들 숫자의 절반 병력인 백군으로 하여금 붉은 군대가 그랬던 것처럼 똑같이 질서를 잃고 남쪽으로 퇴각하도록 만들었다. 데니킨 부대의 잔여 병력은 흑해의 연합군의 주요 항구인 노보로시스크Novorossisk에 이르렀고, 1920년 3월에는 5만 명의 병력이 서둘러 크림반도로 피신했다. 군인과 시민이 연합군의 함선에 올라타려고 사투를 벌이는 절박한 광경이 펼쳐졌다. 우선적으로 승선할 수 있는 권리는 군인들에게 주어졌다. 그러나 그들 전부가 구조될 수는 없었으며 6만 명의 병력은 볼셰비키의 수중에 내맡겨졌다(그들 대다수는 나중에 총살당하거나 강제노동수용소로 보내어졌다). 데니킨을 비판했던 사람들은 이렇게 실패한 소개疏開 작전이 최후의 결정타였다고 풀이한다. 모스크바 지령에 대한 비판가였던 표트르 브란겔Peter Wrangel 남작을 지지하는 장군들의 불복종이 데니킨의 사임을 종용했다. 브란겔 남작은 1920년 한 해 동안 크림반도에서 볼셰비키에 대한 최후의 반격을 펼쳤다. 그러나 이것은 백군의 숙명적인 패배를 몇 달 더 연기할 뿐이었다.

그들의 실패의 원인은 무엇이었던가? 콘스탄티노플, 파리, 베를린의 백군 이민자 공동체는 이 문제를 놓고 오랫동안 고민하게 될 것이었다.

백군의 대의에 대해 공감하는 역사가들은 자주 백군에 대한 방해물을 낳았던 '객관적 요인들'을 강조한다. 붉은 군대는 수적인 면에서 압도적이었다. 그들은 명망 높은 수도가 있는 중부 러시아의 광대한 지역을 지배했다. 그곳에는 석유 시설은 아니더라도 나라 전체의 기간산업 대부분이 몰려 있었고, 그들의 병력을 이 전선에서 저 전선으로 자유롭게 이동시킬 수 있게 해주는 철도망의 핵심이 자리 잡고 있었다. 이와는 반대로 백군은 여러 전선에 뿔뿔이 흩어져 작전을 통합하는 것이 어려웠으며, 그래서 군수품 공급의 상당부분을 연합군에 의존할 수밖에 없었다. 이 모든 요인들이 작동한 것이다. 그러나 그들의 패배 근저에는 정책의 실패가 있었다. 백군은 대중의 지지를 얻을 수 있는 정책을 만들 수도 없었고, 만들려고도 하지 않았다. 백군은 볼셰비키의 선전 선동에 버금가는 도구를 전혀 갖고 있지 않았다. 붉은 깃발이나 붉은 별에 도전할 만한 그들 자신의 어떤 정치적인 상징도 갖고 있지 않았다. 그들은 정치적으로 분열되어 있었다. 우파 군주정 지지자와 사회주의 공화정 지지자를 포함하는 어떤 운동이든지 정치적 합의를 이루는 데에 문제가 있었다. 백군이 정책의 합의를 이루는 것은 사실상 불가능했다. 심지어 그들은 시도조차 하지 않았다. 그들의 유일한 목표는 시계를 1917년 10월 이전으로 돌리는 것이었다. 그들은 새로운 혁명적 상황에 적응하는 데 실패했다. 그들은 민족독립운동을 인정하는 것을 거부함으로써 치명적인 결과를 자초했다. 그럼으로써 그들은 폴란드인과 우크라이나인의 잠재적으로 매우 귀중한 지지를 상실했고, 카자크인과의 관계는 더욱더 복잡해졌다(카자크 민족은 백군 지휘관들이 줄 수 있는 것보다 더 많은 자율권을 러시아로부터 요구했다). 그러나 백군의 실패의 주요 원인은 토지에 대한 농민 혁명을 인정하는 것에 대한 거부였다.

농민들은 혁명이 위협을 받는 동안만 백군에 대항해 붉은 군대를 지지했다. 일단 백군이 패배하자, 농민들은 징발을 통해 러시아의 농촌 지역 상당 부분을 기아 직전까지 몰고 갔던 볼셰비키에게 등을 돌렸다. 1920년 가을 무렵, 나라 전체가 농민 전쟁으로 불타올랐다. 성난 농민들이 무기를 들고 마을에서 볼셰비키를 쫓아내고 있었다. 농민들은 징발 부대를 물리치기 위해 도당을 결성하기까지 했다. 또는 농촌 지역의 소비에트 기반 시설을 파괴하기 위해 우크라이나의 마흐노 부대라든지, 러시아 중부 지역인 탐보프에 있는 안토노프의 반란군에 가입하기도 했다. 어디를 가든지 그들의 목표는 똑같았다. 즉, 1917~1918년의 농민의 자치를 회복하는 것이었다. 일부는 내용이 뒤죽박죽인 슬로건을 통해 이런 의도를 표출했다. "공산주의자 없는 소비에트!", "볼셰비키여 영원하라! 공산주의자들에게 죽음을!" 많은 농민들은 볼셰비키와 공산주의자가 별개인 것처럼 오해하고 있었다. 1918년 3월 당의 명칭의 변경은 먼 마을에까지 전달되어야 했다. 농민들은 '볼셰비키'가 자기들에게 평화와 토지를 가져다주었지만, 반대로 '공산주의자'는 내전을 초래하고 그들이 키운 곡물을 징발해갔다고 믿었다.

1921년 무렵, 대부분의 농촌 지역에서 볼셰비키 정권은 더 이상 존속하지 않았다. 반란 거점지에서 도시로의 곡물 송출이 중지됐다. 도시의 식량 위기가 심화되자, 노동자들은 파업을 계속 이어나갔다.

1921년 2월 한 달 내내 러시아 전역을 휩쓸고 지나간 파업은 농민의 반란 못지않게 혁명적이었다. 파업가담자들이 예상할 수 있는 처벌(즉시 해고와 체포와 투옥, 심지어 즉결 처형까지 포함하는)을 고려할 때, 파업을 계속하는 것은 절망적인 행동이었다. 과거의 파업이 정권과의 흥정 수단이었던 반면, 1921년의 파업은 정권을 무너뜨리려는 시도였다.

노동자들은 노동조합을 당-국가에 종속시키려는 볼셰비키의 시도에 대해 분노했다. 수송을 담당하는 인민위원이었던 트로츠키는(10월 혁명에 반대했던) 철도노조를 해산하고, 그것을 국가에 종속된 총교통노조로 대체하고자 했다. 그의 계획은 노동자들뿐 아니라 볼셰비키파 노조원들까지도 격분하게 만들었다. 이들은 그 조치를 모든 독립적인 노조의 권리를 끝내려는 포괄적인 활동의 일부로 바라보았던 것이다. 1920년, 노동조합의 경영권을 수호하고 중앙에 임명된 공장 운영자, 관료, '부르주아 출신 전문가들'(이들에 대해 '새로운 지배계급'이 된 노동자들은 분노했다)의 커져가는 힘에 저항하기 위해 노동자들로 구성된 반대파가 당내에서 출현했다.

모스크바는 저항이 일어난 최초의 산업도시였다. 노동자들은 파업을 벌였다. 그들은 공산주의자들의 특권을 끝내고, 자유무역을 복구하고, 시민의 자유와 제헌의회를 복원할 것을 요구했다. 파업은 유사한 요구가 나타났던 페트로그라드로까지 확산됐다. 2월 27일은 혁명 4주년이 되는 날이었다. 페트로그라드의 거리에는 다음과 같은 선언들이 나타났다. 그것은 새로운 혁명에 대한 요구였다.

노동자와 농민은 자유를 요구한다. 그들은 볼셰비키의 법령으로 살아가기를 원치 않는다. 그들은 자기 스스로 운명을 통제하기를 원한다.

우리는 체포당한 사회주의자들과 당에 소속되지 않은 노동자들 전원의 석방을 요구한다. 우리는 계엄령의 폐지, 언론과 출판의 자유, 노동자 모두의 집회의 자유, 공장위원회와 노조, 소비에트의 자유로운 선출을 요구한다.

집회를 소집하고, 결정을 내리고, 당국에 대표자를 파견하고, 당신의 요구사항을 관철시켜라.[9]

같은 날, 반란은 크론시타트 해군기지로까지 파급됐다. 1917년 트로츠키는 크론시타트 수병들을 '러시아 혁명의 긍지이자 영광'이라고 불렀다. 그들은 볼셰비키를 권좌에 세우는 데에 크나큰 공헌을 했다. 하지만 지금 수병들은 볼셰비키 독재의 타도를 요구하고 나선 것이다. 그들은 공산주의자를 제쳐두고 새로운 크론시타트 소비에트를 선출했다.

그들은 언론과 집회의 자유, '모든 근로 대중에게 균등한 배급량', 많은 수병들의 본바탕이었던 농민계층에 대한 잔혹한 처우를 끝낼 것을 요구했다. 트로츠키는 군인들의 폭동에 대한 진압을 지휘했다. 3월 7일 해군 기지에 대한 포격으로 공격이 시작됐다.

3월 8일 제10차 당대회가 이런 비상사태 속에서 열렸다. 레닌은 노동자들의 저항을 물리치기로 결심하고, 그것을 비난하는 표를 확보한 다음, 분파를 금지하는 비밀 결정(그것은 공산당 역사에서 가장 운명적인 결정 가운데 하나였다)을 강행했다.

이후로는 당이 국가를 통치하는 것과 동일한 통치 방침으로 중앙위원회가 당을 통치하게 될 예정이었다. 그 누구도 분파주의에 대한 비난을 받지 않은 채 당의 결정에 도전할 수는 없었다. 스탈린의 집권은 그런 금지의 결과로 나타났다.

당대회에서 식량 징발을 현물세로 대체하기로 한 획기적인 두 번째 결정 역시 중요했다. 이것은 전시 공산주의의 중심 강령을 포기하는 것이었다. 또한 이것은 일단 현물납세가 시행되자, 자유시장에서 농민들이 자신들의 잉여농산물을 판매하도록 허용함으로써 신경제정책의 토대를 놓았다. 레닌은 대의원들이 신경제정책을 자본주의의 복귀라고 비난할까 봐 두려웠던 나머지 농민의 봉기(레닌은 이에 대해 "데니킨과 콜차크 잔당들을 모두 합친 것보다 훨씬 더 위험하다"라고 말했다)[10]를 진압하고 농민들과의 새로운 연합(스미치카smychka•)을 구성하는 것이 필요하다고 주장했다.

한편 볼셰비키는 군중의 봉기를 진압하는 데에 주력했다. 3월 10일, 300명의 당지도자들이 회의장을 떠나 크론시타트 전선으로 향했다. 며

• '결합', '접합'이라는 뜻으로 네프 시기 볼셰비키가 노동자와 농민의 협력 관계를 나타내기 위해 사용한 용어다.

혁명의 러시아

칠 동안 포병대의 포격과 공중 폭격이 치러진 뒤, 5만 명의 정예부대가 해군기지를 급습하기 위해 한밤중에 빙판 위를 건넜고 그 과정에서 1만 명이 희생됐다. 그다음 몇 주에 걸쳐 2500명의 크론시타트 수병들은 재판도 받지 못한 채 총살에 처해졌다. 다른 수병 수백 명은 후에 레닌의 지시에 의해, 백해白海의 섬에 세워진 옛 수도원 건물 안에 마련된 최초의 대규모 소련식 수용소인 솔로프키로 이송됐고, 그곳에서 많은 이들이 굶주림과 질병과 탈진 때문에 서서히 죽어갔다. 페트로그라드와 모스크바에서의 파업은 그 주동자들이 체포되고 자유거래가 회복되자 기세가 꺾였다. 그러나 현물세의 도입에도 불구하고 농민봉기는 진압하기가 더 어려워졌다. 징발로 인해 기근위기가 발생했던 볼가 지역의 농민들은 더 격렬하게 싸웠다. 그들은 자신들의 목숨을 지키기 위해 싸웠기 때문이다. 탐보프와 다른 지방의 반란 지역에서는 무자비한 테러가 자행됐다. 여러 마을이 불태워졌다. 수만 명이 포로로 검거되고 수천 명이 사살되고 나서야 저항 봉기가 진압됐다. 내전에서, '국내전선'에서, 볼셰비키가 승리했다. 그러나 이제 그들은 통치 기술을 익혀야 했다.

내전은 볼셰비키의 성장에 꼭 필요한 경험이었다. 내전은 '어떤 요새든지 습격할 수 있었던' '영웅적인 혁명의 시기'에 볼셰비키의 성공 모델이 됐다. 내전은 그것이 또 다른 군사적 성공의 사례에 의해 대체됐던 1941년 이전까지 한 세대 동안 볼셰비키의 정치적 습관을 형성했다. 스탈린이 '볼셰비키식 방법' 또는 '볼셰비키식 속도'로 일을 처리하는 것(이를테면 5개년 계획에서)에 대해 언급했을 때, 그는 내전에서 볼셰비키 당이 쓴 수법을 떠올리고 있었다. 볼셰비키는 내전으로부터 다음의 것들을 물려받았다. 희생에 대한 숭배, 그들의 군사적 통치방식, '전선'마다 끊임없는 '전투'와 '선전'을 벌이는 방식, 외부의 적이든 내부의 적이든 도처에서 발견되는 혁명의 적에 대항해 끊임없이 싸워야 할 필요성에 대한 강조, 농민들에 대한 볼셰비키의 불신. 그리고 노동의 군사화와 새로운 사회의 창조자로서 국가를 보는 유토피아적 전망을 가진 계획경제의 원형을.

Revolutionary Russia
1891~1991

8장

레닌, 트로츠키, 스탈린

혁명의 결정적 얼굴

레닌에게서 병의 조짐이 처음 보인 때는 그가 두통과 피로를 하소연했던 1921년이었다. 몇몇 의사들은 병의 원인을 레닌의 팔과 목에 여전히 박혀 있던 파니 카플란의 탄환 때문에 생겨난 납중독이라고 기록해놓았다. 그러나 다른 의사들은 더 조직적인 원인을 의심했다. 1922년 5월 25일 그들의 의심이 확인됐다. 레닌은 큰 발작을 일으켰고, 이후 그의 오른쪽 몸이 마비되고 잠시 언어능력을 잃어버렸다.

그해 여름, 레닌은 고리키에 있는 자신의 전원주택에서 요양하면서, 자신의 계승자 문제를 고민하고 있었다. 그는 집단 지도부가 자기를 계승하기를 원했다. 레닌은 내전 동안 트로츠키와 스탈린 사이에서 커져갔던 개인적인 경쟁관계를 특히 걱정했다.

두 사람 모두 그들을 지도자로 만들어주는 선천적인 자질을 갖고 있었지만, 그들 중 어느 누구도 레닌을 계승할 만한 적임자는 아니었다. 트로츠키는 뛰어난 웅변가이자 행정가였다. 그는 붉은 군대의 최고 통수권자로서 다른 누구보다 더 많이 내전에서 승리했다. 그러나 그는 멘셰비키에 몸담았던 과거 전력이라든지 유대인 지식인처럼 생긴 외모는 물론이고, 자존심과 오만함 때문에 당내에서 인기가 없었다. 트로츠키는 타고난 '동지'가 아니었다. 그는 집단적인 통치체제 속의 대령으로 만족하기보다 자신의 독자적인 군대를 거느리는 장군이 더 어울리는 사람이었다. 그는 당원들에게는 일종의 '주변인'이었다. 그는 비록 정치국의 임원이었지만, 한 번도 당에서 직책을 가져본 적이 없었다.

이와 달리, 스탈린은 처음에는 집단 지도부를 맡기에 더 적임자로 보였다. 내전 시기에 그는 다수의 직책을 맡았다. 그는 민족 담당 인민위원이자, '라브크린(노동자 농민 사찰단)' 인민위원, '폴리트뷰로(정치국)'와 '오르그뷰로(조직국)' 위원, 총비서국 의장직을 두루 맡았고, 그래서 그는 소박하고 근면한 평당원들에게 신임을 얻었다. 작은 키에 거친 태도, 마맛자국이 선명한 얼굴과 조지아의 말투를 가진 스탈린은 당내의 세계주의적이고 지적인 지도자들 사이에서 열등한 취급을 받는 것처럼 느꼈고, 그는 훗날 그들에게 보복할 예정이었다. 은밀하게 복수심을 품은 그는 동료에게 당한 모욕을 용서하지도, 잊지도 않았다. 그것은 캅카스 혁명가들의 지하세계를 지배했던, 범죄 집단을 방불케 하는 피의 복수가 난무하는 세계로부터 그가 체득한 폭력배의 습관이었다. 그는 1917년 당시 그의 역할을 축소했던 볼셰비키들에게 분노했지만, 다른 누구보다도 트로츠키에 대한 분노가 가장 컸다. 트로츠키는 스탈린을 지성적으로 무능력한 자로 묘사했다. 트로츠키는 《나의 인생》(1930)에서, 1924년 레닌의 서거 당시 스탈린의 모습에 대해 이렇게 썼다.

그는 실천성, 강한 의지, 목적을 수행하는 데 필요한 끈기를 선천적으로 타고났다. 그의 정치적 시야는 제한되어 있었고, 그의 이론적 방법은 원시적이었다…… 그의 생각은 완고하리만치 현실적이었고 창조적 상상력이 결여되어 있었다. 당의 지도층에게(당내의 대다수에게는 스탈린이 전혀 알려져 있지 않았다) 그는 언제나 이류 또는 삼류에 그칠 인물로 비춰졌다.[1]

모든 당 지도자들이 똑같은 실수를 저질렀다. 1930년대의 숙청으로 쓸려나가게 될 사람들에게는 치명적인 실수였다. 그것은 바로, 스탈린의 권력을 그가 여러 직책을 두루 거치면서 쌓아놓은 후원의 결과라고만 과소평가한 것이었다. 다른 사람들과 마찬가지로 레닌에게도 책임이 있었다. 스탈린의 요구대로, 1922년 4월 레닌은 그를 공산당 제1서기로 임명했다. 그것은 혁명의 역사 사상 최악의 실수임에 분명하다.

스탈린의 권력은 지방의 당 기구를 그가 장악함으로써 커졌다. 총비서국의 의장이자 인사국 내의 유일한 정치국 위원으로서 그는 자신의 지지자들을 등용시키고 자신의 반대자들의 승진은 가로막을 수 있었다. 1922년 한 해 동안에만 1만 명이 넘는 지방 관리들이 인사국과 총비서국에 의해 임명됐다. 그들은 스탈린이 트로츠키, 지노비예프, 부하린에 대항해 지도력을 쟁취하는 과정에서 그의 중요한 지지자가 될 예정이었다. 그들 다수는 스탈린과 마찬가지로, 매우 변변치 않은 집안 출신이었다. 그들은 혁명적 이데올로기의 문제에 관한 한 트로츠키나 부하린 같은 지식인들을 불신했고, 통일성과 질서를 요구하는 스탈린의 소박한 주장과 실용적인 지혜를 신봉하기로 선택했다.

레닌이 자리를 비운 동안 정부는 (스탈린, 카메네프, 지노비예프로 이루어지는) 삼두정치체제를 통해 운영됐다. 이들은 반트로츠키 진영으로 나타났다. 이 세 명은 자신들의 전략을 조정하고 자신들의 추종자들에게 투표 방법을 지시하기 위해 당대회 전에 만났다. 카메네프는 스탈린을 좋아했다. 그들은 1917년 전 시베리아에서 같이 유형생활을 했다. 지노비예프의 경우에는 스탈린을 그다지 좋아하지 않았다. 그러나 트로츠키에 대한 그의 개인적인 반감은 더없이 강해서 그는 만약 그의 적을 파멸시키기만 한다면 악마와도 손을 잡고 싶을 정도였다. 카메네프와 지노비예프 모두는 스탈린을 이용해, 트로츠키보다 우월하게 자신들의 통치권에 대한 욕망을 실현시키고 있다고 생각했다. 그들은 트로츠키를 스탈린보다 더 심각한 위협으로 간주했기 때문이다.

9월경 레닌의 상태가 호전됐고, 그는 업무로 복귀했다. 레닌은 자신의 배후에서 지배 패거리처럼 행동하는 삼두체제를 의심하게 됐고, 트로츠키에게 (스탈린과 그의 세력 기반부) '관료주의 집단에 맞서는 반대진영'에 가담하라고 요청했다. 그러나 12월 15일 레닌에게 두 번째 뇌졸중이 찾아왔다. 스탈린은 총비서라는 자신의 권한을 이용해, 레닌의 주치의들을 관리하고 방문객들을 통제했다. 레닌은 휠체어에 틀어박힌 채 하루에 5분에서 10분 동안만 지시할 수 있었고, 사실상 스탈린의 포로였다. 스탈린이 거느렸던 두 명의 수석 보좌관인 나데즈다 알릴루예바Nadezhda Allilueva(스탈린의 아내)와 리디야 포티예바Lydia Fotieva가 레닌의 일거수일투족을 스탈린에게 보고했다.

12월 23일과 1월 4일 사이에 레닌은 곧 열릴 12차 전당대회에 전할 몇 장의 쪽지를 전달했고, 그것이 그의 유언으로 알려졌다. 이 일련의 글에는 혁명이 탄생하게 된 경로에 대한 깊은 근심과 우려의 감정이 표현돼 있다. 레닌은 세 가지 문제에 대해 고심했고, 그 각각의 문제에서 스탈린이 가장 큰 원인으로 언급됐던 것으로 보인다.

이 세 개 문제 가운데 첫 번째는 민족문제로, 어떤 종류의 협약에 서명해야 하는가라는 질문이었다. 이 문제는 특히 조지아에 대한 볼셰비키의 관계에 초점을 맞췄다. 스탈린은 조지아 출신임에도 내전 당시 소수민족에 대한 대러시아인의 민족적 우월주의를 편 것으로 레닌에게 비판받은 볼셰비키 인사들 중 첫 번째였다. 붉은 군대가 우크라이나, 중앙아시아, 캅카스에 있는 러시아의 오래된 제국 국경을 다시 정복하자, 민족문제 담당 인민위원으로서 스탈린은 비러시아계 공화국이 자치 지역으로서 러시아에 복속되어야 한다고 주장했고, 그럼으로써 사실상 그들에게 연방으로부터 탈퇴할 수 있는 권리를 박탈했다. 하지만 레닌은 그들이 어떤 경우든지 소비에트 연방의 일원이 되기를 원할 것이라고 생각했기 때문에, 그들이 주권 공화국으로서 이런 권리를 가져야 한다고 믿었다. 레닌은 혁명이 모든 민족적 이해관계를 능가한다고 생각했다.

스탈린의 계획에 대해 조지아 출신의 볼셰비키들은 격렬히 반대했다. 그들의 세력 기반은 그들의 조국을 위해 모스크바 정부로부터 어느 정도의 자율성을 얻었는가에 달려 있었다. 조지아 공산당 '중앙위원회' 전체는 스탈린의 정책에 항의하며 사퇴했다. 레닌이 개입했다. 레닌은 한 논쟁에서 모스크바 캅카스 국장이자 스탈린의 절친한 협력자인 세르고 오르조니키제Sergo Ordzhonikidze가 한 조지아 출신 볼셰비키 인사를 두들겨 팼다는 것을 알고는 격분했다. 이 사건 때문에 레닌은 스탈린과 조지아 문제를 다른 각도에서 보게 됐다. 회의 기록에서 레닌은 스탈린을, 소수민족을 괴롭히고 통제하는 일만 할 수 있는 "악동이자 폭군"이라고 지칭했다. 레닌은 스탈린의 품성과 반대로, 특히나 소련이 새로운 제국으로 군림하는 것이 아니라 식민 세계에서 억압받는 민족들의 친구이자 해방자가 되려면 "심오한 주의력, 감수성 그리고 소수민족들의 적법한 민족적 열망과 타협하는 자세"가 필요하다고 말했다.[2]

스탈린은 레닌의 병세를 틈타 제멋대로 굴었다. 소비에트 연방의 설립 조약은 기본적으로 중립주의적 성격을 지녔다. 그것은 각 공화국들이 모스크바의 '소련공산당CPSU'이 세운 정치적 틀 안에서 '국민성'의 문화적 형식을 발전시키는 것을 허용했다. 그러나 정치국은 조지아 출신의 볼셰비키를 '민족적 편향자'라는 죄목을 붙여 숙청했다. 그것은 장차 다가올

수년 동안 비러시아계 지역의 많은 지도자들을 공격하기 위해 스탈린이 사용하게 될 꼬리표였다.

레닌의 유언에 씌어진 그의 두 번째 관심사는 당의 지도기관을 책임의식을 가진 것으로 바꾸어놓는 것이었다. 그는 하급 당기관으로부터 50~100명의 신입 당원을 보충함으로써 중앙위원회를 '민주화'하고 정치국을 중앙위원회의 심사를 받게 하자고 제안했다. 당 지도자들과 평당원들 사이에서 점점 벌어져가는 격차를 메우려는 이런 때늦은 노력이 볼셰비키 독재정치의 근본 문제—볼셰비키 통치의 관료주의, 그리고 그것이 대표한다고 주장하는 노동계급으로부터의 소외—를 해결할 수 있었는지는 의문이다. 레닌 자신이 유언에서 썼듯이, 진짜 문제는 대중 스스로의 자치 행정에 기반을 둔 진정한 사회주의 정부를 수립하기 위해서 반드시 필요한 '문명의 요건'이 결여된 후진적인 농업국에서 혁명이 일어났다는 점이다(레닌은 누구보다 먼저 멘셰비키의 주장이 옳았을지도 모른다는 것을 인정할 참이었다). 나아가, 볼셰비키는 내전의 폭력적인 습관을 버리고, '국가 기계'의 복잡한 메커니즘을 통해 좀 더 효율적으로 통치하는 법을 배워야 했다.

레닌의 유언에 씌어진 마지막 주제이자 가장 폭발적인 성격의 주제는 후계의 문제였다. 마치 집단지도체제에 대한 선호를 강조하려는 듯, 레닌은 주요 당 지도자들의 실책을 지적했다. 1917년 10월 당시 레닌에 대해 반대 입장을 취한 것 때문에 카메네프와 지노비예프는 위태롭게 됐다. 부하린은 "당 전체의 총아였지만, 그의 이론적 견해 때문에 조건부 마르크스주의자로 분류될 수만 있었다". 트로츠키는 "당 중앙위원회에서 가장 유능한 인물일지는 모르나" "과도한 자신감을 드러냈다". 그러나 레닌의 가장 통렬한 비판이 향했던 곳은 스탈린이었다.

혁명의 러시아

스탈린은 너무 무례하다. 비록 당원들 사이의 관계에서는 그럭저럭 참아줄 수 있는 정도지만…… 서기장직에 오르면 도저히 참을 수 없는 존재로 변할 것이다. 이런 이유로 나는 동지들이 스탈린을 그 직위에서 몰아내고 그보다 넓은 아량과 높은 충성심, 예의와 동료들에 대한 배려심을 가지고 있으며 변덕스러움이 덜한 다른 인물로 교체하는 방안을 생각해보라고 제안하는 바이다.[3]

레닌은 스탈린이 떠나야 한다고 분명히 밝혔다.

그런 결정은 그동안 그에게 숨겨져온 12월의 사건에 대해 그가 알게 된 3월 5일에 굳어졌다. 트로츠키가 삼두체제에 반대하는 토론에서 승리를 거둔 것을 축하하는 내용이 적힌, 트로츠키에게 보내는 레닌의 편지를 크룹스카야가 받아쓴 것을 두고 스탈린은 크룹스카야에게 '우레와 같은 음탕한 욕설'을 퍼부었다. 심지어 당 규약을 어긴 것에 대해 수사하겠다고 협박하기까지 했다. 레닌은 그 사건 때문에 충격에 빠졌다. 레닌은 스탈린의 '무례함'에 대해 사과를 요구하고 관계를 끊겠다고 협박하는 내용이 담긴, 스탈린에게 보내는 편지를 구술했다. 권력 때문에 완전히 오만해져 있던 스탈린은 답장에서 죽어가는 레닌에 대한 경멸감을 감추지 못했다. 스탈린은 레닌에게 크룹스카야는 "단지 당신의 아내일 뿐 아니라 나의 오랜 당 동지이기도 하다"라고 일깨웠다.[4]

레닌의 상태는 하룻밤 사이에 더 악화됐다. 사흘 뒤 그는 세 번째 뇌졸중을 겪었다. 그는 말을 잃어버렸다. 열 달 뒤 죽기 전까지 그는 다만 "여기-여기"("vot-vot"), "집회-집회"("s'ezd-s'ezd")처럼 단음절로 된 낱말만을 발음할 수 있었다.

마침내 제12차 당대회가 1923년 4월에 소집됐다. 레닌이 의도했던 것과 달리 그 유언은 대의원들에게 낭독되지 않았다. 삼두체제는 그 일을 처리했다. 트로츠키는 그 결정에 반박하지 않았다. 그는 중앙위원회에서 자신의 힘이 너무 약하다는 것을 알고 있었다.

그 대신 트로츠키는 당 지도부의 '공안 체제'에 맞서서 당원들의 대변자로 자세를 취했다. 10월 8일, 그는 〈중앙위원회에 보내는 공개서한〉을 작성했고, 거기에서 그는 중앙위원회가 당내의 민주주의를 억압한다고 비판했고(내전 시기 트로츠키의 강력한 중앙집권주의를 고려한다면 이것은 위선적인 태도였다), 이것이 소비에트 러시아에서 최근에 일어난 노동자들의 파업과 독일의 혁명 운동(노동자들마저 공산주의자에게 환멸을 느꼈던)의 실패를 설명해준다고 주장했다. 트로츠키에 대한 지원은, 퍄타코프Georgy Pyatakov와 스미르노프Ivan Smirnov를 포함해 볼셰비키를 이끄는 '46인' 그룹에서 나왔다. 이들의 선언*은 1923년과 1927년 사이에 삼두체제에 반대하는 '좌파 반대파'의 토대를 이루었다. 그러나 이것은 트로츠키의 적들이 그의 '분파주의'(이것은 1921년 3월 분파에 대한 레닌의 금지가 선포된 뒤에 비판받게 된 '가증스러운 범죄'였다)를 비판하는 데 필요한 증거가 되었다. 그들은 또한 트로츠키의 '보나파르트주의'(독재주의)를 비난했다. 이것은 그의 강압성에 대한 악명에 기반을 둔 비판이었다.

10월에 열린 당 총회에서 트로츠키는 러시아 내 반유대주의의 문제를 감안할 때 그런 고위직에 유대인을 앉히는 것은 현명하지 못하다는 것을 이유로 들면서 어떻게 자신이 레닌의 고위직 제안을 거절했는가―한 번은 1917년 10월에(내무인민위원으로서), 또 한 번은 1922년에(인민위원회의 부의장으로서)―에 대해 설명함으로써 자신의 입장을 변호했다. 첫 번째

• '46인의 서한'으로, 트로츠키와 가까운 볼셰비키 인사들이 당내 민주화를 주장하는 트로츠키의 노선을 지지했다.

제안에서 레닌은 트로츠키의 거절을 묵살했으나, 두 번째 제안에서는 트로츠키의 입장을 받아들였다. 트로츠키는 당내에서 자신을 반대하는 것이 그가 유대인이기 때문이라는 것을 넌지시 드러내기 위해 레닌의 권위에 의존했던 것이다. 그것은 혁명가로서뿐 아니라 인간으로서도 트로츠키에게는 비극적인 순간이었다. 왜냐하면 당으로부터 비난을 받고 있던 그로서는 그의 삶의 결정적 순간에 유대인이라는 자신의 혈통적 기원에 의지해야 했던 것이다. 스스로를 유대인이라고 생각해본 적이 없던 그가 얼마나 고독했는지를 말해주는 사건이었다.

트로츠키의 감정적 호소는 대의원들에게 거의 아무런 인상도 주지 못했다. 그들 대다수는 스탈린에 의해 선발됐기 때문이다. 102표 대 2표로 총회는 트로츠키의 분파주의에 대한 견책 발의를 통과시켰다. 카메네프와 지노비예프는 당에서 트로츠키의 제명을 요구했지만, 스탈린은 이에 반대했고(그는 항상 중도파처럼 보이고자 했다) 그 발의는 부결됐다. 어쨌든 스탈린은 서두를 이유가 전혀 없었다. 소련에서 중요한 정치 거물로서의 트로츠키의 생명이 끝나는 순간이었다. 좌파 반대파는 삼두체제에 대한 요란한 비판자로 남았지만, 점점 더 스탈린의 손아귀에 놀아나고 있었던 당 기구에 저항하기에는 힘이 모자랐다.

이 결정은 레닌의 서거 후 몇 달 뒤인 1924년 1월, 크룹스카야의 주장에 따라 남편의 유언장이 중앙위원회 및 기타 고위 대표들에게 낭독된 제13차 전당대회에 앞서 열린 회의에서 확증됐다. 스탈린은 사직하겠다고 제안했으나, 지노비예프와 카메네프는 당서기의 직책에서 그를 몰아내라는 레닌의 충고를 무시하라고 회의 참가자들을 설득했다. 그들은 스탈린이 지은 죄가 무엇이든 간에 그것은 대수롭지 않으며, 이후로 그가 그 부족함을 만회했다는 것을 이유로 들었다. 사람들을 다른 방식으로 설득할 가망성이 없다고 확신한 트로츠키는 회의에서 발언하지 않았다. 레닌의 유언장은 각 지역 대표에게 개별적으로 읽어주기로 했을 뿐, 그것을 회의에서 논의하지는 않기로 결정됐다. 사실상 레닌의 유언장은 레닌이 스탈린을 지도부에서 제거하는 데에 사용되도록 의도했던 효력을 상실했다. 그 대신에 회의는 스탈린의 영도를 배경으로 당의 통합에 대한 촉구를 근거로 트로츠키에 대한 맹렬한 비난의 합창으로 바뀌었다. 트로츠키는 저항할 수 없었다. 그는 패배한 자로 회의장을 떠났다.

트로츠키는 1925년 1월 각료직에서 파면된 후 1927년 11월 12일 당에서 추방됐다. 그는 10월 혁명 10주년을 기념하는 독자적인 시위를 조직했는데, 이것은 경찰에 의해 해산됐다. '반대파'의 견해를 펴는 것이 당원의 신분에 합당하지 않다고 선언됐던 1927년 12월 제15차 전당대회의 결정을 따라서 그의 지지자들 다수도 추방됐다. 지노비예프와 카메네프역시 이 시기에 출당을 당했다. 그들은 1925년 스탈린과 사이가 틀어진 뒤 트로츠키의 '좌파 반대진영' 및 과거 '노동자들의 반대진영'의 몇몇 주요 인사와 연합해, 1926년 당내에서 보다 큰 표현의 자유를 요구하는(사실상 분파 금지의 해제를 요구하는) '통합 반대진영'을 설립했다. 분파를 조직한 죄로 추방당한 그 둘 모두는 이후에 자신들의 과오를 인정했고, 그들의 재입당이 받아들여졌다. 그러나 트로츠키에게는 돌아갈 방법이 없었다. 카자흐스탄으로 유형에 처해진 뒤, 그는 1929년 소련으로부터 강제추방됐다.

언제 스탈린은 '권력에 올랐는가?'. 레닌이 남겨놓은 승계 문제의 혼란 때문에 정확히 말하기는 어렵다. 레닌의 지도력은 그의 개인적 권위에 바탕을 두고 있었다. 볼셰비키는 그의 당이었다. 그는 그런 권력을 승인해 줄 어떤 공적인 자리도 필요하지 않았다. 그의 서거 후 바로 어떤 지도자

개인이 그와 똑같은 권위를 갖는 것은 가능하지 않았다. 스탈린은 레닌 사후 불과 일주일 뒤에 열린 추도식 연설에서, 레닌이 시작한 혁명을 완성하겠다고 맹세하며 자신이 레닌의 유일한 계승자임을 발 빠르게 주장했다. 그러나 사실상 스탈린은 집단지도부 안에서 움직일 수밖에 없었다. 1930년대가 되어서야 스탈린은 자신의 독재 정치를 막는 마지막 빗장을 깨뜨릴 수 있었다.

레닌의 사망으로 레닌에 대한 숭배가 부활했으며, 소비에트 체제는 자신의 정당성 확보를 위해 거기에 점점 더 의존하게 될 운명이었다. 레닌 기념비는 어디에나 세워졌다. 이 지도자의 거대한 초상화가 도심 거리에 나타났다. 페트로그라드는 레닌그라드로 이름이 바뀌었다. 공장, 관공서, 학교에서 '레닌 코너', 즉 그의 업적을 보여주기 위해 사진과 인공품으로 꾸민 성지가 설치됐다. 인간인 레닌이 죽자, 신인 레닌이 태어났다. 10월 혁명의 성스러운 경전인 '레닌 전집Leninskii sbornik'의 1차 판본 간행 작업이 시작됐다.

지노비예프는 레닌의 장례식에서 "레닌은 세상을 떠났지만, 레닌주의Leninism는 살아 있다"라고 말했다. 그리하여 '레닌주의'라는 용어가 최초로 사용됐다. 삼두정치체제는 '반反레닌주의자'인 트로츠키에 맞서는 진정한 레닌주의 수호자로 스스로를 선전했다. 이 시점부터 소련의 지도부는 그 내용이 무엇이었든 간에 자신의 정책을 정당화하기 위해 레닌주의를 들먹이고, 자신에 대한 비판세력을 '반 레닌주의자'라고 비난할 참이었다. 레닌의 실제 이념은 언제나 발전하고 변했다. 그것들은 자주 모순적이기도 했다. 성서처럼, 그의 글은 매우 잡다한 것들을 뒷받침하기 위해 도용될 수 있었고, 레닌을 따랐던 사람들은 그들의 입맛에 맞는 구절을 고르곤 했다. 스탈린, 흐루쇼프, 브레즈네프, 고르바초프, 이들 모두가 '레닌주의자'였다. 만일 75년 동안 볼셰비키 독재정치의 기본 토대가 된 불변의 원칙이 하나 있다면, 그것은 바로 '당의 통일성'이었다. 당이라는 공동체에 모든 당원들이 각자의 인격을 녹여 바쳐야 하며, 지도부의 판단에 복종해야 한다는 레닌주의적 명령이 그것이다. 이런 절대주의적 원리 위에서 당 노선에 대한 어떤 의심도 반레닌주의로 간주됐다.

레닌은 페트로그라드에 있는 그의 모친의 무덤 옆에 매장되기를 원했다. 그러나 스탈린은 레닌의 시신을 방부 처리하기를 고집했다. 만일 레닌 숭배가 계속 되어야 한다면, 성인들의 유해처럼 부패하지 않는 그의 몸을 전시하지 않으면 안 됐다. 식초에 절인 레닌의 시신은 목조로 된 지하실에 안치됐으며, 이후에는 오늘날 붉은 광장의 크렘린 성벽 옆에 세워진 화강암 묘로 옮겨졌다.

그의 뇌는 시신에서 제거됐으며, 새로 문을 연 레닌 연구소로 옮겨졌다. 그것은 3만 개의 조각으로 나뉜 다음 유리판 사이에 보관돼 추적 관찰됐다. 미래 세대의 과학자들이 그것을 연구하고 그의 '천재성의 실체'를 발견하도록 하기 위해서였다.

레닌이 몇 년 더 살아 있었다면 어떤 일이 벌어졌을까? 스탈린이 권력을 잡을 수 있었을까? 혁명이 똑같은 과정을 밟았을까?

일당 지배국가, 테러와 지도자 숭배 체제 등 스탈린 정권의 기본적인 요소는 1924년에 이미 완성됐다. 당기관은 대부분 스탈린의 손에 휘둘리는 고분고분한 도구가 되어 있었다. 이 모든 것이 일어나도록 방조한 자는 레닌이었다. 레닌의 뒤늦은 정치 개혁의 시도는 볼셰비키 독재통치의 본성을 바꾸지도 못했고, 내전을 통해 굳어진 당의 구성원들의 정치적 태도도 바꾸지 못했다.

그러나 레닌의 통치와 스탈린 체제 사이에는 중요한 차이점이 있다. 우선, 레닌의 통치 아래서는 스탈린 때보다 적은 인명이 희생됐다. 당의 분파는 금지됐지만, 레닌이 살아 있는 동안 당내에서는 맹렬하면서도 동료애가 가득한 토론이 가능했다. 스탈린이 엄격한 당노선을 강요하고, 그것에 도전하는 자들을 극단적으로 응징했던 1930년대 전까지는 정책에 대한 이견이 계속해서 나타났다. 레닌은 혁명의 반대 세력들을 죽이는 데 주저하지 않았지만, 자신의 당 동료들을 정치적 견해 때문에 투옥하거나 죽이지 않았다.

무엇보다, 레닌은 농민에 대한 정책에서 스탈린과 달랐다. 레닌은 스탈린의 통치 아래서 이루어졌던 폭력적인 방식으로 농업 집단화가 수행되는 것을 허용하지 않았을 것이다. 레닌이 신경제정책(네프NEP)에 대해 품었던 혁명의 비전은 장기적인 관점에서 스탈린과 마찬가지로 유토피아적이었지만, 스탈린이 1928~1929년 신경제정책을 번복하면서 선포한 '대전환'보다 더 농민 친화적이었고, 더 다원적이고, 더 관용적이었다. 결국, 레닌과 혁명의 운명의 문제는 신경제정책이 가져다줄 기회에 의존하고 있으며, 우리가 관심을 두어야 하는 것도 바로 그 문제다.

Revolutionary Russia
1891~1991

9장

혁명의 황금기?

1921~1928년 신경제정책

시장이 회복되며 소련 경제는 활력을 되찾았다. 이 시기 허용된 개인의 영리 활동은 전쟁, 혁명, 내전으로 이어지는 7년 동안 누적된 만성적인 물자 부족에 신속하게 반응했다. 1921년경 국민 전체가 망가진 기구로 요리를 하며 기운 옷과 해진 신발로 살아가고 있었다. 이제 그들은 점포를 세우고 좌판을 차렸다. 벼룩시장이 번성했다. 도시의 시장에 농민들이 자신이 직접 재배한 먹거리를 팔았다. 농촌에서 '자루가 오가는 것'이 또다시 일상적인 현상이 됐다. 새로운 법의 인가를 받은 개인 카페와 상점과 식당, 심지어는 소규모 공장까지 우후죽순처럼 생겨났다. 그런 변화를 보고 외국인 관찰자들은 크게 놀랐다. 내전이 벌어지는 동안 죽어가고 있었던 도시인 모스크바와 페트로그라드는 1917년 이전의 모습과 똑같이 시끄럽게 떠드는 상인들과 분주한 택시기사들, 거리에 활기를 불어넣는 휘황찬란한 가게 간판들로 다시 살아났다. 리투아니아 출신의 무정부주의자 엠마 골드만Emma Goldman은 1924년에 "네프NEP가 모스크바를 거대한 시장터로 바꾸어놓았다"라고 전했다.

지난 몇 년 동안 러시아에서 찾아볼 수 없었던 온갖 진미들로 빼곡한 노점, 상점들이 하룻밤 사이에 생겨났다. 엄청난 양의 버터와 치즈와 고기가 판매용으로 진열됐다. 케이크와 진과珍果, 별의별 과자들이 팔려나가기를 기다리고 있었다…… 파리한 얼굴과 굶주린 눈을 한 남자와 여자, 아이들이 진열장을 들여다보고 놀라운 기적을 이야기하면서 우두커니 서 있었다. 어제만 해도 극악한 범죄였던 것이 지금 그들 앞에 보란 듯이 공개적이고 합법적으로 펼쳐져 있었다.[1]

어떻게 이 굶주린 사람들이 그런 물건들을 살 수 있었을까? 많은 볼셰비키당원들은 개인 영리 활동의 부활을 혁명에 대한 배신이라고 생각했다. 그들은 이로 인하여 빈부 격차가 점점 더 심화될 것이라고 생각했다. 한 볼셰비키당원은 이렇게 회고했다. "우리 청년 공산주의자들 모두는 화폐가 영원히 사라졌다고 믿으면서 성장했다. 만약 화폐가 다시 나타난다면, 부자도 다시 나타나지 않을까? 우리는 자본주의로 다시 돌아가는 미끄러운 비탈에 서 있는 것이 아닐까? 우리는 불안감을 느끼면서 이렇게 자문했다."[2] 네프 초기 몇 년 동안의 실업률 증가가 그들의 의혹을 키웠다. 그들은 해고된 노동자들이 식량 배급 줄에 연명해 살아가는 동안, 농민은 부유해지고 있다고 생각했다. 골드만은 한 적군 병사가 하는 말을 들었다. "이러려고 우리가 혁명을 일으킨 것인가?" 노동자들 사이에서는 네프가 농민들을 위해 노동자 계급의 이익을 희생시키고 있고, 네프가 쿨라크를 다시 오라고 부를 것이며, 마침내는 쿨라크와 함께 자본주의 체제가 돌아올 것이라는 견해가 널리 퍼져 있었다. 수만 명의 볼셰비키 노동자들이 네프에 대한 혐오감 때문에 자신들의 당원증을 찢었다. 그들은 네프를 '프롤레타리아에 대한 새로운 착취'•라고 고쳐 불렀다.[3]
　이런 서민들의 분노는 소위 '네프맨'에게로 쏠렸다. 이들은 개인 영리

• '네프'는 '신경제정책New Economic Policy'의 약자인데, 이를 '프롤레타리아에 대한 새로운 착취New Exploitation of the Proletariat'의 약자로 고쳐서 희화했다.

혁명의 러시아

활동이 부활하면서 번성하게 된 새로운 사업가 계급이었다. 소련의 선전 선동과 만화를 통해 형성된 대중의 상상 속에서 '네프맨'은 자신의 아내와 정부를 다이아몬드와 모피 외투로 꾸며놓고, 큼직한 수입 자동차를 몰고 다니며, 사치스러운 호텔 술집에 앉아서, 새로 개업한 경마장과 도박장에서 자신이 쓴 막대한 달러 뭉치에 대해 자랑스럽게 떠벌이는 모습으로 그려졌다. 도시 빈민들의 모습을 배경으로 하는 이런 벼락부자들의 환상적인 낭비는 혁명이 불평등을 끝내야 한다고 생각했던 사람들에게 격한 분노를 일으켰다.

레닌은 네프에 대해, 국가를 다시 자립하게 만들기 위해 시장에 임시로 양보하는 것 이상으로 생각했다. 레닌에게 있어 네프는, 1917년 레닌 자신과 당이 주도한 쿠데타로 인해 '부르주아 혁명'이 좌절된 농업국가 러시아에서 사회주의의 역할을 재정립하기 위한 제 나름의 급진적 노력이었다. 레닌은 제10차 당대회에서, 오직 "자본주의가 발달한 국가에서만 사회주의로의 직접적인 이행"이 가능하다고 주장했다. 따라서 소비에트 러시아는 "부르주아의 손으로 공산주의를 건설하는" 과제를 직면하고 있다는 것이었다. 볼셰비키당원들에게 이런 주장은 농민들에게 시장을 통해 부를 쌓도록 허용하자는 뜻으로 받아들여졌다.

레닌은 네프를 '스미치카', 다시 말해 혁명의 토대가 되는 노동자와 농민의 연합을 구해내기 위해 농민들에게 어쩔 수 없이 양보하는 것이라고 정의했다. 공산품과 식량의 맞교환을 통해 그런 연합이 성립될 것이었다. 네프는 농민들이 20퍼센트의 세금을 현물로 지불하면 여분의 농산물을 자유롭게 팔 수 있도록 허용함으로써 농민들의 시장 판매를 촉진하는 정책이었다. 이런 조치는 도시민을 먹여 살릴 뿐 아니라, 농민들이 자신이 재배한 곡물과 교환하기를 원하는 생필품의 제조에 드는 정부 투자 자산을 과세를 통해 늘리는 것이었다. 정부는 이런 교환에 과세하고 곡물을 수출함으로써 산업화를 이루기 위해 필요한 수입 장비와 기계에 대한 대금을 지불할 계획이었다.

네프는 전략적 후퇴로 선전됐다. 1921년 레닌은 네프를 의심하는 사람들에게 "우리는 이보전진을 위해 일보 후퇴하는 것이다"라고 확약했다. 그러나 네프를 얼마나 오래 지속할 것인가는 미답의 영역이었다. 레닌은 네프가 대중의 봉기로부터 혁명을 구하기 위한 "정치적 술수의 한 방법"이 아니라 "하나의 역사적 시대 전체를 위해" "진지하게" 채택되어져야 한다고 설명하면서, "최소한 10년 이상 지속될 것"이라고 주장했다.[4] 레닌은 혼합경제•를 통해서 사회주의로 나아가는 장기적인 프로그램으로 네프를 정의했다. 그는 국가가 '경제의 사령탑'(철강, 석탄, 철도 등)을 지배하고 있는 한, 소비자의 욕구를 충족시키는 소규모 개인 영농과 상업 및 수공업을 허용한다고 해서 자본주의로 복귀할 위험은 없다고 주장하며 네프로 인한 두려움을 잠재우려 했다.

내전을 헤쳐 나온 당의 입장에서 볼 때 레닌의 이런 관점은 당이 싸워온 목표와는 전혀 다른 혁명관이었다. 전시공산주의는 개인 영리 활동의 온갖 조짐을 근절함으로써 신속하게 공산주의에 도달하기로 약속하지 않았던가. 볼셰비키 지지자들로서는 후진적인 농업 국가인 러시아와 다른 발전된 산업사회의 간극을 좁히기 위한 수단으로 국가 주도의 강압적(국민을 강제로 노동 인구로 편성하는 등의) 정책을 택하는 편이 훨씬 손쉬웠다. 그러나 네프는 부하린이 표현했던 것처럼 "농민의 수레를 타고" 혁

• 국영기업과 사기업이 공존하는 형태의 경제.

명의 목표를 향해 느리게 전진하는 것을 뜻했다. 네프를 통한 혁명으로의 느린 전진은 심각한 우려를 일으켰다. 만약 혁명이 가속도를 모두 잃어버린다면 어떤 사태가 일어날 것인가? 만약 혁명이 속도를 늦추면서 타성이 틈타도록 허용한다면 어떻게 될 것인가? 과연 당원들을 유혹할 만큼 그렇게 지배적이고 위협적인 구체제의 부르주아적 습관과 태도에 혁명이 굴복하지 않을 것이라는 보장이 있는가? 쿨라크와 소자본가 등 내부의 적들이 개인 영리 활동을 통해 부를 이루게 됨으로써 혁명이 파괴될 위험이 있지 않을까? 만일 자본주의 국가에 대한 전쟁이 발발한다면 소련은 스스로를 방어할 만큼 빠르게 산업화에 이를 수 있을까?

이따금씩 고장을 일으키는 시장 운영 체제 때문에(전쟁과 혁명의 세월 후 그런 고장은 반드시 일어나도록 돼 있었다) 네프에 대한 저항이 심화됐고, 국영 상점에서 식료품이 부족해지는 사태가 벌어졌다. 농민들과 거래하기에 필요한 공산품의 부족이 그 문제의 발단이었다. 내전은 산업에 큰 손상을 입혔다. 산업은 1922년과 1923년에 대풍작을 거둔 농가보다 회복하는 데 더 오랜 시간이 걸렸다. 그 결과, 가격 상승이 주춤해진 농산물과 다르게 공산품은 가격이 가파르게 치솟으며 그 둘 사이의 격차가 점점 더 커져갔다(트로츠키는 이것을 '협상가격의 위기'라고 불렀다). 제조품의 가격이 오르자 농민들은 국영 창고에 대한 농산물 판매를 축소했다. 정부가 지불하는 수매가收買價는 너무 낮아서 농민들이 필요한 생활용품을 사지 못할 정도였다. 일부 생필품(쟁기, 밧줄, 신발, 양초, 비누, 단순한 목재가구 등)은 농민들이 직접 가내수공업으로 만들었다. 농민들은 곡물을 헐값으로 파느니 가축의 사료로 사용하거나, 곳간에 저장하거나, 개인 상인들과 보부상들에게 팔았다.

정부는 식량 조달의 마비를 예방하기 위해 내전 시기와 같은 징발에 의지했고, 생산성 향상을 위해 산업 비용을 줄였으며, '네프맨'에 대한 노동계급의 분노를 무마하기 위해 30만 개의 점포와 시장 판매소를 폐쇄했다. 1924년에 이르러 직접적인 위기는 해결됐으나, 시장의 붕괴는 네프의 잠재적인 문제점으로 남게 됐다.

이 사태를 어떻게 처리할 것인가에 대해 볼셰비키들은 의견이 갈렸다. 당내 좌파 인사들은 산업 생산을 증가시키기 위해 필요하다면 농산물을 저가로 유지하고 곡물을 강제로 거둬들이는 방안을 지지했다. 반면에 우파 인사들은 농민과 국가 간의 관계를 토대로 '스미치카'와 시장 체제를 유지하기 위해 심지어 산업화를 위한 자본 축적의 속도가 늦춰지는 것이 동반되는 결과를 가져오더라도 정부의 수매가를 높이는 쪽을 주장했다.

당내 좌우 진영은 네프의 국제적 입지에 대한 견해에서도 의견이 갈렸다. 볼셰비키는 권력을 잡은 뒤에 러시아보다 발전한 산업사회로도 혁명이 곧 확산될 것이라고 추측했다. 그들은 러시아가 제국주의 열강들에 맞서서 스스로 방어하는 데 필요한 산업시설을 갖추지 못했기 때문에, 러시아에서 사회주의가 독자적으로 지속될 수 없다고 생각했다. 1923년 말이 되자 유럽에서 혁명이 일어나기 힘들 것이라는 정황이 분명해졌다. 전후의 직접적인 불안정은 사라지고 없었다. 이탈리아에서는 파시스트가 질서를 회복한다는 명분으로 정권을 잡았고, 독일에서는 공산주의 세력이 지원하는 파업이 더 큰 규모의 봉기로 확대되지 못했다. 스탈린은 혁명의 수출을 직접적인 목표로 상정하는 것을 포기하면서 '일국사회주의론'을 주창했다. 그것은 당의 혁명 전략의 극적인 전환이었다. 이제 소련은 모두가 기대했던 산업국가들로부터의 지원을 포기함으로써 자신의 자본으로 산업을 일으켜 자급자족하면서 스스로를 방어해야 하는 처지가 됐다.

소련은 서방세계에서 수입한 장비와 기계에 대한 대금을 지불하기 위해 곡물과 원자재를 수출할 예정이었다. 부하린이 고안한 이 방안은 1926년 당의 정책으로 채택됐지만, 좌파 진영은 이를 마르크스주의 이데올로기와의 근본적인 단절이라고 비난했다. 마르크스주의 이데올로기는 고립된 단일국가에서 사회주의가 건설될 가능성을 부정했던 것이다.

네프는 공공 부문이 민간 부문과 경쟁하게 되는 혼합경제 방식을 채택했다. 네프 체제 아래서 사회주의 경제는 국가 통제와 세제 정책과 영농법 지원을 통해 농민이 집단농장과 농업 협동조합에 가입하도록 장려하는 쪽으로 운용될 계획이었다.

레닌은 협동조합의 역할에 큰 중요성을 부여했다. 레닌은 협동조합이 농민에게 "가장 단순하고 쉬우며 가장 잘 받아들여질" 사회주의적인 배급 교환 방식이기 때문에, 협동조합이 러시아와 같은 농업 국가에서 사회주의 사회 건설에 핵심이 된다고 보았다. 협동조합은 정부의 지원을 받아서 농산물과 공산품의 안정된 교환율을 농민에게 보장해줄 것이었다. 협동조합은 장비 구입을 위해 대출금을 제공하거나, 농민이 토지를 합리적으로 개간하고 공동체 내 자기 토지의 좁은 면적의 문제를 해결할 수 있도록 비료, 관개시설, 영농법 지원을 통해 돕게 될 것이었다. 협동조합은 이렇게 해서 농민을 개인 상인들에게서 떼어내, 정부가 농민의 영농 활동에 영향을 끼칠 수 있는 사회화된 부문으로 농민을 통합할 참이었다. 1927년 농가의 절반이 농업 협동조합에 속해 있었다는 사실은 네프의 성공을 보여주는 지표였다. 그 결과로 생산성이 꾸준히 상승했다. 1926년에 이르러 1913년 수준의 농업생산량이 회복됐고, 1920년대 중반의 수확량은 소위 러시아 농업의 '황금기'였던 1900년대 당시보다 17퍼센트나 더 높았다.

레닌이 기획했던 것처럼 네프가 지속됐더라면, 그것은 제3세계에서 사회주의 발전의 본보기로 자리 잡았을 것이다. 소련 경제는 농업 부문의 활황에 힘입어 1921년과 1928년 사이에 급속도로 성장했다. 같은 기간 산업도 1930년대보다 높은 성장률을 확고히 이루며 호조를 보였다. 네프가 계속됐더라면, 소련은 1928년 이후 스탈린의 경제정책의 결과가 보여줬던 것보다 1941년 나치의 침공을 막아내기에 유리한 훨씬 더 강한 위치를 확보하게 됐을 것이다. 하지만 네프는 농업 집단화를 통해 중단됐다. 농업 집단화는 소련 농업을 영구적인 불구로 만들었고, 수백만 명의 농민들의 삶을 파괴했다.

네프에는 농업 집단화 계획이 포함되어 있었다. 볼셰비키는 농민공동체를 큰 집단농장(콜호스)으로 바꾸는 장기적인 목표를 향해 이념적으로 헌신했다. 콜호스에서는 토지 전체가 공동으로 경작되고, 생산이 기계화되며, 국가가 이 농장과의 안정된 계약을 통해 식량 공급을 보장할 수 있게 할 계획이었다. 그러나 이것은 국가의 재정 지원과 영농법 지원을 통해 집단농장을 이루도록 장려하는 점진적이고 자발적인 과정이 될 것이었다. 1927년 이후 세제 정책을 통해서 더욱 박차가 가해졌다. 단 한 명의 농민이라도 집단농장에 가입하도록 강제할 가능성은 없었다. 사실상 강제력이 필요하지 않았다. 어쨌든 농민은 '토즈TOZ'●라고 불리는 작은 집단농장에 이끌렸다. 여기서 토지는 공동으로 경작됐지만, 가축과 장비는 사유재산으로 계속 인정됐다. 토즈의 수는 1927년 6000개에서 1929

● '토지 공동 경작 조합Tovarishchestvo po Sovmestnoy Obrabotke Zemli'의 약어로 집단농장이 도입되기 전 초기 형태의 농업 집단이었다.

년 3만 5000개로 늘어났다. 조금 더 지속됐다면, 토즈는 네프 체제 아래서 집단농장의 영역을 주도했을 것이다. 토즈는 협동조합으로부터 영농법 지원을 받아서 가장 강력한 농민집단인 쿨라크가 운영하는 효율적인 현대식 농장으로 변했을지도 모른다. 그러나 스탈린은 그런 방법들 중 어떤 것도 채택하지 않았다. 그는 토지와 장비와 가축 모두가 집단화되는 더 큰 규모의 집단농장을 원했고, 농민에게 여기에 가입할 것을 강제했다. 그 결과는 전국적 규모의 재난으로 이어졌다.

네프 체제에서 '부르주아 문화'의 잔재는 계속 유지됐다. 혁명은 '부르주아 문화'를 청산하기로 약속했지만, 그것 없이 존립할 수 없었다. 네프는 '부르주아 전문가들', 기술자, 기사, 과학자 등 전문직 계급에 대한 전쟁을 종식시켰다. 소련 경제는 그들의 전문 기술이 필요했던 것이다. 또한 네프 시기에는 종교에 대한 전쟁이 완화되기도 했다. 네프 이전처럼 (또는 네프 이후처럼) 교회가 폐쇄되거나 성직자가 박해받는 일이 없었다. 볼셰비키는 교육인민위원이었던 아나톨리 루나차르스키의 지휘를 받으며 관대한 문화정책을 펼쳤다. 20세기의 초기 20년에 해당하는 러시아 '은세기Silver Age'의 예술적 아방가르드는 1930년에 이르러서도 계속 번성했는데, 이 시기에 많은 예술가들은 새롭고 숭고한 세계를 창조하겠다는 혁명의 약속으로부터 영감을 얻었다.

그러나 네프 시기에 부르주아의 관습과 사고방식('비트byt'라고 불린)에 대한 전쟁이 중단됐던 것은 아니다. 볼셰비키는 내전이 끝나자 이 문화전선에서의 기나긴 투쟁을 준비했다. 볼셰비키는 더 집단적이고 공공생활에 더 적극적으로 참여하는, 고차원적인 인간 유형을 창조하는 것을 혁명의 목표로 삼았고, 구세계의 개인주의로부터 이런 인간을 해방시키는 일에 착수했다. 새로운 소비에트형 인간을 제작함으로써 공산주의 유토피아를 건설할 계획이었다.

볼셰비키는 마르크스로부터 환경이 의식을 구성한다는 이론을 전수받았다. 따라서 그들은 사고와 행동 방식을 바꾸기 위한 사회 정책을 마련함으로써 인간 개조 작업의 과제에 착수했다.

그들이 착수했던 일차적 영역은 바로 가정이었다. 볼셰비키는 '부르주아 가정'을 사회적으로 해로운 것으로 간주했다. 그것은 소비에트 러시아가 국영 탁아소와 세탁소와 식당을 갖춘 완벽한 사회주의 체제로 발전함에 따라 사라져버릴 종교, 가부장적 억압, '이기적인 사랑'의 근거지로 여겨졌다. 《공산주의 입문》(1919)에서는 어른들이 자신의 공동체 안에서 아이들을 공동으로 돌보는 미래의 사회를 상상했다.

다른 한편으로 볼셰비키는 가족 관계를 약화시키는 정책을 택했다. 볼셰비키는 교회의 통제로부터 결혼제도를 몰수해 이혼을 단순한 등기의 문제로 바꾸어놓았고, 그 결과 세계에서 가장 높은 이혼율을 기록했다. 또한 볼셰비키는 주택 부족 문제를 해결하기 위해 가구당 방 한 칸씩을 배정하고 부엌과 화장실을 공동으로 사용하게 하는 공동아파트('코뮤날카') 제도를 채택했다. 볼셰비키는 사람들을 공동으로 거주하게 함으로써 그들의 본성을 보다 집단적 성향으로 바꿀 수 있을 것이라고 생각했다. 개인의 공간과 소유물은 사라질 것이며, 공산주의 동지애와 조직체가 가정생활을 대체하게 될 것이었다. 개인은 상호 감시와 공동체의 통제를 받게 될 것이었다.

1920년대 중반 내내 이런 계획을 염두에 두고 새로운 형태의 주택이 고안됐다. 구성주의 건축가들은 거주민들이 옷까지 포함해 모든 소유물을 공동으로 사용하고 요리와 육아 등의 가사 노동이 교대로 각 조에게 돌아가며, 성별로 구분돼 있고 성생활을 위한 개실個室이 마련돼 있는 하나의 큰 공동 침실에서 잠을 자는 '공동 주택'을 설계했다. 하지만 실제로는 거의 지어지지 않았는데, 왜냐하면 그것은 지나치게 야심적이어서 구성주의 예술가들의 사상이 정치적으로 용납됐던 그 짧은 시간에 완성되기에는 불가능했다. 하지만 그런 형태의 집은 예브게니 자먀틴의 《우리들》(1920)과 같은 유토피아 소설과 유토피아적 상상력 속에서 비중 있게 묘사됐다.

볼셰비키는 교육이 사회주의 사회를 창조하는 데에 핵심이 된다고 보았다. 볼셰비키는 학교와 공산주의자 청년동맹을 통해 청년들에게 새로운 집단주의적 생활방식을 주입하려 했다. 한 이론가가 이렇게 선언했다. "아동은 부드러운 밀랍처럼 가소성이 매우 높기 때문에 훌륭한 공산주의자로 키워야 한다. 우리는 가정생활의 비도덕적인 영향으로부터 이 아동들을 구조해야 한다…… 우리는 그들을 국유화해야 한다."[5] 사회주의 가치의 배양이 소련학교 교과의 지침이었다. 현장 학습을 통해 아동에게 과학과 경제를 가르치는 것이 강조됐다. 학교는 소련 정부의 축소판처럼 조직됐다. 학업 계획과 성과가 벽 위에 도표와 차트로 표시됐고, 교사들이 '반소비에트' 견해를 드러내지 않는지 감시하도록 학생들로 하여금 심의회와 감시체제를 조직하도록 독려했다. 심지어는 교칙을 어긴 학생들에 대한 학급 내 '재판'까지 열렸다. 일부 학교는 학생들에게 복종심을 불어넣기 위해 소련 지도자에 대한 충성 맹세와 행진과 노래를 곁들인 정치훈련 시스템을 도입하기까지 했다.

학생들은 '혁명가' 놀이를 했다. 1920년대에 가장 인기 있는 놀이 중하나는 '붉은 군대와 백군', '소련 카우보이와 인디언'이었는데, 여기서 아이들은 이 놀이를 위해 특별히 판매되는 공기총을 쏘면서 내전 당시의 사건들을 재연했다. 또 다른 놀이로는 '수색과 징발'이 있었다. 여기서는 한 조가 징발대의 역할을 하고 다른 조가 곡물을 숨기는 쿨라크의 역할을 했다. 이런 놀이를 통해 아이들이 '동지'와 '적'으로 세계를 구분하는 소련식 이분법을 받아들이고 정당한 목적을 향한 폭력을 수긍하도록 독려했다.

소련의 교육제도는 활동가를 양성하는 데에 초점이 맞춰져 있었다. 아이들은 열성적인 공산주의자로 자라도록 소련 체제의 의례와 관행을 교육받았다. 주민의 비율 중에서 열성적인 볼셰비키가 소수에 불과한 농촌 지역에서 특히 당은 당원을 확장해야할 필요를 느꼈다. 소련식 제도로 교육을 받게 될 최초의 학생들 세대가 드디어 모집될 나이에 이르렀다.

소련 아동은 10세가 되면 '피오네르Pioner'•에 가입했다. 피오네르는 1922년 스카우트 운동을 모델로 하여 설립됐는데, 여기서 학생들은 "공산당의 대의를 굳건히 지지한다"는 맹세를 했다. 1925년 무렵에는 다섯 명의 아동 가운데 한 명이 이 단체에 속해 있었고, 이후 몇 년 동안 그 수는 계속 늘어갔다. 피오네르는 행진과 노래, 체조와 스포츠를 즐겼다. 피오네르의 독특한 제복(흰 셔츠와 붉은 스카프), 플래카드, 깃발, 노래는 아이들에게 강한 소속감을 안겨주었다. 피오네르에서 배제된 아이들(많은 경우 '부르주아적 성분'이 그 이유였다)은 열등감을 느끼지 않을 수 없었다.

아동은 열다섯 살이 되면 피오네르에서 공산주의 청년 동맹인 '콤소몰Komsomol'••로 옮겨갈 수 있었지만, 모두가 이런 승급에 성공했던 것은 아니다. 1925년 콤소몰에 가입된 23세 미만의 회원은 100만 명에 이르렀다. 콤소몰 가입은 공산주의자로서 경력을 쌓기 위한 출발점이었다. 이

• 소련의 소년단 조직으로 '개척자'를 의미한다.
•• '전연방 레닌주의 청년 공산주의자 동맹'의 약어이다.

단체는 부패와 권력남용을 고발할 준비가 되어 있는 스파이와 밀고자뿐 아니라 당의 활동에 자원병을 공급하며 열성 활동가를 키우는 예비군대로도 기능했다. 콤소몰은 너무 어려 내전에 참전할 수 없었으나 1920년 대와 1930년대에 내전의 기억으로 고취된 당에 대한 자발적 추종 가운데 성장한 세대에게 폭넓게 호소했다. 많은 이들은 그들이 공산주의자이기 때문이 아니라, 그들의 사회적 에너지를 쏟을 만한 다른 경로가 없었기 때문에 콤소몰에 가입했다.

발터 베냐민은 1927년 모스크바를 방문하고 나서 "볼셰비키주의로 인해 개인의 생활은 청산됐다"라고 일갈했다. "관료 체제, 정치 활동, 언론은 대단히 막강해서 그것들과 부합하지 않은 이해관계가 머무를 수 있는 시간이나 공간이 존재하지 않는다."[6] 사람들은 여러 면에서 완전히 공적인 삶을 살아야 했다. 혁명은 공공의 감시에서 자유로운 '개인 생활'을 용납하지 않았다. 어떤 정당 정책도 없었지만, 읽고 생각하는 것에서부터 가정생활에서 폭력성을 보이느냐에 이르기까지 사람들이 개인적으로 하는 모든 일이 '정치적'이었고, 그 자체로 집단의 검열을 받았다. 혁명의 궁극적인 목표는 사람들이 '반소비에트적인' 행동에 대한 공개적인 비난과 상호감시를 통해 스스로를 규제하도록 하는 투명한 사회를 건설하는 일이었다.

일부 역사학자들은 혁명이 성공했다고 생각한다. 다시 말해, 1930년대에 이르러 자기 고유의 정체성과 가치를 잃어버린 '자유를 상실한 소비에트 주체'를 창조하는 데에 성공했다는 것이다. 이런 해석에 따르면, 볼셰비키의 공적 담론이 규정한 방식과 다르게 개인이 사고하거나 판단하는 것은 사실상 불가능했으며, 어떤 반체제적인 시고나 감정도 개인에게서 박멸해야 할 '자아의 위기'로 간주되기 일쑤였다는 것이다.[7] 어쩌면 이것은 일부 사람들—학교와 클럽을 통해 사상적 주입을 받은 감수성이 강한 젊은이들과 공포 때문에 그렇게 행동했던 성인들—에게는 해당될지 모르지만, 분명히 그들은 소수에 불과했다. 실제로 우리는 그것과 반대되는 견해를 주장할 수 있다. 즉 지속적인 공적 감시 때문에 사람들이 자기 내부로 숨어들어가, 소련식 순응의 가면 뒤에서 자신의 정체성을 유지하며 살았다고 주장할 수도 있는 것이다. 즉 사람들은 두 개의 다른 삶을 사는 법을 배웠다. 그들이 혁명의 언어를 떠들어대고 충직한 소련 시민의 역할을 연기했던 하나의 삶과, 그들이 자신의 의심을 자유롭게 털어놓거나 농담을 할 수 있는 공간인 자신의 집과 자신의 머릿속의 내부 망명을 통한 사적인 다른 삶.

볼셰비키는 이런 숨겨진 자유의 공간을 두려워했고, 사람들이 가면 뒤에서 무슨 생각을 하는지 알 수 없었다. 심지어 그들의 동지들마저도 반소비에트적인 사상을 숨길 수 있었다. 바로 여기, 가상의 적의 가면을 벗기고 싶어 하는 볼셰비키의 욕구에서 대숙청이 시작됐다.

네프에 관한 논의는 시간에 대한 질문으로 요약된다. 소련이 네프가 허용했던 기제—농장과 시장판매에 과세함으로 자본을 축적하고, 산업을 진흥시키기 위해 가격을 고정하며, 새 장비의 대금을 치르기 위해 곡물을 수출하는 것—를 통해서 산업화하는 데에는 얼마나 걸릴 것인가? 또 그런 산업화는 자본주의 국가들과의 전쟁이 발발하기 전에 소련이 필요로 하는 방위산업을 건설하기에 충분할 만큼 빨리 올 것인가?

시간에 대한 질문은 소련 정부와 농민의 관계에 관한 폭넓은 문제와 관련된다. 만약 시장 체제가 다시 한 번 붕괴되고 곡물 부족 사태가 발생한다면, 특히 전운이 감도는 때에 이런 사태가 발생한다면, 정부는 무엇을 할 것인가? 농민에게 보다 많은 돈을 지불하고 산업 투자를 줄일 것인가? 아니면 다시 징발로 돌아가 농민과의 동맹을 위태롭게 할 것인가?

당에서 네프에 대한 주도적인 지지자였던 부하린은 설령 산업화가 농민의 수레 속도대로 느리게 진행된다고 해도 정부의 농산물 입수 가격을 인상하는 방안을 지지했다. 부하린은 1926년의 사태를 평가하면서 산업이 전쟁 전의 수준을 회복했으며, 네프 체제 아래서 계속 번창해나갈 것이라고 주장했다. 그는 소련이 외부의 위협(대외 무역은 자본주의 국가들과의 관계를 용이하게 해주고 있었다)이나 내부의 위협(협동조합의 빠른 성장은 쿨라크와 '개인 영리 활동가'와 같은 위험 요인을 해소해나가고 있었다) 어느 것도 마주하고 있지 않다고 확신했다.

네프에 대해 볼셰비키의 여론을 등 돌리게 만든 두 번의 사건이 1927년에 터졌다. 공산품의 부족과 흉작이 겹쳐 일어나 공산품 가격이 오르자 농민이 곡물 판매를 감축한 것이 첫 번째 사건이다. 그해 가을 정부가 농민들에게서 조달한 양은 이전 해의 절반에 불과했다. 두 번째 사건은 전쟁으로 인한 공포였다. 언론은 영국이 소련에 대해 '제국주의 전쟁'을 시작할 것이라고 거짓 소문을 퍼뜨렸다. 스탈린은 반대파 연합을 공격하는데에 이런 보도를 이용했다. 그는 그 지도자격인 트로츠키와 지노비예프에 대해 심각한 위기 상황에서 소련 정부의 단결을 약화시키고 있다고 비난했다. 스탈린은 쿨라크의 곡물 파업, 자본주의 국가들과의 전쟁의 위협, 이 두 개의 문제가 서로 연결되어 있다고 보았다.

트로츠키와 지노비예프는 수매가 인상을 반대했다. 그들은 공산품 생산을 촉진하고 정부가 필요로 하는 곡물 비축량을 확보하기 위해 징발로 임시 회귀하는 쪽을 지지했다. 그것은 결국에는 농민들의 곡물 판매에 대해 더 많은 장려책을 주게 될 것이라는 주장이었다. 이 대목에서 스탈린은 부하린의 편을 들며 트로츠키와 지노비예프에게 맞섰고, 1927년 12월 제 15차 당대회에서 트로츠키와 지노비예프는 패했다. 그러나 그 후 스탈린은 부하린과 네프에 대해 등을 돌렸다. 스탈린의 마키아벨리식 전술은 권력을 위해서 이데올로기마저 완전히 무시하는 전형적 사례다.

스탈린은 내전의 과격한 언어를 다시 쓰면서, 5개년 계획으로 소련을 산업화하기 위해 필요한 곡물 확보를 위한 새로운 투쟁을 요청했다. 그는 전쟁에 대한 국민의 공포심을 이용했다. 이를 통해 그는 네프가 산업시설 확충의 수단으로서는 너무 느리며, 또한 전쟁이 일어날 경우 식량 조달 수단으로는 너무 불확실하다는 것을 이유로 들면서 네프를 포기해야 한다고 강변할 수 있었다.

스탈린의 5개년 계획은 혁명을 외국의 '적'과 국내의 '적' 모두와의 끊임없는 '계급투쟁'으로 여기는 급진적 관점에 근거를 두었다. 그는 자본주의 경제의 마지막 찌꺼기(개인 상업 활동과 개인 영농 활동)가 국가가 사회주의 산업화로 나아가는 것을 가로막아왔다고 주장하면서, 그것의 청산을 과격한 언어로 강변했다. 스탈린은 1928년에서 1929년까지 부하린과 정쟁을 벌이면서, 시간이 흐르면 계급투쟁이 완화될 것이며 '자본주의적 요소'가 사회주의 경제와 조화될 수 있을 것이라는 '위험한' 견해를 지지하는 것에 대해 비난했다. 스탈린은 이런 견해가 적국들에 대한 소련이라는 국가의 방어력을 약화시켜 적국들이 국가 체제 내로 잠입해 안에서부터 소련을 전복하도록 만들 것이라고 주장했다. 스탈린은 왜곡된 논리로써 대숙청으로 이르는 국가 폭력의 경로를 합리화했는데, 이에 대한 전조로 그는 소련이 사회주의에 가까이 가면 갈수록 부르주아는 반드시 더 강해질 것이며, 따라서 "그 착취자들의 저항을 뿌리 뽑고 소탕하기 위해" 더 많은 힘이 필요하다고 주장했다.

혁명의 러시아

내전 시기의 계급투쟁으로 돌아가자는 스탈린의 요청은 일반 당원들을 널리 매료시켰다. 그들 사이에서는 네프가 혁명의 목표로부터 후퇴를 뜻한다는 공감대가 커져가고 있었기 때문이다. 산업의 진보를 역설하는 스탈린의 수사법은 모든 하급 볼셰비키당원들을 강력히 설득했다. 이들은 청년시절 성상화Icon와 바퀴벌레로 점철된 농민의 세계를 박차고 나와, 이런 빈곤의 유산을 전복시키는 전환점으로 혁명을 바라보았던 자들이었다. 그들 중 대부분은 내전 시기에 입당했고 스탈린에 의해 기용됐다. 그들은 마르크스 이론을 잘 알지 못하는 실용적인 사람들이었고, 볼셰비키에 대한 그들의 충성은 '프롤레타리아'라는 그들 자신의 정체성과 직접적으로 관련되어 있었다. 그들은 5개년 계획을 조국의 후진성을 극복하고 조국을 세계의 위대한 산업 열강으로 발돋움하도록 만드는 새로운 혁명적 공세로 바라보는 스탈린의 단순한 견해를 지지했다.

특히 20세기 초반 20년 사이에 태어난 젊은 공산주의자들은 스탈린의 도전적인 말투에 매료됐다. 이들은 너무 어려 내전에 동참하지는 못했지만, 내전 시기의 무용담에 기반한 '투쟁 의식'을 교육받은 세대였다. 어느 볼셰비키당원(1909년생)은 동시대인들의 공격적인 세계관이 '부르주아 전문가들,' '네프맨,' '쿨라크' 및 기타 '부르주아의 청부업자들'과의 '계급 전쟁을 재개'해야 할 필요성에 대한 스탈린의 주장을 수긍하도록 하는 밑거름이 됐다고 회상록에서 밝혔다. 청년 공산주의자들은 네프에 신물이 나 있었다. 어느 스탈린주의자는 이렇게 썼다. "열 살 또는 그보다 일찍 10월 혁명을 겪은 나와 같은 세대의 콤소몰 당원들은 우리의 운명에 분노했다. 우리의 의식이 갖춰지고 우리가 콤소몰에 가입했을 때, 우리가 일하러 공장에 갔을 때, 우리는 우리가 해야 하는 일이 하나도 남아 있지 않음에 슬퍼했다. 왜냐하면 혁명은 사라졌고, 냉혹하고(또는 냉혹하지만)

낭만적이었던 내전의 세월이 다시 찾아오지 않을 것이기 때문이었다. 왜냐하면 앞 세대가 우리의 운명에 남겨 놓은 것은 긴장과 감격이 없는 따분하고 지루한 삶뿐이었기 때문이다."[8]

여기에는 스탈린의 '위로부터의 혁명'을 추진해나갈 열렬한 지지자 집단이 있었다. 그것은 혁명의 두 번째 국면의 시작이었다.

스탈린은 내전의 방법을 다시 사용해 식량 위기를 무마했다. 그는 연쇄적인 '긴급 조치'를 통해 징발을 정당화했는데, 그중 하나가 악명 높은 형법 제107조였다. 이에 따르면 징발대는 곡물을 숨겨두고 있다고 의심이 가는 농민이면 아무나 체포하고 그들의 재산을 몰수할 수 있었다. 비록 수만 개의 농가를 파괴했지만, '우랄-시베리아 방법'•으로 알려지게 된 1928년 캠페인이 대체로 성공을 거둠에 따라, 스탈린은 '쿨라크의 곡물 파업'을 분쇄하고 5개년 계획이 약속한 산업 혁명을 위해 필요한 식량을 확보하기 위해 좀 더 강압적인 정책을 밀고 나가기로 결심했다. '곡물 확보 전쟁'은 스탈린과 그의 지지자들이 농업집단화를 가속화하도록 이끌었다.

• 농촌으로부터 곡물을 확보하기 위한 비상조치로서 우랄과 시베리아에서 시행되었다.

Revolutionary Russia
1891~1991

10장

대전환

스탈린의 경제개발 5개년 계획

10월 혁명의 열두 번째 기념일을 맞아 스탈린은 〈프라우다〉 지에 "대전환의 해"라는 제목의 논설기사를 실었다. 거기서 그는 5개년 계획을, 공산주의 산업사회의 건설로 끝나게 될 소련 내의 '자본주의적 요소'에 대한 최후의 위대한 혁명적 투쟁의 서막이라고 보도했다. 스탈린은 1929년 11월 7일에 이렇게 썼다. "우리는 수백 년 동안 케케묵은 '러시아적' 후진성을 뒤로 남겨둔 채 산업화의 길을 따라 전속력으로 사회주의를 향해 전진하고 있다."

우리는 금속의 나라, 자동차의 나라, 트랙터의 나라로 변해가고 있다. 우리가 소련을 자동차 위에, 농민을 트랙터 위에 올려놓은 이상, 그토록 대단하게 자신의 '문명'을 자랑하는 훌륭한 자본가들이 우리를 따라잡으려고 발버둥치도록 내버려두자! 그러면 우리는 어떤 나라가 후진국으로, 어떤 나라가 선진국으로 갈릴 것인지를 보게 될 것이다.

스탈린이 고리키에게 설명한 바에 의하면, '대전환'이라는 문구가 의미하는 것은 "구 사회의 완전한 파산과 새 사회의 열정적인 건설"이었다.[1]
국가의 변신에 대한 이런 유토피아적 비전은 경제개발 5개년 계획

(1928~1932)에 영감을 불어넣은 계기였다. 이 5개년 계획은 스탈린의 산업혁명과 문화혁명으로서, 바로 그 바탕 위에 그의 정권과 소비에트 체제의 상설 기관이 세워졌다.

5개년 계획의 목표는 유토피아적이었다. 부하린과 당내 우파의 그의 동맹자들이 지지했던 이 계획의 원래 생산 목표는 낙관적이었을 뿐 불가능하지 않았다. 그러나 스탈린은 1929년 생산 목표치를 극적이리만치 높게 끌어올렸다. 1932년까지 산업투자는 세 배로 늘어나고, 석탄과 철 생산은 두 배로 증가했으며, 선철 생산은 네 배로 늘어날 전망이었다. 광기 어린 기회주의의 물결 속에서 소비에트 언론은 스탈린의 구호인 "5개년 계획을 4년으로 앞당기자"라고 선전했다. 시간이 스스로 속도를 내고 있었다.

5개년 계획은 프롤레타리아를 위한 보편적인 풍요의 사회를 창조하겠다고 약속했다. 소비에트의 선전선동은 국민들에게 미래에 자신의 노동의 열매를 즐기게 됨으로써 현재의 고된 노동과 희생을 모두 보상받을 것이라고 설득했다. 이 시대의 젊은 노동자 한 명은 이렇게 회상했다.

우리 소비에트 국민은 의식적으로 스스로에게 많은 것을 포기했다. '오늘날 우리에게는 우리가 진정으로 필요로 하는 것들이 없다. 좋다, 그래서 어쨌단 말인가? 우리는 내일 그것들을 갖게 될 것이다.' 당의 대의명분에 대한 우리의 믿음의 힘은 바로 그렇다! 나와 같은 세대의 젊은이들은 이런 믿음을 가지고 있어 행복해한다.[2]

그러나 5개년 계획이 종료됐을 때에도, 이런 낙원은 성취되지 않았다. 그래서 또 다른 계획이 도입됐다. 당근과 채찍을 통해 소비에트 국민은 국가에 의해 공산주의 유토피아를 위해서 계속 일하라고 독려를 받았다.

혁명의 러시아

공산주의 유토피아는 언제나 임박했지만 결코 도래하지는 않았다. 5개년 계획은 소비에트 개발의 기본 모델이 됐다. 그것은 스탈린의 유산이었다.

'대전환'은 5개년 계획의 토대인 집단화와 함께 시작됐다. 1917~1921 년의 사건들보다 훨씬 더 많이, 농업 집단화는 농촌에서 일어난 실제적 혁명이었다. 그것은 수백 년 동안 발전해온 생활방식, 즉 가족 농가, 농민 공동체, 마을과 교회에 기반을 둔 삶을 '후진성'의 유산으로 간주하며 완전히 파괴했다. 수백만 명의 국민들이 고향 집에서 뿌리째 뽑혀 나와서 소련 전역으로 뿔뿔이 흩어졌다. 이런 유목적 인구가 대도시와 건설 현장, 강제노동수용소인 굴라크GULAG•의 '특별 정착지'를 채우면서 스탈린 산업혁명의 중심적인 노동력이 됐다.

집단화를 추진했던 것은 경제학이라기보다는 정치학, 그리고 농민계층에 대한 전반적인 불신이었다. 마르크스주의 이데올로기는 볼셰비키에게 농민의 생활 방식이 공산주의 사회와 양립할 수 없다고 생각하도록 가르쳤다. 농민들은 가부장적 관습에 지나치게 얽매어 있고, 공동체가 있음에도 불구하고 자유무역과 사유재산제의 개인주의적 원리에 물들어 있으며, 가정과 작은 농지에 지나치게 붙들려 있어서 완전히 사회화되는 것이 불가능했다. 자기 마을에서 거의 독립적으로 살던 농민들은 곡물을 내주지 않음으로써 국가를 궁지에 몰아넣을 수 있었다. 스탈린의 혁명은 집단농장에서 식량이 생산되려고 하기 직전에 식량을 통제함으로써 그런 '쿨라크의 위협'을 격파하려는 목적을 갖고 있었다.

1929년부터 스탈린은 대규모의 기계화된 집단농장의 잠재력에 관해

• '교정노동수용소 관리본부Glavnoe Upravlenie ispravitel'no-Trudovykh Lagerei'의 약어로 강제수용소를 뜻한다.

점점 더 열정적으로 논평했다. 통계수치에서는 개별 농가가 생산하는 잉여 농산물보다 몇 배 더 큰 시장성 있는 잉여 농산물을 내놓는 농장이 극히 소수라는 점이 확인된다. 이런 집단농장은 결코 대표성을 띠지 못했다. 대다수 집단농장은 소규모 토즈와 다를 바 없이 작았다. 게다가 트랙터도 없었고, 설령 있다고 해도 그것을 유지하고 관리할 수 있는 정비공이 없었다. 또한 그렇게 높은 수확을 내는 데 필요한 토지 개선을 도울 농학자도 없었다.

그해 여름부터 집단농장 계획을 강제로 추진하기 위해 수천 명의 열성분자들이 농촌으로 파견됐다. 대다수 농민은 몇 백 년 동안 이어져온 오래된 생활방식을 포기하고, 미지의 세계로 뛰어드는 것을 꺼려했다. 집단주의자들은 강압적 수단에 의존했다. 군대와 경찰까지 대동한 채 그들은 집단농장 조직에 성공하지 않고는 돌아오지 말라는 엄중한 지시를 내려받고 농촌으로 투입됐다. 그들은 이와 같은 지시를 들었다. "너희들의 부르주아적 인도주의를 창문 밖으로 던져버려라. 그리고 스탈린 동지에게 어울리는 볼셰비키처럼 행동하라. 쿨라크 분자가 고개를 내미는 곳이라면 어디에서든지 그들을 두들겨주어라. 그들이냐 우리냐, 바로 그것이 전쟁이다! 자본주의 농가의 타락한 마지막 잔재는 기필코 청산되어야 한다!"[3]

불과 1930년의 첫 두 달 동안에, 소비에트 농민의 대략 절반가량(10만 개 촌락의 약 6000만 명)이 집단농장으로 몰아넣어졌다. 집단화 추진자들은 집단농장 구성을 결정하는 투표가 이루어졌던 마을회의에서 다양한 협박 전술을 사용했다. 이를테면 농민들이 집단화 지시를 받아들이기를 거부했던 한 시베리아 촌락에는 군대가 투입됐고, 반대하는 사람들은 발언을 하도록 요구를 받았다. 누구도 감히 말을 꺼내지 못하자, 집단화 조치가 만장일치로 통과됐다고 선포됐다. 다른 촌락에서는 선별된 소수만이 회의에 참석했지만, 투표 결과는 주민 전체에게 법적 구속력을 가지게 됐다.

집단화에 반대했던 농민들은 협박당하거나 괴롭힘을 당하거나, 때로는 구타를 당하거나 체포됐다. 많은 이들이 쿨라크라는 오명 아래 집에서 쫓겨나고 마을에서 추방당했다. 쿨라크에 대한 전쟁은 혁명의 적들에 대한 전쟁으로 수행된 집단화의 부작용이 아니라 오히려 집단화를 위한 추진력이었다. 집단화는 두 개의 목표를 지녔다. 그 하나는 잠재적인 반대 세력을 제거하는 것이었고, 다른 하나는 다른 마을 사람들에게 본보기로 작용해 그들에게 똑같은 운명을 겪지 않으려면 집단화에 동참해야 한다고 독려하는 것이었다. 스탈린이 생각했던 바에 의하면, 쿨라크를 교화화하려고 하거나, 또는 몇몇 볼셰비키 인사가 했던 것처럼 농장 운영자 내지 심지어는 노동자로 그들을 콜호스에 참여시키려고 해봐야 얻을 것이 하나도 없었다. 스탈린은 이렇게 주장했다. "머리가 잘려지고 나면, 머리카락에 대해 슬퍼한들 아무 소용이 없다."[4]

1930년 1월 정치국 위원회는 강제노동수용소로 보낼 6만 명의 '적대적인 쿨라크'와 북부, 시베리아, 우랄, 카자흐스탄으로 유형을 보낼 15만 개 다른 쿨라크 가정의 명단을 작성했다. 그 수치는 재산을 몰수하고 강제노동수용소 내지 '특별 정착지'로 보내어질 100만 호의 쿨라크 가구(약 600만 명에 이르는 인원)에 대한 전체 계획 중 일부였다. 할당량을 채우는 일은 비밀경찰 조직인 '오게페우OGPU'(국가정치보안부)에 위임됐다. 이 단체는 전체 농민 가정의 3~5퍼센트 사이로 목표치를 올렸고, 그 할당량을 지역 오게페우와 당기관들(이들은 자신들의 경계태세를 과시하기 위해 자주 할당량을 초과했다)에 하달했다. 농촌 소비에트와 콤소몰과 당 활동가들은 각 마을에서 체포대상이 될 쿨라크의 명단을 작성했다. 많은 경우 농민들은 자기들과 같은 무리 중에서 쿨라크를 골라냈다(소외된 농가, 과부, 노인이 특별히 그 대상이 되었다). 어떤 경우에 그들은 제비를 뽑아 체포 대상을 결정했다.

쿨라크로 낙인이 찍혀 박해를 당한 농민의 수가 통계적으로 정확히 얼마라고 확정하기는 어렵다. 쿨라크 퇴치 운동이 절정을 이루었던 때에 농촌의 도로는 강제추방자들의 긴 호송대열로 인산인해를 이루었다. 그들 모두가 자신의 마지막 소유품을 손으로 들고 나르거나 수레로 끌고 가고 있었다. 우크라이나의 수미Sumy 지역에서는 한 목격자가 "육안으로 양쪽을 볼 수 있을 만큼 멀리 뻗어 있는" 마차의 대오와, 그 대오가 철로의 집결소를 향해 행진해가고 있었을 때 "새로운 마을에서 사람들이 끊임없이 나와서 그 대오에 따라붙는" 광경을 보았다.[5] 1932년 무렵 주로 우랄과 시베리아 등의 '특별 정착지'에는 140만 명의 쿨라크가 있었고, 강제노동수용소나 건설현장에 있거나, 또는 단순히 도주하며 사는 사람들은 더 많았다. 스탈린은 이 사회적 홀로코스트를 "계급으로서의 쿨라크에 대한 청산"이라고 불렀다.

농민에 대한 이런 잔혹한 전쟁을 치러냈던 남성과 여성 대부분은 국가의 명령에 이의를 제기할 만큼의 교육을 받지 못한 군인들과 노동자들이었다. '쿨라크 기생충들'과 '흡혈귀들'에 대한 증오심이 그들의 머릿속에 주입됐다. 쿠반에 있는 한 콤소몰 여단의 지도자가 이렇게 회상했다. "우리는 쿨라크를 인간이 아니라, 제거되어야 할 기생충이나 이로 보도록 훈련받았다."[6]

다른 이들은 '열성분자들'이었다. 그들은 5개년 계획에 대한 선전선동이 일깨운 혁명의 열정에 자극을 받아서 자기들이 공산주의 사회를 향해

　　　　　　　　　　　　　　　　　　　　　혁명의 러시아

전진하고 있다고 생각했고, 그 목적을 이루기 위해서는 어떤 희생이라도 정당화된다고 믿었다. 그런 구호를 거들기 위해 농촌으로 파견된 도시 출신 열성분자들의 부대인 '2만 5000명'의 한 대원의 말을 빌리면 이렇다. "계속되는 투쟁, 투쟁, 더 많은 투쟁! 바로 이렇게 우리는 생각하도록 가르침을 받았다. 사회생활의 규범인 투쟁 없이는 아무것도 성취되지 않는다고 말이다."[7]

이런 호전적인 세계관에 의하면, 새로운 사회의 창조에는 그 '적들'과의 생사를 건 투쟁이 필연적으로 수반될 참이었다. 그리하여 '쿨라크 퇴치'를 위한 테러는 공산주의에 대한 믿음과 희망으로 정당화될 수 있었다. 그 당시에 우크라이나 농민들을 진압하는 잔혹한 공격에 가담했던 콤소몰의 한 단원은 (그 스스로가 반체제 인사가 됐던) 몇 년 후에, 자신은 아이들의 비명에 깜짝 놀랐다고 회상했다. 그러나 그는 "나약하게 만드는 연민에 굴복하지 말자"라고 속으로 다짐했다고 했다. "우리는 역사적 필연을 실천하고 있었다. 우리는 우리의 혁명적 의무를 수행하고 있었다. 우리는 사회주의 조국을 위해 곡물을 확보하고 있었다. 5개년 계획을 위해."[8]

'쿨라크 퇴치'를 위한 폭력은 또한 농촌의 폭동을 방지하기 위한 필수적인 조치라고도 정당화됐다. 소비에트 경찰에 의하면 1929~1930년 동안 집단화에 반대하는 '심각한 훼방'은 4만 4779건으로 집계됐다. 공산주의자와 농촌의 활동가들도 수천 명씩 공격을 당했다. 많은 촌락에서 여성들이 자신들이 다니는 교회를 지키기 위해 시위를 벌였다. 교회는 볼셰비키에 의해 쿨라크 기관으로 공격의 목표가 됐고, 철거되거나 농가 건물로 전용됐다. 나라 전체가 1921년의 농민 전쟁으로 되돌아가고 있었다. 그러나 농민의 반란이 성공하기에는 지금의 정권이 너무 강했다. 많은 농민은 자신들의 무능함을 익히 알고서, 수동적인 저항을 취했다. 그들은 집단농장에서 뛰쳐나가 방화를 벌이거나 집단농장으로 돌아가는 것을 막기 위해 자기가 직접 키운 가축을 도살했다. 1928년에서 1933년까지 소련에서 소의 수는 절반이나 감소했다.

농업부문의 붕괴에 직면한 스탈린은 농촌 집단화 계획의 일시적인 중단을 요구했다. 1930년 3월 2일 〈프라우다〉에 게재한 한 논설문("성공으로 정신을 잃다")에서 스탈린은 법령에 따라 콜호스를 세우는 일에 지나친 열성을 보인다고 지역 관리들을 비난했다. 수백만의 농민은 이 글을 집단농장에서 떠나도 된다는 면죄부로 생각해, 집단농장을 떠났다. 3월과 6월 사이에 집단농장의 주민 수는 전체 농민 가구의 58퍼센트에서 24퍼센트로 떨어졌다.

그러나 9월 들어 스탈린은 1931년 말까지 적어도 농민의 80퍼센트(처음의 50퍼센트에서 올려)를 집단화하겠다는 훨씬 더 야심 찬 두 번째 공세를 시작했다. 오게페우는 북부와 우랄과 카자흐스탄에, 각각 300개의 쿨라크 가구를 수용할 수 있는 1000개의 특별 정착지를 마련했다. 1930~1931년에 이 머나먼 지역으로 이주를 떠난 사람이 200만 명이었다.

쿨라크의 파괴는 궁극적으로 소비에트 농업경제를 돌이킬 수 없이 추락시켰고, 소비에트 경제에 일종의 파국으로 작용했다. 그것은 집단농장에서 최고의 능력을 가졌고 가장 근면한 농민을 제거했다. 왜냐하면 이들이야말로 실제로 쿨라크였기 때문이다. 그러나 쿨라크에 대한 스탈린의 전쟁은 경제적 판단과 아무 관련이 없었다. 전적으로 그것은 농민의 생활방식을 옹호하는 자들을 제거하는 것과 관련되어 있었다.

대규모 집단농장은 여러 마을의 토지를 합병했다. 작은 정착지와 다수의 교회가 버려지거나 철거됐다. 농민들은 콜호스에서 농업 노동자로 변했다. 그들은 일 년에 한두 번 적은 현찰 급여를 받았다. 그들은 식량배급을 받았으며, 그것을 자신의 개인 정원의 뜰에서 채소를 가꾸거나 돼지나 병아리를 키우면서 보충했다. 내부여권제도*를 통해 집단농장에 얽매인 농민들은 농업 집단화를 '제2의 농노제'라고 생각했다.

집단농장은 음울한 실패였다. 실제로 집단농장은 제대로 가동되지 않았다. 초기 몇 년 동안 소농민들이 도살한 말을 대체할 수 있는 트랙터는 극소수였다(그런 이유로 말 대신 사람이 끌었다). 농업 전문지식을 많이 갖추고 있어서라기보다는 국가에 대한 충성심 때문에 임명된 운영자들은 집단농장을 형편없이 운용했다. 집단농장은 정부와의 강제적인 '계약'을 완수하기 위해 운영비를 최소화하라는 압박을 끊임없이 받았다. 그러나 스탈린의 목표는 달성됐다. 혁명의 발전에 대한 장애물이었던 독립 소농이 제거된 것이다. 그리고 정부는 산업에 투자할 수 있는 잉여농산물을 마침내 손에 넣은 것이다.

곡물에 대한 이런 전면적인 몰수(모스크바 정부로부터 환심을 사려고 혈안이 되어 있는 지역 관리들이 과장해서 설정한 추가 추산치에 의해 독려받은)의 결과가 가져온 것이 1932~1933년의 대기근이었다. 사망자의 수는 정확히 계산하는 것이 불가능하지만, 인구통계학자의 주장에 따르면 최대 850만 명이 굶주림이나 질병으로 죽었다고 한다. 가장 큰 타격을 받은 지역은, 집단화에 대한 농민의 저항이 특히 거세고 곡물 징수 부담이 과도하게 높았던 우크라이나였다. 이런 역사적 사실은 일부 역사가들로 하여금 '기근 테러'가 우크라이나에 대해 정확히 계산된 집단살해 정책이었다고 주장하도록 만들었다. 이런 주장은 우크라이나 정부가 법으로 명시하고 있고,

---

* 주민의 거주지를 감시·통제하기 위한 수단으로 '내부여권'을 발급해 다른 지역으로의 이동이나 취업을 제한했다.

사실상 유엔과 유럽의회가 인정하고 있다.

　스탈린은 우크라이나 농민을 특히 불신했다. 그가 대숙청과 대조국 전쟁 기간에 천명할 예정이었던 것처럼 그는 모든 민족에게 원한을 품고 그들을 집단으로 죽일 수 있는 것 이상이었다. 의심할 여지 없이 크렘린은 기근의 희생자에 대해 등한시했고, 그들을 구제하기 위해 전혀 애쓰지 않았다. 만약 소비에트 정부가 식량 공출을 멈추고 곡물 비축분을 방출했다고 한다면, 수백만 명의 목숨을 살릴 수 있었을 것이다. 그러나 그러는 대신에 정부는 질병의 확산을 공식적으로 멈추고 위기의 규모를 외부 세계에 숨기기 위해 기근 지역으로부터 주민들이 달아나는 것을 금지했다. 어쩌면 정부는 기근을 '적들'에 대한 처벌로서 이용했는지도 모른다. 우크라이나 내의 집단화와 곡물 조달을 감독했던 라자르 카가노비치Lazar Kaganovich의 말을 빌리면, "몇 천 명의 쿨라크"의 죽음은 남은 농민들에게 "열심히 일하고 정부의 권력을 똑똑히 깨닫는 법"을 가르쳐주었을 것이다.⁹ 그러나 우크라이나인에 대한 인종학살의 이유는 고사하고 소비에트 정부가 기근을 통해서 수백만 명의 농민을 죽인 의도가 무엇인지에 대해서는 지금까지 어떠한 확실한 증거도 알려진 바가 없다. 우크라이나의 많은 지역은 인종적으로 뒤섞여 있었다. 기근 지역 내의 러시아인 또는 다른 인종 집단보다 우크라이나인 촌락들로부터 더 많은 곡물을 거두라는 정책이 있었음을 암시하는 어떤 자료도 존재하지 않는다. 또한 우크라이나는 카자흐스탄의 경우처럼 극심한 기근 때문에 큰 고통을 겪은 유일한 지역이 아니었다.

　수백만 명의 농민이 집단농장에서 탈출했다. 1932년 초의 몇 달 무렵, 이동 중에 있는 큰 무리의 인파가 철도역을 가득 메우고 있었다. 이들은 기근 지역에서 벗어나려고 필사적으로 애를 쓰고 있었다. 도시는 이런 인파의 홍수를 제대로 감당해내지 못했다. 질병이 퍼져나갔다. 집과 식량과 연료 공급에 대한 압력이 늘어갔고, 더 나은 환경을 찾아서 이주자들이 이 도시에서 저 도시로 옮겨가도록 재촉했다.

농민들이 일자리를 찾아 도시로 쏟아져 들어왔다. 1928년과 1932년 사이 도시 인구는 매주 5만 명이라는 충격적인 비율로 증가했다. 정치국은 자신의 산업적 기반이 불만에 가득 찬 농민들로 들끓을지도 모른다고 우려하면서, 도시로의 이주를 통제하는 내부여권제도를 도입했다. 여권 검사는 소비에트 정권에 대한 저항의 원천이 될지도 모르는 "사회적으로 위험한 성분"(쿨라크들, 상인들, 불만투성이인 농민들)을 주요 도시에서 소탕하기 위해 경찰에 의해 사용됐다. 그러나 농민의 도시로의 집단 유입은 소비에트 산업에 풍부하고 저렴한 노동력을 제공해 주었다. 1차 5개년 계획 동안 소비에트 정부는 비숙련 농민 노동력이 활용될 수 있었던 대규모 건설 프로젝트와 광산업에 많이 투자했다.

산업체의 운영자들은 경제개발계획의 환상적인 목표치를 맞추기 위해서 24시간 동안 작업하고, 생산량 기준을 충족시켰는가에 따라서 노동자에게 성과급을 지불하고, 최고의 성과를 내는 숙련된 노동자들로 특별작업반을 조직함으로써 '기습' 생산을 벌이지 않을 수 없었다. 각 작업부대와 공장은 높은 생산성에 대한 성적표와 메달과 보상금을 놓고 '사회주의적 경쟁'을 벌이면서 각자의 목표치를 채우기 위해 서로 경쟁했다. 그것이 바로 훗날 '스타하노비즘Stakhanovism'이라고 불리게 되는 운동이었다 (그 명칭은 1935년 6시간도 안 돼서 자신의 할당량보다 14배가 더 많은 102톤의 석탄을 채굴함으로써 모든 기록을 깨뜨린 '모범적인' 광부 알렉세이 스타하노프의 이름을 따서 붙여진 것이다). 선전선동적 숭배의 주체인 스타하노프와 그의 모방

추종자들은 생활용품과 훌륭한 주택과 높은 급여, 그리고 빈번하게 관리직과 운영직으로의 승진을 통해 보상받았고, 그럼으로써 그들은 충실한 스탈린주의자가 됐다. 다른 한편으로 이런 제도는, 작업현장에서 문제가 발생해 작업부대가 자신의 생산 목표치를 채우지 못하는 경우에 돌격 노동자들과 그들의 경영자 간의 마찰을 가져왔다.

생산의 '돌격' 때문에 공장 경영자가 연료와 원료의 공급을 확보해야 한다는 압박이 계속 늘어갔다. 만약 연료와 원료가 떨어져서 생산이 멈춘다면, 노동자들은 생산 목표치를 맞출 수 없게 될 것이며, 급여의 손실을 겪게 될 것이었다. 문제의 실제 원인이 5개년 계획의 비현실적인 목표인 경우에도 노동자들은 '사보타주'나 '손괴 행위'를 서둘러 고발했다. 정부에서는 이런 고발을 적극 장려했다. 그런 고발 제도는 정부가 자신이 세운 계획이 가져온 혼돈을 설명할 수 있는 유일한 방법이었기 때문이다. 소비에트 언론은 소위 '부르주아 운영자들(1917년 이전에 직책을 맡은 자들)'의 산업 사보타주를 비난하며 그들을 공격했다. 1928년 샤흐티Shakhty 재판이 열리면서 이들에 대한 검거가 시작됐다. 캅카스 북부의 광산 도시 샤흐티에서 53명의 엔지니어 집단이 생산량이 떨어지자 혁명 이전의 광산 소유주들과 함께 소비에트 경제를 '사보타주'하기로 공모한 죄목으로 재판을 받았던 것이다(그들 중 다섯 명이 총살당하고, 마흔네 명이 투옥됐다). 이것은 여론 조작용 재판의 처음이자, 수백 명의 '부르주아 전문가들'이 파면되거나 총살당하거나 강제노동수용소로 보내졌던 산업 숙청의 시작이었다.

1931년 2월 4일 스탈린은 산업체 경영자들을 향한 유달리 열정적인 연설에서 5개년 계획의 야심 찬 목표를 변론했고("볼셰비키가 함락하지 못할 요새는 하나도 없다"), 볼셰비키의 목표 달성을 방해하는 유일한 장애물로 경영의 실패를 지적했다. 스탈린은, 러시아의 역사 전반에 걸쳐 나타났듯이, 산업발전의 속도를 늦추는 것은 적대적인 외국 열강에 대한 군사적인 패배의 위험에 국가를 무방비로 노출시키는 것과 같으며, 이것은 레닌주의의 원칙을 배신하는 것이 될 것이라고 주장했다. 최초로 스탈린은 혁명의 방어를 위해 러시아 민족주의를 거론했는데, 이것은 1941년 이후 그가 자주 되풀이하게 될 주제였다.

옛 러시아 역사의 한 가지 특징은 러시아의 후진성 때문에 러시아가 당했던 끊임없는 매질이었다. 러시아는 몽골 칸에게 두들겨 맞았고, 터키의 관리에게 구타를 당했다. 러시아는 스웨덴의 봉건 영주에게 매를 맞았다. 러시아는 폴란드와 리투아니아의 귀족에게 얻어맞았다. 러시아는 영국과 프랑스의 자본가들에게 구타당했다. 러시아는 일본의 남작에게 얻어맞았다. 모두가 러시아를 두들겨 팼다. 러시아의 후진성 때문에……

바로 이런 이유 때문에 우리는 더 이상 뒤쳐져서는 안 되는 것이다……

당신은 우리의 사회주의 조국이 얻어맞으면서 자주권을 잃기를 바라는가? 당신이 이것을 원하지 않는다면, 당신은 가능한 한 최단 시간 내에 러시아의 후진성을 종결짓고, 사회주의 경제의 건설에서 진정한 볼셰비키의 속도를 높여야 할 것이다. 그 외의 다른 방법은 없다. 바로 그런 까닭에 레닌은 10월 혁명 전야에 이렇게 말했던 것이다. '죽어라, 그러기 싫다면 자본주의 국가를 따라잡고 앞질러라.'

우리는 선진국보다 50~100년 뒤쳐져 있다. 우리는 10년 안에 이 공백을 메워야 한다. 우리가 이것에 성공하지 못하면, 그들은 우리를 밟아 뭉갤 것이다.[10]

스탈린의 연설에서 마지막에 실린 경고는 예언으로 판명됐다. 10년 뒤인 1941년, 독일이 소련을 침공한 것이다.

———————

스탈린이 5개년 계획에서 요구했던 성장률은 특히 북극지역과 시베리아의 춥고 먼 지역에 동원된 강제노동이 없었다면 성취되지 못했을 것이다. 이곳은 소련의 귀한 경제 자원(다이아몬드, 금, 백금, 니켈, 석유, 석탄, 목재) 다수가 매장되어 있지만, 누구도 자유롭게 갈 수 없는 지역이다. 굴라크는 소련 산업을 위해 이 지역을 개발하는 데 필요한 열쇠였다. 광산과 운하를 파고 철도를 놓고 북극지역의 나무를 베기 위해 파견된 수백만 명에 이르는 죄수들은 소련의 경제 성장에 이루 헤아릴 수 없을 만큼 기여했다.

'굴라크'라는 낱말은 '교정노동수용소 관리본부'의 머리글자이다. 소비에트 교정체제는 '반혁명 분자들'을 고립시키는 수단으로서 출발했다. 그러나 그것은 5개년 계획이 시작되면서부터 경제식민지화의 한 형태로 변했다. 그것은 강제노동수용소 군도 및 군락과 공장, 운하, 광산, 철도부설 현장을 통해서 북극지역과 시베리아의 산업자원을 안정적으로 활용할 수 있는 저렴하고 빠른 방법이었다. 그런데 그것은 소련 전역에 어두운 그림자를 드리우게 될 노예경제였다.

솔제니친은 굴라크를 볼셰비키 실험의 핵심이라고 보았다. 강제노동수용소는 무엇보다 혁명의 적을 처벌하는 수단으로 내전 당시 설치됐지만, 또한 경제계획 실현의 목적도 있었다. 어떤 점에서 굴라크를 출현시킨 사고방식은 인간을, 국가가 혁명의 목표에 도달하기 위해 가공해야 할 원재료나 원자재로 보는 볼셰비키의 관점에 뿌리를 두고 있었다. 트로츠키는 내전의 마지막 단계에 자신이 징집한 노동부대를 '농민이라는 원자재muzhitskoe syr'ie'라고 불렀다. 대략 같은 시기에 볼셰비키는 '노동계급rabochii klass'보다는 '노동력rabsila'에 대해 논하기 시작했다. 그것은 노동자를 혁명의 능동적인 활동가로부터 계획경제의 대상으로 변형시킨 상징적 변화였다. 여기에 굴라크의 지적 기원이 존재한다. 건설현장에 이르기까지 길게 늘어선 반쯤 기아상태에 누더기가 된 노예들의 이미지에 뿌리내리고 있는 것이다. 나중에야 볼셰비키가 '페레코프카perekovka'(교정 노동을 통해 비뚤어진 인간을 '개조'하는 것)라는 고상한 이유를 둘러대면서 굴라크 강제수용소의 철학적 변명으로 사용했던 것은 이런 노예경제를 감추기 위해서였다.

1920년대의 강제노동수용소는 기본적으로, 재소자들이 자신들의 생계를 위해서 노동해야 하는 교도소였다. 그 기본 형태는 솔로프키에 세워진 슬론SLON(솔로베츠키 특별수용소)이었다. 이것은 오게페우가 1923년 옛 백해 섬 수도원 안에 만들어놓았던 것이다.

솔로프키의 재소자들 중 소비에트 러시아로 밀수품을 반입한 혐의로 체포됐던 나프탈리 프렌켈Naftaly Frenkel은 교도소의 비효율성에 충격을 받았다. 그는 어떻게 교도소를 운영하면 효율적일지에 대한 자신의 생각을 써서 그것을 '건의함'(심지어 교도소에서도 건의함이 있었다)에 넣었다. 여차여차한 경로로 그 편지는 고속 승진을 하고 있던 오게페우의 책임자인 겐리흐 야고다Genrikh Yagoda의 손에까지 이르게 됐다. 프렌켈은 모스크바로 급히 이송됐고, 거기에서 그는 스탈린에게 교도소 노동의 경제적 활용에 관한 다윈주의 이론을 설명했다. 프렌켈은 재소자에게 그의 신체 능력에 알맞은 역할을 부여하고 그가 만일 노동 할당량을 충족한다면 배급을 받아야 한다고 말했다. 강한 자는 살아남고 약한 자는 죽겠지만, 그것은 일의 능률을 향상시키고 배급 식량이 낭비되지는 않을 것이라는 얘기였다.

프렌켈은 1927년에 석방되어, '슬론'을 영리기업으로 변형시키는 일을 맡았다. 슬론이 벌목공사와 도로 건설 사업의 계약을 따내고 카렐리아의 공장을 인수하면서, 교도소의 인원은 1927년에는 1만 명에서 1931년에는 7만 1000명으로 급속히 불어났다.

1929년에 이르러, 소비에트 교정 제도는 '쿨라크', '부르주아 전문가들', '훼방꾼들', '파괴분자들' 및 스탈린의 강제 산업화의 다른 '적들'에 대한 집단 검거의 일을 더 이상 처리할 수 없게 됐다. 정치국은 교도소 재소자들을 활용할 수 있는 가능한 방법을 심의하게 될 위원회를 세웠다. 이 위원회에는 물론 야고다도 가담했다. 스탈린은 오게페우의 통제를 받는, 각각 5만 명의 재소자들이 수감된 '실험적' 수용소의 네트워크를 통해 북극지역과 시베리아의 산업 자원을 개발하는 것에 대한 야고다의 제안을 지지했다. 야고다는 수용소에 더 많은 인원을 수용함으로써 규모의 경제를 통해 이 노예노동을 유지하는 비용을 연간 1인당 250루블에서 100루블로 절감할 수 있을 것이라고 제안했다. 1929년 정치국은 '재소자들의 노동을 통해 오지의 식민지화와 그곳의 천연 자원의 개발'을 위해 오게페우에 '교정노동수용소' 네트워크를 설치하도록 지시하는 결의안을 통과시켰다.

이 시점부터 정치경찰은 소비에트 산업화의 주요 추진력 중 하나가 됐다. 정치경찰은 오게페우가 엔카베데에 의해 대체됐던 1934년까지 그 재소자의 수가 100만 명에 육박했던, 빠르게 팽창하는 교정노동수용소의 제국을 통제했다. 엔카베데는 정치경찰의 지휘를 맡았고, 굴라크를 통해서 강제노동수용소를 운영했다.

제1차 주요 굴라크 프로젝트는 발트해와 백해 사이의 227킬로미터에 이르는 수로인 백해 운하(벨로모르카날)였다. 여기에는 1932년 무렵 10만 명의 재소자가 고용되어 있었다. 그것은 그 설계자가 기계를 사용하지도 않고 심지어는 제대로 토지조사도 하지 않은 채 사업을 완료하려고 계획했을 만큼 환상적이리만치 야심 찬 프로젝트였다. 이 프로젝트에 대한 비판가들은 백해의 적은 해운 활동을 고려할 때 막대한 건설비는 회수되기 힘들다고 주장했다. 그러나 스탈린은 오게페우가 운하를 전부 맨 손으로 팔 만큼 충분한 재소자 노동력을 공급한다면 운하는 저렴한 비용으로 단시간 내에 건설될 수 있을 것(5개년 계획에서 이 사업은 당의 의지와 힘의 상징이었다)이라고 고집했다.

프렌켈이 공사 책임을 맡았다. 많은 수의 재소자들이 동원됐고, 이미 그가 솔로프키에서 사용했던 방법을 운하 건설에 적용했다. 시간과 돈을 절약하기 위해 운하의 깊이를 22피트에서 불과 12피트로 줄였다. 그래서 배 바닥이 깊지 않은 바지선이나 여객선 외에 다른 선박이 지나다닐 수 없는 무용지물이 돼버렸다. 재소자들은 다이너마이트와 기계 대신에 원시적인 공구—조잡하게 만들어진 도끼, 톱, 망치—를 지급받았다. 영하의 날씨에서 지치도록 노동한 결과, 1931~1932년의 첫 겨울 동안에만 2만 5000명으로 추산되는 재소자들이 죽었다. 그들의 꽁꽁 언 시체는 배수로로 던져졌다.

1933년 8월 스탈린은 운하를 개통했다. 몇 주 후 저명한 소련 작가 '부대'가 운하를 관광했다. 그들은 오게페우로부터 운하의 완공을 찬양하는 저술을 의뢰받고 운하에 대한 찬가를 썼다. 망명생활을 마치고 소련으로 돌아온 지 얼마 안 되는 고리키가 편집한 이 책의 주제는 육체적 노동의 구원적인 힘이었다. 그것은 선전선동의 승리였다. 서유럽의 사회주의자

인사들이 국빈으로 초대됐다(영국의 사회주의자 시드니 웹과 베아트리스 웹은 이 운하를 두고 '위대한 공학적 위업'과 '인간 갱생의 승리'라고 불렀다).[11] 이 위대한 공사를 기념하기 위해 소련제 새 브랜드의 담배('벨로모르카날')가 출시됐다. 인간의 뼈 위에 세워진 이 운하는 스탈린 정권에 어울리는 상징물이었다. 스탈린 정권의 더없이 위대한 선전선동의 성공은 거기에 투여된 수백만 명의 인명에 대한 총체적 말살을 통해 이룩된 것이었다.

Revolutionary Russia
1891~1991

11장

스탈린의 위기

1932년 새로운 상황

스탈린의 아내는 1932년 11월 8일에 자살했다. 그들은 10월 혁명 15주년을 기념하기 위해 크렘린 만찬 석상에 참석했었다. 스탈린은 붉은 군대 사령관의 부인과 바람을 피워왔다. 그는 자주 그랬듯이 나데즈다에게 쌀쌀맞고 무례하게 대했다. 그들의 결혼 생활은 나빠지고 있었다. 정치에 개입함으로써 단순한 가정주부 이상이 되겠다는 그녀의 결심은 한동안 그를 신경 쓰이게 했다. 스탈린은 그녀가 부하린과 가깝다는 것과 그가 그녀에게 다니도록 허락해준 산업 대학에서 그녀가 동료 학생들로부터 농업 집단화에 대해 듣고 나서 충격을 받았다는 것을 알았다.

만찬에서 폭음이 이어졌다. 스탈린은 '국가의 적'을 섬멸한 것에 대해 건배를 제의했다. 나데즈다는 잔을 들지 않았다. 스탈린은 그녀에게 왜 마시지 않는지 말하라며 그녀를 들들 볶았다. 그가 테이블 건너편으로 오렌지 껍질을 던지고 담배꽁초를 털어대자, 그녀는 그를 향해 "입 닥쳐!"라고 외치고는 밖으로 뛰쳐나갔다. 그녀는 자신의 방으로 돌아가 권총으로 자살했다.

나데즈다는 급격한 기분의 변화로 우울증을 앓은 이력이 있었다. 필시 이 현장에서 느낀 굴욕감이 그녀를 인내심의 한계 바깥으로 밀어붙였던 것 같다. 그러나 그들 사이에서 태어난 딸 스베틀라나에 의하면, 그것은 나데즈나 자신의 신변과 관련된 것일 뿐 아니라 "비난과 나무람으로 가득 찬" 정치를 향한 것이기도 했다. 나데즈나가 남긴 한 장의 쪽지에서 그녀는 벌어지고 있는 모든 일에 대해 반대한다고 적었다. 그녀의 방에는, 고위 볼셰비키인 부하린의 협력자가 쓴 194쪽의 선언문인 〈류틴 강령〉의 사본 한 부가 놓여 있었다. 거기에서는 스탈린의 정책을 비판하며, 그의 독재 통치의 전복을 요구하고 있었다. 그 선언문은 일반 당원들 사이에서 널리 유포됐다. 스베틀라나는 이렇게 썼다. 나데즈다의 유서를 읽고 난 뒤에 "우리 아버지는 어머니가 단지 외면적으로만 그의 편이었으며, 어머니는 심정적으로는 그에게 정치적으로 반대파였다고 생각했을 것이다".[1]

스탈린은 나데즈다의 자살에 동요했다. 그녀의 죽음은 그에게 모욕감을 안겨주었으며, 심지어 그의 가장 가까운 지인들을 포함해 적에 대한 그의 두려움을 키웠다. 그녀의 사인은 대중에게 감춰졌다. 대중은 진짜 이유 대신에 그녀가 맹장염으로 죽었다고 들었다. 수천의 인파가 스탈린에게 조문 편지를 보냈다. 아이러니하게도 이런 비극은 스탈린 숭배를 북돋웠다. 스탈린의 가장 가까운 정치적 협력자로서, 스탈린이 우는 모습을 한 번도 본 적이 없었던 몰로토프에 따르면, 그가 아내의 열린 관 옆에 서서 "눈물을 뺨 위로 비 오듯 쏟아 냈던" 장례식장에서 그를 위로할 수 있는 것은 아무것도 없었다. 관 뚜껑이 막 닫히려는 찰나에 그는 허리를 구부린 다음 아내의 머리를 들어 올리고는 주체할 수 없이 눈물을 흘리면서 아내에게 열렬히 입맞춤하기 시작했다.[2]

나데즈다의 자살은 스탈린에게 일 년 동안 불어닥친 위기들 중 마지막 위기였다. 악운은 이바노보와 볼가 산업 지역, 우크라이나, 벨라루스, 우랄과 시베리아에서 일련의 파업과 함께 그해 봄에 시작됐다. 노동자들은 기계를 운용하기를 거부하고 관리들을 공격하고 상점을 약탈했다.

5개년 계획은 그들의 생활수준을 끌어내렸다. 1932년 노동자들의 실질임금은 1928년 수준의 절반이었다. 산업 분야로 농민들이 대량 유입됨으로써 임금률이 대폭 축소됐다. 계획을 충족시키기 위해 노동시간이 늘어났고, 새로운 기계와 도구의 대금을 지불하기 위해서 곡물 수출을 늘리려고 식량 배급은 축소됐다. 한 오게페우 관리가 무심코 영국 대사에게 이렇게 털어놓았다. "빵도, 고기도, 비곗덩어리도 없소. 가게에는 아무것도 없소."[3]

모스크바에서 북동쪽으로 200킬로미터 떨어진 이바노보 지역에서 1만 6000명의 섬유공장 노동자들이 파업을 계속했다. 부양해야 할 가족이 딸린 나이 많은 노동자들이 이런 파업의 선봉에 섰다. 그들은 배급량의 삭감 및 노동 규율을 강요하는 혹독한 새 조치에 화가 나 있었다. 그들의 불만은 주로 경제적인 면에 국한돼 있었지만, 그들의 지도자들 중 몇몇은 '유토피아적인' 5개년 계획을 비난하고 볼셰비키 독재통치의 종식을 요구하는 정치 연설을 감행했다. 어떤 시위든지 '반혁명적'이라고 몰아붙여서 처벌하기에 급급했던 오게페우는 파업 주모자들을 체포했고, 시위는 가라앉았다. 그러나 반소비에트적 그래피티, '훌리거니즘', 정부에 대한 욕설, 절도, 작업장 내의 무단결근 등 다른 불만의 표시를 억누르기는 훨씬 더 힘들었다.

민중들은 소비에트 체제에 대해—때로는 공개적으로—불만을 털어놓았다. 그들은 즉흥적인 가사를 반복 리듬으로 노래하는 소가곡인 차스투시카를 불렀고, 반정부적인 농담과 일화를 이야기했다.

어느 볼셰비키가 공산주의에 대해 한 노파에게 설명하고 있었다. 그는 이렇게 말했다. "음식, 옷, 갖가지 상품 등 많은 것이 풍성히 있을 것이오. 할머니는 해외여행도 할 수 있을 겁니다."

노파가 대답했다. "아, 차르 시절과 똑같군요!"

"자본주의는 인간에 의한 인간의 착취이다. 사회주의는 그것과 정반대다."

"아담과 이브의 국적은 무엇이었을까요?"

"물론 소비에트지요. 다른 누가 맨발과 나체로 돌아다닐 수 있겠습니까? 한 개의 사과를 함께 나눠 먹는 그들이 파리에 있다고 누가 생각할 수 있을까요?"[4]

이런 농담의 기능이 무엇인지 해석해내는 것은 쉽지 않다. 많은 이들은 단순히 웃음을 터뜨리며 분노를 발산하기 위한 방법이라고 생각했고, 다른 이들은 자유의 표현으로 여겼다. 그러나 어떤 이들에게는 정치적으로 해석됐고, 조지 오웰이 영국 유머에 대한 에세이에서 "모든 익살은 작은 혁명이다"라고 썼을 때 의도했듯이, 체제에 대한 도전으로 받아들여졌다. 소비에트 정권은 그런 식으로 농담을 받아들였다. 이런 농담을 이야기하거나 듣는 것 자체를 반국가적 범죄(형법 제58-10조: '반소비에트 및 반혁명적 프로파간다와 선동')로 간주했고, 굴라크에서 최소한 여섯 달 동안 (그리고 종종 여러 해) 복역하도록 처벌했다.

당내에서도 불만이 있었다. 1932년 스탈린은 나라를 파국 직전까지 몰고 갔다. 집단화와 산업화는 끊임없는 고통과 혼란을 가져다주었다. 관리

혁명의 러시아

들의 책임이 컸다. 기근이 농촌을 강타하고 도시에서는 시민들이 굶주리고 있는 상황에서, 스탈린 정책의 결과를 책임져야 할 사람들은 바로 관리들이었다.

스탈린은 '쓰러진 우상'이었다. 1932년 봄 파리에서 씌어진 트로츠키의 《야당의 회보》에 보내는 편지에서 모스크바 당 관리의 주장은 바로 그랬다. 볼쇼이 극장에 나타났던 스탈린을 그곳에 모인 당원들은 "싸늘한 침묵으로 맞이했다".[5] 지도부 내에 반대 정파의 출현을 총서기국이 그토록 위협적으로 느끼게 된 것은 반스탈린 여론의 급증 때문이었다. 1932년 한 해 동안 두 정파가 그의 관심을 끌게 됐다.

그중 하나는 구 볼셰비키로 구성된 비공식 집단이었다. 그들은 혁명 1세대 인사에 속하는 정치 엘리트였으며, 그들은 스미르노프, 최근에 해직된 내무인민위원인 톨마체프Vladimir Tolmachev, 그리고 에이스몬트Nikolai Eismont 등으로 세 명 모두 당 중앙위원회의 위원들이었다. 그들은 에이스몬트의 아파트에서 회합을 가졌고, 이런 모임 중 한 번인 10월 혁명 15주년 기념일에는 스탈린의 지도권을 박탈하는 계획이 논의됐다. 그 모임에 참석했던 누군가에 의해 그 모임의 존재에 대해 듣게 된 스탈린은 오게페우에 에이스몬트 일당을 체포하도록 지시했다.

또 다른 반대 정파를 이끌었던 사람은 마르테먄 류틴Martemyan Ryutin이었다. 그는 구 볼셰비키이자 부하린의 추종자로서, 스탈린의 아내 또한 그의 선언문을 읽은 적이 있었다. 이른바 〈류틴 강령〉이라는 선언문은 "스탈린과 프롤레타리아 독재의 위기"라는 제목이 달려 있는데, 스탈린의 정책과 품성을 맹렬히 비판했다. 선언문에서는 스탈린을 평범한 이론가, "부도덕한 정치적 음모자", 파국적인 정책을 펼치는 혁명의 "무덤을 파는 자"라고 비난했다. 이 그룹은 스스로를 '마르크스-레닌주의자 연맹'이라고 지칭하면서, 스탈린에 대해 "레닌주의와 결별했다"라고 비난했다. 그들이 썼던 레닌주의라는 낱말은, 10월 혁명을 수행한 세대의 원리뿐 아니라 당 문화 전체를 뜻했다. 또한 그들은 스탈린이 "당과 비당 대중에 대한 폭력을 자행했다"라고 비난했다. 그들은 집단화 정책의 폐지, 산업화 속도의 완화, 추방된 당내 우파와 좌파 인사들(트로츠키와 그의 추종자들을 포함하는)의 복권을 요구했다. 볼셰비키에 보내는 별도의 '호소문'에서 류틴은 스탈린 정권의 타도를 요구했다.[6]

류틴과 그의 서클은 제보자에게 배신당한 뒤 9월 23일 체포됐다. 중앙위원회 상임간부회의 보고가 끝난 후, 그들은 당에서 추방됐고, "소연방 내에 자본주의를 회복시킬 목적으로 허위적인 '마르크스-레닌주의'의 깃발 아래 부르주아-쿨라크 지하 조직을 결성하려고 시도한, 공산주의와 소비에트 권력의 적, 당과 노동계급에 대한 배반자"였다.[7] 카메네프와 지노비예프를 비롯하여 몇몇 다른 볼셰비키들도 단지 이 그룹의 존재에 대해 알고 있으면서도 경찰에 신고하지 않은 죄목으로 당에서 추방됐고, 유형에 처해졌다.

스탈린이 류틴과 그의 추종자들에 대해 사형을 원했지만, 레닌그라드 당 지도자인 세르게이 키로프Sergei Kirov가 이끄는 정치국 임원들로 이루어진 '중도파'에게 제지당했다는 이야기가 있다. 키로프는 볼셰비키의 피를 흘리는 것을 반대했던 레닌의 금언을 깨는 것에 저항했다. 만일 그 이야기가 사실이라면, 그것은 당내 '적들'을 향한 스탈린의 복수 열망에 대해 우리가 알고 있는 내용과 일치한다. 류틴은 감옥에서 10년을 선고받았다. 그러나 스탈린의 명령으로 그는 1937년에 총살당했다. 형을 선고받고 5년 뒤였다.

류틴 사건을 계기로 스탈린은 구 볼셰비키 중심의 혁명적 단계와 절연

혁명의 러시아

하는 대숙청으로의 노정에 올랐다. 류틴 사건은 스탈린에게 그의 '적들'이 도처에 숨어 있다는 편집증적인 확신을 심어주었다. 스탈린은 1932년에 그가 마주했던 비판의 기억, 그리고 단지 그의 비판가들 뿐 아니라 그들에게 치명타를 가하는 것을 가로막았던 지도부의 중도파 인사들에 대해서도 복수하고자 하는 열망에 사로잡히게 됐다. 향후 몇 년 동안 스탈린은 1932년에 시작된 '새로운 상황'(이 낱말을 그는 거대한 반정부적 음모라는 뜻으로 사용했다)을 자주 언급하게 될 예정이었다. 대숙청의 희생자가 된 볼셰비키 인사들 다수는 '류틴 사건'에 연루된 죄목으로 기소당했다.

스탈린의 정책을 완화시켰던 정치국의 '중도파' 인사들 중에는 중공업부 장관인 오르조니키제Gregory Ordzhonikidze가 있었다. 그는 5개년 계획의 혼돈과 억압을 종결 지을 것과 산업에서의 더 큰 안정을 요구했다. 잠시 동안 산업 분야의 숙청은 중단됐다. 경제 운영자들은 신변을 보호받았다. "간부들이 모든 것을 결정한다!"가 제2차 5개년 계획(1933~1937)의 구호가 됐다.

정부는 더 많은 합법성을 통치에 도입한다는 인상을 주었다. 중도파가 압력을 행사해 소비에트 검사제가 신설됐으며, 오게페우는 '엔카베데'로 대체됐다. 엔카베데는 사형을 부과할 수 있는 오게페우의 권한도, 5년 이상의 유형이라는 '행정적' 처벌을 가할 권한도 갖고 있지 못했다. 오게페우의 권력 남용은 정치위원회가 조사했다.

그러나 스탈린은 그의 '적들'을 파괴할 숙청 및 법외적인 수단을 사용해 당과 경찰을 통제할 목표를 절대 잊지 않았다. 1933년 4월, 그는 당원들에 대한 대대적인 숙청을 선언했다. 숙청 대상자가 될 사람들의 범주에 스탈린의 지도에 반대하는 그룹은 포함되지 않았다. 그러나 숙청의 공인된 임무인 "당의 철칙을 공공연히, 또는 은밀히 위반하는 자들을" 축출하는 것이 주요 목표임은 분명했다. 이런 위반자들은 "당의 결정과 계획을 의심하고 그것에 대한 신임을 떨어뜨렸다".[8]

320만 명의 당원들 중에서 유동적인 18퍼센트는 숙청을 통해 축출됐다. 그들 대다수는 당원 등록에 대한 규제가 완화됐던 1929년 이후 볼셰비키에 가담한 비교적 새로운 신입 당원들이었다. 이때 충성심을 신뢰할 수 없는 '출세제일주의자'들이 유입됐다. 지도부가 권력을 잡은 뒤 15년 이상이 지나도록 그렇게 불안정한 상태였다는 것은 실로 충격적이다. 그런 권력의 불안정은 많은 혁명 운동이 직면하는 문제인데, 그것은 당이 권력을 잡은 이후에도 자기 당원들을 신뢰하지 못하고 그들의 충성심을 끊임없이 시험했다는 점에 있었다. 당으로서는 지하에서부터 활동한 노병들이 보이는 열렬한 헌신을 기대할 수 없는 인력이 대거 등록했던 1917년 이후 혁명 초기의 몇 년 동안 당원의 숫자가 놀랍도록 불어났는데, 그런 빠른 속도가 문제를 악화시켰다.

당과 소비에트 기관, 전국의 노조와 협회에서 열린 '정화회의'에서 볼셰비키는 그들의 정치적 견해를 추궁당했다. 그들은 동료들로부터의 비판에 해명해야 했다. 이 회의는 개인에 대한 인신공격으로 비화될 수 있었다. 1934년 당시 11세였던 옐레나 보네르가 코민테른Communist International(공산주의 인터내셔널)의 대회장에서 열린 '정화'를 목격한 바에 따르면 이렇다.

그들은 당원들의 아내에 대해 물었고, 때로는 그들의 자녀에 대해 물었다. 몇몇 당원들이 자기 아내를 때리고 보드카를 과음한다는 사실이 밝혀졌다…… 숙청 대상자로 지목받은 사람은 앞으로 아내를 때리지 않을 것이며

혁명의 러시아

술도 마시지 않을 것이라고 말했다. 또한 그들 다수는 자신의 소행에 대해 그 짓을 '더 이상 하지 않을 것이며', '자신은 모든 것을 반성한다'고 말했다. 그다음에 벌어지는 장면은 교무실로 불러들여가는 상황과 흡사하다. 교사는 앉아 있고 당신은 서 있다. 교사는 당신을 꾸짖는다. 다른 교사가 음탕한 미소를 짓는다. 당신은 재빨리 대답한다. '반성합니다.' '앞으로는 그렇게 하지 않겠습니다.' '물론입니다. 제가 잘못했습니다.' 하지만 당신의 진심은 전혀 그렇지 않다. 당신은 그저 거기에서 벗어나서 휴식 시간에 다른 아이들과 장난치고 싶을 뿐이다. 그러나 이 사람들은 당신이 교사와 대면하는 경우보다 훨씬 더 불안해한다. 그들 중 몇몇은 실제로 울기까지 한다. 그들을 바라보는 것은 괴롭다. 각각의 '정화'에는 시간이 오래 걸린다. 어느 날 저녁에는 세 명을 '정화'했다면, 가끔씩은 단 한 명밖에 '정화'하지 못했다."⁹

스탈린은 당을 정화하는 작업 외에도 새로운 엘리트 노동자들을 승진시켰다. '비드비젠치Vydvizhentsy'•라고 불렸던 그들은 공장 밑바닥에서부터 승진해 공장 경영과 소비에트 관료로서 일을 맡게 됐다. 5개년 계획의 산업 혁명은 경제의 모든 부문에서 기술자, 행정직원, 경영자를 대거 요구했다. 고스플란Gosplan(국가계획위원회)••에 따르면, 1930년 한 해에만 산업 분야에서 43만 5000명의 새로운 기술자와 전문가가 요구됐다. 산업 숙청 기간 중 수천 명씩 제거된 옛 '부르주아 전문가들' 역시 대체할 인력이 필요했다. 따라서 스탈린의 권력은 승진 기회를 부여받은 '프롤레타리아' 출신의 충직한 하인들과, 밑에서부터 압력을 받는 오래된 경영자들과 관리들이 동원된 사회 혁명에 토대를 두고 있었다. 1930년대의 숙청을

• 책임자의 직위로 임용된 노동자를 뜻한다.
•• 1921년 설립되어 1991년 소련 붕괴 전까지 유지됐던 기관으로, 중앙경제계획과 관리를 담당했다.

뒷받침했던 이런 사회 혁명을 통해서, 혁명 2세대의 성격을 형성한 세계관을 가진 새로운 스탈린주의 엘리트가 출현했다.

교육은 사회적 이동성의 핵심이었다. 노동자들은 학교와 기술 연구소에 등록해 기술자와 경영자로서 훈련받도록 장려됐다. 1928년과 1932년 사이에 이런 차별 철폐 프로그램으로 고등교육을 받은 노동자들은 15만 명이었다. 100만 명 이상이 관리직 승진으로 공장을 떠났다. 그들은 스탈린 정권의 대들보가 됐다. 그들은 스탈린의 진보의 비전을 믿었다. 왜냐하면 스탈린의 비전 속에서 그들은 자신들의 삶이 나아지는 것을 본 것이다. 그들은 지도자에게 충성함으로써 당의 서열에 올랐다. 그들의 승진은, 30년대의 숙청으로 책임자들이 제거되고 그 밑에 있던 이들이 책임자의 자리로 이동하면서 가속화됐다. 스탈린 통치 말기에 이르러, 5개년 계획의 '비드비젠치'는 당 지도부의 대부분을 구성했다(니키타 흐루쇼프, 레오니드 브레즈네프, 안드레이 그로미코Andrei Gromyko, 알렉세이 코시긴Alexei Kosygin을 포함하는 1952년 당시 소비에트 정부 내 상위 115명의 장관들 중 57명이 1928년부터 1932년까지 공장 밑바닥에서부터 승진했다).

이 새로운 스탈린주의 엘리트들은 대체로 순응주의자였고, 스탈린주의를 창출한 지도부에 순종적이었다. 기초 교육 이상을 받거나 정치에 대한 독립적인 사유를 펼칠 능력을 가진 사람은 극소수였다. 마르크스주의 이데올로기에 대한 그들의 지식은 제한적이었다. 그들은 당 지도자들의 진술에서 자신들의 생각을 가져왔고, 그들의 새로운 소비에트 신조어를 앵무새처럼 따라했다. 그들은 스탈린을 모든 지혜의 원천으로 숭배하면서 그의 명령을 따름으로써 자신들의 경력을 높이고자 했다.

이 새 엘리트들의 가치관은 그들이 대체했던 구 볼셰비키의 가치관과는 사뭇 달랐다. 대체로 구 볼셰비키는 검소하고 엄격한 조건 속에서 살

았고, 혁명의 대의에 희생하는 대가로 얻어지는 물질적 보상을 스스로 삼
갔다. 1920년대에는 심지어 '당의 최고액'이란 것이 있었다. 볼셰비키에
게 주어지는 봉급의 최고액을 말한다. 그러나 스탈린주의 엘리트는 자신
들의 충성심에 대해 더 높은 액수의 봉급, 당원용 특별 상점에서의 생필
품 구입 권한, 개인 아파트, 소비에트의 관등과 명예로 보상을 받았다. 물
질적·정치적 보상을 바라는 경쟁에서 이런 유형의 관료들이 자신의 경
쟁자에게 등을 돌리는 일은 다반사였다. 나아가 이것은 어째서 숙청이
그토록 쉽게 당 조직으로 확산될 수 있었는가를 설명해준다. 한 관리가
1932년 12월 소비에트 의장인 칼리닌에게 이렇게 편지를 썼다.

> 소비에트 권력의 문제는 그것이 가장 비도덕적인 관리를 생산한다는 점
> 이다. 최고 권력의 전체 구도를 세심하게 이해하고 실행에 옮기는 관리, 언
> 제나 악마의 사악한 책략에 비난을 쏟아내는 관리. 이런 관리는 지도층을 괴
> 롭히기를 원치 않기 때문에 결코 진실을 말하지 않는다. 그는 자신의 경쟁
> 자가 지배하는 구역에서 발생하는 기근과 전염병에 대해 흡족해한다……
> 내가 내 주변에서 보는 것은 혐오스러운 정치적 논쟁과 더러운 속임수가 펼
> 쳐지고 있는 모양, 말실수 때문에 잡힌 사람들이다. 그런 비난에는 끝이 없
> 다…… 물론 당신의 당에서 벌어지고 있는 숙청은 내가 관여할 바는 아니
> 다. 하지만 내가 염려하는 것은 그 결과로 인해 아직 당신의 당에 남아 있는
> 괜찮은 구성원들마저 쓸려 나갈까 하는 점이다.[10]

트로츠키는 《배반당한 혁명》(1936)에서 스탈린의 권력은 거대한 '행정
피라미드'에 의존한다고 썼다. 트로츠키는 그런 피라미드에 관련된 관리
들의 수가 500만~600만 명에 이른다고 보았다. 이 지배 계급이 '새로운

부르주아'였다. 그들의 관심은 가정의 편안함, 물질적 소유물의 습득, '교양 있는' 취미와 예절에 집중되어 있었다.[11] 설령 그들이 공산주의의 이상을 믿었다고 해도, 그들은 가부장제의 관습을 신봉했고, 문화 취향에서 보수적이었으며, 사회적으로 반동적이었다. 그들의 주요 목표는 기존의 소비에트 질서를 수호하는 것이었다. 거기로부터 그들은 자신들의 물질적 복지와 사회적 지위를 얻어냈다.

반대파의 숙청과 자신의 지지자들의 등용을 통해서 스탈린은 1934년 초 자신의 이미지대로 당을 개조했다고 생각했다. 1월 26일 그는 1930년 이후 최초인 제17차 전당대회의 개막식 회의에서 1966명의 대의원들에게 그가 당내의 '반레닌주의' 반대파 그룹이라고 부르는 무리가 패배했다고 전했다. 그는 또한 "당원 개개인의 마음속에 그들 무리의 이데올로기의 찌꺼기가 여전히 살아 있다고" 위협조로 경고했다.[12] 부하린, 리코프, 톰스키, 라데크 및 기타 그의 정책의 과거 비판가들은 자신들의 '실수'를 공개적으로 인정하고 철회했으며, 스탈린의 통치 아래에서 연합했다. 스탈린과 그의 5개년 계획의 무오류성은 반론의 여지가 없는 것처럼 비쳐졌다.

이 전당대회는 레닌의 서거 10주기와 일치했다. 스탈린은, 그가 레닌이 시작했던 혁명을 완수하겠다고 맹세했던 그의 '서약 연설' 후 정확히 10년 뒤에 개막 연설을 했다(8장 참조). 이렇게 세심하게 마련된 일치의 상징적인 의미는 스탈린 숭배의 조직자들에 의해 강조됐다. 스탈린 숭배는 1934년 1월 극도로 고조됐다.

전당대회가 열리기 전 몇 달 동안 언론에서 스탈린의 이미지는 레닌의 이미지와 나란히 실렸다. 새해 첫날에 〈프라우다〉 지는 전임 트로츠키주의자였던 라데크가 쓴 긴 논설문 〈사회주의 사회의 건설자〉를 발표했다.

이 기사는 10월 혁명 50주년 기념일에 맞춰 행해진 '사회주의 승리의 역사'에 대한 연속 강연인 것처럼 쓰여졌다. 마치 1967년의 시점에서 회고하는 것처럼 라데크는 1924년부터 1934년까지의 10년을, 스탈린이 이룩한 "세계 역사에 길이 남을 만한 레닌주의의 승리"라고 표현했다. 서기장은 "레닌만큼이나 선견지명을 갖춘" "레닌의 최고의 제자, 레닌주의 당의 모델", 사상가이자 혁명의 전략가로서 레닌과 대등한 인물로 미화됐다. 스탈린이 주창한 5개년 계획은 1917년 10월에 시작된 사회주의 사회의 건설을 완성했다. 그 환상은 1934년 노동일에 붉은 광장에서 그 장면을 사회주의 리얼리즘 스타일대로 재창조하는 것으로 끝난다.

스탈린은 자신의 가장 가까운 전우들에 둘러싸인 채 회색 군용 외투 차림으로 레닌 묘소 위에 서 있었다. 그의 차분한 눈은 자본주의 세계의 미래의 정복자 돌격부대의 굳건한 발걸음으로 레닌의 묘를 행진하며 지나가는 수십만 명의 프롤레타리아들을 사색에 잠긴 표정으로 바라보고 있었다. 그는 10년 전에 레닌의 관 위에서 했던 서약을 이행했다는 것을 알았다. 또한 소련과 세계 혁명 프롤레타리아의 모든 노동 대중 역시 그 점을 알고 있었다. 산처럼 차분한 우리의 보시치vozhd(지도자)의 다부진 형상을 향해 사랑과 믿음의 물결이 흘러갔다. 그곳, 레닌의 묘 위에 미래의 승리에 찬 혁명의 일꾼들이 모여있다는 확신의 물결이 흘러갔다.[13]

스탈린은 후대의 이런 예상된 평가를 대단히 기뻐했다. 그래서 라데크의 논설문이 22만 5000부라는 거대한 부수의 팸플릿으로 재발간되도록 조치했다.

전당대회의 개막일에 〈프라우다〉 지는 스탈린의 영도 아래 사회주의의 승리를 기정 사실로 발표했다. 신문의 표제는 '승리자들의 대회'라는 명칭이 붙여졌다.

실제로 이 전당대회에서는 당원들 내부로부터 스탈린에 대한 마지막 반란이 펼쳐졌다. 중앙위원회를 선출하기 위한 비밀투표가 치러지고 있는 동안, 스탈린이 최소한 150개의 반대표를 얻었다는 소문이 돌았다(당 선거에서의 관습은 각 후보에 대해 찬성 또는 반대표를 적극적으로 던지는 것이었다). 그러나 그 투표용지들은 훼손됐다. 단 세 표만이 스탈린의 반대표로 기록됐다. 스탈린의 정책에 대해 불만을 품었고 그를 '중도적인' 키로프로 대체하는 것을 고려하고 있었던 지역 당 서기들 사이에서 저항이 일어나는 것 같았다. 이렇게 주장되는 음모에 대해 키로프가 알고 있었는지 아닌지는 불분명한 상태로 남아 있다. 키로프가 그 음모에 가담하는 것을 진지하게 고민한 것 같지는 않다. 스탈린 아내의 사망 이후 키로프는 지도자와 특별히 가까워졌다. 그는 사실상 스탈린의 가족이나 다름없었다. 그러나 스탈린은 화가 나 있었다. 그는 모든 사람들에게서 배신을 보았다. 스탈린의 편집증은 그의 지도력에 대한 무기명 투표에 의해 증폭됐다. 그래서 스탈린은 키로프를 도전자로 여기며 두려워했다.

12월 1일, 키로프는 스몰니의 사무실에서 당에 불만을 품은 당원에게 살해됐다. 위험 인물로 알려져 있었지만 불가사의하게도 엔카베데에 의해 권총을 들고 건물로 들어가도록 입장을 허가받았다. 그 암살 음모를 스탈린이 공모했다고 단정 지을 수는 없다. 그러나 스탈린이 그 사건을 자신의 정적들을 제거하는 데에 사용했다는 점에는 의심의 여지가 없다.

살인이 벌어진 후 스탈린은 수사를 지휘했고 (이틀 뒤 정치국이 승인하게 되는) 계엄령을 발표했다. 그 계엄령은 '테러리스트' 혐의자들에 대한 즉결 심판과 처형을 명령했다(12월 한 달 동안에만 새로운 법에 따라 6500명이 체

혁명의 러시아

포됐다). 스탈린은 '지노비예프주의자'들의 살인을 비난했으며(지노비예프는 레닌그라드의 전임 당수였다), '독일 파시스트 백군 스파이'인 그들을 체포할 것을 요구했다(843명의 지노비예프의 과거 동료들은 1935년 1, 2월에 체포됐다). 탄압 운동은 빠른 속도로 레닌그라드 전역으로 퍼져나갔다. 1만 1000명에 이르는 '구시대인'(몰락한 귀족과 부르주아, 차르 정부의 관료 등)이 체포됐고, 수용소나 유형지로 보내졌다. 탄압 운동은 또한 당원들을 고루 거쳐갔다. 1935년 당의 숙청에서 무려 25만 명의 당원들이 추방됐고, 그들 대다수가 엔카베데의 조사를 받았으며, '반레닌주의자'라고 비난받았다. 당의 숙청에 엔카베데가 철저하게 개입한 것이 새로운 점이었다. 그것은 대숙청의 틀을 만들어냈다.

스탈린은 이 작전에서 추진력을 발휘했다. 야고다가 엔카베데 관리들이 그렇게 많은 당 동지들이 체포된 것에 대해서 불안해한다고 불평을 쏟아내자, 스탈린은 그에게 더 바짝 경계하라고, 그렇지 않으면 "우리가 네 놈들을 때려눕힐 것"이라고 경고했다.[14] 야고다의 입지는, 당내 숙청에서 스탈린의 수석 경찰 보좌관이었던 니콜라이 예조프Nikolai Yezhov가 1935년 초의 몇 달 동안 크렘린 내에서 '외국인 스파이'와 '테러리스트'의 거대한 네트워크를 적발했다고 주장했던 크렘린 사건으로 더 약화됐다. 트로츠키와 지노비예프에 의해 조직됐다고 추정되는 그 음모는 엔카베데에게 발각되지 않았다. 스탈린의 지시에 따라 예조프는 크렘린의 피고용 노동자들에 대한 대규모 숙청을 시작했다. 청소원, 사서, 중앙집행위원회의 관리들이 해고됐다. 중앙집행위원회의 의장인 아벨 예누키제Abel Yenukidze는 '과거 반대진영들'이 크렘린에서 일자리를 찾는 것을 도운 죄로 당에서 추방됐다.

예누키제는 스탈린의 가장 오래된 조지아 출신 친구 중 한 명이었다.

그는 나데즈다의 대부였으며, 그녀가 스스로 목숨을 끊던 날 밤 크렘린의 만찬에서 그녀와 춤을 췄다. 예누키제의 제거는 스탈린의 내부 인사들이 느낀 최초의 충격이었다. 그 사건은 1차 5개년 계획 동안 스탈린의 정책을 지지하며 출범했던 집단 지도체제의 종말을 의미했다.

스탈린의 다음 공격 대상은 내전 동안 오랜 동지였던 오르조니키제였다. 중공업 담당 인민위원인 오르조니키제는 산업관료 체제 내에서 '자신의 사람'들을 열정적으로 보호했던 인물이다. 그는 집단 지도체제를 지지했던 마지막의 유력한 옹호자였으며 스탈린의 당 숙청에 제동을 걸 수 있었던 유일한 인물이었다. 스탈린은 오르조니키제의 영향력을 꺾으려고 마음먹었다. 스탈린은 자신의 정책을 감히 비판했던 로미나제Vissarion Lominadze를 오르조니키제가 후원했던 것에 분노했다. 기소된 로미나제는 1935년 자살했고, 엔카베데는 로미나제에 대한 기소 사건을 조작하기 시작했다. 오르조니키제의 대리인인 퍄타코프가 1936년 9월 지노비예프, 카메네프와 연계됐다는 의심을 받고 체포됐다. 오르조니키제의 손위 형제도 체포됐으며, 스탈린은 오르조니키제가 그 사실을 알도록 했다. 11월에는 오르조니키제의 실무단이 시베리아의 케메로보 석탄 광산에서 일어난 폭발 사건으로 '트로츠키주의자'와 '파괴자'라는 혐의를 쓰고 재판을 받았다. 오르조니키제는 2월 말 개최되기로 예정되어 있던 중앙위원회 총회에서 이 일들을 비판하려고 계획하고 있었다. 그러나 2월 18일 그는 세상을 떠났다. 그의 사인은 심장마비라고 전해졌으나, 이것은 거짓이었다. 스탈린의 아내의 경우와 마찬가지로, 폭로하기에 너무나 위험한 진실이었다. 1956년 흐루쇼프는 오르조니키제가 자살했다고 발표했지만, 타살에 대한 의혹은 계속됐다. 스탈린에게 살해됐으리라는 것이었다.

Revolutionary Russia
1891~1991

12장

후퇴하는 공산주의?

소련의 극적인 방향 전환

"동지들, 삶은 좋아졌소. 인생은 훨씬 즐거워졌소. 삶이 즐거워질 때, 일은 잘 풀리는 법이오." 스탈린 정권은 10년의 중간 시점에 정권 강화의 일부로서 물질적 복지와 행복의 추구를 새로이 강조했다. 이제 공산주의의 목표는 '사회 구성원 모두를 위한 부유하고 교양 있는 삶의 조직'이라고 일컬어지고 있었다.

이것은 혁명 초기 몇 년 동안의 스파르타식 문화와 5개년 계획이 요구하는 희생으로부터 멀리서 터져 나오는 울음이었다. 1917년 이후 볼셰비키는 사유재산에 대한 '소부르주아적' 소망을 제거하려고 노력해왔다. 그러나 이제 스탈린은 이런 욕망은 사회주의가 바꾸지 못하는 인간 본성의 일부라고 주장했다. 1935년에 열린 콜호스 노동자 회의에서 그는 노동자들이 사유재산으로 세 마리의 소를 키우는 것을 허용하는 방안을 옹호했다. 스탈린이 말했다. "인간은 인간이다. 인간은 자기를 위해서 무언가를 소유하기를 원한다." "여기에는 아무 문제가 없었다." "인간의 심리를 개조하고, 사람들에게 공동체 생활을 하도록 재교육하는 것에는 오랜 시간이 걸릴 것이다."[1]

이런 급격한 사상적 반전을 어떻게 설명할 수 있을까? 트로츠키는 이를 '소비에트 테르미도르'라고 일컬었다. 그것은 프랑스 혁명가들이 보수적인 정책을 도입했던 1794년 이후 자코뱅당원들에 대한 테르미도르의 반발을 일컫는 말이었다. 트로츠키는 '소비에트 테르미도르'라는 표현으로 스탈린이 1917년의 공산주의 이상으로부터 후퇴했음을 강조하려 했다. 트로츠키는《배반당한 혁명》에서 스탈린주의 관료체제의 승리를 두고 이 테르미도르를 비판했다. 정부는 자체에 대한 충성심에 대한 대가로 물질적 열망을 증진시켰다.

정치 스펙트럼의 반대쪽 끝에서 망명한 사회학 교수인 니콜라이 티마셰프Nicholas Timasheff는 훗날 그의 영향력 있는 저서 《대후퇴》(1946)에서 유사한 결론을 도출해낸다. 그는 공산주의의 신조가 명백히 대참사와 대중적 지지의 상실을 일으켰기 때문에 볼셰비키가 공산주의의 신조에서 의도적으로 후퇴했다고 주장했다. 점점 커져가는 나치 체제의 군사적 위협과 직면해서 소비에트 지도부는 민중의 보수적 이해관계—물질적 향상에 대한 열망, 행복의 추구, 전통적 가치관과 민족주의의 예술적 표현—에 호소함으로써 전국가적 단결을 강화하고 국가의 권위를 새로 세우려고 시도했다고 주장했다. 공산주의는 민족주의적으로 변했고, 민족주의는 소비에트 방식으로 재구성됐다. 우리가 티마셰프나 트로츠키의 견해에 동의하든 동의하지 않든 간에, 스탈린 정권의 강화는 혁명 초기의 유토피아적 꿈보다는 견고하고 친숙한 원리에 근거해 국민의 지지를 동원하려는 시도에 확실히 근거하고 있었다.

스탈린주의는 물질적 보상을 승인함으로써 구성된 사회적 위계질서 위에 세워져 있었다. 지도층 인사들에게 이런 보상은 고된 노동과 충성심을 이끌어내기 위해 곧바로 사용할 수 있었다. 그 위계질서에서 아래쪽에 있는 사람들에게, 그 보상은 공산주의라는 목표에 도달하게 될 미래에 약속됐다. 이런 식으로 정부는 출세지향적인 사회와 연결되어 있었다. 정부는 소비에트 체제 안에서 승리자—정부관리, 기술 엘리트, 지식인, 군과 경찰장교, 대단히 근면한 노동자—의 범위를 꾸준히 넓힘으로써, 그리고 그들에게 오직 정부만이 베풀 수 있는 높은 급료와 생필품과 기타 혜택(개인 아파트, 별장, 리조트에서의 휴가, 특별 상점에 대한 이용권 등등)을 보상해줌으로써 자신의 권력을 유지했다. 이런 사회적 위계의 중심에는 국가에 대한 봉사의 이념이 자리 잡고 있었다. 그것은 1917년 이전의 군복무와 공직 봉사에 대한 대가로 차르 체제가 직위와 재산을 수여했던 방식과 다르지 않았다.

1932년 이후 정부는, 1차 5개년 계획 내내 새 공장과 신도시를 건설하기에 분주해 자본 부족에 허덕거렸던 소비재 산업에 대한 투자를 늘렸다. 1935년에 이르러 식품, 의류, 가정용품의 공급이 현저하게 향상됐다. 배급제가 폐지됐고, 상점의 진열장이 물건들로 가득차면서 낙관적인 분위기가 일었다. 향수, 초콜릿, 코냑, 철갑상어 알, '소비에트 샴페인'(스탈린이 직접 제안해서 생산된) 등등 사치품의 생산 역시 꾸준히 증가했다. 사치품의 가격은 휴일마다 할인됐다.

곧 불어닥칠 '좋은 삶'에 관한 신화는 1930년대 내내 공산주의적 신조의 중심을 이루고 있었다. 그것은 과거에 부자만이 누릴 수 있었던 사치품에 대중 역시 접근할 수 있다는 환상을 그들의 심리에 투사했다. 소련 대중에게 점점 더 커져가는 의류, 패션, 가구의 구매 가능성을 홍보하기 위해 소비자 잡지가 발행됐다. 1934년 10월 모스크바의 고리키 거리에 다시 문을 연, '1번 식료품점'으로 이름이 바뀐 예전의 옐리세예프 상점처럼 백화점과 호화 식품 매장이 문을 열었다는 소식이 대대적으로 홍보됐다. 이런 사치품 가운데서 일반인들이 실질적으로 이용할 수 있거나 살 수 있는 것은 대단히 극소수였다. 대부분의 물건들이 평균적인 시민의 수입을 훌쩍 넘어선 비싼 가격으로 시범 상점에서 판매됐다. 그러나 이런 소비용품의 광고 홍보는 시민들의 사기에 커다란 영향을 끼쳤다. 소련 사회의 풍요를 선전하는 이미지는 사람들에게 보통 시민들 역시 언젠가는 이 상품들을 살 수 있게 될 거라는 희망을 심어주면서 그들이 더욱 열심히 일하도록 고무했다.

소련은 그 평등주의적 이상에도 불구하고 실제로는 대단히 계층화된 사회였다. 작업장에서의 지위, 기술 수준과 경험에 근거해 노동자들 사이에 무한한 차등관계가 존재했고, 그들의 급료와 보상의 혜택이 결정됐다. 공무원 가족은 소련 상점에서 매우 구하기 힘든 제품(육류, 소시지, 유제품, 설탕, 철갑상어 알, 담배, 비누 등)을 지급받았다. 그들은 정부에서 받은 쿠폰으로 특수 잡화점에서 옷과 신발을 살 수 있었다. 소련의 엘리트 이하 계급에서는 그 누구도 풍족한 물질혜택을 누리지 못했다. 옷과 신발을 몇 년 동안이고 바꿀 수 없었다. 가게에는 기본적인 생필품이 빠져 있었다(소련 시기의 유머는 이 주제를 풍부하게 다룬 바 있다). 국영상점에서 구할 수 없는 물건들은 자주 뒷거래를 통해 높은 암시장 가격으로 팔렸다. 공급의 문제를 처리하기 위해서, '호의의 경제'가 비공식망('블라트blat'라고 알려져 있는 시스템)을 통해 작동했다. 연줄이 있다면 그 무엇이라도 구하는 것이 가능했다.

1930년대에는 최상위 고소득 노동자와 최하위 소득 노동자 사이의 임금 격차가 현격히 증가했다. 이것은 1917년 노동자 혁명의 주요 목표 중 하나였던 소련 초기의 임금 평등으로부터의 후퇴였다.

점점 더 커져가는 불평등은 주택 문제에서도 불거져 나왔다. 1930년대에 이르러, 엘리트 계층을 위해서는 새로운 개인 아파트 단지가 세워진 반면에, 도시 인구의 80퍼센트는 매우 비좁아 터지는 공동아파트에 살았다. 그것은 스탈린 시기 내내 도시민들에게 하나의 규범으로 남게 된 생활 방식이었다. 도시로의 농민의 집단적 유입은 주택 공급에 상당한 부담을 안겼다. 1930년 당시 모스크바의 평균 시민이 누렸던 생활공간은 5.5평방미터에 불과했고, 1940년에는 고작 4평방미터로 축소됐다. 주택공급이 인구 증가율에 못 미쳤던 마그니토고르스크와 같은 신흥 산업도시에서 상황은 훨씬 나빴다. 대다수 노동자들은 공장 막사 또는 기숙사에서 지냈다. 그 안에서는 나무 침대 둘레에 커튼을 쳐서 사적인 공간을 만들었고 가족별로 구분했다.

공동아파트는 공산주의 사회의 소우주였다. 그 안에서 사는 주민들은 자신의 이웃에 대해 거의 모든 것을 알고 있었다. 그들의 일상적인 날의 시간표, 그들의 개인적인 습관, 그들의 방문객과 친구들, 그들이 사는 물건과 먹는 것들, 그들이 전화 통화로 한 얘기들(전화기는 주로 복도에 놓여 있었다). 칸막이벽이 얇았기 때문에 심지어 그들이 자기 방에서 한 얘기들까지. 엿듣기와 스파이 행위와 고자질은 1930년대의 코무날카에서 다반사로 일어났다. 주민들은 바짝 경계하도록 자극을 받았다. 개인의 사유물품을 두고 옥신각신이 자주 벌어졌다. 공동으로 사용하는 부엌에서 사라진 음식물, 방에서 일어나는 절도, 밤마다 들리는 음악 소리나 소음 등도 언쟁거리를 제공했다. 이런 하찮은 옥신각신이 정부에 대한 맹렬한 비난으로 비화하는 데는 오래 걸리지 않았다.

훗날 많은 사람들은 1930년대를 기억하면서 자신들이 현재보다는 미래를 위해서 살고 있다는, 그때 가졌던 느낌을 이야기했다. 이런 감정은 1917년 이후에 자라난 세대에서 특히 강했다. 이들은 소비에트 체제의 가치와 이상에 완전히 깊이 몰두했던 청년들이었다. 그들에게 공산주의 유토피아는 머나먼 꿈이 아니라, 곧 도착하게 될, 만져지는 현실이었다. 우리는 1920년대와 1930년대에 초등학생들이 쓴 글에서 이 점을 확인할 수 있다. 이들은 자기의 모든 희망과 꿈이 실현되는 세계로 공산주의를 묘사했다. 현실과 아주 동떨어진 SF적 관점보다는 자신들의 직접적인 현실에 대한 변형(우유로 가득 찬 목장, 분주한 공장)으로 상상했다.

　이것이 바로 사회주의 리얼리즘 예술에서 '찬란한 미래'를 그렸던 방식이다. 사회주의 리얼리즘이 표현한 행복한 공장과 콜호스 노동자들의 기념비적인 이미지는 현재 모습 그대로의 소비에트 실생활을 재현한 것이 아니라, 공산주의 미래에서 도래할 소비에트 생활의 모습을 그린 것이었다. 1934년 '작가 동맹'이 정식화한 바에 따르면, 사회주의 리얼리즘은 혁명의 발전 단계에 놓여 있는 현실을 역사적으로 구체적이고 진실한 모습으로 그리는 것을 말한다. 사회주의 리얼리즘의 관념은 사람들에게 미래에 대해 꿈꾸도록 하는 것이 아니라, 그들로 하여금 그들 주변의 소비에트 현실 속에서 그런 미래가 형성되어가는 신호를 보도록 도와주는 데에 있었다. 이런 비전의 수용이 공산주의 신념의 토대를 이루었다.

　《이데올로기와 유토피아Ideology and Utopia》(1929)에서 카를 만하임Karl Mannheim은 마르크스주의 혁명가들이 시간을 미래의 천국에 있는 혁명의 종착역으로 이르는 노정에 늘어선 '전략적 견해들의 연속체'로서 보려는 성향에 대해 설명했다. 미래가 현재를 구성하는 능동적인 요소이고 역사의 흐름을 규정하기 때문에, 일상의 현실은 이 미래에 의해 해석된다. 이러한 시간 감각이 5개년 계획 내내 진보에 대한 소비에트의 관념을 조직했다. 5개년 계획과 그것의 생산 '기습작전'의 목표는 산업 경제의 전체 속도를 높임으로써 공산주의 미래의 도래를 앞당기는 것이었다. "5개년 계획을 4년으로 앞당기자!"

1930년대 초 소련의 변화 속도는 아찔할 정도였다. 믿을 수 없을 만큼 빠른 속도로 새 공장과 댐과 운하와 철도와 심지어는 도시 전체까지도 지어졌다. 대공황의 결과로 자본주의 사회가 위기에 놓여 있었던 반면에, 소련의 이런 진보의 기호들로 인해 (서구의 지식인들을 포함한) 무수히 많은 사람들이 공산주의 유토피아에 대해 무한한 믿음을 쏟았다. 이런 미래에 대한 전망을 수용함으로써, 스탈린주의 정권과 공모하게 되는 태도를 취하는 것이 불가피했다. 다시 말해, 당의 방침이 옳다는 것을 받아들이는 태도, 실존하는 현실에서 관찰되는 진실보다 당의 혁명적 진실이 더 중요하다는 것을 받아들이는 태도, 이런 '공산주의로 이르는 행진'에서는 인간의 희생이 불가피함을 받아들이는 태도를 의미한다.

모스크바는 공산주의 미래를 보여주는 더 나은 삶의 상징이었다. 모스크바는 스탈린의 독재적인 통치를 받으면서 불과 몇 년 만에 교회로 가득 찬 정체된 지방 도시에서 기념비적 건축 양식으로 건설된 제국의 수도로 변신했다. 도심을 통과해 레닌 묘역으로 이르는 퍼레이드를 위한 새로운 길이 있었다. 레닌 묘역은 크렘린이 공산주의 제국을 통치했던 붉은 광장에 위치한 혁명의 신성한 성전이다. 전 지구적 지배를 꿈꾸는 모스크바 정부의 열망은 1935년 10월에 상징적으로 확증됐다. 최초로 붉은 별이 로마노프 왕조의 쌍두독수리 문장(기이하게도 이것은 1917년 이후에도 제거되지 않았다)을 대체하기 위해 크렘린의 망루 위에 설치됐다. 별 각각의 다섯 개의 끝은 이제 곧 공산주의의 꿈을 서로 나눠 가지게 될 대륙을 상징했다.

모스크바 시의 지하철은 공산주의 진보의 구체적인 상징이었다. 1935년 1호선이 개통했을 때, 교통 인민위원이었던 카가노비치는 그것에 대해 프롤레타리아의 궁전이라고 찬사를 보냈다. "우리의 노동자가 지하철을 탄다면, 그는 틀림없이 기뻐할 것이다. 그는 다가오는, 승리로 가득한 사회주의로 빛나는 궁전 안에 있는 자신의 모습을 떠올릴 것이다."[2] 넓은 홀과 샹들리에, 스테인드글라스로 된 외벽, 황동과 크롬으로 된 마감재, 대리석 무늬로 된 마루와 얼룩 한 점 없는 강철로 된 아치 등 각 역의 모습은 궁전과 비슷했다. 일반 국민의 보잘것없는 '생활공간'과 현격하게 대조되는 그 공적 공간의 화려함은 과거 몇 세기 동안 교회가 해온 역할과 다르지 않은 중요한 도덕적 역할을 수행했다. 지하철은 시민의 자긍심과 숭배를 고취시킴으로써 소비에트 질서의 공적인 목표와 가치에 대한 대중의 믿음을 배양하는 데에 기여했다.

모스크바에서 공산주의 미래를 표현한 가장 야심찬 건축 아이콘은 1931년에 철거된 그리스도 구세주 사원의 부지에 들어서게 될 예정이었던 '소비에트 궁전'이었다. 이 궁전은 세계에서 가장 큰 건물이 될 예정이었다. ('자유의 여신상'보다 세 배나 더 큰 거대한 레닌의 조각상을 그 정상에 올려놓을, 높이가 416미터에 이르게 될 이 건물은 1931년 뉴욕에서 문을 연 엠파이어스테이트 빌딩보다 8미터가 더 높았다.) 그 마천루는 결코 세워지지 못했지만, 그것의 그림은 성냥갑에 계속 인쇄되어 나타났고, 그 인근 지하철역(오늘날의 '크로포트킨' 역)은 1957년까지 계속해서 '소비에트 궁전'이라고 불렸다. 좀 더 지나서 그 부지는 수영장으로 바뀌었다.

소련 국민을 건강하고 무언가에 열중하도록 하기 위해 1930년대 중반부터 흥겨운 오락, 스포츠, 체조 등이 강조됐다. 할리우드를 본보기 삼아 소련 영화는 행복한 뮤지컬, 낭만적 희극, (새로운 소련 청년 세대를 위해 내전 영웅에 대한 숭배를 부활시켰고, 스탈린이 좋아하는 영화라고 일컬어지는 〈차파예프〉와 같은) 전쟁 모험극을 대량으로 생산했다. 1차 5개년 계획 시기 동안 소련 영화계를 지배했던 산업 이야기들이 지나간 후, 이 오락물들은 국민들이 노동 뒤의 근심을 잊을 수 있도록 해주는 가벼운 긴장풀이용이었다. 국민들은 많은 빵을 받지는 못했지만, 서커스는 실컷 보았다.

초창기 볼셰비키들이 진지하지 못한 소일거리라고 보았던 춤은 1930년대에 공식적으로 장려됐다. 춤 교습소가 도처에서 문을 열며 대유행을 했다. 재즈 밴드가 번성했다. 쇼스타코비치Dmitrii Shostakovich처럼 고전음악 작곡가가 자신의 작품에 재즈 주제를 포함시키기도 했다. 그들은 행복하고 낙관주의적인 선율을 담은, 대중이 쉽게 접할 수 있는 가볍고 단순한 음악을 작곡하도록 요구받았다.

공원에서는 축제가 벌어졌고, 소련의 경축일을 기념하기 위해 성대한 퍼레이드가 펼쳐졌다. 제1차 5개년 계획 시기의 군사적 형태의 퍼레이드와 대조적으로, 이후 1930년대의 퍼레이드는 희열감 넘치는 행사였다. 1935년 붉은 광장을 통과했던 노동절 퍼레이드에는 민속의상을 입은 5000명의 인파가 모였다. 신년 전야가 크리스마스를 대신해 아동을 위한 국경일로 홍보됐다. 혁명 이후 처음으로 1935년에 전나무 장식이 공식적으로 허가됐다(전나무 꼭대기에는 천사 인형 대신 붉은 별이 달렸다). 같은 해에, 과거에 '쿨라크와 사제의 협력자'라고 비난받았던 오랜 민속 영웅인 '동장군 할아버지'(러시아의 산타크로스)가 부활했다. 소련 언론에서는 그를 스탈린의 부성적 이미지와 관련지었다.

스탈린의 지도 아래 볼셰비키는 가족에 대한 초창기의 혁명적 정책을 철회했다. 1920년대에 그들이 노력했던 것처럼 가족을 해체하는 대신, 이제 그들은 가족을 복구하려고 노력했다. 트로츠키가 썼듯이, "오래된 가족을 공격하려는" 시도—가족이라는 '부르주아적' 관습을 집단적인 생활 형태로 대체하는 것—는 믿기 어려울 정도로 유토피아적이었다고 소련 정부는 시인했다.

1930년대 중반부터 소련의 가정을 강화하려는 목적을 가진 일련의 법령들이 쏟아져 나왔다. 이혼에 관한 법은 더 엄격해졌고, 이혼에 대한 벌금이 상당히 올랐다. 자녀양육비가 증액됐다. 동성애와 낙태가 불법화됐다. 결혼식은 화려해졌고, 등기소가 말끔해졌다. 사용된 포장지 대신에 고품질의 종이 위에 결혼 증서가 인쇄되어 발급됐다. 1928년 당시 기독교의 유물로 금지됐던 결혼반지가 1936년부터 소련 상점에서 다시 판매됐다. 혁명 초기 몇 년 동안 생활방식에서 훨씬 실험적이었던 정치 엘리트들이 성性에 대하여 전통적이고, 심지어는 가식적인 태도로 회귀했다. 훌륭한 스탈린주의자는, 스탈린 숭배에 의하면 스탈린 자신이 그랬다고 하듯이, 자신의 가정에 헌신적이고 일부일처제에 충실할 것이 요구됐다. 스탈린의 부인처럼 볼셰비키의 아내는 집에서 아이를 양육하는 전통적인 역할로 돌아갈 것을 요구받았다.

이런 극적인 정책 전환은 부분적으로는 1928~1932년의 인구학적, 사회적 재난에 대한 반응이었다. 국가의 국방력을 위협할 정도로 수백만 명이 기근으로 사망했고, 출생률은 떨어졌다. 이혼이 증가했고, 가정이 해체되면서 아동의 유기가 대중적인 현상이 됐다. 정부 당국은 집 없는 고아, 매춘, 10대 범죄 등 가정의 해체로 인해 생긴 문제를 어떻게든 해결해야 했다. 다른 전체주의 체제와 군사적으로 경쟁하는 데에 필요한 인구성장률을 유지하기 위해서 소련 정부는 안정된 가정이 필요했다. 전체주의 정부는 '출산을 위한 전쟁'을 벌이면서 가부장적 가정을 막대하게 후원했다.

그러나 소련의 방향 전환은 또한 스탈린의 신흥 산업 및 정치 엘리트들―그들 대다수는 오직 최근에야 농민이나 노동자 계급에서 배출됐다―의 '부르주아적' 열망에 대한 응답이었다. 그들은 부르주아적 가치에 대한 경멸 또는 여성해방에 대한 헌신을 공유하지 않았다. 이것들은 혁명에서 더 앞선 세대에 특징적인 구 볼셰비키 인텔리겐치아 세계관의 핵심적인 부분이었다. 소련의 가정에 대해 많은 글을 쓴 트로츠키는, 스탈린 정권이 성적 평등에 대한 혁명의 헌신을 배신했다고 주장했다.

소련인들의 위대한 책에서 대단히 극적인 장들 중 하나는 그 소련 가정들의 분열과 해체에 관한 이야기가 될 것이다. 거기서 남편은 당원, 노동조합원, 군사령관 또는 행정관으로서 성장하고 발전했으며, 인생의 새로운 취미를 얻게 됐다. 반면 아내는 가정에 쪼들려, 예전의 수준 그대로 머물러 있다. 소련 관료체제의 두 세대가 걸었던 길은 버림받고 뒤처진 아내들의 비극으로 점철되어 있다. 지금, 새로운 세대에서도 똑같은 현상을 관찰할 수 있다. 아마도 모든 상스러움과 잔인함 중에서 가장 큰 것을 관료체제의 절정에서 만날 수 있을 것이다. 여기에서는 모든 것이 자신에게 허용된다고 생각하는, 몰지각한 벼락부자가 대단히 많은 비율을 차지하고 있다. 미래의 어느 날, 문서보관소와 회상록이 가정의 도덕과 강제적인 '모성의 기쁨'의 전도사들(이들은 자신의 지위 덕분에 기소를 모면하고 있다)이 저지른 아내에 대한 완전한 범죄, 여성 일반에 대한 완전한 범죄를 폭로할 것이다.[3]

트로츠키의 주장은, 노동계급의 가정에서 어떻게 가사 분업이 나뉘어져 있는가를 드러내는 통계에 의해 뒷받침된다. 1923년부터 1934년까지, 노동하는 여성들은 남성보다 집안일에 세 배 이상의 시간을 더 쏟았다. 그리고 1936년 여성들이 집안일에 쏟는 시간은 다섯 배나 더 늘어났다.

여성들의 입장에서는 아무것도 바뀌지 않았다. 그들은 공장에서 긴 시간 일했고, 요리, 청소, 육아 등으로 매일 밤 평균 다섯 시간을 일하면서 집에서 두 번째 노동에 들어갔다. 반면에 남성들은 수도, 가스, 전기의 공급으로 인해 가정에서 자신들의 전통적인 의무(장작 패기, 물 기르기, 난로 준비) 대부분으로부터 면제됐고, 문화적 취미와 정치에 더 많은 시간을 쏟았다.

가부장적 가정의 회복은 국가의 기본단위로서 가정을 홍보하는 것과 밀접하게 관련되어 있었다. 1935년 한 교육학자는 이렇게 썼다. "가정은 우리 사회의 일차적인 세포다. 자녀 양육에 대한 가정의 책무는 좋은 시민을 양성해야 하는 그 본연의 의무로부터 비롯된다." 부모의 역할은 가정에서 소비에트의 지배를 집행하는 권위의 이미지로서 지지됐다. 1935년 〈콤소몰스카야 프라우다Komsomolskaya Pravda〉• 지는 이렇게 주장했다. "젊은이들은 자신보다 나이 많은 사람들을, 특히 부모를 존경해야 한다. 설령 부모가 옛날식 사고방식을 가졌고, 콤소몰을 좋아하지 않는다고 할지라도 그들은 부모를 존경하고 사랑해야 한다."[4]

이것은 1930년대 초에 파블리크 모로조프 숭배로부터 뽑아낸 도덕적 교훈으로부터의 극적인 변화를 드러낸다(파블리크 모로조프는 우랄의 한 마을에서 살았던 열다섯 살의 소년으로, 그는 소련 경찰에 자신의 생부를 쿨라크라고 고발했다). 파블리크 모로조프에 대한 선전선동의 첫 단계에서 그는 모범적인 '피오네르'로 홍보됐다. 그가 자기 가족보다 혁명에 더 큰 충성심을 보였기 때문이다. 만약 어른들, 교사들, 심지어는 부모까지도 반소비에트적이라고 생각되면 소련의 아이들은 그들을 고발하도록 독려받았다. 그

• '소련공산당 청년동맹'의 기관지로 1925년부터 1991년까지 발행됐다. 오늘날에는 러시아 일간지로 발행되고 있다.

러나 정부가 부모의 권력을 강화하자, 파블리크 모로조프의 숭배는 파블리크가 아버지를 고발한 일보다는 학교에서 그의 순종적인 태도와 고된 노동을 감내한 것에 강조점을 두는 쪽으로 새롭게 해석됐다.

1930년대 중반 이후로 스탈린 정권은 가족의 은유와 상징을 통해서 자신을 그렸다. 가족은 수백만 명의 국민이 새롭고 낯선 환경에 처했던 시기에 그들에게 친숙한 가치체계였다. 국가와 가족 간의 이런 연관 속에서는 어떤 새로운 점도 없었다. 마치 1917년 이전에 니콜라이 2세가 국민의 '아버지-차르'였듯이, 스탈린 숭배는 그를 부성적인 모습으로, 즉 '국민의 아버지'로 그려놓았다. 스탈린은 보호자이자, 가정 내의 궁극적인 권위로서 묘사됐다. 많은 가정에서 그의 초상화는, 전통적으로 이콘이 걸려 있었던 공경의 장소인 '붉은 구석'이나 문간 위에 걸렸다. 사진에서 그는 자주 아이들 가운데서 찍혔고, 아이들의 '친구'처럼 연기했다. 한 유명한 사진에서는, 1936년 크렘린의 연회에서 스탈린이 그에게 꽃 한 다발을 건넨 겔랴 마르키조바라는 한 어린 소녀를 부둥켜안고 있다. 이 소녀의 아버지는 부랴트-몽골리아의 농업 인민위원이었는데, 나중에 '일본 첩자'로 몰려 총살당했다. 그녀의 어머니는 체포되어 카자흐스탄으로 유형에 처해졌고, 거기에서 스스로 목숨을 끊었다.

또한 이 시기에는 1917년 이후 아방가르드를 번성하도록 했던 관대한 문화정책으로부터의 후퇴가 있었다. '라프RAPP'(전러시아 프롤레타리아 작가 협회) 같은 기관들이 소비에트 문학의 '부르주아 적들'에 대해 '계급 전쟁'을 시작한 1929년에 일제 단속이 시작됐다. 라프는 소비에트 문학의 부르주아 적들이 좌파 아방가르드에 숨겨져 있다고 주장했다. 위대한 혁명 시인 블라디미르 마야콥스키Vladimir Mayakovsky를 죽음으로 몰고 간 것(그의 사인이 자살인지 타살인지는 완전히 분명하지 않다)도 라프의 공격이었다.

1930년대 초에는 개인적인 목소리를 가진 모든 작가가 정치적으로 의심스러운 존재로 간주됐다. 5개년 계획은 단순히 산업화 프로그램으로만 머무는 것이 아니었다. 그것은 국가가 새로운 사회를 건설하기 위해 모든 예술가들을 소집했던 하나의 문화혁명이었다. 이 계획에 따르면, 소련 예술가의 책무는 노동자의 의식을 고취시키고, 노동자가 이해하고 긍정적인 이상과 관련지을 수 있는 사회적인 내용을 담은 예술을 생산함으로써 '사회주의 건설'을 위한 '전투'에 그들을 참여시키는 것이었다. 이런 식으로 예술가는 새로운 유형의 인간을 창조할 수 있었다. 스탈린은 1932년 '고리키의 집'에서 열린 작가와 관리들의 모임에서 이렇게 말했다. "영혼의 생산이 전차의 생산보다 더 중요하다. 따라서 나는 인간 영혼의 기술자인 당신들, 작가들을 위해 이렇게 건배를 제의한다."

비록 그 당시에 고리키는 누구의 글이 사회주의 리얼리즘의 모델인지 분명하게 알지 못했지만, 사회주의 리얼리즘의 원칙이 만들어지고 사회주의 리얼리즘이 모든 소련 예술가들에게 엄격한 형식을 갖춘 정설로 굳어지게 되는 것은 바로 이 회의에서였다. 고리키는 사회주의 리얼리즘이 19세기 문학의 비판적 사실주의 전통과 볼셰비키 전통의 혁명적 낭만주의를 결합시킬 것이라고 이해했다. 그것은 일상 현실에 대한 묘사와 혁명의 영웅적 약속에 대한 비전을 결합할 계획이었다. 이런 공식은 작가에게 많은 자유를 부여했다. 그러나 1934년 이후 소련 정부 산하 문화기관의 감시를 받았던 이 사회주의 리얼리즘은 스탈린식 해석을 통해 예술가와 작가에게 침묵과 순응을 강요했다. 이제부터 그들은 소련 생활에 대해 한결같이 낙관적이고, 대중들이 쉽게 이해할 수 있는 작품을 만들어야 했다. 작가와 예술가는 국가가 그들에게 정해준 중심 서사—공산주의 유토피아를 향한 인류의 진보―의 기록자로 여겨졌다.

1934년부터 예술적 아방가르드에 대한 집중적 언론 비판이 시작됐다. 그 공격은, 초연 이후 수백 회 공연을 하며 대성공을 거둔 쇼스타코비치의 오페라 〈므첸스크군의 맥베스 부인〉에 대한 비판("음악이 아닌 혼돈")이 〈프라우다〉 지에 실렸던 1936년에 절정에 달했다. 한 익명 작가가 쓴 그 논설문은 쇼스타코비치의 음악이 대중이 즐기지 못할 정도로 너무 불협화음으로 이루어졌다며 '형식주의'와 '좌파적 왜곡'이라고 비판했다. 그 기사가 나오기 불과 며칠 전에 오페라를 보고 그것을 분명히 혐오했던 스탈린을 지지하는 논조로 씌어져 있었다. 이것은 단순히 운 좋게 체포를 피할 수 있었던 쇼스타코비치에 대한 공격으로 그치는 것은 아니었다. 그것은 모든 소련 예술가들에게 사회주의 리얼리즘의 관례를 따르게 하려는 정부의 의도를 분명히 표현한 경고였다. 쇼스타코비치의 변호에 나섰던 극장 감독 프세볼로트 메이예르홀트는 극렬한 비난에 휩싸였다(그는 나중에 체포됐고, 엔카베데에 잔혹하게 두들겨 맞았으며, 그다음 총살당했다. 그의 아내는 그들이 살고 있는 모스크바 아파트로 급습한 정체불명의 암살자에게 칼에 찔려 사망했다).

아방가르드에 대한 공격은 문화정책에서의 반혁명이었다. 소비에트 체제는 1917년 이전의 '부르주아' 문화로부터 분리된 보편 문화로서 새로운 '프롤레타리아' 형식을 창조하는 혁명 프로젝트에 대한 헌신을 포기하고, 사회주의 리얼리즘과 같은 왜곡된 형식으로써 재창조해낸 19세기 민족주의 전통으로의 회귀를 촉진시켰다. '러시아 고전'의 이런 재천명은 스탈린주의 강령의 중요한 측면이었다. 스탈린주의 강령은 '외국의' 아방가르드에 반격하고 그것이 지배했던 대격변의 시대에 대중으로 하여금 안정감에 대한 환상을 창조하기 위해 문화적 민족주의를 이용했다. 스탈

린 체제는 최소한 민족주의를 활용함에 있어서 이탈리아와 독일의 전체
주의 체제와 유사했다.

19세기 고전작품이 소련 예술의 모델로 제시됐다. 푸시킨과 톨스토이
의 작품 전집이 수백만 부씩 발간됐다. 1920년대에 사멸해가는 예술이었
던 풍경화는 사회주의 리얼리즘 예술에서 갑자기 인기를 회복했다. 특히
소련 산업에 의해 자연이 정복되는 과정을 그린 풍경이 그랬다. 음악에서
도 체제는 시계를 19세기로 되돌려놓았다. 글린카와 차이콥스키가 연주
곡목에서 인기 있는 작곡가가 됐고, 소련 음악의 규범으로 예시됐다.

민족 전통으로의 이런 회귀에서 한 부분을 차지했던 것은 민속에 대한
홍보였다. 집단화에 의한 농촌과 농촌 문화의 파괴 이후 스탈린 체제가
민속박물관, 국립민속합창단, 국립무용단을 통해 농민의 미술과 공예를
동화 같은 공식적 형태로 전시한 것은 최고의 아이러니였다. 전문 악사와
무용수로 이루어진 이 집단들은 그들이 으레 표현하는 '민족문화'의 진정
한 형태와 거의 무관한 성격의 노래와 춤을 공연했다.

이런 민속의 재발견은 소련의 민족 정책에서의 반전과 관련되어 있었
다. 1920년대 내내 당은 소련 내 민족문화의 발전을 독려했다. 당은 역사
속에서 씨족과 부족으로부터 민족 소집단과 민족으로의 진화가 발생하
며, 궁극적으로는 모든 민족들이 하나의 국제문화 속에서 결합해 사회주
의의 승리로 끝난다고 믿었다. 따라서 민족 건설은 민족적 정서가 소련의
틀 안에서 표현되기만 하면('형식은 민족적, 내용은 사회주의적'이 그 이념이었
다) 사회 진보적인 것으로 간주됐다. '토착화Korenizatsiya'(토박이 주민을 위
한 긍정적 행위)의 정책 아래서 모든 민족은 자신의 고유한 민족문화, 자신
의 고유한 언어로 진행하는 교육과 행정, 그리고 영토적 자율성을 누리게
될 것이었다.

1930년대부터 스탈린 정권은 소수 민족에 대한 진보적인 정책을 뒤집기 시작했다. 그 변화는 직접적으로 분명하게 드러나지 않았다. 스탈린은 '사회주의 민족들의 형제애'라는 입에 발린 말을 계속했고, 차르 정권의 유산인 맹목적인 러시아 애국주의적 민족주의는 소비에트 연방을 통해 극복됐다고 주장했다. 스탈린 정권은 소수 민족의 문화적 성과를 열렬히 알렸고, 각 민족의 국민 계관시인을 제정하고(우크라이나에는 타라스 셰프첸코, 조지아에는 쇼트 루스타벨리, 벨라루스에는 얀카 쿠팔라), 각 민족이 고유의 '민속문화'를 홍보하도록 허용했다. 그러나 만일 공화국 지도자들이 모스크바 당국의 노선에서 벗어날 경우에는 '부르주아 민족주의자'로 매도되어 숙청당했다. 다시 말해, 대러시아 민족의 주도에 따라 이런 '민속문화'들을 더 높은 차원의 예술 형식 속에 종속시켰다(이를테면, 음악 문화의 전통이 전무한 지역에 '국민 오페라'와 교향악 전통을 세우도록 러시아 작곡가들이 중앙아시아와 캅카스로 파견됐다). 소비에트식 '민족들의 가정'에서 대러시아인들에게는 주도적인 역할이 부여됐다. 1938년 이후로 러시아어 학습은 소비에트 학교에서 의무과목이 됐다. 러시아어는 붉은 군대에서 통용되는 유일한 언어였다. 소비에트 국제주의에서 러시아 민족주의로의 이동이라는 혁명 이데올로기의 큰 변화가 시작된 것은 바로 이 지점이었고, 그것은 추후 2차 세계대전에서 활력을 얻게 될 예정이었다.

Revolutionary Russia
1891~1991

13장

대숙청

1937~1938년 구 볼셰비키의 축출

정확히 20년 전쯤 겨울궁전의 습격을 주도했던 인물인 블라디미르 안토노프-오프세옌코에게 엔카베데가 들이닥친 것은 1937년 10월 11일 한밤중이었다. 대숙청의 희생자들 대다수처럼 그는 자신이 체포되리라고는 예상하지 못했다. 그가 '트로츠키주의자들이 들끓는 테러리스트와 스파이의 조직'에 속해 있다는 비난은 대단히 과장된 주장이었다. 1920년대에 그는 트로츠키와 가깝게 지냈던 적이 있다. 하지만 그 후로 그는 처음에는 러시아 공화국의 검사장으로서, 그다음에는 바르셀로나 주재 소련 총영사로서 소비에트 지도부에 더 많은 충성을 보였다. 바르셀로나에서 스페인 내전 당시 그는 카탈루냐를 방어했던 트로츠키주의자와 무정부주의자 군대에 개인적으로 동정심을 지녔지만, 스탈린과 코민테른에 충성하는 공산주의 부대에 의해 그들이 처형당하는 것을 방관했다. 그는 대숙청의 의의를 신봉했다. 그는 모스크바로 소환된 직후 자신이 체포되던 당일, 수후미에 있는 아내 소피아에게 이렇게 편지를 썼다.

당신은 소련의 부인들 사이에 파시스트 요원이 있다는 음모에 관해 보도한 오늘자 〈이즈베스티야〉 신문을 읽었소? 나는 사방에서 이런 작은 도발을 만난다오. 우리는 그들을 적발하고 그들을 뿌리 뽑고 그들을 파괴하기 위해 정신을 바짝 차리고 경계를 늦춰선 안 될 것이오.[1]

악명 높은 부티르카 교도소에 수감된 안토노프-오프세옌코는 10월 소비에트 정부의 권력 탈취에서 자신이 맡았던 역할에 대한 무용담으로 감방 동료들을 즐겁게 해주었다. 부족한 음식과 수면이 이어진 석 달 동안의 심문이 끝난 뒤, 그는 10년형을 선고받았다. 하지만 실제로는 1938년 2월 8일에 총살당했다. 그는 감방에서 끌려나와 처형장으로 가는 동안, 자신의 외투와 상의, 신발을 벗고는 그것을 다른 수인들에게 건네주고 이렇게 말했다. "자유를 얻게 되는 사람이면 누구에게든 나 안토노프-오프세옌코가 볼셰비키였으며, 눈을 감는 순간까지 볼셰비키였다고 사람들에게 전하도록 부탁하는 바이네."[2]

그의 처형은 상징적이었지만, 비일상적이었던 것은 아니다. 1937~1938년의 대숙청으로 인해 구 볼셰비키가 거의 모두 쓸려 나갔기 때문이다. 그들은 너무 많이 알고 있었고, 그들의 생각은 지나치게 독립적이었으며, 따라서 1932년의 위기 이후 스탈린은 그들 대다수가 반대파의 견해를 갖고 있다고 의심했다. 1934년 제17차 전당대회에서 스탈린에 반대해 결집했던 당은 사실상 해체됐다. 총 139명의 중앙위원회 위원들 중에서 102명이 숙청으로 총살당했고, 살아남은 대의원 중 3분의 1만이 1939년 제18차 전당대회에 참석할 수 있었다. '승자들의 회의'라 불리는 17차 전당대회는 사실상 '희생자들의 회의'였다.

그러나 대숙청은 볼셰비키들 사이에서 유혈적인 것 이상이었다. 그것은 여러 다양한 집단이 연루된 탄압의 복잡한 과정이었다. 소련에서 일어난 다른 테러의 물결과 비교할 때 대숙청에서 놀라운 점은 희생자들 중 대단히 높은 비율이 살해당했다는 점이다. 비밀경찰에 의해 체포된 150만 명 중에서(우리는 정규 경찰에 의해 체포된 사람들의 숫자는 알 수 없다) 130만 명이 형을 선고받았고, 이들의 절반 이상(68만 1692명)이 '반혁명활동'

혁명의 러시아

으로 총살당했다. 대숙청이 절정에 올랐던 1937년 8월과 1938년 11월 사이에 매일 평균 1500명가량이 총살당했다. 한편 그 사이에 굴라크 강제수용소의 인원은 120만 명에서 190만 명으로 불어났다. 이 수치에는 수용소 자체 안에서 사망한 최소한 14만 명의 사망자는 포함되어 있지 않다.

대숙청의 놀라운 규모 자체는 그것을 설명하는 것을 더욱더 어렵게 한다. 그 안에 연루된 사람들의 부류는 아주 다양했다. 몇몇 역사가들은 대숙청을 서로 연관되어 있지만 개별적인 테러의 물결로 이해할 때(각각의 테러는 어떤 개별 현상의 일부가 아니라 독자적으로 설명될 수 있는 무엇이었다) 가장 잘 설명된다고 주장했다. 대숙청을 구성했던 여러 요소들의 복잡한 혼합물이 틀림없이 존재했다. 당의 숙청, 거대한 '여론 조작용 재판', 도시들마다 벌어졌던 집단 체포, '쿨라크 작전', 소수자들에 대한 '전국가적 수술'이 그것이다. 그러나 이 다양한 구성요소들을 개별적으로 분석하는 것이 도움이 될 수는 있지만, 그것들이 동시에 시작하고 끝났다는 것은 변함없는 사실이다. 이것은 테러의 물결이 설명이 필요한 통합적인 작전의 일부라는 것을 암시한다. 그것을 이해하는 데까지 이르기 위해서 우리는 대숙청을, 어떤 이들이 주장하듯이 무절제하거나 우연적인 사건·스탈린 체제의 혼돈과 내분의 산물·'수정주의' 역사가들이 주장하듯이 아래로부터의 사회적 압력에 의해 추동된 무엇이 아니라, 지금 우리가 사료 연구를 통해 알고 있듯이, 스탈린이 1937년에 지각했던 상황에 대한 직접적인 응답으로 그가 지휘·통제한 하나의 작전으로 바라보아야 한다.

스탈린 시기에는 수없이 많은 테러의 물결이 지나갔다. 산업 숙청 시기의 '부르주아 전문가'·'파괴자'·'파괴 공작원'의 체포, 쿨라크와 그들의 가족에 대한 집단 탄압, 볼셰비키와 스탈린의 싸움에서 '부르주아 민족주의자'·'우파인사'·'지노비예프주의자'·'트로츠키주의자'에 대한 재판, 1934~1935년의 '구체제 인간'·'사회적으로 이질적인 성분'에 대한 대규모 체포가 그것이었다. 그러나 그 가운데서도 대숙청은 매우 특별했다. 그것은 단지 '인민의 적'들을 수용소로 보냄으로써 그들을 고립시키는 일상적인 집단 체포의 물결에 그치는 것이 아니라, 계산된 대량 살인의 계획이었다.

이런 사회적 홀로코스트에서 스탈린이 어떤 생각을 품었는지는 1937년 2~3월의 당 중앙위원회 총회의 속기록에서 분명히 드러난다. 그는 다가오는 전쟁에 대해 두려워했다. 나치 독일의 군사 습격, 일본의 만주 점령은 소련이 두 전선 모두에서 위협받고 있다는 것을 지각시켰고, 그는 '제5열'*이 될 수 있는 어떤 '반소비에트적인 성분'도 제거하고자 했다. 그는 전쟁 속에 혁명적 위험이 있다는 것을 날카롭게 의식했다. 볼셰비키―러시아의 군사적 연약함을 이용해 권력을 잡게 된 당―로서 그는 1917년으로부터 그 교훈을 배웠다.

스탈린은 추축국의 위협을 억제하기 위한 서구 열강과 소련 사이의 어떤 동맹에도 희망을 걸지 않았다. 서방 국가들은 스페인에 개입하는 데에 실패했다. 그들은 나치 독일을 회유하고 있었다. 서부에서 히틀러의 군대와 마주치는 것보다 히틀러의 군대를 동부로 방향을 돌리는 것이 서방 국가들의 목표처럼 보였다. 1937년 무렵, 스탈린은 전쟁이 임박했음을 확신했다. 소련 언론은 온 나라가 사방에서 적대적인 열강에 에워싸여 있다는 공포심을 부채질했다. 소련 언론은 사회의 구석구석에 파시스트 잠입

• 적국의 내부에 잠입해 각종 공작과 모략 활동을 벌이는 조직적 무력집단을 말한다.

혁명의 러시아

자들, '간첩'과 '숨은 적'들이 있다고 주장했다.

스페인 내전 때문에, 나라의 방어를 위해서는 믿지 못할 자들에 대한 숙청이 필요하다는 스탈린의 확신이 더욱 굳어졌다. 그는 스페인 내부의 충돌을 공산주의와 파시즘 사이에 벌어질 '미래의 유럽 전쟁에 대한 유효한 시나리오'라고 간주하면서 그 사태에 깊은 관심을 가졌다. 그는 스페인 공산주의자, 무정부주의자, 기타 좌파 집단 사이의 파벌 싸움이 공화국 군대가 패배한 주된 원인이었다고 믿었고, 이로부터 파시스트와의 전쟁이 발발하기 전에 모든 반체제적 잠재요소를 말살하기 위해 소련에서는 정치적 박해가 필요하다고 결론을 내렸다.

이런 논거는 수십 년 뒤 몰로토프에 의해 정당화됐다.

1937년은 필요했다. 만약 당신이 혁명 후에 우리가 도처에서 적을 베고 우리가 승리했지만, 온갖 종류의 적이 남아 있고, 파시즘의 공격이 휘몰아 닥칠 수 있는 임박한 위험을 마주한 상황에서 그들이 단합할 것이라고 생각한다면 말이다. 우리에게 전시 동안 제5열이 없었다는 사실은 1937년 덕분이다. 결국 만사가 잘 되어가고 있을 때 심지어 볼셰비키 중에서도 훌륭하고 충직한 부류가 있었다…… 그런데 만약 무언가가 시작한다면 그들은 동요하며 방향을 바꿀 것이다.[3]

이와 유사하게 카가노비치는 몇 년 뒤 대숙청을 합리화했다. 그러나 이것은 단순히 종전 후의 합리화가 아니었다. 1938년 6월 당원들을 향한 연설에서 카가노비치는 집단적 탄압이 전쟁 위협으로 필요해졌다고 말했다. 그는 지도부에서 나돌고 있었던 관념을 되풀이하고 있었을 것이다. 제5열에 대한 스탈린의 두려움은 2~3월의 총회에서 몰로토프의 연설

초안에 있는 한 구절에 대한 무거운 강조에 의해 확증됐다. 몰로토프는 트로츠키주의자들이 "중요한 순간, 즉 전쟁의 개시를 위해 자신의 힘을 비축해둘 것"이라고 썼다(1940년, 스탈린의 명령으로 트로츠키는 멕시코의 자신의 집에서 암살됐다). 스탈린은 연설에서 이런 견해를 덧붙였다. "전시에 전투에서 승리하려면 몇 개의 부대가 필요하다. 반면 전선에서 이런 승리를 뒤집기 위해서 필요한 것은 단지 군 지휘부 모처에 심어놓은 몇 명의 첩자이다."[4]

이런 계산에 따라 스탈린은 한 명의 첩자를 잡기 위해 수천 명의 무고한 사람들을 체포할 준비가 되어 있었다. 그가 계산했듯이, 체포된 자들 중 불과 5퍼센트만이 진짜 적으로 드러난다고 하더라도, "그것은 좋은 결과일 것이다". 당시 모스크바 당 책임자였던 흐루쇼프에 의하면, 스탈린은 "만약 어떤 제보(고발)가 10퍼센트만 진실이라고 한다면, 우리는 제보 전체를 사실이라고 간주해야 한다". 엔카베데의 모든 요원들은 체포 할 당량을 채우지 못할 경우에 경계심 부족이라는 비난을 사며 그들을 고통에 몰아넣을 것임을 알고 있었다. 예조프는 자신의 첩보원들에게 경고했다. "너무 부족하지 않은 것보다는 너무 과한 것이 더 낫다." 만일 "추가로 천 명이 총살당한다고 해도, 그것은 그렇게 대단한 것이 아니다".[5]

소련에서 집단 체포는 '예조프시치나'(예조프의 통치)라고 알려져 있었으며, 많은 사람들의 생각 속에서 그런 집단 체포에 대해 책임이 있는 사람은 스탈린이 아니라 엔카베데의 책임자라고 각인됐다. 사람들은 소련 지도자에게 편지를 써서, 체포된 자신들의 혈육을 풀어달라고 개인적인 도움을 요청했다. 전통적으로 러시아인들은 차르를 지상에서 최고의 정의로운 존재로 여기면서 그에게 호소해왔다. '귀족들은 나쁘지만, 차르는

혁명의 러시아

선하다'가 오래된 신화로 자리 잡고 있었다. 실상은, 예조프는 스탈린의 충직한 집행인이었다. 다른 어떤 경찰 총수보다 예조프는 도처에서 '반혁명 음모'와 '간첩망'에 대한 증거를 날조해냄으로써 스탈린의 편집증적인 환상을 충족시켜줄 준비가 돼 있었다.

한동안 예조프는, 해외에 있는 트로츠키의 지령을 받아 지노비예프와 카메네프가 스탈린과 당 지도부의 다른 구성원들을 살해하기 위한 테러 음모를 꾸몄다는 기이한 이야기를 퍼뜨렸다. 이 두 볼셰비키 인사는 이미 1935년에 비밀리에 재판을 받은 이력이 있었다. 그러나 스탈린은 여론 조작용 재판을 통해 트로츠키-지노비예프 본부의 존재가 '입증'되기를 바랐다. 스탈린은 이 음모의 존재에 대해 의심을 표했던 야고다를 신뢰하지 못하고, '사건을 만들어내는 작업'에 예조프를 앉혔다. 체포된 용의자들은 필요한 자백을 하고 법정에서 자신들에게 준비된 발언을 하기로 동의할 때까지 고문당했다. 1936년 8월 카메네프와 14명의 다른 당 지도자들이 재판을 받았다. 그들 전원은, 그들과의 개인적인 연줄 때문에 체포된 다른 160명과 함께 사형선고를 받았다. 예조프는 스탈린에게 이 재판에서 맡은 역할을 인정받아 9월에 야고다의 뒤를 이어 엔카베데의 수장으로 승진했다.

'16인의 재판'은, 과거 반체제주의자들이 조직한 '간첩'과 '테러리스트'의 공조망을 폭로하고 제거하는 것이 본연의 임무인 '여론 조작용 재판' 가운데 첫 번째였다. 피고에게 유죄를 선고하고 처벌하는 것만으로는 충분하지 않았다. 그것은 비밀리에도 할 수 있었다. 여론 조작용 재판의 전체 목적은, 피고가 어떤 준비된 대본에 따라서 당과 세계 앞에서 자신의 죄를 고백하도록 만듦으로써 이런 '음모'의 존재를 입증하는 것이었다. 볼셰비키 사회 내부에서 이 고백은 인간의 실제 믿음에 관한 숨겨진 진실을 드러냈기 때문에 증거의 최고 형태로 간주됐다. 어쨌든, 이것보다 더 피고에게 불리하게 작용하는 증거는 없었다.

1937년 1월의 두 번째 여론 조작용 재판에서는 산업 사보타주와 간첩 활동 혐의로 퍄타코프와 라데크, 그리고 열다섯 명의 다른 과거 트로츠키 지지자들이 유죄판결을 받았다. 그다음 5~6월에는 국가의 고위 군 사령관 8명이 체포됐다. 여기에는 투하체프스키Mikhail Tukhachevsky 원수(국방 담당 부 인민위원), 우보레비치Ieronim Uborevich 장군(벨라루스 군관구 사령관), 야키르Iona Yakir 장군(키예프 군관구 사령관)이 포함됐다. 이들은 거짓 자백을 하기로 동의할 때까지 잔혹하게 고문을 당했고, 소련 최고법원의 군사법정에서 비밀리에 재판을 받았다. 거기서 그들은 '트로츠키주의 · 우파주의적인 반소비에트 음모'에 가담하고, 나치 독일을 위해 간첩활동을 벌인 것에 대해 유죄판결을 받았다. 그들에게 판결이 내려진 뒤 불과 몇 시간 만에 그들 여덟 명 전원이 총살당했다. 군대는 절대 권력을 추구했던 스탈린에게 저항할 수 있는 유일한 기관이었다(그런 까닭에 '장군들의 재판'은 비밀에 부쳐졌다). 이제 군 지휘부는 사실상 파괴됐다. 최고 사령부의 구성원 767명 중에서 512명이 총살당했고, 29명이 교도소에서 사망했으며, 3명이 자살하고, 59명이 수감되어 있었다.

스탈린은 세심하게 관리되는 이 모든 재판에서 지휘자의 역할을 맡았다. 법정에서는 어떤 것도 우연이 될 수 없었다. 피고인들은 그들 앞에 놓인 진술을 말하지 않을 수 없을 때까지 고문당했다. 그들의 죄과는 재판이 시작되기 전에 입증된 사실처럼 받아들여졌다. 그들의 판결은 스탈린에 의해 결정됐다.

여론 조작용 재판 중에서 마지막이자 가장 컸던 것은 1938년 3월에 열렸다. 부하린, 야고다, 리코프는 파시스트 국가의 요청에 따라 소련 지도자들을 암살하고 경제를 파괴하며 간첩활동을 하기 위해 다른 열세 명의 볼셰비키 인사들과 함께 '트로츠키-지노비예프 테러리스트 조직'과 공모한 혐의로 총살형을 선고받았다. 부하린은 1936년 12월 당 중앙위원회 총회에서 과거의 여러 반체제주의자들의 증언을 인용했던 예조프에 의해 음모에 연루됐다. 부하린은 자신을 변호하려고 애썼고, 예조프의 의도에 호응하지 않았다. 그 기소사건의 세부사항에 대해 요목조목 논박했던 부하린의 행동은 '부르주아 변호사'처럼 행동한다고 그를 비난했던 다른 지도자들을 극도로 화나게 만들었다. 그들이 보기에 부하린의 죄는 이미 입증됐을 뿐 아니라, 당의 심판에 복종하는 것이 볼셰비키로서의 책무라고 생각됐기 때문이다.

　루뱐카의 엔카베데 본부에 수감된 뒤에 부하린은 '물리적 영향을 주는 수단'과 그의 젊은 아내와 아들에 대한 협박에 허물어졌고, 마침내 자초지종을 따져보지도 않은 채 자신의 범죄에 대한 포괄적인 책임을 자백하게 됐다. 그는 자신의 감방으로부터 자비에 대한 기이한 호소를 품고 스탈린에게 편지를 썼다. 편지에서 그는 "총체적 숙청의 정치 이념에는 위대하고 대담한 무엇"이 있다고 썼으며, 여론 조작용 재판에서 죄인의 역할을 하기로 동의했다. 그러나 그는 자신의 기소에 대해 자신의 결백함을 계속해서 항변했다. 재판정에서 부하린은 이런 자신의 뜻을 계속 이어나갔다. 그는 '반혁명 조직'에 가담했다는 일반적 혐의에 대해서는 죄를 인정했지만, "내가 어떤 특정 행위를 알았든지 몰랐든지, 내가 그것에 가담했든지 안했든지 간에 상관없이" 그렇게 했다고 강조했다.[6] 그가 재판을 뒤집으려고 시도했던 걸까? 자신을 기소한 검사에게 그가 사건 전체를 뒤집을 수 있음을 보여주려 했던 걸까? 아니면 후대에 어떤 신호를 보내려 했던 걸까? 우리는 결코 알 수 없다.

최초의 여론 조작용 재판은 당내 고위층들 사이로 신호를 보냈다. 반체제주의자로 의심되거나 과거에 그들과 교류했던 사람들은 누구든지 엔카베데로 신고해야 했다. 만약 그렇게 하지 않으면 경찰의 수사와 체포망을 넓히면서 '경계심 부족'이라는 의혹을 받았다.

한 명의 지도자가 체포되면, 그의 사회적 활동 궤도 안에 올라 있는 사람들은 누구든지 혐의를 받았다. 소련의 지방 도시는 자신들이 통제하는 기관 속에 자기만의 의뢰인 네트워크를 갖고 있는 한 무리의 고위 관리들—지역 당 책임자, 경찰 서장, 지역 공장과 집단농장과 교도소의 책임자, 지역 소비에트 지도자 등등—에 의해 통제됐다. 이 관리들은 그들의 권력 구조가 유지되는 한 서로를 보호했다. 그러나 엔카베데가 인물들 사이의 관계를 파헤치는 일에 착수하면 한 관리의 체포는 필연적으로, 집권층 주변의 인사들뿐 아니라 그 내부의 다른 구성원들 모두의 체포로 이어졌다.

1937년, 엔카베데는 우크라이나 동부에 있는 니코폴의 당 서기를 체포했다. 지역 소비에트 관리인 크라프첸코Viktor Kravchenko에 따르면, 엔카베데는 또한 그의 "조수, 친구, 니코폴 도처에서 그가 업무에 투입했던 남자와 여자들까지" 체포했다.

니코폴 주둔부대의 사령관이 그 사냥꾼들의 자루 속으로 들어갔고, 그다음에는 지역 검사와 그의 법률 참모 전원이, 그리고 마지막으로는 니코폴 소비에트 의장이 끌려 들어갔다…… 지역 은행과 신문, 모든 상업 기관들이 '청소'됐다…… 공공 행정청장, 소방서장, 저축기관장 등등…… 혹독한 추위에도 불구하고 여성들과 아이들의 무리가 여러 시간 동안 니코폴의 엔카베데 건물 주위에 몰려 있었다.[7]

혁명의 러시아

동료, 친구, 친지마저 의심을 받게 되면서, 숙청은 당 고위층, 소련 기관들과 소련 사회 자체를 관통하며 확산됐다. 당원의 지위가 더 높을수록 체포될 가능성이 그만큼 더 높았다. 당내 서열에서 하급자는 승진하기 위해, 또 아마도 자신의 상급자의 자리를 차지하기 위해 자신의 상급자를 고발할 준비가 되어 있었다. 그들은 자신의 상관을 밀고하도록 독려받았다.

대숙청에 대한 일반인들의 통념은 그 대상이 주로 당 내부 인사와 지식인들이라는 것이다. 흐루쇼프가 제20차 전당대회에서 한 연설과 1956년 이후에 씌어진 지식인들의 회고록이 빚어낸 인상은 바로 그랬다. 그러나 숙청 희생자들의 압도적 다수는 평범한 시민들이었다. 1937~1938년의 대규모 숙청에서 볼셰비키 한 명당 열 명의 시민이 체포됐다.

'쿨라크 작전'(명령 00447)의 희생자는 그 기간 동안 체포된 자들 전체의 절반(669,929)과 처형자들의 절반 이상을 차지한다. 공격 목표가 되는 집단(과거의 쿨라크, 범죄자들, 기타 반소비에트 분자들)은 총살당할 자들과 8~10년 동안 강제노동수용소에 수감될 자들, 두 부류로 나뉘었다. 각 구역에는 체포 할당이 내려졌고, 이 할당은 지역 관리들이 늘릴 수 있었다. 지역 엔카베데는 체포 대상자의 명단을 작성하고, 체포를 실행했으며, 심문을 벌이고, 고문을 통해 얻어낸 '진술'을 토대로 명단에 새 이름을 추가했다.

희생자들의 대부분은, 특별 정착촌과 굴라크 강제노동수용소에서 돌아온 과거 쿨라크와 그들의 가족이었다. 그들은 농업집단화 시기에 강제 시행된 '반혁명적 소요'로 5년 또는 8년 형을 마친 상태였다. 스탈린은 전쟁이 일어날 경우 위협을 가할 수 있는 언짢고 분격한 쿨라크들로 온 나라가 가득 채워지지 않을까 염려했다. 그가 보기에 '인민의 적'은 필생의

적이었다. 숙청 작전은 소련 정부가 그 주민들을 가장 두려워했던 우크라이나 같은 지역과 국경 지역에서 특히 혹독했다.

또한 '전 국가 차원의 작전'도 벌어졌다. 이것은 전쟁이 일어날 경우 잠재적인 '스파이'로 변할 것으로 간주됐던 소수민족에 대한 대규모의 이송이었다. 소련 내의 폴란드인, 독일인, 핀란드인, 라트비아인, 아르메니아인, 그리스인, 고려인, 중국인이 그들이었고, 심지어 여기에는 1935년 동중국철도가 일본의 괴뢰정부인 만주국에 매각된 다음 만주로부터 소련으로 돌아온 하얼빈 출신 러시아인까지 포함돼 있었다. 모두 합쳐서 35만 명가량의 사람들이 체포됐고, 이 가운데 3분의 2가 총살당했다. 폴란드인들에 대한 스탈린의 불신은 특히 강했다. 이런 불신은 스탈린이 소련의 폴란드 침공 당시 인민위원으로서 전술상 처참한 실수를 저질렀던 내전에서부터 비롯됐다. 스탈린은 소련에 편입된 폴란드인들을 (벨라루스인, 일부 우크라이나인과 마찬가지로) '파시스트' 폴란드 국가의 제5열로 간주했다. 그는 폴란드가 나치 독일과 연합해 소련을 공격할까 봐 두려워했다. 명령 00485에 따라 14만 명의 폴란드인이 구속됐고, 이 가운데서 11만 1000명이 처형됐다. 나머지는 굴라크로 보내졌다.

공장과 사무실, 공공장소와 공동아파트 등 고발자는 도처에 있었다. 대숙청이 절정에 이르렀을 무렵, 수백만 명의 사람들이 자신의 동료, 이웃, 친구에 대해 밀고했다. 감시 수준은 도시마다 크게 달랐다. 어느 전직 엔카베데 관리의 말에 따르면, 집중적으로 감시되었던 모스크바에서는 최소한 예닐곱 가구를 맡아 감시하는 정보원이 있었다고 한다. 쿠이비셰프에서는 경찰이 주민 40만 명에 대해 1000명가량의 정보원을 두고 있다고 주장했다. 그러나 이 수치에는 사회의 구석구석 배치되어 경찰의 눈과 귀의 역할을 하며 급료를 받는 '신뢰할 만한 사람들'(공장과 사무실의 노동자들, 학생 운동가들, 경비원들, 관리인들 등등)은 포함되어 있지 않다. 또한 이 수치에는 경찰국가를 대단히 강력하게 만들었던, 엔카베데가 요청하지 않은 일상의 제보와 고발은 포함되어 있지 않다.

제보자들에는 크게 두 가지 범주가 있었다. 하나는 물질적인 보상이나 정치적 신념, 또는 희생자에 대한 적의에 이끌렸던 자발적 제보자였고, 다른 하나는 구속된 친지들을 구해주겠다는 약속이나 협박을 통해서 경찰이 파놓은 덫에 빠진 비자발적인 제보자들이었다. 이 두 번째 부류를 심판하는 것은 어렵다. 많은 사람들이 자신의 목숨에 대한 두려움 때문에 제보자로 활동했다. 만약 우리가 그들과 같은 입장이었더라면 어떻게 행동했을까?

사람들은 대부분 자신들이 시민으로서 본연의 책무를 하고 있다는 진정한 확신에 불타 맹렬한 고발장을 써댔다. 그들은 '스파이'와 '적'에 관한 선전선동을 믿었고, 자신의 상관·동료·친구 중에서 그들을 색출하기 시작했다. 무엇보다, 그들은 자신의 지인들 가운데 누가 체포되어 그들을 비난하지 못하면 자신들이 곤경에 빠질까 봐 두려워했다. '적들'과 접촉했다는 사실을 숨기는 것은 범죄였다. 사람들은 남들이 자기를 비난하기 전에 먼저 그들을 비난하려고 서둘렀다. 이런 미친 듯한 비난의 쟁탈전이 엄청난 수의 체포를 다 설명하지는 못하지만, 어째서 그토록 많은 사람들이 자발적인 밀고자로서 경찰 체제 속으로 빨려 들어갔는지를 설명해준다. 히스테리적인 시민들이 '인민의 적'일 수도 있는 친구, 또는 혈육의 이름을 든 채 엔카베데와 당 사무실로 찾아오곤 했다. 한 노파는 자신이 다니는 공장의 당 사무실로, 자신의 여자형제가 한때 크렘린에서 임시 청소부로 일했고, 나중에 구속된 어떤 남자의 사무실을 청소했다고 제보하는 내용의 편지를 써 보냈다.

고발문을 쓰는 동기의 대부분은 악의였다. 경쟁자를 제거하는 가장 손쉬운 방법은 그를 경찰에 고발하는 것이었다. 성적이고 낭만적인 시샘 또한 한 몫을 했다. 남편, 정부, 아내는 못마땅한 배우자를 고발함으로써 제거할 수 있었다. 볼셰비키 엘리트에 대한 하층계급의 분노는 대숙청을 부채질했다. 만일 인심을 잃은 상사가 있다면, 노동자들은 경영자를, 콜호스 노동자들은 회장을 고발했다. 그것은 몇몇 수정주의 역사가들로 하여금 대숙청이 군중에게 '권한을 준' 것이라고 결론 짓도록 만들었다. 두말할 필요 없이 그것은 야심적인 노동자와 스타하노프 노동자가 그들이 비난하는 상관의 직위로 승진할 수 있는 기회였다.

일반 국민들은 얼마나 큰 공포심을 느꼈을까? 숙청은 모든 사회계층에 똑같이 영향을 끼치지 않았다. 특히 러시아인 노동자들을 비롯해 숙청을 전혀 접해보지 못한 가족들도 많았다. 공포는 다른 시간에, 다른 강도로, 느껴질 수 있었다. 집단 검거가 기승을 부릴 적에 사람들은 죄수호송차가 집 밖에 멈추어 서고, 복도의 발자국 소리와 문 두드리는 소리가 들리기를 두려움 가득한 마음으로 기다리며 뜬 눈으로 밤을 지새웠다. 어떤 이들은 짐을 다 싼 가방을 침대 아래 두었다. 그러나 낮 동안은 계속 일상 업무를 보았고 자신의 두려움을 잊으려고 오락거리를 찾았다. 하지만 시간이 지나면서 그들은 두려움과 더불어 사는 법을 익혔다. 그 두려움이 더 장기적으로 그들의 사고와 행동에 영향을 미치도록 되어 있었지만, 그들은 그 두려움과 불안의 끊임없는 배경을 의식하지 못했을 수도 있다. 그러나 우리는 결코 이 150만 명의 검거가 끼친 영향력을 과소평가해서는 안 된다. 모든 가족이 숙청에 영향을 받지는 않았더라도, 식구 중의 누군가를 잃은 가정에 대해 거의 모든 이들이 알고 있었기 때문이다.

국민들은 체포에 당혹스러워했다. 그런 구속을 설명할 수 있는 근거는 없었다. 안토노프-오프세옌코와 같은 혁명의 영웅들이 왜 갑작스럽게 '인민의 적'으로 폭로됐을까? 어떤 사람이든지, 거의 모든 이유—실언, 농담, 과거의 실수, 또는 옳지 않은 직업이나 사회적 출신 등—때문에 체포될 수 있는 것처럼 보였다. 혁명은 너무나 빠르게 일어났다. 1917년 이후 20년 동안 많은 것이 변했다. 깨끗한 이력을 가진 사람은 단 한 명도 없었다.

블라디미르가 체포된 후 사흘 뒤에 소피아 안토노프-오프세옌코가 체포됐다. 그녀는 모스크바에 회부된 뒤 남편 역시 수감되어 있다는 것을 알지 못한 채 남편에게 편지를 썼다.

사랑하는 당신에게. 나는 당신이 이 편지를 받을 수 있을지 알지 못하지만, 왠지 당신에게 마지막 편지를 쓰고 있다는 생각이 드네요. 만약 우리나라에서 누군가가 체포된다면, 그것은 타당한 이유, 이를테면 범죄와 같은 잘못이 있어서일 것이라고 우리가 항상 말했던 것을 기억하는지요? 나의 경우에도 틀림없이 무슨 잘못이 있겠지만, 그게 무언지 나는 모릅니다…… 지난 사흘 동안 나는 죽음을 각오하면서 나의 인생을 찬찬히 훑어보았어요. 나는 다른 인간에 대해서든지, 혹은 우리나라나 정부에 대해서든지 범죄라고 인정될 만한 그 어떤 잘못도 저지른 기억이 없어요(인간을 '천사'와 구별하는 일반적인 단점들을 제외한다면 말이지요)…… 나는 당신이 생각했던 것과 똑같이 생각했지요. 과연 우리 당과 나라에 당신보다 더 많이 헌신한 사람이 있을까요? 당신은 내가 무슨 생각을 품고 있는지, 나의 행동과 나의 생각과 말의 진실을 알고 있지요. 하지만 내가 여기 갇혀 있다는 사실은 내가 어떤 잘못을 저지른 것이 틀림없다는 것을 뜻하지요. 아무튼 나는 나의 잘못이 무엇인지 모릅니다…… 나는 만약 당신이 내 말을 믿지 못한다고 생각하면 견딜 수가 없어요…… 한 가지 더 말하면, 발리치카(소피아가 첫 번째 결혼에서 낳은 딸)가 콤소몰에 가입해야 할 나이가 됐어요. 나의 체포는 발리치카에게 걸림돌이 될 것이 분명해요. 그 애가 자기 어미가 악당이었다고 믿으면서 살아간다는 생각을 하면 나의 가슴은 슬픔으로 미어집니다. 내 처지가 더없이 끔찍한 이유는 사람들이 나를 믿지 않는다는 것, 내가 그렇게 불신을 받으며 살 수 없다는 겁니다…… 나는 내가 사랑하는 모든 이에게 그들을 그런 불행에 빠뜨린 것에 대해 용서를 구합니다……[8]

대숙청은 가족을 뭉치게 하는 신뢰를 무너뜨렸다. 아내는 남편을 버리고, 남편은 아내를 버렸다. 국민은 자신들의 혈육이 체포됐을 경우에 무엇을 믿어야 하는지 알지 못했다. 그들의 본능은 그 혈육이 어떤 잘못을 저지른 것이 틀림없다고 말해주었다. 그들이 사랑하는 사람이 '인민의 적'이었다는 것을 어떻게 그들은 믿을 수 있었을까? 그러나 또한, 그렇게 많은 '인민의 적'이 있는 것처럼 보였을 때 어떻게 정부 당국을 의심할 수 있었을까? 국가에 대한 '반역자'라는 혐의로 부당하게 체포된 모든 사람이 느끼듯이, 최악의 고통은 가족들이 더 이상 자신들을 믿지 않을 것이라는 생각이다.

가족들은 체포된 혈육을 포기하라는 외압을 받았다. 만약 남편이 구속되면, 그의 아내는 직업을 잃거나 가족 전체가 집에서 쫓겨날 수 있었다. 자녀들은 콤소몰, 대학, 일부 직장에서 쫓겨났다. 체포의 오명은 여러 해 동안 가족들에게 영향을 끼쳤다. 양친이 모두 구속되면, 아이들은 다른 친척이 맡아서 키우거나, 소피아의 열다섯 살 먹은 딸처럼 고아원으로 보내겨 거기에서 새 정체성을 키우도록 장려되고, 때로는 새 이름을 부여받았다. 1930년대와 1940년대에는 이런 수백만 명의 고아가 있었다. 소련식 교화와 강한 공동체 의식, 약한 가족관계에 근거한 고아원의 규율 체계 덕분에 그곳은 엔카베데와 붉은 군대의 주요 보급지 중 하나가 됐다.

사람들은 '인민의 적'의 가족들과 접촉하는 것을 꺼려했다. 사람들은 그들과 마주치지 않으려고 길을 가로질러 갔다. 동료, 이웃, 친구가 이방인이 됐다. 이런 식으로 사회는 붕괴됐다. 숙청으로 인해 여러 공동체와 직장, 이웃, 교우관계(이런 결속관계는 개인의 억압에 대해 더 큰 저항을 일으켰을 것이다)가 분해됐다. 사람들은 체포에 대해 감히 의혹을 품으려 하지 않았다. 그들은 자신의 양심을 멈추었고, 사회에서 벌어지고 있는 사건들에 대해 생각하지 않으려 애썼고, 자신의 의혹을 억누르거나 소련 체제에 대한 믿음의 기본적인 틀을 유지하기 위해 그런 의심을 합리화할 수 있는 방법을 찾아냈다. 어떤 이들은 자신의 사랑하는 가족들이 실수로 체포됐다고 믿었고(신문에서 얘기했듯이, 만약 그토록 적이 많이 있고 그렇게 잘 숨어 있다면 경찰은 실수를 저지를 수밖에 없었을 것이다), 다른 이들은 어떤 죄를 지었다고 생각했다("아니 땐 굴뚝에 연기 날까"). 이런 추론에 따르면 '적'은 언제나 다른 누구—교도소 문 앞에서 꾸러미를 건네기 위해 줄을 서 있는 다른 여자들의 남편들—였으며, 결코 자신의 혈육은 아니었다.

이런 식으로 체포가 계속 진행됐더라면, 오래지 않아 의혹이 퍼졌을 것이다. 거기에 대체 얼마나 많은 인민의 적이 있었을까? 1938년 무렵 분명해진 사실은, 만약 체포가 끝나지 않았다면 공포 체제는 약화됐을 것이라는 점이다. 숙청 작업은 통제불능 상태가 되어가고 있었다. 스탈린은 1월에 진위를 확인하지 않은 채 오직 비방에만 근거해 사람들을 체포하지 말라고 엔카베데에 경고했다. 스탈린은 '잘못된 경계심', 그리고 자신의 출세를 위해 고자질했던 출세제일주의자를 비판했다. 예조프의 권력은 나날이 줄어들었다. 예조프는 11월에 그의 대리인인 라브렌티 베리아Lavrenty Beria로 교체됐다. 베리아는 즉시 예조프의 임기 동안 이루어진 모든 체포사건을 다시 검토한다고 밝혔다. 1940년경, 150만 건이 재검토됐고, 45만 건의 유죄판결이 취소됐으며, 12만 8000건이 종결됐고, 3만 명이 감옥에서 석방됐으며, 32만 7000명이 굴라크의 강제노동수용소로부터 풀려났다.

이런 석방은 소비에트의 정의에 대한 국민의 신뢰를 회복시켰다. 이런 석방은 의심을 품는 자들에게 '예조프의 숙청'을 소비에트 체제의 산물로 보기보다는 임시적인 일탈이라고 보도록 해주었다. 그들의 논리는 이랬다. '집단 체포는 모두 예조프의 소행이다. 하지만 스탈린이 예조프의 실수를 바로 잡았다. 무고한 사람들을 수없이 체포하고, 그럼으로써 불만을 퍼뜨려 소비에트 정부를 파괴하려고 시도한 예조프를 인민의 적으로 폭로한 것은 바로 스탈린이었다(예조프는 1940년에 총살당했다).' 국민들은 이제 베리아가 석방하지 않은 모든 사람들, 그리고 베리아의 치하에서 체포된 모든 사람들이 기소될 만한 범죄를 저지른 것이 틀림없다고 인정하게 됐다. 소비에트 체제에 대한 신념 체계는 숙청에 의한 통치를 지속시키면서 안정됐다.

14장

혁명의 수출

2차 세계대전의 배후

10월 혁명 20주년 기념일에, 각각 중간에 망치와 낫이 새겨져 있는 다섯 개의 붉은 별들 중 마지막 한 개가 크렘린의 다섯 망루의 꼭대기에 올려졌다. 첫 번째 별이 거기에 놓여진 것은 두 해 전인 1935년이었다. 붉은 별이 붉은 군대의 상징이 된 것은 1918년 이후였다. 군모의 전면에 그려진 그것은 민속에서 여신 '프라브다Pravda'와 연관됐다. 여신의 이마에 박힌 붉은 별은 '크리브다Krivda'의 어두운 힘에 맞서서 세계의 빛과 정의를 위해 싸우는 그녀의 투쟁을 상징했다. 병사들에게 전해졌던 바에 의하면, 볼셰비키 이데올로기에서 그 별의 다섯 개의 끝점은 볼셰비키의 혁명적 투쟁이 어느 날 착취자로부터 해방시킬 다섯 개의 대륙을 상징했다. 한 전단지에서는 "'붉은 군대'의 붉은 별은 '프라브다'의 별이다"라는 설명이 나온다. "또한 '붉은 군대'의 군인은 진리가 세계를 지배하도록 '크리브다' 및 그 사악한 지지자들과 싸우는 용감한 청년들이다."[1]

혁명의 전 지구적 확산이 그 초기 도상화의 지배적인 주제였다. 유명한 내전기의 포스터 가운데 하나("레닌이 오물로부터 지구를 청소하다")는 노동자의 모자를 쓰고 빗자루를 든 채 지구의 꼭대기에 서서 세계의 표면으로부터 황제, 왕, 자본가, 성직자를 쓸어내리고 있는 모습을 그리고 있다. 레닌 묘의 설계도면 중 최소한 한 곳에는 그 건축물의 중심부에 네 명의 노동자가 떠받치고, 그 위에 붉은 별이 올려져 있는 지구의가 놓여 있다.

레닌은 혁명의 국제적 규모에 대해 잠시도 잊은 적이 없었다. 그는 러시아와 같은 후진적인 농업 국가에서는 그보다 발전한 산업 국가들로 혁명이 확산되지 않고서는 사회주의를 지속할 수 없다고 생각했다. 나아가 자본주의 체제의 전 지구화로 인해 계급투쟁은 국가 간 경계에 상관없이 나타나게 됐고, 최초의 사회주의 사회로서 소비에트 러시아는 혁명을 전 세계로 파급시킴으로써 인류를 해방시키는 사명을 띠었다.

볼셰비키는 자신의 혁명을 사회주의와 자본주의 사이의 국제적 내전의 시작일 뿐이라고 생각했다. 그들은 세계대전을 혁명의 촉매제로 인식함으로써 전쟁을 내전의 연속으로 바꾸어놓으려고 계획했다. 그러한 내전에서 전쟁 당사국들의 노동자들은 러시아의 사례를 따라서 자신의 제국주의 통치자를 타도하게 될 것이다. 볼셰비키는 소련 권력을 잡은 첫날부터 파업이나 시위에 대한 모든 보도를 '출발점'으로 받아들였고, 이런 투쟁이 시작되기를 안절부절못하면서 기다렸다.

독일은 그들의 가장 큰 희망이 집중적으로 쏠리는 곳이었다. 독일은 마르크스주의 운동의 고향이자, 유럽에서 노동운동이 가장 발달한 곳이었다. 볼셰비키는 1918년 11월 혁명을 환호성을 지르며 맞이했다. 독일의 노동자와 군인의 평의회가 소련의 진로를 따라 움직이고 있음을 암시하는 듯한 인상을 주었다. 그러나 독일의 '10월'은 전혀 일어나지 않았다. 최대 규모의 좌파 정당인 '독일 사회민주당SPD'은 통치를 시작하고 공산주의자들의 봉기를 진압함으로써 민주 공화국을 지원하기 위해 힘을 쏟았다.

그럼에도 불구하고, 그해 봄 유럽 내에서 사회주의 혁명의 전망은 희망적으로 보였다. 오스트리아-헝가리 제국이 붕괴하고, 헝가리 내에 공산주의자들에 의해 소비에트 공화국이 설치됐다. 이것은 군인을 포함해

혁명의 러시아

4만 명의 구성원들로 이루어져 있는 벨라 쿤이 이끄는 정당이었고, 모스크바 정부가 지원을 해줄 것이라고 기대했다. 공산주의자들은 헝가리 혁명의 선례를 따라서 권력을 장악하고, 바바리아와 슬로바키아에 소비에트 공화국을 세웠다. 세르비아, 루마니아, 그리스, 오스트리아에서도 하나같이 '10월 혁명'에 고취되어 작은 규모지만 그에 못지않게 활발한 공산주의 운동이 일었다.

볼셰비키는 코민테른을 통해서 이들 신흥 정당을 통솔하고, 제2인터내셔널(1889~1916)의 사회민주주의 세력으로부터 멀리 떨어뜨려놓음으로써 그들을 통제하기를 간절히 열망했다. 볼셰비키는 1차 세계대전 당시 자신의 국민 정부를 지원했던 유럽의 사회주의자들을 멸시했다. 1918년 볼셰비키가 스스로를 사회민주주의자가 아니라 공산주의자로 표현하기로 결정했던 것은 그들과 스스로를 분리시키기 위해서였다.

코민테른은 자본주의 체제를 타도하고 10월 혁명을 모델로 하는 소련 공화국을 세우는 공동의 목표로 결집된 공산주의 정당들의 국제 조직이었다. 코민테른에 대한 모스크바 정부의 통제는 처음부터 확고하게 결정됐다. 1919년 3월, 크렘린의 창립 회의에서 볼셰비키는 중앙집권화된 관료체제로서의 코민테른을 자신의 구상대로 조직하는 것을 고집했다. 1920년 7~8월에 2차 회의에서 코민테른 소속의 모든 정당은 '21개 서약'에 서명하도록 강제됐다. 이 서약은 그들 각자 나라의 사회주의자들과의 관계를 중단하고, 러시아인이 지배하는 코민테른 '집행 위원회'의 결정을 받아들이는 것을 의미했다.

코민테른의 러시아 중심주의는 세계를 해방시키겠다는 러시아 혁명의 메시아적 사명에 뿌리내리고 있었다. 소비에트 러시아가 유일한 사회주의 사회였기 때문에, 코민테른의 일차적 책무는 그 사례를 따르고 소비에트 러시아를 자본주의 열강의 공격으로부터 보호하는 것이었다. 그 시기는 러시아의 내전과 대소간섭전쟁이 치열하게 벌어지고 있었던 때였다. 교전중인 볼셰비키에게 코민테른은 최상의 군사적 방어수단을 제공했다. 그것은 바로 서방국가들에 대한 정치적 공세를 계속하는 것이었다.

제2차 코민테른 회의가 개최되는 동안, 붉은 군대는 1919년 폴란드의 우크라이나 침공과 함께 시작된 소련-폴란드 전쟁의 마지막 단계로 바르샤바를 향해 진격하고 있었다. 체카의 총책임자인 제르진스키가 이끄는 '임시 폴란드 혁명 위원회'가 소련 군대를 뒤따르고 있었다. 제르진스키는 임시 폴란드 혁명 위원회가 폴란드 수도에 도착하는 즉시 요직에 공산주의자들을 배치하라는 지시를 내렸다. 볼셰비키는 폴란드의 소련화가 유럽 내 사회주의 혁명의 기폭제로 작동할 것이라고 믿었다. 그러나 볼셰비키가 희망했던 봉기는 실현되지 않았다. 붉은 군대는 폴란드 군인과 노동자들에 의해 바르샤바로부터 격퇴당했다. 그들의 애국심과 러시아인에 대한 증오심은 소련 혁명이 의존하게 될 계급분화보다 더 강력한 것으로 드러났다.

붉은 군대가 러시아의 국경을 넘어 유럽으로 침입해 들어간 것이 이번이 마지막이 아니었기 때문에(1939년과 1944~1945년에 또다시 반복된다), 볼셰비키의 동기를 알아내는 것이 중요하다. 만약 붉은 군대가 바르샤바를 점령했다면, 몇몇 역사가들이 주장했듯이, 그들이 서구에 대한 혁명전쟁을 벌이며 베를린으로 계속 나아갔을까?

볼셰비키가 자신들의 공격이 혁명전쟁의 출발점이 되기를 원했다는 것은 의문의 여지 없는 사실이다. 만일 그것이 서방세계에서의 공산주의자의 봉기를 촉발시켰다면, 아마도 볼셰비키는 지원부대를 진격시키면서 그들을 이용하기를 간절히 바랐을 것이다. 그러나 레닌은 실용주의자였다. 브레스트-리토프스크가 그것을 증명했다. 그는 소련 정부가 군사적 패배의 위험을 무릅쓰는 모험을 하지 않았다. 바르샤바로부터 붉은 군대의 퇴각에 뒤이어, 1920년 9월, 제9차 전당대회 연설에서 레닌은 전쟁의 막바지에 연합국들이 도입한 베르사유 체제—독일과 소비에트 러시아에 대한 완충지대로서의 폴란드에 대한 서방세계의 지원을 골자로 하고 있었던—를 '뒤흔드는 것'이 그들의 목표였다고 주장했다. 틀림없이 레닌은 패배 이후 당의 사기를 북돋울 목적으로 군사작전의 야심을 깎아내리려고 했다. 그러나 그럼에도 불구하고, 이것은 볼셰비키가 더 광범위한 혁명전쟁을 위한 교두보로 폴란드를 이용할 가능성에 대해 희망으로 가득 차서, 하지만 조심스럽게, '기다리고 관찰하는' 태도를 품고 유럽으로 진출하고 있었다는 것을 시사한다.

폴란드에 대한 패배를 인정할 수밖에 없었던 볼셰비키는 폴란드와의 논쟁의 대상이 되는 국경선에 대해 교섭을 벌였으며, 국내 불안의 시기에 평화를 확보하려는 심산으로 1921년 3월 리가 조약을 체결했다. 그것은 러시아와 서구가 평화롭게 공존하는 새 시대의 시작이었다.

폴란드에서의 패배는 레닌으로 하여금 유럽으로 혁명을 수출하는 것을 재고하도록 만든 여러 번의 좌절 중 첫 번째에 해당한다. 3월, 독일 작센의 산업지역 할레와 만스펠트에서 독일 공산주의자들이 계획한 대규모 파업 행동은, 코민테른과 독일 내 그 요원들이 바랐던 것과는 다르게 봉기로 발전하는 데에는 실패했다. 이 실패 이후 제3차 코민테른 회의는 혁명적 모험주의로부터 항로를 틀어서 좀 더 끈기 있는 선전선동과 노동조합 활동으로 나아갔다. 트로츠키가 1921년 6월 대표자들에게 이렇게 말했다. "지금에서야 우리는 우리의 최종 목표인, 세계 규모의 권력 정복에 직접적으로 가까이 와 있지 않다는 것을 보고 느낄 수 있다. 우리는 과거 1919년에 그것은 몇 달 걸리는 문제라고 스스로에게 말했지만, 지금은 그것이 아마도 몇 년이 걸리는 문제라고 말한다."[2]

혁명의 수출이 더 이상 직접적인 선택이 아님을 인정하면서, 볼셰비키는 자신들의 외교정책을 두 개의 병렬적인 전략으로 나누었다. 코민테른이 주도하는 혁명의 계획에 대한 장기적인 준비, 외무 인민위원회가 담당하는 단기적인 실용적 외교술. 인민위원회는 자본주의 국가들과의 관계와 교역을 개선하고 발전시키려고 노력하며, 반면에 코민테른은 공산주의 운동을 조성함으로써 이 국가들을 계속해서 뒤엎으려 했다. 이것은 이중정책이라기보다 사기였다. '프로핀테른Profintern'(노동조합의 공산주의 국제조직)을 통해서 코민테른은 서방세계의 노동운동과의 관계를 발전시켰다. 1926년 영국에서 일어난 총파업 당시 모스크바 정부는 파업 참가자들에게 재정적 지원을 보냈으며, 그 결과, 영국-소련의 관계 악화와 1927년의 전쟁 위기가 나타났는데, 스탈린은 자신의 산업화 긴급계획을 정당화하기 위해 이용했다.

5개년 계획은 소련이 자본주의와의 국제적 투쟁에서 새롭고 최종적인 단계로 진입하고 있다는 신념에서 도입됐다. 1928년의 코민테른 제6차 회의에서는 자본주의가 러시아 내전 동안의 '1차 시기'(프롤레타리아의 소동을 특징으로 하는)와 네프기 동안의 '2차 시기'(자본가들의 공고화를 특징으로 하는)에 뒤이은 경제적 위기와 혁명적 격변의 '3차 시기'에 진입하고 있다는 가설이 채택됐다. 월가의 폭락과 대공황은 이런 확신을 뒷받침했다. 서구의 노동자들이 일자리 투쟁을 위해 좌파 진영으로 옮겨가고, 소련을 자본주의 체제에 대한 대안으로 바라보면서 새로운 혁명적 기회가 창출됐다.

코민테른은 '1차 시기'의 노동 시위보다 새 물결의 노동 시위가 격렬할 것이라고 예상하면서, 네프 시기에 코민테른이 추구했던 것보다 더 전투적이고 전복적인 정책을 통해 그런 시위를 사회주의 혁명으로 변형시킬 때가 무르익었다고 결론 내렸다. 이 계급투쟁에서 공산주의자들은 실업자들을 동원하고, '사회적 파시스트들'이라고 비난받는 사회주의자들(이들은 그들 자신의 온건한 의회 정책 때문에 자유주의자들과 우파 인사들만큼이나 격렬하게 반발을 사게 된다)과의 모든 관계를 단절하라고 지시를 받았다.

코민테른의 새로운 정책은 독일에서 운명적인 결과를 낳았다. 독일 사회민주당과 협력하는 것에 대한 공산주의자들의 거부가 히틀러가 권력에 오르는 데 있어서 주요한 요인으로 작용한 것이다. 스탈린은 종전 후 베르사유 체제에 대한 독일 사회민주당의 굳은 헌신과 1920년대 내내 정부 내 정책의 서구 지향성 때문에 독일 사회민주당을 특히 불신했다. 그는 1917년 멘셰비키(그는 멘셰비키를 사회민주주의자들에 비유했다)가 볼셰비키에게 궤멸된 것과 똑같이, 공산주의 혁명이 독일에서 성공하기 전에 사회민주주의자들이 궤멸되어야 한다고 생각했다. 스탈린의 지시에 따라 독일 공산주의자들은 베르사유 조약을 폐기하기로 약속했고 독일 사회민주당을 서구의 하인이라고 비난하는 내용의 새로운 당 강령을 발표했다. 1931년 모스크바 정부의 지시에 따라 프로이센의 공산주의자들은 독일 사회민주당 주정부에 반대하는 국민투표에서 나치와 동맹을 맺기까지 했다.

독일 공산주의자와 사회주의자의 연합전선이 히틀러가 권력을 잡지 못하도록 막을 수 있었을까 하는 문제는 논란의 여지가 있다. 그러나 공산주의자들이 히틀러가 권좌에 오르도록 도와주었다는 것에는 의문의 여지가 없다. 1932년 독일 사회민주당 지도자들은 베를린 주재 소련 대사관에 나치의 위협을 물리칠 수 있도록 도움을 요청했다. 담당 무관은 소련의 거부를 설명하면서 독일 사회주의자들에게 이렇게 말했다. "모스크바 정부는 소비에트 독일로 이르는 길이 히틀러를 통과한다고 확신하고 있소."[3]

스탈린의 사고방식에서는 나치주의와 민주주의(사회주의적이건 자유주의적이건 간에) 간에 어떤 도덕적인 차이도 없었다. 그것들은 똑같이 '자본주의 체제'의 산물이었고, 서로 다투게 하여 모스크바 정부의 혁명적 목표를 성취하도록 할 수 있었다. 소련이 산업 경제를 건설하고 서방세계와 나치 독일 양쪽 모두에 대항할 무장에 필요한 시간을 확보하기 위해, 스탈린은 서방세계와 나치 독일 사이의 지속적인 마찰을 이용하고 있었다.

레닌처럼 스탈린은 자본주의 국가들 사이의 긴 전쟁 속에서 혁명적 잠재력을 보았다. 될 수 있는 대로 오랫동안 충돌을 피함으로써 볼셰비키는 양쪽 모두의 군사적 소진으로부터 파생될 가능성이 큰 사회적 위기를 이용할 수 있었다. 볼셰비키는 마지막 단계에서 전쟁에 뛰어들어 붉은 군대가 해방한 나라를 혁명화할 계획을 품고 있었다. 스탈린은 일찍이 1925년부터 이런 시나리오를 위한 계획을 세워놓았고, 미래의 전쟁에 대한 그의 혁명전 비전은 1930년대와 1940년대를 통틀어 대단히 일관성을 유지했다.

우리 적들 사이의 갈등과 전쟁은…… 우리의 커다란 우방이다…… 그들은 우리 정부와 우리의 혁명에 가장 큰 지원군이다…… 만약 전쟁이 터지면 우리는 팔짱을 끼고 가만히 앉아 있지만은 않을 것이다. 우리는 싸움을 시작해야 할 것이다. 그러나 우리는 마지막에 그렇게 할 것이다. 그리고 그때 결정적인 추를 저울에 던져 올릴 것이다.[4]

히틀러는 스탈린의 혁명 계획에서 일익을 담당했는지도 모른다. 그러나 유럽에 대한 나치의 지배는 틀림없이 그렇지 않았다. 스탈린은 서구 국가들의 집단 안보 구축에 가담했을 만큼 독일의 군사 공격에 대단히 놀랐다. 히틀러가 권좌에 오른 뒤 2년 만에 소련은 '국제연맹'(소련식 사고에서 영국-프랑스 제국주의의 도구라고 과거에 매도됐던 베르사유 조약의 창조물)에 가입했다. 코민테른은 사회주의자들과의 비협력 정책에서 완전히 선회해 파시즘 확산을 물리치기 위한 서유럽 사회주의 정당과 민주주의 정당과의 '연합전선'을 지지했다.

프랑스는 연합전선에 있어서 핵심이었다. 지리적으로도 프랑스는 非파시스트 유럽 국가들의 심장부에 있었다. 1933년 히틀러에 의해 독일 공산주의자들이 궤멸된 후 '프랑스 공산당PCF'은 (소련 바깥에서) 최대 규모의 공산당이 되었다. 또한 프랑스는 1934년 2월 총파업을 벌이며 가두 시위를 벌였던 강력한 반파시스트 풀뿌리 조직을 가지고 있었다. 파시스트의 폭동에 대항해 '제3공화국'을 수호하고자 프랑스 공산당과 프랑스 사회주의자들이 조직한 파업에는 파리 한 곳에서만 100만 명 이상의 노동자가 참여했다. 이 파업으로 인해 사회가 좌파와 우파로 나뉘었고, 반파시스트 운동으로서 공화국의 중간계층을 결집하도록 자극했으며, 마침내는 1936년 5월 '민중전선' 정부를 선출하기에 이르렀다.

프랑스의 행동은 불가리아 공산주의자이자 나치 독일에서 탈출한 망명자인 드미트로프Georgi Dmitrov에게 깊은 인상을 주었다. 그는 1934년 6월 모스크바 주재 코민테른 집행부의 서기장이 됐다. 드미트로프는 프랑스에서의 사건을 바라보며 연합전선을 옹호했다. 코민테른은 파시스트의 위협에 대항해 사회주의자들과 연합하라고 공산주의 정당들에 지시했다. 심지어 코민테른은 공산주의 정당들이 '부르주아' 정당들(즉 자유주의자와 농민이 주축이 된 평민계층의 당들)과의 민중전선연합(파시스트를 제지할 수 있는)에 가담하는 것을 허용했다. 새 정책은, 1917년 이후 사회주의 진영 외부의 정당들과의 어떤 타협도 폭력적으로 거부해온 레닌주의적 입장으로부터의 급격한 이탈이었다. 스탈린의 목표는 혁명을 일으키는 것이 아니라, 다만 의회 민주주의를 강화함으로써, 또 필요하다면 의회 민주주의를 방어하기 위해 노동자들을 거리로 동원함으로써 파시스트 혁명을 저지하는 것이었음을 고려할 때에만 이해된다.

연합전선의 직접적인 결과로 1935년 5월 소련과 프랑스 사이에 상호지원 쌍무협정이 체결됐다. 이제 프랑스 공산주의자들은 피에르 라발 정부에 대한 저항을 끝내고, (공산주의자들이 극렬히 반대했던 정책인) 의무 복무 기간을 1년에서 2년으로 연장하는 안을 비롯해 정부의 군대 예산을 지원하라는 지시를 받았다. 스탈린의 계산은 전시에 프랑스가 나치 독일에게 유린당하지 않도록 프랑스의 전투 능력을 강화하는 것이었다.

반파시스트 전선과 더불어 소련은 서방을 향해 친절한 얼굴을 내비쳤다. 교육받은 유럽 성향의 유대인인 리트비노프Maxim Litvinov는 이런 측면에서 스탈린 외교정책의 완벽한 도구였다. 1930년대에 외무 인민위원을 지냈던 리트비노프는 소련과 서구 국가들 사이에 긴밀한 연락망을 구축함으로써 집단 안보를 강화하고자 노력했다. 1933년 미국이 소련을 승인한 것은 리트비노프의 주도로 성사된 것이었으며, 이듬해 소련이 '국제연맹'에 가입한 것은 그의 행동에 힘입은 것이었다.

연합전선을 통해서 소련은 서방세계로부터 많은 동조자들을 얻어냈다. 소련은 선전선동을 통해서 소련을 '진보적 인류'의 선도자, 세계의 유일한 사회주의 국가, 그리고 파시즘의 위협을 저지할 수 있는 세계의 가장 큰 희망으로 묘사했다. 서구의 지식인들이 속임수에 넘어갔다. 1935

년 6월, 모스크바 정부가 재정 지원을 한 '문화 수호를 위한 국제 작가 회의'가 파리에서 개최됐다. 여기서 앙드레 지드, 앙드레 말로, 에드워드 모건 포스터, 올더스 헉슬리 같은 유명 작가들이 파시즘에 반대하는 투쟁에서 소련 작가 동지들(초대 손님으로 참석했던 보리스 파스테르나크, 일리야 에렌부르크를 포함한)과 연대할 것을 선언했다. 이때는 서구 지식인들(소위 '동반자 작가들')이 자신들의 좌파적 동정심과 파시즘에 대한 두려움 때문에 소련의 정치 현실에 대한 판단이 흐려졌던 시기였다. 그들은 소련에서 진보를 보았지만, 기근과 테러는 보지 못했다. 많은 이들이 소련 국민은 실제로 누리지 못했던 사회적 권리와 종교적·정치적 자유를 약속한 가짜 선언인 1936년의 소련 헌법에 깊은 인상을 받았다. 적지 않은 지식인들이 전시용 재판이 진실하며 필요하다고 생각했다. 영국의 사회주의자 베아트리스 웹Beatrice Webb은 스탈린이 "죽은 나무를 잘라냈다"라고 믿었다.[5] 다른 이들은 재판을 외면하거나 러시아 혁명을 비판하기를 거부하면서 자신들의 의혹을 억눌렀다. 그들이 보기에 러시아 혁명은 파시즘에 대항해 인류를 지키는 위대한 수호자였다.

서유럽의 공산당은 부분적으로는 파시즘의 위협에 대한 반응으로, 부분적으로는 소련과의 연대감에 힘입어서 급속도로 자라났다. 프랑스에서 프랑스 공산당 회원은 1935년 8만 7000명에서 1937년 32만 5000명으로 증가해 명실상부 프랑스 내 최대 정당이 됐다. 같은 기간 스페인에서 공산당원의 수는 4만에서 25만으로 늘어났다. 이런 공산주의 운동의 국제적 위력이 점점 증가하자 크렘린의 야심도 불붙었다. 모스크바 정부가 보기에 마치 전 세계가 파시즘과의 투쟁에 휩싸여 있고, 공산주의가 그런 싸움에서 승리할 것처럼 생각됐다.

1938년 무렵 스탈린은 독일, 일본, 이탈리아 등 추축국의 군사적 공격에 저항하는 서구 열강들의 노력에 대해 점점 더 회의적으로 변해가고 있었다. 영국과 프랑스는 양보의 항로를 가고 있는 것처럼 보였다. 그들은 독일의 라인란트 점령, 히틀러의 오스트리아 병합과 체코슬로바키아 공격에 대해 반격하는 데에 실패했다. 반면에 소련은 스페인 내 반파시스트 조직을 지지할 수 있는 유일한 열강이었다.

　집단안전보장은 서방 국가들이 논할 수 있는 무엇이었다. 그러나 그것을 실행할 수 있는 군사적 제재가 갖춰져 있지 않다면 무용지물이었다. 이탈리아와 에티오피아 두 국가 모두 국제연맹의 회원국이었지만, 국제연맹이 이탈리아의 에티오피아 정복을 막기 위해 한 것은 아무것도 없었다. 또한 일본이 만주를 통과해 시베리아를 공격할 가능성에 당황한 모스크바 정부에게 중국에 총과 비행기를 보내도록 유도했을 뿐, 일본의 중국 습격에 대해서도 저항하지 못했다.

　스탈린은 소련이 독일과 일본, 두 전장에서 동시에 싸워야 할 공산이 점점 짙어지는 것에 대해 우려했다. 그는 서구 열강과 유화 정책의 진짜 목표가 파시즘 정권과 공산주의 정권이 서로를 쓸어내기를 바라면서 나치의 군사 공격을 소련을 향하여 동쪽으로 돌리는 것이라고 생각했다. 스탈린의 목표는 정반대였다. 소련이 군사력을 재건하고 혁명적 이익을 위해 전쟁을 이용할 수 있는 결정적 시점에 전쟁에 참전하도록, "자본주의 체제의 두 정파"인 자유주의 세력과 파시즘 세력을 서구에서의 지리한 전쟁에 옭아매는 것이었다. 1938년 10월 그는 "각 나라의 프롤레타리아로 하여금 부르주아에게서 벗어나도록 도와주기 위해"[6] 자본주의 열강들에 대한 '십자군' 운동을 벌이는 것에 대해 논했다.

　독일과 일본의 침략과 함께 양 전선에서의 위험이 증가함에 따라, 스탈린은 집단안보를 보장하는 방편이었던 영국, 프랑스와의 동맹에 대한 신뢰를 완전히 잃어버렸다. 그는 만약 유럽에서 전쟁이 벌어질 경우 소련의 중립을 제안할 목적으로 독일 측에 신호를 보내기 시작했다. 첫 번째 신호는 1939년 3월 제18차 전당대회에서의 연설에서 표현됐다. 여기서 그는 소련이 자본주의 국가들 사이의 분쟁에 개입하지 않을 것이라는 점을 강조했다. 그다음 5월에 외무장관을 맡고 있었던 리트비노프가 몰로토프로 교체됐다. 몰로토프는 7월의 한 연설을 통해 영국과 프랑스에 대한 소련의 환멸감을 뚜렷하게 표시했다. 그는 대독항전에서 서구 열강에 가담함으로써 소련이 받게 될 유일한 보증인 3자 군사동맹에 관한 소련과의 협상을 영국과 프랑스가 연기한 것에 대해 그들을 '철저한 사기꾼들'이라고 불렀다.

이 무렵 히틀러는 폴란드 침공을 준비하고 있었다. 이 일로 인해 영국이나 프랑스가 선전포고할 경우를 가정해 그는 두 전선에서의 전쟁을 피하기 위해 소련의 중립이 필요했다. 스탈린 또한 마찬가지로 독일과의 강화가 필요했다. 스탈린의 부대는 몽골과 만주에서 일본과의 국경 분쟁에 휘말려 있었고, 9월까지 카킨 골 강을 따라 이어지는 일본군의 거센 저항이 계속되었다. 소련은 독일에 대한 자신의 가치를 올리고자 영국 및 프랑스와 계속 협상했다. 그러나 서구 열강은 소련과의 군사 동맹에 대해 진지하게 생각하지 않았다. 그들은 소련과의 공동 작전에 관한 상세한 계획조차 없이 모스크바에 도착했다. 그들은 핀란드와 발트해 국가들이 독일의 손아귀에 들어갈까 봐 우려하고 있었는데, 스탈린이 이들 국가들에 대해 침략 의도를 품고 있다고 의심했다. 어쨌든 폴란드는 자국 영토 안에 소련 군대의 입성을 허가하지 않을 참이었다. 그리하여 협상은 결렬됐다.

1939년 8월 23일, 소련은 나치 독일과의 불가침 조약에 서명했고, 이것은 2차 세계대전을 직접적으로 초래했다. 소련 측에 발트해 국가들, 핀란드, 폴란드 동부, 베사라비아Bessarabia•에서의 영향권을 승인하는 비밀 규약이 있었다. 이것은 1945년 이후에야 밝혀졌다. 소련은 1917년 러시아 제국이 잃어버린 서쪽 영토를 사실상 되찾게 될 예정이었다.

전 세계의 공산주의자들에게 나치-소련 간 협정은 대단한 충격으로 인식됐다. 그것은 공산주의자들의 가장 근본적인 원칙에 대한 배신으로 여겨졌다. 파시즘에 대한 투쟁에서 소련이 맡은 지도적인 역할은 전 세계 공산주의자들이 자신의 신념을 고수하며 살게끔 만들었던 수많은 신화 중 하나였다. 훗날 그들은 소련이 전쟁을 준비하려면 더 많은 시간이 필요했다고 주장하면서 그 협정을 전략적으로 정당화하려고 애쓸 참이었다. 스탈린 또한 자신의 전술이 레닌주의에 입각한 것이었다―레닌 역시 혁명에 필요한 '숨 돌릴 틈'을 확보하기 위해 독일과의 협정에 서명했던 만큼―고 강변하면서 이런 주장을 이용했다. 그러나 그 당시 스탈린은 단순히 가능한 오랫동안 전쟁에 관여하지 않을 속셈이었다. 9월 7일, 그는 서방세계의 연합국들과 나치 독일이 자본주의 체제를 무너뜨리게 될 오랜 전쟁 속에서 스스로 소진될 때까지 기다릴 것이며, 그 후에 "저울의 한쪽 끝을 건드려" 일을 마무리 짓기 위해 발을 들여 승리자로 나설 것이라고 내부 관계자들에게 귀띔했다. 그는 전쟁이 발발하자 이렇게 말했다. "우리로선 그들이 잘 싸워 서로를 무력화시키는 것에 반대할 하등의 이유가 없다."[7] 스탈린의 지시에 따라 코민테른은 1917년 볼셰비키가 그랬듯이 공산주의자들에게 그들 나라 내부의 소요를 조직하기 위해 전쟁을

• 옛 루마니아 왕국 지역으로. 소련의 영향권에 있다가 1991년 소련 붕괴 이후 일부는 몰도바, 일부는 우크라이나의 영토가 되었다.

이용할 것을 지시했다. 전쟁과 혁명은 손을 마주잡고 일어날 계획이었다.

9월 1일자로 독일은 소련의 중립성을 확신한 뒤에 서쪽에서 폴란드를 침공했다. 이틀 뒤 영국과 프랑스는 독일에 대해 선전포고를 했다. 그리고 직후 붉은 군대가 동쪽에서 폴란드로 진입했다.

스탈린은 독일군의 폴란드 침공을 1920년 8월 바르샤바의 문턱에서 폴란드군에 제지당했던 혁명의 십자군 원정을 재개할 기회로 보았다. 폴란드를 습격했던 소련 군대에는 '적'으로 간주되는 자들에 대해 체포와 처형('청소 작전')을 수행하기 위해 엔카베데 부대가 동행했다. 소련군 부대는 서부 우크라이나인, 벨라루스인, 그리고 수적으로 지배적인 폴란드인 다수 사이의 지역적·민족적 증오심을 이용해 혁명을 일으켰다. 소련군이 점령했던 18개월 동안 약 30만 명의 폴란드인이 소련군에 의해 추방됐고, 12만 명의 기타 민족(이들은 주로 지주, 사업가, 지식인, 그리고 경찰 및 행정에 관여했던 사람들이었다)이 구속됐으며, 그중 절반은 처형당하거나 포로가 되어 사망했다. 스탈린의 명령에 따라 소련군은 또한 1만 5000명의 폴란드군 전쟁포로와 7000명에 이르는 다른 '부르주아' 포로를 스몰렌스크 인근의 카틴 숲에서 처형했다. 이것은 소비에트 정부가 권력을 잡고 있었던 동안 부인해왔던 대학살 사건이었다.

소련 군대가 그다음으로 점령했던 것은 발트해 국가들이었다. 소련 군대는 조작된 선거를 통해서 소련식 통치를 강요했고, 청소 작전을 통해 '반소비에트 분자들'을 체포하기 시작했다. 이를 통해 붉은 군대가 점령했던 12개월 동안 14만 명의 라트비아인, 에스토니아인, 리투아니아인이 강제추방되거나 살해됐다.

그러나 1939년 11월 30일 스탈린이 핀란드 침공을 시작했을 때 핀란드는 스탈린이 예상했던 것보다 더 까다로운 것으로 드러났다. 소련 군대는 겨울의 결전에 준비가 되어 있지 않았고, 견고한 핀란드의 방어선을 뚫을 수 없었다. 1940년 3월 몰로토프는 25만 명의 사상자 중 5만 2000 명의 붉은 군대 병력이 포함되었다고 시인했다. 그러나 스탈린은 군사적 공격으로 시작된 '세계혁명'이 계속 진행 중이라고 내부 인사들에게 전했다. 결국 소련의 증원부대가 핀란드의 방어선을 뚫을 수 있었고, 핀란드 는 강화를 요청했다. 그러나 그것은 큰 희생이 따른 승리였으며, 소련 군 대의 취약성을 노출시키고 말았다.

히틀러는 항상 소련을 침공하기를 원했다. 그는 이미 《나의 투쟁Mein Kampf》(1925)에서 '레벤스라움Lebensraum'•을 위해 동쪽으로 방향을 돌리 는 것이 독일의 운명이라고 주장했다. 히틀러의 인종차별주의적 이데올 로기에서는 소련 국민이 '유대인 볼셰비키'에 의해 지배를 받는 '인간 이 하'의 슬라브인들로 취급됐다. 히틀러는 '유대인 볼셰비키'를 파괴하는 것이 자신의 사명이라고 생각했다. 개전 초기에 폴란드와 서구 연합국에 쉽게 승리를 거두고, 그것이 소련-핀란드 전쟁을 통해 드러난 붉은 군대 의 취약성과 결합해, 히틀러는 소련에 대해서도 쉽게 승리하는 것이 가능 하다고 믿게 됐다. 소련의 식량과 연료를 확보하면 독일군은 영국을 압도 할 만큼 크게 강해질 것이라고 생각했다.

스탈린은 히틀러가 군대를 동쪽으로 돌려 소련을 공격하는 일은 없을 것이라 믿고, 독일군이 서구 열강과의 긴 전쟁을 치르는 데 필요한 경제 적 물자를 독일에 공급하면서 자신의 혁명 전략을 고집했다. 나치-소련 협약의 일환으로 조인된 무역협정에서 소련은 독일에서 생산된 제품과 의 불평등한 교환을 통해 독일에 수백만 톤의 전쟁물자—식량, 연료, 목

• '생활 공간'이라는 단어로, 여기에서는 나치스의 이념이었던 '국민생활권'을 뜻한다.

　　　　　　　　　　　　　　　　　　　　　혁 명 의 러 시 아

화, 광물—를 보내기로 합의했다. 1940년, 해외로 수출되는 소련의 물량 가운데 절반 이상이 독일로 갔다(다른 구매국은 소수였다). 히틀러가 영국을 격파하기 전까지는 소련을 공격하지 않을 것이라고 확신하면서 스탈린은 독일에 경제적 자원을 공급함으로써 자국 군대의 힘을 키우고 자신의 혁명 계획에 나치스를 이용할 시간을 벌 수 있을 것이라고 생각했다. 소련은 1941년 6월 독일군이 소련을 침공하기 시작하기 바로 직전까지 계속해서 물자를 공급했다.

스탈린은 독일군이 소련 침공을 준비하고 있다는 첩보를 무시했다. 그는 공격 일시와 장소에 대해 대단히 구체적으로 언급했던 그 첩보 내용을 소련을 전장으로 유인하려고 하는 영국의 술책이라고 대수롭지 않게 여겼다. 붉은 군대의 장군들은 독일군이 어디를 공격하려고 준비하고 있는지를 정확하게 알고 있었지만, 그것에 대해 아무런 대비책도 마련하지 않았다. 그 누구도 감히 스탈린의 판단이나 권위를 의심할 수 없었기 때문이다. 대숙청으로 군대의 지도부가 모든 주도권을 상실함으로써 그 기능이 마비됐던 것이다. 이런 측면에서 본다면, 1941년의 대재앙은 1917년 이후 펼쳐졌던 혁명의 비극적 과정의 결과였던 셈이다.

Revolutionary Russia
1891~1991

15장

전쟁과 혁명

1941년의 대재앙과 승리의 이면

독일군은 1941년 6월 22일 일요일, 무더운 여름날의 햇볕이 쨍쨍한 이른 아침에 공격을 시작했다. 이른바 '바르바로사 작전'이었다. 19개의 전차 사단과 15개의 자동화 사단이 거대한 나치스 공군 비행편대의 지원을 받아, 역사상 최대 규모인 300만 명의 공격 병력이 2900킬로미터를 진격하도록 길을 텄다. 독일의 공격은 대단히 강력하고 신속해서 소련 군대를 완전히 혼돈 속에 몰아넣었다. 스탈린의 부주의 때문에 소련 군대의 방어선은 혼선을 빚었다. 붉은 군대는 균열을 메우기 위해 전선으로 투입됐다가 제공권을 장악한 독일 공군과 독일 전차에 박살이 나고 말았다. 6월 28일경, 독일 군대는 소련 영토 안으로 300킬로미터를 들어와 민스크를 점령하기 위해 진격했으며, 모스크바를 향해 계속 진군했고, 북쪽으로는 리투아니아와 라트비아를 통과해 레닌그라드를 위협했다.

스탈린은 민스크 함락에 충격을 받았다. 그날 그는 이렇게 말했다고 한다. "나는 모든 것을 잃었다. 내가 망쳤다. 레닌은 조국을 일으켰지만, 우리가 망쳐놓았다."[1] 스탈린은 이번 참사에 대한 책임이 자신에게 있다는 것을 실감했음에 틀림없다. 그는 독일군의 규모에 대한 첩보를 무시해 전쟁에 대비하는 데 실패했고, 다른 한편으로 그가 펼쳤던 숙청으로 인해 군사력이 심각할 정도로 약화됐기 때문이다. 1937년과 1941년 6월 사이에 8만 명 이상의 붉은 군대 장교들이 처형됐는데, 여기에는 부대 지휘관의 절반 이상이 포함돼 있었다. 그 결과 경험이 일천한 하급 사관들이 전투 중인 진지로 투입됐다.

스탈린은 당혹감과 실의에 빠져 돌연히 자신감을 잃어버린 채 그 후 며칠 동안 자신의 별장에 틀어박혔다. 7월 1일이 되어서야 그는 크렘린으로 돌아왔고, 이틀 뒤에야 첫 대국민 전시담화를 내놓았다. 스탈린은 자주 말을 끊었고, 국민을 '동지들'이 아닌 '형제와 자매, 친구들'이라 부르면서, '전 소련 국민의 전쟁'에 모두가 합심 단결할 것을 요청했다.[2]

히틀러의 침공으로 혁명에 최대의 위기가 초래됐다. 히틀러의 목적은 '유대인 볼셰비키'가 주도하는 정권을 궤멸시키고, '제3제국'을 위해 소련을 식민지화하고 소련의 자원을 착취하는 것이었다. 나치는 독일로 식량을 수탈함으로써 1941~1942년의 겨울 동안 약 3000만 명에 이르는 소련 국민을 기아로 죽게 만들 계획이었다. 유대인들은 말살시키고, 나머지 국민은 노예 노동으로 이용하거나 강제추방하거나 살해할 계획이었다. 또는 만약 그들이 강해서 전쟁에서 살아남는다면, 아리아인 식민주의자들에게 동화시킬 참이었다. 혁명이 국가 전체의 생존과 분명하게 결속됐던 부분은 바로 이 지점이다.

수백만 명의 국민이 즉시 전선에 출정하려고 자원했다. 여러 도시와 공장에서 의용군이 조직됐다. 그러나 모든 국민이 전 국가적 단결에 대한 스탈린의 호소에 똑같이 호응했던 것은 아니다. 많은 이들이 지도부의 부실한 전쟁 준비에 대해 비판했다. 노동자들은 공장과 당의 지도자들이 후방으로 피신한 것에 대해 분노했고, 배급량 삭감과 엄격한 노동 규율에 반대해 파업을 계속 이어갔다. 산업 도시들은 1917년의 혁명적 분위기로 다시 돌아왔다. 당 지도자들이 군중을 진정시키려고 노력했던 이바노보에서의 파업에서, 파업 주동자들은 노동자들을 향해 이렇게 소리쳤다. "저들의 말을 듣지 마시오! 저들은 아무것도 모르오! 저들은 우리를 23년 동안이나 속여왔소!"[3] 경찰의 첩보에 따르면, 많은 노동자들은 소련 정부가 완전히 없어지기를 희망하면서 나치의 침공을 환영했다고 한다. 독일군을 두려워할 이유를 가진 자들은 오로지 유대인과 공산주의자뿐이라는 소문이 나돌았다.

7월 20일 스탈린은 군통수권을 접수했다. 1차 세계대전 당시의 차르처럼 그는 나라를 재앙에서 구해내기 위해서 자신의 능력에 자신의 모든 권력을 도박의 판돈처럼 걸었다. 스탈린은 모스크바 전선에 대한 반격을 명령했다. 독일군의 진군이 잠시 늦춰졌다. 침략군의 일부는 우크라이나의 토지, 산업시설, 석탄 광산을 장악하기 위해서 남쪽으로 우회했다. 히틀러는 그것을 통해 '제3제국'이 천하무적이 될 것이라고 생각했다. 독일군은 대규모 협공을 벌이며 남동쪽으로 전진해 키예프를 포위했다. 9월 19일 독일군은 치열한 교전 끝에 키예프를 점령했다.

그러는 사이, 독일군은 북쪽으로 더 진격해 라도가 호수의 기슭에 이르렀고, 9월 8일 레닌그라드를 효과적으로 포위했다. 히틀러는 모스크바 전투를 위해 그의 북부 군대를 남겨두기를 원했고, 이에 따라 도시를 장악하려고 애쓰기보다는 레닌그라드 시민들이 기아로 죽도록 레닌그라드를 봉쇄하기로 결정했다.

군사적인 측면에서 엄밀히 판단해볼 때, 레닌그라드는 전쟁의 결과에 중요하지 않았다. 모스크바와 우크라이나 전선이 전쟁의 성패를 결정하게 될 예정이었다. 그러나 혁명의 본산으로서 레닌그라드는 상징적 중요성을 가지고 있었고, 그래서 그것을 포기할 수는 없었다. 스탈린은 봉쇄된 도시를 구하려고 최고사령관인 주코프 장군을 특파했다. 정부는 선전선동을 통해 300만 명 시민에게 떠나지 말 것을 촉구했다. 어쨌든 당국은 시민들을 대피시키는 데 늦었다(독일군이 퇴로를 차단하기 전에 불과 40만 명밖에 떠나지 못했다). 많은 사람들이 애국적인 동기나 자신들의 고향집을 떠나는 것이 두려워서 도시에 남기를 택했다. 그러나 그 선택은 훨씬 더 나쁜 결과를 초래했다. 1944년 1월 봉쇄가 해제되기 전 시민의 3분의 1 이 추위와 기근, 질병으로 숨졌기 때문이다.

히틀러의 입장에서는 볼셰비키와의 전투에서 진짜 중요한 것은 모스크바 정복이었고, 따라서 1941년 가을 그는 자신의 병력을 거기에 집중시켰다. 그는 모스크바를 완전히 초토화시킬 것이며, 모스크바-볼가 운하 건설을 통해 만들어진 인공 호수에 그 잔해를 침수시키겠다고 공언했다. 10월 10일 주코프가 수도의 방어를 총지휘하기 위해 레닌그라드로부터 도착했을 때 모스크바를 방어하고 있었던 소련 군대는 서부전선에서의 혼란으로 퇴각하고 있었다. 5일 후 스탈린은 볼가 강을 이용해 정부를 쿠이비셰프로 옮길 것을 명령했다. 도시에 대한 공습이 점점 더 강해지자 극심한 공포가 확산됐다. 식료품 가게 앞에는 거대한 줄이 생겨났고, 대규모 검거로도 약탈이 멈추지 않았다.

스탈린은 라디오 방송을 통해 수도를 끝까지 방어하겠다고 맹세했다. 레닌그라드보다 모스크바의 방어가 혁명과 러시아의 생존에 더 중요했다. 만약 독일군이 모스크바를 정복하게 되면, 나라 전체는 둘로 갈라지고 말 것이다. 선로의 망이 수도에 집중되어 있는 철도 시스템은 독일군의 통제에 넘어가게 될 것이다. 소련 국민들이 혁명은 이미 끝났다고 생각하게 되면, 혁명을 위해 계속 항전하겠다는 그들의 의지 또한 당연히 꺾이게 될 것이었다.

모스크바 시민들은 수도를 방어하기 위해 집결했다. 그들이 느끼는 도시에 대한 애착과 혁명적 충성심이 얼마나 큰 영향을 주었는지는 알 수 없다. 25만 명의 모스크바 시민들은 도시의 경계에 방어진지를 만들고, (전투가 절정에 이르렀을 때는 전선이 크렘린으로부터 불과 30킬로미터밖에는 떨어져 있지 않았다) 군수품을 손에 들고 전선으로 운반했으며, 각자의 가정에서 부상 입은 병사를 간호했다. 서부전선에서 퇴각한 흩어진 병력과 시베리아로부터 파견된 증원병력을 긁어모아 만들어진 군대와 함께 싸우기 위해 수천 명이 민병대에 자원했다.

혁명 기념일의 붉은 광장 퍼레이드를 정상적으로 진행하겠다는 스탈린의 대담한 결정은 이런 새로운 결의의 정신을 상징했다. 스탈린은 독일군의 공습을 우려하는 자기 휘하의 공군 사령관들의 조언을 물리치면서, 이런 결정적인 때에 퍼레이드의 상징적 중요성이 어떤 군사적 위기보다 더 우선시되어야 한다고 고집했다. 스탈린은 (레닌의 시신이 비밀리에 튜멘으로 이송됐기 때문에 비어 있었던) 레닌 기념묘소에서 집결한 부대를 향해 내전 시기 붉은 군대의 정신을 본받으라고 연설했다.

우리가 10월 혁명 1주년 기념일을 경축했던 1918년 그해를 다시 생각하라. 그 당시 내정간섭을 하는 외국 제국주의자들이 우리나라의 4분의 3을 장악하고 있었다…… 우리에게는 우방이 없었고, 우리에게는 붉은 군대도 없었다. 붉은 군대는 이제 막 만들어지기 시작했다. 우리는 빵의 부족, 무기의 부족, 장비의 부족을 체험했다. 그 당시에는 무려 14개 국가가 우리나라에 등을 돌리고 있었다. 그러나 우리는 실망하거나 낙담하지 않았다.[4]

부대는 붉은 광장으로부터 전선을 향해 곧장 행진했다.

11월 중순 독일군은 진창과 눈에 발이 묶이고 말았다. 그들은 러시아의 겨울을 이겨낼 준비가 되어 있지 않았고, 멈추지 않고 무려 다섯 달을 행군한 탓에 체력이 바닥 나 있었다. 처음으로 독일군에서 막대한 사상자가 나왔다. 소련군은 반격을 개시했고, 4월경 독일군을 스몰렌스크로 퇴각시켰다. 수도의 구출은 소련군의 사기를 크게 진작시켰다. 국민들은 소련의 승리를 믿기 시작했다. 나라 전체는 아직도 끔찍한 상황을 벗어나지 못했다. 소련군은 개전 초기 병력의 절반 이상인 300만 명을 잃었고, 소련 산업시설의 상당부분이 파괴됐으며, 전쟁 전의 소련 인구의 거의 절반에 해당하는 9000만 명의 시민이 독일군이 점령한 지역 안에서 살고 있었다. 그러나 모스크바의 생존은 전쟁 전체에서 일대 전환점이 됐다.

그 누구도 이 전쟁에서 소련 국민이 보여준 비상한 용기와 희생을 부인하지는 못할 것이다. 하지만 과연 누가 그것을 설명할 수 있을까? 어째서 그렇게 많은 소련 병사들이 그토록 투철한 결의, 그리고 아마도 때로는 자신의 목숨조차 아끼지 않으며 싸웠던 것일까? 어떤 이가 주장했듯이, '러시아인의 성격' 속에, 또는 혁명의 전통 속에 어떤 인자가 있는 걸까?

숙청과 강압이 그 부분적인 해답이다. 병사들을 전장에서 싸우도록 하기위해 전쟁 전의 공포 체제의 방법이 다시 도입됐다. 독일군이 스탈린그라드를 위협하면서 소련의 붕괴가 눈앞에 닥쳤던 1942년 7월 28일, 스탈린은 군대에 "마지막 남은 피 한 방울까지 아끼지 말고" 소련의 영토 구석구석을 지키라고 촉구하는 한편, 각자의 책무를 회피하는 '심약자'와 '겁쟁이'에게는 사형을 내리겠다고 위협하면서 227호 명령("단 한 발자국도 물러서지 말라!"라는 내용이 담긴)을 발표했다(이것의 존재는 1988년 이전에는 공식적으로 인정되지 않았다). 기존의 엔카베데 부대를 증강하기 위해 특수 '차단 부대zagradotriady'가 창설됐다. 그들은 소련군의 전선을 정찰하면서, 전투에서 뒤처지거나 도주하려고 시도하는 병사들을 사살했다. 전쟁 동안 15만 8000명의 소련 군인들이 엔카베데 부대에게 사살됐고, 43만 6000명이 투옥됐다. 또한 42만 2000명은 가장 위험한 군사적 임무에 이용되는 특수 형벌 부대에 복무함으로써 어머니-조국에게 지은 범죄에 대해 "자신들의 피로 속죄하도록" 강요받았다.

그러나 이런 공포 체제의 영향력을 과장해서는 안 된다. 227호 명령은 대략 1만 3500명의 소련군 병력이 불과 몇 주 사이에 처형됐던 스탈린그라드 방어 전투처럼 절망적인 순간에 사용됐다. 그 밖의 다른 경우에 그 명령은 극단적인 처벌이 군대 내 단합과 효율성을 보장해주지 않는다는 것을 경험으로 체득한 지휘관들에 의해 무시됐다.

애국심에 대한 호소가 더 효과적이었다. 소련 병사들의 대다수는 농민의 아들이었다. 그들은 농촌을 파멸시킨 스탈린이나 당을 위해서가 아니라 자신들의 고향집과 가족을 위해서 싸웠다. 그들이 각자의 방식대로 상상했던 '어머니-조국rodina'을 지키는 것이 그들이 싸우는 주된 이유였다. 이것은 (독일어 낱말 'Heimat(고향)'와 유사하게) 친족 집단, 마을, 국가 또는 고향을 뜻하는 러시아의 개념이다.

소련의 정치 선전선동은 군인들 사이에서 더 큰 무게를 지녔던 '어머니-조국'에 대한 오래된 민족주의적 관념을 위해 혁명의 상징을 점차로 포기했다. 스탈린의 이미지는 더 두드러지지 않았다. '인터내셔널' 가는 새로운 국가로 대체됐다. 러시아 역사 속의 군사적 영웅들이 소련 메달 위에 나타났다. 국가가 전쟁 수행에 교회의 도덕적 지원을 받는 대가로 전쟁 전에 종교 활동에 대해 가했던 많은 정치적 규제를 해제하면서 러시아 정교회는 새로운 활력을 부여받았다.

정치 선전선동은 증오와 복수의 민족주의적인 감정을 이용했다. 소련 국민의 분노를 부채질해 투쟁의 정점까지 끌어올리는 것이 어려운 일이 아니었을 만큼 독일군은 소련 땅에서 대단히 많은 악행을 저질렀다. 붉은 군대의 일반 사병들에 대한 조사에 따르면, 이들을 전장으로 나가도록 떠밀었던 것은 다른 무엇보다, 독일인에 대한 증오였다. 러시아 어머니-대지를 강간한 파시스트에 대한 보복으로, 그리고 1차 세계대전에서 자신들의 아버지의 희생을 기리면서 "모든 독일인 한 명 한 명"을 죽이라는 내용의 콘스탄틴 시모노프가 지은 시 〈그를 죽여라!〉가 병사들이 전장으로 나가 싸우기 전에 그들의 장교들에 의해 자주 낭독됐다.

　　희생에 대한 숭배는 소련의 선전활동의 중요한 측면이었으며, (개인적 이해관계가 더 많이 발달해 있으며 공동선을 위한 개인의 희생에 대한 명령이 강제되는 것이 소련보다 더 어려운) 자본주의 사회들에 대한 소련의 유일한 최대 장점이었다. 소련에서는 내전 이후 젊은 세대에게 희생정신이 주입되어왔다. 5개년 계획에서 중요한 것은 어려움을 인내하는 것이었다. 1941년 무렵 소련 국민은 전쟁 동안의 궁핍 상태—생활수준의 급격한 하락, 가족의 해체, 일상생활의 붕괴—에 대해 대비하고 있었다. 왜냐하면 그들은 이미 1930년대에 이 모든 고초를, 아니 그 이상을 겪어냈기 때문이다.

　　소련이 1941년, 재난과 같은 여름에서 회복하려 몸부림치고 있었던 전쟁 첫 해에 자기희생의 정신은 소련의 생존에 필수적이었다. 대규모로 자신을 희생했던 일반 병사들과 시민들의 행동은 군사적 명령체계의 실패, 그리고 거의 모든 권위의 마비를 대신 보완했다. 이런 감정은 소련의 영웅에 관한 전설적인 동화—기록을 돌파한 비행조종사, 스타하노프 노동자, 북극 탐험가, 내전에 참여한 병사, 스페인 내전에 참전하러 떠난 공산주의자—를 들으며 자라난 '1941년 세대'(1910년대와 1920년대에 태어난 사람들)에게서 특히 강렬하게 나타났다. 매우 많은 청년 자원자들이 그들의 행동을 앞다투어 따라하면서 전장으로 뛰어들었다.

무기를 들라는 호소는 그들을 소련 역사상 두 번의 위대한 낭만적 사건인 내전 및 제1차 5개년 계획의 영웅적 전통과 결합시켰다. 이 두 사건에서는 집단적 진취성과 희생을 통해 '위대한 성과'가 실현됐다. (1941년 입대했을 당시 스물 한 살이었던) 소련 시인 다비트 사모일로프David Samoilov의 표현을 빌리면 "내전은 우리의 아버지였다", "5개년 계획은 우리의 손윗 형제다. 그러나 1941년의 대조국전쟁은 바로 우리다".[5]

독일인에게 맞서 싸우겠다는 자신의 투지를 되새기면서, 학교 문을 박차고 나서서 곧장 입대했던 1941년 세대를 대변해 리타 코간Rita Kogan은 이렇게 말했다.

1941년에 나는 열여덟 살에 불과했다…… 나는 나의 소련 영웅들의 이상에 비추어 세계를 바라보았다. 그들은 어머니-조국을 위해 위대한 일을 한 사심 없는 개척자들이었고, 나는 책에서 그들의 위업에 대해 읽었다. 그것은 모두 대단히 낭만적이었다! 나는 전쟁이 실제로 어땠는지는 모른다. 하지만 나는 전쟁에 참여하고 싶었다. 왜냐하면 그것이 바로 영웅의 행동이었기 때문이다…… 나는 그것을 '애국주의'라고 생각하지 않았다. 나는 그것을 나의 의무라고 보았다…… 나는 그저 군수품 공장에서 묵묵히 일하면서 그곳에서 전쟁이 끝나기를 기다릴 수도 있었다. 하지만 나는 언제나 활동주의자가 되고 싶어 했다. 그것이 바로 '피오네르'와 '콤소몰'이 나를 키운 방식이었다.[6]

이 세대는 개전 첫날부터 영웅적인 용맹성과 무모함을 가지고 싸웠다.

여기에는 최대의 인명 손실이 따랐다. 리타와 같은 나이의 소련 병사들 중 1945년에도 여전히 살아남았던 숫자는 3퍼센트에 불과했다.

모스크바, 레닌그라드 또는 스탈린그라드 등 도시를 사수하기 위해 싸우는 것 역시 중요했다. 고향에 대한 애국주의는 강력한 동인으로 작용했다. 군인들과 시민들은 '소비에트 조국'이라는 다소 추상적인 개념을 위해 싸우라고 요청을 받았을 때보다, 실질적인 인간적 교류의 망 또는 어떤 특정한 공동체를 지키는 것과 소련이라는 대의를 동일시했을 때에 전투에 대해 더 투철한 의지를 보였다.

모스크바에서뿐만 아니라 레닌그라드에서도 봉쇄 시기에 도시 안에 머물러 항전하겠다는 시민들의 결의 이면에는 여러 동기가 복합적으로 뒤섞여 있었다. 발트해 함대의 수병이었던 표토르 카피차Petr Kapitsa처럼 몇몇 사람들은 10월 혁명의 탄생지를 지키기 위해 싸웠다. 그들은 자신들의 대의를 이런 영웅적 전통의 계승이라고 생각했다. 카피차는 1942년 3월 22일 자신의 비망록에 이렇게 썼다.

피테르(레닌그라드의 애칭)의 노동자들과 지식인들의 성격, 즉 그들의 혁명적 성격과 연대감과 투지는 차르 정권, 백위군과 싸우면서 형성됐고, 그렇게 보낸 세월 동안 민중의 독특한 유형이 창조됐다. 겨울궁전을 습격한 사람들의 일체감과, 봉쇄에 대한 항전으로 결속된 시민들의 형제애 사이에는 직접적인 연관성이 존재한다.[7]

다른 이들은 시민들이 항전했던 이유가 레닌그라드 때문이라기보다는, 러시아 내 유럽문명의 정신적 중심지인 상트페테르부르크를 지키기

위해서였다고, 혹은 도시 자체가 가진 문화적·혁명적 신화의 위력보다
는 개인적이거나 집단적인 기억 때문에 매료됐던 자신들의 사랑하는 도
시를 지키기 위해서였다고 생각했다.

동지애 역시 이런 군사적 결집과 유효성을 이루는 데에 중요했다. 군
인들은 동료로 이루어진 소규모의 부대에 충성심을 느끼는 경우에 전투
에서 전력을 다하는 경향이 있다. 전쟁 첫 해에는 소규모 부대가 오래 버
티는 일이 거의 드물었을 만큼 병력 손실의 비율이 대단히 높았다. 그러
나 1942년 이후 소련 군대는 다시 안정을 찾기 시작했고, 군인들이 집단
내부에서 발견했던 동료애는 그들을 싸우도록 이끄는 데 결정적인 요인
이었다. 퇴역군인들은 종종 참전 당시 '더 큰 마음'을 가졌고 '영혼으로
부터 우러나와 행동했다'고 주장하면서, 타협과 우발적 상황으로 점철된
공산주의 체제 안에서보다 더 순수한 윤리적 관계와 원리의 영역을 이
소규모의 부대 안에서 목격한 것처럼 어떤 향수에 젖어 이런 우정을 회
상한다.

1943년 1월경, 붉은 군대는 독일군을 스탈린그라드로부터 퇴각시켰
다. 독일군 부대의 선봉대는 차단됐다. 독일군은 소련군뿐 아니라 추위와
굶주림과도 싸우면서 2월 2일 최종적으로 항복하기 전까지 격렬한 저항
을 펼쳤다. 이번 승리는 소련군의 사기를 북돋웠다.

스탈린그라드를 기점으로, 소련 군대는 쿠르스크를 향해 계속 진군했
다. 쿠르스크에서는 7월에 대규모 독일군 병력을 격퇴하기 위해 보병 전
체의 40퍼센트와 무장한 부대의 4분의 3이 집결해 있었는데, 여기에서는
소련 땅에서의 승리를 꿈꾸는 독일군의 희망이 최종적으로 무산됐다. 붉
은 군대는 9월경 우크라이나 수도의 외곽에 도달해 독일군을 키예프로

퇴각시켰고, 마침내 11월 6일 키예프를 도로 탈환해, 이튿날 모스크바에서 열린 혁명 기념일 퍼레이드에 간신히 맞춰 도착했다.

이렇게 전황이 바뀐 데에는 많은 이유가 있었다. 첫 번째 이유는 히틀러와 달리, 스탈린은 지휘관들이 그들 나름대로 군사작전을 펼쳐나가도록 놔두는 편이 최선이라는 것을 깨달았다. 전쟁 수행의 임무는 정치 장교들이 지배하고 있었던 군사위원회로부터, 작전 계획을 지휘하고 당 지도부에 단순히 보고할 뿐이었던 합동작전참모부로 점차 옮겨갔다. 부대 내 인민위원들의 영향력도 현저히 줄어들었다. 장교들은 당의 엄격한 통제에서 벗어나서 새로운 신뢰관계를 발전시켰으며, 전문가들이 주축이 된 안정적인 부대가 출현하게 됐는데, 그들의 전문지식이 1943~1945년의 승리에 주효했던 것이다.

정부는 이런 전문가적 기풍을 고취시키기 위해 차르 정부의 장교들이 착용했던 견장—1917년에 붕괴된 구체제의 혐오스러운 상징—을 회복시켰고, 평등주의적인 '동지'를 대체하기 위해 '장교'라는 칭호를 다시 가져왔다. 훈장 역시 중요한 역할을 했다. 1941년부터 1945년까지 1100만 개의 훈장이 소련의 현역군인에게 수여됐는데, 이것은 미국에서 수여된 양보다 여덟 배가 더 많은 것이다.

군대의 인사가 당에 입당하는 경우 자격 요건이 낮춰졌기 때문에 뛰어난 전공을 세운 병사들은 입당을 독려받았다. 1945년 경, 600만 명의 당원들 중 절반 이상이 군복무를 하고 있었고, 그중 3분의 2가 전시에 당에 가입했다. 이와 같은 대규모 당원 유입으로 당은 전쟁 전의 혁명적 성격을 대부분 상실했다. 신입 당원들의 견해는 훨씬 실용적이었고, 이데올로기에 얽매이지 않았으며, 계급의 관점에서 세계를 보는 성향이 덜했다. 그들은 5개년 계획의 스탈린주의 정신에 흠뻑 물들어 있던 1930년대의

혁명의 러시아

볼셰비키에 비해 관료주의에 비판적이었다. 1944년 〈프라우다〉는 "모든 당원들의 개인적 자질은 전쟁의 총력에 그가 실질적으로 기여한 바에 따라 판단해야 된다"[8]라고 주장하면서 이런 새로운 분위기를 잘 요약해주었다. 전쟁에서 어떻게 행동했는가가 훌륭한 볼셰비키를 시험하는 관건이었다.

산업 경제의 변화는 소련 군대를 회복시켰다. 붉은 군대가 교전 당사국에 비해 무장이 열악했던 1941년의 대재앙 이후, 전차, 전투기, 차량, 전파탐지기, 무선장비, 대포와 총, 탄약의 생산에서 급격한 향상이 있었고, 그럼으로써 훨씬 더 효율적인 전투력을 갖춘 새 전차 및 기계화 사단이 창설되었다. 계획경제가 실제로 역량을 발휘하고, 혁명이 승리하게 되자 소련 산업의 신속한 재편성이 일어났다.

국가의 강제가 없었다면, 이런 산업의 변화 중 어떤 것도 그렇게 단시간에 성취되지 못했을 것이다. 수천 개의 공장과 노동자들이 동쪽으로 옮겨졌다. 사실상 산업 생산 전체가 군대의 필요에 맞춰져 진행됐다. 우랄의 새로운 산업 기지와 전선을 연결하기 위해 철로가 건설되거나 전용됐다. 노동 규율과 생산성을 더 조이기 위해 공장에 계엄령이 적용됐다. 새로운 노동 규율이 가동되면서, 태업이나 결근, 또는 단순한 지각이 호된 처벌을 받았다. 70시간 노동이 표준이 됐고, 많은 노동자들이 아침에 지각할 것을 두려워하여 공장에서 숙식을 해결하게 됐다. 비용을 절감하고 사람들을 작업장에 묶어두기 위해 포괄적 배급제가 도입됐다. 이제 배급은 작업장에서 받게 됐다.

굴라크의 강제노동 역시 전시 경제에서 중요한 역할을 했다. 이로 인해 소련군의 전체 탄약 중 대략 15퍼센트, 군복 중 상당 부분, 그리고 절실하게 필요했던 석탄과 석유, 귀금속과 광물이 생산됐다. 특히 귀금속과 광물은 전시에 굴라크의 노동을 통해서 개발되기 시작했던 노릴스크와 보르쿠타 같은 먼 극지역에서 상당 부분 채굴됐다. 전시를 위해 구축된 체제에서 굴라크가 가지는 여러 장점 중 하나는 수인들을 죽기 전까지 고되게 노동시키면서 덜 먹일 수 있다는 것이었다. 1942년 강제노동수용소에서 사망률은 충격적이게도 25퍼센트에 달했다. 그러나 붉은 군대가 독일군의 영토를 정복하고, 적군의 '부역자들', 우크라이나 또는 발트해 국가들의 '민족주의자들', 그리고 소련 정부에 반대하는 파르티잔들을 체포하는 등 많은 검거를 벌이고 전쟁 포로들을 취함으로써 노예노동의 공급은 항상 유지될 수 있었다.

똑같은 근거가 붉은 군대에도 적용됐다. 스탈린 정권이 자신의 전략적 목표를 성취하기 위해 희생하려고 계획했던 인명의 숫자는 거의 무제한이었다. 혁명의 명령 위에 세워진 체제의 논리는 바로 그러했다. 개인은 조금의 가치도 없었다. 일반적으로 서유럽 군대의 경우에는, 예상되는 사상자의 규모와 어떤 작전을 펼침으로써 얻어지는 실익을 비교해봄으로써 전략적인 결정을 내렸다. 그러나 붉은 군대에서는 실제로 그런 계산을 해본 적이 없었다. 어떤 군사적 목표가, 그것을 위해 소모되는 '총알받이'의 수와 상관없이 설정됐다. 특히 스탈린이 연합국보다 먼저 소련이 베를린에 입성하도록 휘하 장군들을 압박했던 전쟁의 마지막 단계에서 이것은 사실로 드러났다. 대조국전쟁 시기에 붉은 군대에 일어난 엄청난 병력 손실—1941년부터 1945년까지 정규 군인만 860만 명이 희생됐으며 일일 평균 사상자수가 공격 개시일 하루 동안의 연합국 사상자를 전부 합친 것보다 두 배나 더 높았다—은 바로 이렇게 범죄적이리만치 소모적인 원인을 고려할 때만 설명할 수 있다.

그렇지만 많은 소련 국민은 전쟁을, 그 공포스러움에도 불구하고, 그 전의 세월과 비교해 상대적으로 자유로웠던 시기라고 회상하게 될 예정이었다. 그들은 위험을 무릅쓰고 주체적으로 행동하지 않을 수 없게 되면서, 스스로를 더 자존적이고 더 유용한 존재로 생각하게 되었고, 민족과 더 큰 일체감을 느꼈으며, 이런 활동으로부터 새로운 공동선의 감정이 생겨났다. 당시 군의관으로 근무했던 역사학자 미하일 게프테르는 그 전쟁기간을 '자발적인 탈스탈린화'의 시기라고 표현했다.

미국 작가 헤드리크 스미스는 1970년대에 그가 소련 과학자의 집에서 들었던 한 편의 대화를 회상하고 있다. 그 과학자는 전쟁이 "우리 생애의 최고의 순간"이라고 말했으며, 놀란 친구들에게 이렇게 설명했다고 한다. "왜냐하면 그 당시에 우리들은 우리 생애의 다른 어떤 때보다 우리 정부에 대해 큰 친밀감을 느꼈다오. 그때는 그들의 나라가 아니라, 바로 우리들의 나라였소. 이런 저런 일이 완성되기를 원했던 것은 그들이 아니라, 바로 우리였지. 우리가 지켰던 것은 우리 나라였고, 전쟁에 쏟았던 것은 바로 우리의 노력이었소."[9] 게다가 일단 전쟁에서 승리하자 그런 집단적 노력은 삶이 더 나은 모습으로 변화할 것이라는 희망을 보여주는 것 같았다.

전쟁은 또 다른 측면에서도 변형적인 성격을 띠었다. 전쟁은 병사들 사이에서 동지애의 유대가 자라도록 했으며, 1930년대에 체포를 무릅쓰면서까지 정치적 견해를 교환하도록 그들을 독려했다. 이런 신뢰할 수 있는 친구들로 이루어진 작은 집단은 그들이 무엇을 위해 싸우고 있는가를 토론할 수 있는 비교적 안전한 환경이었다. 그들은 유럽 땅을 밟아보고 더 나은 생활방식을 목격하면서, 소련 체제에 대해 회의하기 시작했다. 그들 중 대다수는 자본주의 세계에 대한 선전선동의 이미지를 교육받고서 입대한 농민의 아들이었다. 그러나 이제 그들은 자신의 눈으로 직접 소련의 현실을 볼 수 있었다. 많은 이들이 집단농장을 폐지하고, 교회 문을 열고, 민주주의를 확장하고, 당 체제를 완전히 끝내야 할 필요성에 대해 논했다. 장교들이 이런 군대 개혁의 선봉에 서 있었다.

소련 지도부는 이 사람들이 전장에서 돌아왔을 때 어떤 일이 벌어질 것인가에 대해 염려했다. 지도부는 나폴레옹 전쟁 뒤에 찾아온 후유증을 떠올리며 과거와의 역사적 유사성을 의식하고 있었다. 장교들이 서유럽의 자유주의 개혁의 이상을 가슴에 품은 채 차르가 다스리는 러시아로 돌아왔고, 급기야 그 이상은 1825년 데카브리스트 봉기에 영감을 불러일으켰던 것이다. 정부는 잔혹한 억압과 양보를 뒤섞어가면서 이런 위협을 해결했다. 소련 군인들은 조국으로 돌아오자마자 '정화' 수용소에서 엔카베데에게 심문을 받았다. 정화 수용소에서는 잠재적으로 전복적인 견해를 가진 사람들, 그리고 적에 대한 '부역자들'이 제거되고 굴라크로 보내졌다. 그러나 훌륭한 전공을 세운 사람들, 그리고 자신의 충성심을 입증해 보인 사람들에게는 고등교육을 받을 수 있고 엘리트 직책으로 고속 승진할 수 있는 특별한 권리가 주어졌다.

서방세계에 노출되면서 조국의 개혁에 대한 기대가 점점 더 커져갔다. 영국, 미국과의 동맹 때문에 소련 사회가 서구의 영향력에 개방되었다. 고립의 세월이 지난 후, 소련에는 1941년 이후 미국과의 임대차 협정을 통해 수입된 할리우드 영화, 서방세계의 서적과 제품들이 넘쳐났다. 수백만 명의 국민이 서구의 실생활이 어떠한지를 이해하기 시작했다. 그것은 할리우드에서 그려놓은 이상향은 아니었지만, 1930년대 내내 소련 정부가 펼쳤던 선전선동의 우울한 이미지와는 거리가 먼 것이었다. 식당과 상점들이 모스크바의 거리에 다시 등장했고, 전쟁이 끝난 후 네프와 비슷한 무엇이 다시 복귀할 것이라는 희망을 불러일으켰다. 소련 국민들은 간절히 기다렸던 승리를 쟁취하자 소련의 삶이 더 수월하고 더 관대하고 서방에 더 개방적으로 변해야 한다고 생각했다.

그러나 그들의 소망은 내동댕이쳐졌다. 1945년에는 어떤 개혁도 일어나지 않았다. 종전은 황폐해진 소련 경제를 재건하기 위해 5개년 계획의 자급자족정책과 금욕 생활로 회귀하는 것을 의미했다. 이데올로기적인 측면에서 스탈린 정부는 냉전 시기 서방과의 투쟁을 대비해 나라를 무장하고자 통제의 끈을 조였다.

스탈린은 군사적 승리를 국민의 성취보다는 소련 체제의 승리로 미화했다. 그는 5월 24일 열린 그의 휘하 고급 지휘관들을 위한 연찬석상에서 "국가라는 위대한 기계에서 작은 나사('빈치키vintiki')에 해당하는…… 수천만 명의 소박하고 평범한 보통 사람들"[10]을 위해 그 유명한 건배를 제의했다. 이런 표현 때문에 대조국전쟁을 '국민의 전쟁'이라고 여겼던 일반 국민들의 생각은 공식적으로 부인됐다. 그런 생각은 소련의 통치 집단에게는 잠재적인 도전으로 뿌리내렸던 것이다. 이제부터 대조국전쟁에서의 승리는 소비에트 권력이 1917년 이후 성취한 모든 것과 소비에트 권력 자체의 신화를 정당화하는 것으로 일컬어질 예정이었다. 실제로, 많은 점에서 대조국전쟁은 '위대한 10월 사회주의 혁명'을 밀어내고 소비에트 국가의 중심적인 건국 신화로서 자리 잡았다.

Revolutionary Russia
1891~1991

16장

혁명과 냉전

전후 강경 노선으로의 회귀

붉은 군대가 동유럽으로 진주하면서, 스탈린은 붉은 군대의 혁명적 역할에 대해 숙고했다. 1944년부터 1945년까지의 승리는 해방된 지역에 소련 스타일의 정권을 강요할 수 있는 가능성을 열어놓았다. 스탈린은 전쟁이 시작되기 이전부터 이것에 대해 구상해왔다. 그는 전쟁이 국가와 민족간 경계선을 해체할 것이며, 유럽 지역을 해방시킴으로써 혁명을 수출할 기회를 그에게 줄 것이라고 인식했다. 몰로토프는 만일 1차 세계대전으로 인해 볼셰비키가 러시아에서 자신들의 혁명의 첫 단계를 수행하는데 성공한다면, 2차 세계대전은 "유럽 전역에서 우리가 권력을 잡는 데 발판이 되어줄" 것이라고 1940년 리투아니아 외무부에 설명했다.[1]

스탈린은 소련 군대의 발자취를 따르는 외국 공산주의자들에게 본연의 혁명적 의도를 숨기기 위해서 다른 반파시스트 집단에 가담해 통일전선이나 민족전선을 펼치라고 지시했고, 연합국으로부터 자신의 의도를 감추는 데에 신중을 기했다. 1943년 5월 그는 코민테른을 해산하고, 〈뉴욕 타임스〉와의 인터뷰를 통해 다른 나라를 전복시킬 의도가 없다고 밝혔다. 그것은 미국 정보부를 속이기 위한 주장이었다. 그러나 다른 한편으로 모스크바 정부는 붉은 군대에 의해 폴란드, 동독, 헝가리, 유고슬라비아, 불가리아에서 권좌에 오르게 될 공산주의자들을 준비해놓고 있었다. 스탈린은 1943년 11월 테헤란 회의에서 소련의 영토를 넓히는 문제에 합의해줄 것을 영국과 미국에 종용했다. 거기에는 (1919년의 국경선인) 커즌 라인Curzon Line●까지의 폴란드 동부와 발트해 국가들도 포함되어 있었고, 따라서 사실상 스탈린은 1939년부터 1941년까지 히틀러의 협력자로서 쟁취하고 소비에트화한 영토의 소유권을 요구하고 나섰다.

스탈린의 일차 목표는 종전 후 독일의 어떠한 부활의 위협에도 맞서 소련을 방어할 수 있는 완충 지대 역할을 하도록 폴란드를 통제하는 것이었다. 1944년 7월 붉은 군대는 부크 강을 건너서, 모스크바 정부가 장차 폴란드 영토로 인정하게 될 지역으로 들어갔다. 루블린에서 권력을 장악한 뒤 독단적으로 '폴란드 민족 해방 위원회'를 세웠다. 이는 공산당의 위장단체였고, 이후로 스탈린은 그것을 폴란드의 합법적인 정부처럼 대했다. 스탈린은 런던에 있는 폴란드 망명정부를 제국주의의 하수인이라고 취급하며 무시했고, 그들과 상대하지 않으려고 했으며, '폴란드 의용군'이 바르샤바 봉기를 시작하자, 비스툴라에 자신의 군대를 억류시켜 나치가 폴란드 의용군을 궤멸하도록 방조했다. 독일군이 폴란드의 봉기를 진압한 뒤, 붉은 군대는 폴란드인들로부터 아무 저항도 받지 않고 바르샤바로 입성했다. 1945년 1월 말, 루블린의 공산주의자들이 폴란드 수도의 잔해더미 속에서 임시정부를 세웠다.

붉은 군대가 베를린으로 진주하는 상황에서, 일본과의 전쟁에 소련의 도움이 필요했던 루즈벨트와 처칠은 1945년의 첫 몇 달 동안 스탈린의 요구를 들어주는 수밖에는 다른 도리가 없었다. 2월 4일 3개 대국의 지도자들이 얄타에서 회담을 가질 무렵, 서유럽의 연합군이 아직 라인 강에도

● 1920년 연합국 측의 폴란드-소련 간 중개를 통해 확정된 국경선으로, 1919년 12월 연합국 최고 위원회가 설정한 폴란드의 동부 국경선을 영국의 외무상 조지 커즌이 수정해 제안한 결과였다. 오늘날의 폴란드와 러시아 국경선을 확정하게 된 계기가 되었다.

혁명의 러시아

미치지 못했던 반면에 붉은 군대는 오데르 강을 지나 독일로 침투했다. 미국과 영국은 독일이 점령했던 폴란드의 땅을 포함한 커즌 라인의 서쪽으로 소련의 국경선을 옮기는 스탈린의 계획에 동의했다. 또한 친러시아 성향의 폴란드 정부를 향해 소련이 '폭넓은 민주주의적 토대 위에서' 런던에 망명한 폴란드인들을 포함시켜서 임시정부를 재편하겠다는 막연한 스탈린의 제안을 수락했다. 몰로토프가 그런 합의문이 폴란드를 소비에트화하려는 그들의 계획에 걸림돌이 될 것이라고 조언하자, 스탈린은 이렇게 대답했다. "신경 쓸 것 없네. 나중에 우리 방식대로 처리하면 될 테니까."[2] 4월경 엔카베데에서 훈련받은 폴란드 비밀경찰이 공산주의 정권에 대한 반대자들로 추정되는 4만 명의 폴란드인을 체포했다. 그들은 독일인 전쟁포로들과 함께 아우슈비츠 및 다른 강제수용소에 수감됐다.

스탈린은 폴란드를 소련의 '영향권역'의 일부라고 생각했다. 그 이전의 10월, 모스크바에서 처칠과 회담을 가지면서 두 지도자는 동유럽을 소련 진영과 서구 진영으로 분할했다(소위 '백분율 협상'이었다). 그러나 영국과 미국이 이런 영향권역을 (점령군의 국내 정치에 대한 간섭이 없는) 전통적인 피보호국의 의미로 생각했던 반면에 스탈린은 그것을 해방된 국가들에 대한 소련화의 허가증으로 생각했다. 그는 유고슬라비아 공산주의자 밀로반 질라스Milovan Djilas에게 이렇게 말했다. "영토를 차지하는 사람은 누가 됐든지, 거기에 자신의 사회체제를 강요한다. 누구든지 자신의 군대가 도달할 수 있는 곳에 자기 고유의 체제를 강제한다. 그것 말고 다른 상황은 벌어질 수 없다."[3]

1945년 초여름, 스탈린은 다르다넬스 해협에 대한 소련의 통제권을 비롯해, 소련의 '영향권역'에 핀란드, 스웨덴, 폴란드, 라트비아, 에스토니아, 리투아니아, 헝가리, 체코슬로바키아, 유고슬라비아, 루마니아, 불가리아, 터키가 포함될 것이라고 기대했다. 붉은 군대의 베를린 점령은 이런 그의 야심을 굳혔다. 소련 군대가 지배하는 곳에서는 어디에서나, 공무원, 사업가, 지주, 쿨라크, 민족주의 파르티잔, 나치 부역자를 막론하고 러시아의 통치에 반대할 가능성이 있다고 의심되는 사람들은 누구나 체포되고 처형됐다. 소련 군대의 점령은 제국주의적 태도로 이어졌다. 러시아인들은 자기들이 정복한 나라에 대해 군림했다. 그 한 사례로서, 주코프는 독일 내 소련군 점령 지역에서 약탈한 그림과 보물로 자신의 집을 가득 채웠다. 주로 러시아인들, 또한 우크라이나 동부 이주민들이 살 공간을 마련하기 위해 발트해 지역과 우크라이나 서부에서 주민들의 집단 추방이 일어났다. 이것은 오늘날 인종청소라고 불리게 될 대규모 작전의 서막이었다.

스탈린은 마치 정복 황제나 되는 듯, 7월에 포츠담 회의를 위해 베를린에 도착했다. 그는 독일 분할 문제, 폴란드–독일 국경선 문제, 일본 침공 계획(그 당시 일본에 대한 공격은 독일에 대한 공격만큼이나 잔혹하고 장기적일 것이라고 예상됐다)에 소련이 협력하는 대가로 받을 배상금 문제들에 대해 일방적인 요구를 하기 시작했다. 그러나 당시 새 미국 대통령이었던 트루먼은 미국이 원자 폭탄을 개발했고, 그것을 일본에 사용할 것이라고 발표함으로써 스탈린을 충격에 빠뜨렸다. 원자폭탄이 모든 것을 바꾸어놓았다.

그때까지 스탈린은 붉은 군대가 점령한 나라들의 소비에트화 전략을 펼치는 데 비교적 신중했었다. 공산주의자들의 독자적인 혁명을 고집하기보다는 민족전선에 가담하라고 지시했고, 사실상 1930년대에 코민테른이 취했던 반파시즘의 태도로 돌아가는 것 외에도, 스탈린은 서구의 영향권에 놓여 있었던 그리스 내의 공산주의자들을 지원하는 것을 자제했다. 독일 내의 소련군 점령 지역에서 그는 공산주의자들에게 토지개혁과 국유화의 '최소 프로그램' 이상을 넘어가지 말라고 당부했고, 그럼으로써 서구 국가들이 지배하는 절반에 대해 그들의 주장이 더 큰 호소력을 발휘할 것이라고 기대했다. 스탈린은 동유럽이 1917년 2월과 같은 부르주아 민주주의 혁명에 대한 준비는 되어 있지만, '10월 혁명'에 대해서는 아직 준비가 되어 있지 않다고 보았다. 공산주의자들은 미약한 소수였지만, 민족주의는 너무 강했다. 스탈린은 각각의 사회가 자기만의 속도로 '공산주의로 이르는 독자적인 길'을 따라 전진해야 한다는 이념을 지지했다.

그러나 그 모든 것이 원자폭탄 투하와 함께 바뀌었다. 스탈린은 히로시마를 소련에 대한 경고라고 생각했다. 또 이로 인해 그런 위협을 물리치려면 서방과의 협상에서 더 단호해야 한다는 그의 신념이 더 굳어졌다. 그는 동유럽에 주둔한 그의 부대의 공격력을 미국의 폭탄에 대한 방어 수단으로 쓰려고 구상했다. 워싱턴 주재 소련 대사였던 안드레이 그로미코는 이렇게 회상했다. "일본에 대한 원자폭탄 공격 때문에 우리는 동유럽 교두보 전체가 소련에 얼마나 중요한가를 재차 인식하지 않을 수 없었다."[4]

새로운 강경함의 신호로 나타난 것은 1945년 가을부터 있었던 동유럽의 반체제 정당들에 대한 위협과 선거 조작이었다. 이를테면 헝가리에서는 11월 선거에서 보수적인 '소자작농당'이 압도적 다수를 차지했지만, 스탈린의 '총독'이었던 보로실로프Kliment Voroshilov 장군이 내무부와 경찰을 통제하는 공산주의자들과의 연합정부를 강요했다. 그렇게 함으로써 반대파들을 '파시스트'와의 연계혐의로 수사하고 체포해 직위에서 쫓아낼 수 있었다. 하나둘씩 이런 '줄줄이 소시지 같은 전술'에 휘말려 소자작농당은 해체되고 말았다.

서구에 대한 공격적인 태도 역시 스탈린이 펼쳤던 강경 노선의 일부를 이루었다. 1946년 2월 9일 볼쇼이 극장에서 스탈린은 종전 시기의 중요한 첫 연설을 통해 전쟁의 피해로부터 회복하기 위해서뿐 아니라, "자본주의가 존속하는 한" 일어날 수밖에 없는 소련의 자본주의 적들과의 다가올 전면적 충돌에 대비해 국가를 무장하기 위해 두 번째의 5개년 계획에서 규율의 쇄신과 소련 국민의 희생을 요구했다. 서방세계에서는 이런 스탈린의 연설을 소련이 실제로 전쟁에 개입할 의지를 가지고 있다는 경고성 메시지로 해석했다. 그리고 즉시 소련에 대한 미국의 입장이 강경해졌다.

새로운 '억지' 정책은 모스크바 주재 미국 사절단의 대표였던 조지 캐넌이 제임스 번스 국무장관에게 보낸 '장문의 전보문'에까지 거슬러 올라간다. 캐넌은 소련이 자본주의 세계와 평화롭게 공존할 수 있는 능력이 없다고 주장하면서 소련과의 협력을 반대했다. 역사 속에서 축적된 두려움과 (서유럽 국가들의 정치제도와의 비교나 접촉을 용인하지 못하는) 러시아 지도자들의 기질적 불안정은 1917년 이후 레닌주의의 견해─사회주의와 자본주의의 갈등은 영속적이며 불가피하다는─에 의해 강화됐다. 혁명 이데올로기는 '자본주의의 봉쇄'에 대한 스탈린의 두려움을 합리적으로 설명하는 데에 기여했고, 그럼으로써 적대적인 세계로부터 소련을 분리해내고 보호하겠다는 소련 통치정부의 투지를 정당화했다. 소련식 사고에서 "공격과 방어는 불가분적으로 뒤섞여 있기"[5] 때문에 소련은 자본주의 적국들을 위협하는 방법으로 자국을 방어할 참이었다.

캐넌은 소련의 위협을 억지하기 위해 미국의 정책이 "끊임없이 유동적인 지리적, 정치적 쟁점들과 관련하여" 서구사회 내의 민주주의 기관을 강화하고 소련에 대해 반대압력을 행사하는 것을 목표로 삼아야 한다고

혁명의 러시아

주장했다. 이 전략의 핵심은 전 세계에 두루 퍼져 있는 대영제국의 군사 기지와 미국이 보유한 원자폭탄의 잠재력을 결합하는 것이었다. 워싱턴으로 소환된 캐넌은 공산주의자들에게 함락되는 것을 막기 위해 (1947년 그리스와 터키로부터 시작해) 여러 나라에 군사적, 경제적 원조 지원을 약속하는 트루먼 독트린의 입안에 일조했다.

마셜 플랜은 이런 억지 정책의 일부였다. 캐넌의 영향을 받으며 국무부에 입안되어, 국무장관인 조지 마셜George Marshall의 이름을 따서 명명된 이 계획은 막대한 보조금과 융자와 (미국의 회복에 기여하게 될) 자유무역을 통해 전쟁으로 피폐해진 유럽의 경제를 재건하는 것을 목표로 삼았다. 마셜은 소련과 그 연합국들에게 원조를 제공했다. 이 계획에 꼭 필요하다고 판단되는 두 나라인 프랑스와 이탈리아에서 좌파 성향의 강세는 이 점을 정치적으로 긴요한 것으로 만들었다. 그러나 스탈린은 의심이 많았다. 비록 그는 소련 경제를 재건하기 위한 미국의 대부 가능성을 환영했지만, 그는 이 계획의 진짜 목표는 소련과 그 영향권에 있는 국가들을 이간하기 위한 것이라는 정당한 의심을 품었다. 1947년 6월, 마셜의 제안을 논의하기 위해 소집된 파리 회의에서 소련은 신중한 자세를 취했다. 스탈린은 종전 후의 경제 불황으로 인해 그 자신의 혁명적 통치가 강화되고 프랑스와 이탈리아가 미국과 반목하게 되기를 희망했다. 그러나 체코슬로바키아와 폴란드가 마셜 플랜에 지원할 가능성이 높은 것처럼 보이자, 스탈린은 협상을 철회하고 여러 동유럽 국가 정부에게 소련과 똑같은 행동을 취하라고 강요했다. 체코슬로바키아 외무장관은 모스크바로 소환되어 스탈린의 질책을 들었다. 크렘린 당국의 압력을 받아서 체코슬로바키아와 폴란드, 그리고 소련 관할 지역에 속한 나머지 민족들이 모두 파리 회의에서 철수했다.

마셜 플랜에 대한 소련의 응답은 코민포름Cominform(공산당 정보국)으로 나타났다. 1947년 9월에 설립된 이 기구의 목표는 공산주의 정당들에 대한 소련의 직접적인 지배를 용이하게 하고, 그들을 통해 정책을 조정함으로써 동유럽 위성국가들의 정치에 대한 소련의 간섭을 가능하게 하는 것이었다. 이 기구의 설립은 동유럽 진영의 소비에트화에 대한 크렘린의 계획에서 일대 전환점이 됐다. 과거에 모스크바 정부가 각 사회는 자신의 독자적인 혁명 노선을 따라야 한다는 것을 인정했던 것과는 다르게, 이제 모스크바 정부는 소비에트 지대 내부의 이데올로기적 동조('코민포머티cominformity')•를 주장했다. 모스크바 정부는 자신의 영향권역 안에 놓인 정부들이 그 국가 간 정책을 위반하는 것을 더 이상 용납하지 않을 참이었다. 이것은 스탈린이 공산주의자들로 하여금 자력으로 '10월'에 권력 장악을 하도록 강요했던 것처럼 민족전선의 종말을 뜻했다.

그들이 사용했던 방법은 나라마다 달랐지만, 그 결과는 거의 어디에서나 똑같았다. 공산주의자들이 1948년 봄 선거에서 고전할 것이라고 예상했던 체코슬로바키아에서 그들은 2월의 선제 쿠데타로 권력에 올랐다. 처음에는 내각으로부터 반대파 정당의 사퇴를 유발하기 위해 경찰 조직 내의 반대파를 몰아냄으로써, 그다음에는 노동자들의 대규모 시위와 1917년 '붉은 근위대'를 모델로 한 '행동대'의 각 부처 장악을 통해서 베네시 대통령으로 하여금 공산주의가 주도하는 정부 구성에 양보하도록 위협함으로써 권력을 거머쥐었다. 헝가리에서 공산주의자들은 반대파 지도자들을 나라에서 축출하고 사회민주주의자들을 당원으로 흡수해, 실질적으로 일당 국가를 만들면서 자신들의 '줄줄이 소시지 전술'을 선거

• '코민포름'과 '순응', '동조'를 뜻하는 '콘포머티conformity'를 합성해 저자가 만들어낸 용어다.

조작, 모스크바 정부의 개입 위협과 결합시켰다. 두 경우 모두에서 공산주의자들은 자신들의 무자비한 전술을 볼셰비키로부터 배웠다.

공산주의자들이 코민포름의 처방에 저항했던 것은 유고슬라비아뿐이었다. 티토의 파르티잔은 붉은 군대의 큰 도움 없이 유고슬라비아 전쟁에서 승리했다. 강한 국가적 독립심이 그들의 혁명을 결집시켰다. 스탈린은 티토의 불복종에 대해 분노했다. 그와 서방국가들의 관계는 이탈리아 영토인 이스트리아에 대한 유고슬라비아의 정복, 그리고 그리스 내전에서 공산주의자들에 대한 티토의 지원으로 인해 복잡해졌다. 확장된 유고연방에 알바니아와 불가리아를 병합하려는 티토의 계획 역시 크렘린을 자극했다. 크렘린 정부는 유고슬라비아가 유럽에서 경쟁적인 공산주의 권력 중심으로 부상하는 것을 우려했다. 유고슬라비아는 레닌주의 전통과 단절한 것에 대해 비난을 받으면서, 1948년 6월 코민포름에서 축출됐다. 소련 블록의 도처에서, '티토주의자'—모스크바 정부로부터 독립한 사회주의로 이르는 민족주의적 진로를 선택한 공산주의자—에 대한 숙청과 체포가 잇따랐다. 스탈린은 어떻게 해서든지 티토의 반란이 확산되는 것을 막기로 결정했다.

코민포름에 소속된 국가 모두에서 1928~1932년의 스탈린주의적 원형을 본뜬 5개년 계획이 강제로 도입됐다. 소규모 농지의 농부들은 집단농장에 가입하도록 강제됐다. 거의 어디에서나 소련의 사례와 똑같이 비참한 경제적 결과와 '쿨라크'의 대규모 체포가 속출했다. 당 지도부가 거대한 산업목표를 지시했다. 스타하노프 숭배의 일종으로, 노동 영웅이 추앙받았다. 스탈린의 초상화가, 소비에트 위성국인 자기 나라를 통치했던 '작은 스탈린'들의 초상화와 나란히 도처에 전시됐다. 신흥 산업 도시—공장, 고층아파트로 채워진 콘크리트의 도시 격자무늬들, 스탈린바로시(헝가리), 스탈린슈타트(동독)과 같은 소련식 지명들―가 중기 스탈린 시대의 건축 양식에 맞춰 건설됐다. 이 '사회주의 도시'들에는 교회가 단 한 채도 없었다.

동유럽 전역에서 스탈린화는 러시아화를 의미했고, 이것은 러시아를 문명의 경계 너머 낯선 장소로 생각했던 동유럽 주민들과 특히 지식인들에게 짜증과 격분의 주요 원천이 됐다. 모든 취학아동들이 러시아어를 배워야 했다. 언어에 대한 지식은 고등교육이 요구되는 거의 모든 직업의 필수요건이었다. 러시아어 서적과 영화, 러시아 음악과 민속무용, 러시아 역사, 러시아의 음식과 음료, 이 모든 것들이 동유럽인들이 생산할 수 있는 어떤 제품보다 우월한 것으로 여겨졌다.

1945년의 군사적 승리에 대한 자긍심으로 특정한 문화적 제국주의가 생겨났다. 소련(러시아라고 인식됐던)은 스스로를 유럽과 세계의 구원자로 묘사했다. 1946년 '혁명 기념일' 연설에서 스탈린의 이데올로기 고문이었던 안드레이 즈다노프Andrey Zhdanov는 메시아 같은 목소리로, 러시아 문학은 "그 어떤 부르주아 민주주의 질서보다 한참이나 우월한 체제, 어떤 부르주아 문화보다 몇 배나 고차원적인 문화를 반영하기 때문에, 다른 국민들에게 새롭고 보편적인 도덕을 가르칠 권리가 있다"라고 주장했다.[6]

코민포름 소속 국가들은 소련의 도덕적 지도력에 순종하고 그것을 인정하며, 10월 혁명을 추종하면서 소련을 인류의 해방자로 숭배하도록 강요받았다. 마오쩌둥의 혁명으로 인류의 4분의 1을 공산주의의 궤도로 올려놓았던 중국까지도 소련에게 군사적 · 기술적 지원을 받으며 의존했고, 소련에게 종속된 위치에 있었다. 1949년 혁명의 승리 이후, 마오쩌둥은 스탈린과 만날 것을 여러 차례 요청했으나, 그 요청은 거절됐다. 스탈

혁명의 러시아

린은 중국 혁명이 노동계급의 지지 위에 세워진 것이 아니라는 이유로 중국 혁명에 대해 의심했다(농민 혁명은 진지한 고려 대상이 될 수 없었다). 스탈린은 마오쩌둥이 공산주의 세계에서 자신의 지도력을 위협하는 경쟁자가 되지 않을까 염려했다. 결국 그 중국 지도자는 그해 12월 모스크바에서 열린 스탈린의 공식적인 70세 생일 축하연에 초대됐다. 그러나 마오쩌둥은 귀빈으로 대접받지 못했고, 스탈린과의 짧은 만남만을 허락받았을 뿐이다. 그다음 모스크바 외곽의 별장으로 보내졌고, 거기서 그가 '명인'이라고 불렀던 사람과의 공식적인 회견을 위해 몇 주를 기다려야 했다.

소련에서 냉전은 문화 영역에서 전시 규율 완화의 종말을 의미했다. 스탈린주의 체제는 지식인 계층에 대한 사상적 통제를 조이고 조국을 서구의 영향력으로부터 봉쇄하면서 국제적 분쟁에 대비하도록 만들었다.

스탈린은 전시에 표면으로 부상했던 개혁의 발상들을 재빨리 진압했다. 그는 볼쇼이 극장에서의 연설에서, 군사적 승리는 전쟁 전에 그의 지도부가 했던 모든 일이 정당하다는 것을 보여주며 이로써 소련 체제의 우월성이 입증됐다고 주장했다. 스탈린은 정치적 개혁을 일축하면서, 자신의 부하들에게 민주주의에 대한 어떤 이야기라도 나오면 '강타'를 날리라고 지시했다. 검열이 강화됐다. 엔카베데가 증강됐고, 두 개의 개별적인 관료기구로서 재편됐다. '엠베데MVD'(내무경찰)는 국내 치안과 굴라크 체제를 통제하고, '엠게베MGB'('카게베 KGB'의 전신)는 방첩과 간첩활동 탐지를 맡았다(비록 체제의 적이 '외국인 스파이'라고 규정되어 있는 세계에서 그들의 수사권이 도를 넘어서 부부싸움을 감시하는 데까지 이르렀지만). 전후 몇 년 동안은 1930년대와 같은 수준의 숙청이 다시 벌어지지 않았다. 그러나 해마다 수만 명에 달하는 사람들이 체포됐고 '반혁명' 활동 혐의로 법원의 판결을 받았다.

스탈린은 군과 당 지도부에 대한 새로운 숙청을 시작했다. 스탈린에게는 '자유주의' 개혁가들로 인식되는 집단이 경쟁적인 권력 중심을 형성하자 자신의 개인적인 권위를 위협하는 잠재적인 도전처럼 보였던 것이다. 그가 가장 먼저 하고자 했던 일은 1945년의 승리의 결과로 대중적인 권위를 누렸던 군 최고 지도자를 잘라내는 일이었다. 게다가 주코프 장군의 경우에는 민중의 개혁에 관한 희망의 중심이 되어 있었다. 스탈린의 명령에 의해 주코프는 오데사 군관구 사령관으로 강등됐고, 이후 우랄의 한직으로 파견됐다. 그는 전쟁 보고서에서 삭제됐고, 이제 스탈린이 승리를 이끌어낸 유일한 작전가로 등재됐다.

스탈린은 레닌그라드 당 지도부에 대해서도 등을 돌렸다. 레닌그라드는 모스크바로부터의 강한 독립심(이것은 봉쇄 기간 중 레닌그라드 시민들의 연대에 의해 한층 더 강화됐다)과 19세기의 유럽적 가치에 뿌리내리고 있는 문학과 문화의 전통을 가진 활기찬 도시였다. 레닌그라드의 당 지도자들은 자유주의자도 민주주의자도 아니었다. 그들은 소련 체제의 합리적 가능성을 믿었던 기술전문관료였다. 전시에 그들 중 다수는 무엇보다 과거 레닌그라드 당수였던 즈다노프의 후원에 힘입어 모스크바의 고위직으로 출세했다. '고스플란'의 수장이자 정치국 위원인 니콜라이 보즈네센스키 Nikolai Voznesensky를 비롯해 몇몇 레닌그라드 주요 관리들이 체포됐다. 보즈네센스키는 전시 소련 경제의 기획을 진두지휘하고 네프에 기초한 경제 개혁 사상을 그 이후로 발전시켰던 인물이다. 이들이 ('레닌그라드 사건'으로 알려져 있는) 앞으로 연속해서 일어날 체포 및 조작 사건의 첫 번째 희생자였다. 스탈린은 이 사건을 통해서 자신의 개인적 통치에 대해 위협으로 느껴지는 지도자들을 제거했다.

종전 후의 정치 단속은 계획경제의 내핍상태로의 회귀와 일치했다. 전쟁의 파괴가 지나간 뒤에 소련 산업을 재건하고 서방국가들과의 새로운 충돌에 대비해 나라를 재무장하기 위해 5개년 계획이 도입됐다. 전쟁으로 피폐해진 나라의 기간산업과 주택의 복구를 위해 대형 건설 프로젝트가 마련됐다. 소련 땅에서 일어난 전쟁으로 1710개 도시, 7만 개의 촌락, 600만 채의 건물, 3만 1580개의 공장이 파괴됐다. 대체로 국가가 전쟁 전에 보유했던 물리적 자산의 4분의 1이었다. 이로 인해 2000만 명이 집을 잃었고, 훨씬 더 많은 수의 사람들이 난방이나 식수, 전기가 없는 주택에서 살았다.

강제노동은 전후 소련경제에서 점점 더 중요한 역할을 했다. 굴라크 인구는 1945년 후 5년 사이에 최소한 100만 명 이상 증가했고, 200만 명의 독일군 전쟁포로들의 비임금 노동이 있었다. 이들 독일군 포로는 주로 목재 벌목, 채굴, 건설에 이용됐다. 건설에는 전후 소련 체제의 자신감과 성과를 상징하는 여러 전시용 건설 프로젝트가 포함됐다. 볼가-돈 운하, 쿠이비셰프 수력발전소, 바이칼-아무르 및 북극 철도, 모스크바 지하철 연장선, 이 몇 년 동안 수도 주변에서 급증했던 대단히 호화로운 '소비에트 제국' 스타일로 지어진 웨딩케이크처럼 생긴 7개의 건물('스탈린의 성당들'로 불렸던) 중 하나인 레닌 언덕 위의 모스크바 대학교.

소비 지출과 인플레이션 압력을 줄이기 위해 1947년 화폐개혁이 일어났다(10대 1의 비율로 옛 루블화를 새 루블화로 교환하는 것이었다). 집단농장에 부과하는 세금은 1946년과 1948년 사이에 3분의 1가량 증가했다. 산업과 군사 지출 비용을 충당하기 위해 곡물 수출을 늘렸다. 그러나 1946년, 농촌에는 기근이 돌았고 흉작이 뒤를 이어 1억 명의 국민이 굶주렸고, 최소한 100만 명의 국민이 기아와 질병 때문에 목숨을 잃었다. 전쟁이 끝난 뒤에 더 나은 삶이 올 것이라는 약속에도 불구하고, 대다수 사람들에게는 내핍과 희생의 세월이었던 1930년대 이후로 아무것도 변한 게 없는 것처럼 생각됐다.

　문화 부문에서 서구에 대한 이데올로기적 투쟁은 즈다노프의 정책을 통해 강화됐다. 모든 예술과 과학에서 서구적인('반소비에트적인') 경향에 대한 공식적인 탄압이 알려지게 된 것은 그의 이름을 통해서였다('즈다노 프주의Zhdanovshchina').

　'즈다노프주의'는 소련 지도부가 고취시켰던 외국인혐오증적인 러시아 민족주의를 불러일으켰던 1945년의 승리에 기원을 두고 있었다. 소련 과학의 성과를 미화하는 부조리한 주장이 등장했다. 비행기, 증기기관, 라디오, 백열전구 등 소련 국민이 개발했다고 주장하지 않은 발명품은 거의 없었다. 과학에 스탈린이 개입함으로써 티모페이 리센코Timofei Lysenko 같은 사기꾼과 괴짜가 등용되기도 했다. 리센코는 북극에서 자라는 새로운 품종의 밀을 개발했다고 주장했다.

　냉전이 시작되자, 스탈린은 문화계에서 모든 서구적 요소를 척결하는 철칙을 공식적으로 요구했다. 이런 활동의 출발점이 레닌그라드였다. 그 것은 당 중앙위원회가 두 명의 위대한 레닌그라드 작가인 미하일 조셴코 Mikhail Zoshchenko와 안나 아흐마토바Anna Akhmatova의 작품을 출간한 것에 대해 잡지 〈즈베즈다〉와 〈레닌그라드〉를 검열하라는 법령을 발표했던 1946년 8월 14일에 시작됐다. 이 작가들을 공격 목표로 지목함으로써 크렘린은 레닌그라드 지식인들이 어디까지나 모스크바에 근거지를 둔 정부에 종속되어 있음을 강조하려 했다. 전쟁 기간에 아흐마토바의 도덕적 영향력은 대단히 컸다. 비록 1925년 이후 그녀의 시가 소련 내에서는 거의 출판되지 않았지만, 그녀는 레닌그라드로 하여금 봉쇄를 이겨내게 한 인내의 정신의 상징으로 남았다.

스탈린의 입장에서 보면 조셴코 역시 눈엣가시였다. 그는 소련 풍자작가들 중 남아 있는 마지막 인물이었다. 마야콥스키, 자먀틴, 미하일 불가코프 등 모두가 세상을 떠났다. 풍자문학은 독재자들이 관용을 베풀 수 없는 문학적 전통이었다. 조셴코의 소설들은 오래전부터 스탈린을 자극해왔다. 스탈린은 〈레닌과 근위병〉에 등장하는 보초병의 형상에서 자신의 모습을 발견했다. 이 소설에서 조셴코는 스탈린을, 레닌에게서 어린아이 취급을 받는 콧수염이 난 무례하고 인내심 없는 '남방인'으로 묘사했다.

아흐마토바와 조셴코에 대한 공격 다음에는 예술과 과학 전체에서 '반소비에트적 요소'에 대한 일련의 억압적인 조치가 뒤따랐다. 국립현대서구예술 미술관은 폐쇄됐다. 소련 음악에 나타난 형식주의와 기타 퇴폐적인 서구적 영향에 대한 비판은, '소련 국민과 소련의 예술적 취향에 이질적인' 음악을 쓴다는 혐의로 비난받는 몇몇 작곡가들(쇼스타코비치, 하차투리안, 프로코피예프 등)을 블랙리스트에 올리는 지경에까지 이르렀다. 1947년 1월, 정치국은 '중앙위원회 산하 선전선동국Agitprop'의 책임자인 게오르기 알렉산드로프Georgy Alexandrov가 서구의 철학적 전통에 대한 러시아의 공헌을 과소평가했다고 비난하면서 그가 쓴 《유럽철학사》를 금지하는 명령을 발표했다.

같은 해 7월, 중앙위원회는 '우리 국민의 품위에 맞지 않는 외국의 반동적인 부르주아 서구 문화에 대한 공경과 굴종'에 대해 과학자 니나 클류예바Nina Kliueva와 그녀의 남편 그리고리 로스킨Grigory Roskin을 견책하는 성명을 발표했다. 이 두 과학자는 1946년 미국 여행 중 미국인들에게 자신들의 암 연구에 관한 정보를 누설한 혐의로 기소됐다. 그들은 소련 정부 내에서 반애국적인 행동을 조사하는 새로운 기관인 '명예 법정' 앞에 끌려나왔고, 800명의 방청객들 앞에서 적대적인 질문에 대답해야 했다.

냉전과 공식적인 외국인혐오증이 격화되면서, 소련 사회는 외국인에 대한 두려움에 휩싸였다. 국민들이 대숙청을 떠올리는 데 오랜 기억이 필요하지 않았다. 미국인 언론인 해리슨 샐리스베리는 1949년 특파원 신분으로 모스크바로 복귀했던 일을 기억한다. 그 이전인 1944년에 체류했을 때 그가 알고 지냈던 러시아인들 가운데 그를 알은 척하는 사람은 아무도 없었다. 외국인과의 극히 짧은 접촉조차도 어떤 사람을 구속할 만한 충분한 근거가 됐다. 소련의 감옥은 해외여행을 다녀온 이력이 있는 소련 시민들로 북새통을 이루었다. 1947년 2월, 외국인과의 결혼을 금지하는 법이 통과됐다. 호텔, 식당, 대사관은 외국인 남성을 만나는 소련 여성들을 잡으러 잠복하고 있는 경찰의 감시를 받았다.

이런 외국인혐오증의 상당부분은 200만 명에 달하는 유대인들에게로 쏠렸다. 그들의 운명은 이스라엘의 설립, 그리고 냉전 시기의 이스라엘의 지위와 관련되어 있었다. 자신의 반유대주의에도 불구하고, 스탈린은 팔레스타인 내 유대인 국가를 일찍부터 지지했다. 그는 이스라엘을 중동 내 소련의 위성국으로 변형시키고자 했다. 이스라엘이 친미 성향을 드러내자, 그는 소련 내 유대인들을 잠재적인 제5열로 의심하면서 그들 사이에서 나타나는 친이스라엘 정서를 두려워했다. 그의 두려움은 1948년 가을 소련 주재 이스라엘 초대 대사로 골다 메이어가 모스크바로 부임하면서 한층 더 커졌다. 그녀는 가는 곳마다 소련 유대인 군중에게 환호를 받았다.

1948년 모스크바 소재 유대인 극장의 지배인이었던 솔로몬 미코엘스가 엠베데가 꾸며놓은 자동차 사고로 피살됐다. 1949년, 정치국 위원인 몰로토프와 칼리닌 각각의 유대인 부인들이 체포됐다. 같은 해에 문화계 내부에서 '사해동포주의자'(즉, 유대인)과 다른 '반애국적 집단'에 대한 악랄한 탄압이 시작됐고, 당, 작가동맹, 대학, 연구소에서 파면과 추방이 물밀 듯 쏟아졌다.

이런 탄압은 1952년 '의사들의 음모'에서 절정에 달했다. 그 음모는 1948년으로 거슬러 올라간다. 엠게베에서도 근무했던 크렘린 병원의 의사인 리디야 티마슈크Lidya Timashuk는 즈다노프가 사망하기 이틀 전 스탈린에게 편지를 써서 즈다노프를 담당한 의사들이 그의 위중한 상태를 제대로 파악하지 못했다고 언급했다. 그 편지는 묵살됐고 밀봉됐다. 그런데 3년 뒤 스탈린은 주다노프와 다른 소련 지도부 인사들을 살해하려는 '시온주의 음모'에 가담한 죄목으로 크렘린의 의사들을 기소하기 위해 그 편지를 이용했다. 스탈린이 의료계에 종사하는 소련 유대인들과 레닌그라드 당 조직과 엠게베와 붉은 군대 내의 소련 유대인들을 이스라엘과 미국에 연결시키는 거대한 국제적 음모를 지어냄으로써 수백 명의 의사들과 관리들이 체포되고 고문을 당하고 자백했다. 유대인들이 '인민의 적' 역할을 맡으면서 마치 국가 전체가 1937년의 분위기로 돌아가는 것 같았다.

1952년 12월, 스탈린은 중앙위원회의 한 회의에서, "모든 유대인은 잠재적인 미국 스파이다"라고 발언했고, 그럼으로써 유대인 전체를 숙청 대상으로 삼았다. 수백 명의 유대인이 체포됐고, 직장과 가정에서 쫓겨났으며, '뿌리 없는 기생충'처럼 대도시로부터 소련의 한적한 지역으로 강제로 추방됐다. 스탈린은 거대한 네트워크를 가진 새로운 강제노동수용소를 극동에 건설할 것을 명령했고, 거기로 모든 유대인을 보낼 방침이었다. 자신이 담당하는 병동에서 신생아를 죽인다는 유대인 의사들에 관한 소문이 퍼졌다. 산모들은 병원 근처에 얼씬도 하지 않았다. 국민들은 '기생충'을 청소하고, "이들과 같은 돼지가 우글거리는 대도시로부터 멀리 그들을 쫓아내라고" 호소하는 편지를 신문에 보냈다.[7]

그런데 그다음, 이런 히스테리가 절정에 이르렀던 때에 스탈린이 숨을 거두었다.

혁명의 러시아

Revolutionary Russia
1891-1991

17장

종말의 시작

1956년 흐루쇼프의 '비밀 연설'

스탈린은 뇌졸중으로 쓰러져 닷새 동안 의식을 잃은 채 누워 있다가, 1953년 3월 5일 마침내 숨을 거두었다. 의료 지원이 제때 들어갔더라면 그는 목숨을 건질 수 있었을 것이다. 그러나 '의사들의 음모' 사건으로 인한 충격 때문에 스탈린의 내부자들 중 어느 누구도 직접 나서려고 하지 않았다. 스탈린의 죽음이 그 스스로가 폈던 정책 때문에 초래됐다는 사실은 더없이 기막힌 아이러니다.

그의 사망 소식은 대중에게 3월 6일에 알려졌다. 거대한 인파가 그의 시신이 안치되어 있는 붉은 광장 주변의 '열주의 홀'로 몰려들었다. 모스크바는 소련의 각지에서 수도로 몰려든 문상객들로 인산인해를 이루었다. 수백 명이 압사로 숨졌다.

거의 삼십 년 동안 소련 국민은 스탈린의 그림자 아래서 살았다. 스탈린은 소련 국민의 도덕적 기준점이었고, 그들의 스승이자 안내자이자 국가적 지도자이자 적으로부터 구출해준 구세주이자, 정의와 질서의 보증인이었다. 스탈린의 서거에 국민들이 보여준 슬픔은(심지어 스탈린에게 박해를 당한 자들까지도 애도했다) 그들이 느끼지 않을 수 없었던 당혹감에 대한 자연적인 반응이었다. 그들의 눈물은 낯선 긴장감과 지나친 흥분에서 솟아났다. 두려움에서 풀려날 길은 전혀 없었다. 반대로, 국민들은 다음에 무슨 일이 벌어질지 알지 못했다. 스탈린의 죽음에 대한 보복으로 대규모 검거가 불어닥칠지도 몰랐다. 스탈린의 사망에 대해 드러내놓고 기뻐하며 환영했던 유일한 곳은 굴라크, 강제수용소였다. 뱌트카 강제수용소에서 베라 브론슈테인과 그녀의 동료 수인들은 스탈린의 사망 소식을 듣고는 연장을 내려놓은 채 노래 부르고 춤추기 시작했다. "이제 우리는 집에 간다! 우리는 집에 간다!"[1] 수인들 사이에서는 스탈린이 죽으면 자신들이 석방될 것이라는 공통된 생각이 있었다. 희망과 기대가 너무 높았던 것은 아닐까.

집단 지도부가 통치를 위임받은 것은 3월 5일이었다. 그것은 레닌주의적인 통치 이념으로의 회귀를 뜻했으나, 또한 정치국(당시에는 상임 간부회의라고 알려졌다)이 (최소한 스탈린의 정책을 계속 유지할 것인지, 아니면 개혁을 도입할 것인지에 대해서) 분열되어 있었다는 것을 보여주었다. 개인적인 경쟁의식이 이런 차이를 복잡하게 만들었다. 베리아가 지배적인 인물이었다. 엠베데와 엠게베에 세력 기반을 두고서 그는 게오르기 말렌코프Georgy Malenkov, 보로실로프와 함께 내각을 운영했다. 그들은 각각 각료회의 의장이자 최고 소비에트 상임위원장이었다. 그러나 지금 중앙위원회 총비서인 흐루쇼프는 국방장관인 니콜라이 불가닌Nikolai Bulganin과 함께 보로실로프에 대한 반대운동을 펼치고 있었다.

당과 군의 상급 지도자들은 우크라이나 서부, 발트해 지역, 동독 등의 새로 병합된 영토에서 소련의 정책을 완화하고 굴라크를 해체하는 베리아의 계획을 의심했다.

1953년 봄, 베리아는 동독 지도부에 대한 일련의 개혁을 도입했다. 독일민주공화국GDR 내의 강경파 공산주의자들은 그런 개혁의 시행을 질질 끌었고, 6월 중순 동베를린의 시가지에서 대규모 시위가 일어나도록 만

들었다. 모스크바로 돌아온 베리아에게 흐루쇼프, 몰로토프, 심지어는 말
렌코프까지 봉기를 초래한 것에 대해 비난을 퍼부었다. 6월 26일 그는 고
위 군 관료들과 흐루쇼프가 함께 조직한 크렘린의 쿠데타에서 체포됐다.
그는 비밀리에 재판을 받았고, 나중에 총살형에 처해졌다. 쿠데타에는 어
떤 합법적인 근거도 없었다. 그가 집단 지도부의 동의 없이 했던 일은 하
나도 없었다. 그의 재판이 열리기 전에 판결문이 낭독됐다. 그러나 지도
자들 중 어느 누구도 쿠데타에 이의를 제기하지 않았다. 그들은 유순한
행정 관료의 집합체였고, 상부의 권력 이동을 감지할 때면 자신들의 원칙
을 굽히는 데 신속했다. 흐루쇼프가 새로운 권위와 확신을 지닌 채 쿠데
타를 계기로 출현했다.

　자신의 반대자들로부터 천박하고 고압적이라고 조롱당하며 실수를
곧잘 저지르는 성향이 있었던, 특이하면서 격정적인 성격의 소유자인 흐
루쇼프는 1894년 가난한 농민 가정에서 태어나 불과 4년밖에 정규 교육
을 받지 못했다. 그는 광산과 공장에서 일했고, 그 후 내전 시기에 붉은
군대와 당에 가입했다. 그는 1920년대 동안 스탈린에게 매여 있었던 그
토록 많은 볼셰비키들이 걸었던 전형적인 진로를 따랐다. 그는 스탈린의
정책에 대한 충실한 집행자로서 당의 조직 내에서 출세했다. 그는 처음
에는 1930년대의 집단 탄압 사건에 모스크바 당 책임자로서, 그다음에
는 25만 명의 시민을 검거한 우크라이나 사태에 책임자로서 깊이 연관되
어 있었다.

　흐루쇼프는 스탈린을 흉내 내며 1953년 이후 지도자의 위치를 차지하
기 위해 경쟁자를 물리치는 정책을 사용했다. 흐루쇼프는 베리아에게 반
대하면서, 베리아의 정책을 훔쳐 자기 것인 양 사용했고, 다음의 주요 경
쟁자인 말렌코프를 무너뜨리려고 개혁을 강행했다. 흐루쇼프는 스탈린

처럼 지역 당 비서들 사이에 자신의 지지 세력을 구축했다. 흐루쇼프는 그들을 경찰의 감시로부터 벗어나게 해주었고, 말렌코프의 세력 기반이 었던 모스크바 정부로부터 더 많은 자치권을 부여했다. 그는 또한 '사회주의적 합법성'을 증강하는 방안도 주장했다. 이것은 소련 체제가 존속하는 내내 사용됐지만 한 번도 진지하게 고려되어본 적이 없는 용어였다. 또한 그는 1921년 이후의 모든 '반혁명 범죄'를 재검토하라고 지시했다. 그는 자신의 경쟁자인 말렌코프가 스탈린의 핵심적인 심복으로 복무했던 레닌그라드 사건에 각별한 관심을 가졌다. 말렌코프와 관련되어 있던 몇몇 엠게베 장교들을 체포했다. 1955년에는 말렌코프 본인이 레닌그라드 사건에 대한 '도덕적 책임'으로 기소됐고, 내각 수반에서 경질됐다. 그는 전력 담당 부서로 좌천됐다. 말렌코프가 단순히 좌천으로 끝난 것은 시대가 얼마나 크게 바뀌었는가를 말해주는 신호였다. 스탈린 치하였다면 그는 총살감이었다.

"체포된 자들은 이제 돌아올 것이다. 그러면 두 개의 러시아는 서로의 눈을 들여다볼 것이다. 이 사람들을 수용소로 보낸 러시아와, 돌아온 러시아가."[2] 아흐마토바는, 굴라크로부터 풀려난 수인들이 자기들을 그곳에 가두었던 동료, 이웃, 친구를 대면하는 순간 펼쳐질 드라마를 예견했다. 그들의 귀환은 소련 당국의 오른편에 남아 있었던 자들에게 두려움, 수치심, 분노, 적의 등 광범위한 감정을 일으켰다. 그들은 자기들이 만들어낸 희생자를 또다시 보리라고는 상상하지 못했던 것이다.

강제수용소를 가장 먼저 떠나게 될 수인들은 약 100만 명에 육박했다. 그들은 러시아 역사에서 차르가 운명했을 때 죄수들이 사면됐던 것처럼, 주로 스탈린의 서거로 사면된, 단기형을 선고받은 범죄자들이었다. 정치

혁명의 러시아

범은 사면에서 제외됐다. 그들의 사건은 소련 검찰의 재검토가 필요했으며, 그 길고 복잡한 절차는 자신의 실수를 인정하기를 꺼려하는 정부당국에 의해 좌절됐다. 1955년 경 검찰은 정치범의 상고 중 25만 건을 재심사했으나, 석방된 사람들은 4퍼센트에 불과했다.

1953년부터 1960년까지 200만 명의 '정치범'이 굴라크 강제수용소로부터 돌아왔고, 동일한 수의 사람들이 특별 정착촌으로부터 돌아왔다. 복역의 이력이 있는 100만 명 중 4분의 3가량이 같은 기간 복권됐다. 그러나 그들 중 다수는 사후에야 복권이 이루어졌다. 혁명의 목표에 헌신했던 자들에게 복권은 뜻깊었다. 그것은 그들의 생애에 무언가를 회복시켜주었다. 그러나 그것을 획득하는 것은 결코 회복의 과정이 아니었다. 거기에는 관청에서 긴 줄을 이루며 서 있기, 끝없는 서류양식을 채우기, 그들의 주장에 자주 적대적이었던 공무원과 말다툼하기가 포함됐다. 복권이 마침내 이루어졌을 때에도 거기에는 고통에 대한 사죄도, 낭비한 세월에 대한 사죄도 없었고, 정부 당국의 관점에서 그런 복권이 개인의 유죄를 철회하는 것을 의미하지도 않았다. 과거의 한 복역자가 어떤 관리의 말을 들었다. "복권이 됐다고 해서 네가 죄가 없다는 뜻이 아니다. 단지 네가 지은 범죄가 그렇게 무겁지 않다는 뜻일 뿐이다. 항상 얼마의 죄는 조금씩 남겨져 있으니까!"[3]

수백만 명의 사람들이 수용소에서 결국 돌아오지 못했다. 그들의 가족에게 1953년 이후의 세월은 길고 고통스러운 기다림의 시간이었다. 많은 경우, 글라스노트Glasnost(개방)이 소련 정부의 좌우명이 됐던 1980년대가 되어서야, 그리고 때로는 1990년대가 되어서야 그들은 실종된 자신의 혈육에게 무슨 일이 일어났는지를 알게 됐다. 그러나 오늘날이 되도록 그것에 대해 여전히 모르는 가족들이 있다.

많은 재소자들이 수용소에서 돌아오게 되자, 정부로서는 벌어진 일에 대해 해명할 말이 필요했다. 그러나 얼마나 많은 진실이 밝혀질 수 있었을까? 모든 지도자들은 숙청의 실체가 완전히 까발려질 경우 무슨 일이 일어날지를 한결같이 두려워했다. 그들 자신이 그것에 책임을 져야 할 것인가? 그들이 집단 체포를 막는 데 왜 실패했는지 사람들이 묻지는 않을까?

집단 지도부는 당 중앙위원회에서 조직한 특별 위원회로부터 어떻게 1935년과 1940년 사이에 스탈린이 그렇게 많은 당원들을 박해하는 것이 가능했는지를 밝혀내라는 지시를 듣고 난 후, 스탈린의 테러를 폭로하고 비판하기로 결정 내렸다. 〈프라우다〉 지의 전임 편집장인 표트르 포스펠로프Petr Pospelov가 이끄는 위원회는 1956년 2월 9일 중앙위원회의 상임 간부회에 보고했다. 정치국은 조사 결과를 접한 뒤, 구속과 처형의 엄청난 수는 물론이고, 그것들의 근거가 되는 증거의 날조 때문에 충격을 받았다. 그리고 제20차 당대회에 그 결과를 보고하기로 결정했다. 이 대회는 스탈린의 사후 처음 소집된 것으로서, 거기에 소속된 1430명의 대표들은 2월 14일 당 지도부가 고인이 된 지도자의 공식적인 지위를 설명해줄 것이라고 기대하면서 크렘린에 모였다.

정치국은 위원회의 조사 결과로부터 얼마나 많은 정보를 공개할 것인가를 두고 의견이 몹시 갈려 있었다. 흐루쇼프는 당에 대한 민중의 신뢰를 회복하기 위해 완전한 폭로를 원했다. 그러나 몰로토프와 카가노비치(당시 국무위원회의 제1차관)는 스탈린의 정책에서 그들의 역할에 관해 질문이 던져질 때 이것이 지도부의 권위를 훼손하지는 않을까 두려워했다. 그들은 오직 절반의 진실만을 드러낼 비밀 연설의 타협적 해결안을 선택했다. 그 문안은 집단적 결정을 통해 마련됐고, 흐루쇼프는 2월 25일 그것에 대한 공표의 책임을 맡았다.

흐루쇼프의 연설은 혁명의 이후 역사에 끼친 그 막대한 영향력을 고려해볼 때, 비교적 잘 다듬어진 것처럼 보인다. 흐루쇼프는 1930년대 후반의 당원들에 대한 부당한 탄압과 전쟁에서 스탈린이 저지른 어리석은 실수를 상세히 묘사했고, 레닌주의의 원칙으로부터 통치자의 일탈(흐루쇼프는 심지어 다른 볼셰비키들이 사상적인 실수를 범했다고 하더라도 레닌은 그들의 살해를 결코 허용하지는 않았을 것이라고 주장했다), 스탈린의 정책에 대한 저항이 배제된 비非마르크스주의적인 '개인숭배'(레닌의 소박함과 극명하게 대조를 이루는)가 그 두 실수 모두의 원인이라고 생각했다. 흐루쇼프는 현재의 지도부가 오직 최근에야 이런 자세한 사실들을 발견해낸 것을 강조하면서, 현 지도부의 무죄를 선고하고 그 죄를 스탈린에게 전가하려고 애썼다. 당을 비난할 수 있는 가능성은 없었다. 흐루쇼프는 당을 희생자로 묘사했다. 그가 일반 시민들의 집단 체포(또는 현 지도부가 스탈린의 정책에 동의했던 1935년 이전의 집단 탄압)를 언급하지 않았기 때문에, 실질적으로 당은 스탈린 대숙청의 유일한 희생자가 됐다. 그의 연설은 당에 대한 신뢰를 회복하고 스탈린주의를 10월 혁명의 사회주의 이상으로부터의 일탈이라고 표현함으로써 레닌주의를 권력에 복귀시키는 것이 목적이었다. 흐루쇼프는 대표자들에게 이렇게 말했다. "우리 당은 사회주의 건설을 위한 레닌의 계획을 실행하기 위해 싸웠다"라고.

이것은 이데올로기적인 투쟁이었다. 만약 이런 투쟁의 과정 속에서 레닌주의의 원칙을 준수했다면, 그 원칙에 대한 당의 헌신을 민중을 향한 예민하고 세심한 배려와 솜씨 좋게 결합했더라면, 그런 원칙을 물리치거나 버리지 않고 우리에게 유리하게 이용했더라면, 우리는 혁명적 합법성에 대한 그토록 잔혹한 위반을 경험하지 않았을 것이고, 수천 명에 이르는 많은 사람들이 숙청의 제물이 되지 않았을 것이다. 원칙을 지켰다면, 비상수단은 소련 체제에 대해 실제로 범죄를 저지른 사람들에게만 사용됐을 것이다.[4]

모든 당 지도자들처럼 흐루쇼프는 만일 자신들이 직접 나서서 스탈린의 범죄에 대해 성토하지 않는다면, 지식인들 사이에서는 더 급진적인 주장이 나오게 될 것임을 두려워했다. "해빙은 우리가 통제할 수 없고 우리 모두를 익사시켜버릴 대홍수를 일으킬 것"이라고 흐루쇼프는 자신의 회상록에서 적었다. 고참 정치국 위원인 미코얀Anatas Mikoyan은 왜 모든 여론조작용 재판을 간단하게 불법이라고 선언하지 못하는가에 대해 질문을 받았다. "아니, 결코 그것을 불법이라고 선언할 수 없소. 만일 불법이라고 선언하는 날에는 합법적인 정부가 아니라 한 무리의 폭력배 집단이 국가를 운영하고 있다는 것이 만천하에 드러날 것이기 때문이오." 그리고 잠시 생각한 다음 이렇게 덧붙였다. "그 폭력배들은 사실상 우리 자신이라오."[5]

그러나 흐루쇼프의 동기에는 현 체제의 유지 이상의 무엇이 있었다. 만일 우리가 그의 회상록을 믿는다면, 그는 도덕적 양심에 시달리고 있었고 참회하기를 원했다고 말할 수 있다. 그는 당이 신뢰와 단결을 회복할 수 있는 유일한 방법은 진실이며 그것이 자기 확신의 치명적인 상실로부터 당을 구할 수 있다고 진정으로 생각했다. 흐루쇼프는 이런 식으로 이후에 당대회에서의 연설을 정당화했다.

흐루쇼프는 자기비판의 레닌주의적 전통 속에서 이런 개방성을 보았고, 그런 개방성이 당의 혁명적 위력의 핵심이라고 믿었다. 레닌은 한때 이렇게 말했다.

혁명의 러시아

지금까지 사라진 모든 혁명적 정당은 그들이 자족상태에 빠졌기 때문에 사멸한 것이다. 그들은 자기들의 힘의 원천을 더 이상 볼 수 없었고, 자신들의 약점에 대해 말하는 것을 꺼렸다. 그러나 우리는 소멸되지 않을 것이다. 우리는 우리의 약점에 대해 말하기를 두려워하지 않으며, 그런 약점을 극복하는 법을 배울 것이기 때문이다.[6]

흐루쇼프는 또한 진실을 통해서 주도권을 향한 자신의 경쟁자들을 약화시킬 수 있었다. 그는 그의 개혁안과 레닌주의의 부활, 1917년 10월의 이상으로의 회귀를 수용하는 당과 사회의 지지를 구축함으로써 주도권을 성취했다.

흐루쇼프는 비밀 유지의 요청과 함께 자신의 연설을 끝맺었다. "이 주제는 당의 문턱 밖으로 넘어가서는 안 된다…… 우리는 우리의 적들에게 탄약을 제공해서는 안 된다. 우리는 우리의 상처를 그들에게 드러내보여서는 안 된다."[7] 그러나 그의 연설은 오래 비밀로 남아 있지는 않았다. 글로 옮겨진 전문이 일터의 공산주의자들에게 읽히라는 지시와 함께 소련 전역의 당 기관들로 보내졌다. 각 공장과 관공서, 연구소와 대학에서 일하는 2500만 명의 공산당원, 콤소몰 조직원이 그 내용을 들었다. 또한 그 전문은 동유럽의 공산주의 정부로도 보내졌다. 동독 지도자 발터 울브리히트Walter Ulbricht는 그것을 독일민주공화국의 국민들에게 숨겼지만, 폴란드 지도자들은 그것을 공개했고, 복사본 한 부가 〈뉴욕 타임스〉에 도착해 6월 4일 신문의 전면에 게재됐다. 흐루쇼프의 연설문은 서방세계로부터 다시 동독, 헝가리, 소련으로 도로 흘러 들어갔다.

흐루쇼프의 연설문으로 당은 혼란에 빠졌다. 평당원들에게 흐루쇼프의 발언은 확실한 것들로 이루어진 세계가 돌연 붕괴되어버린 거대한 충격으로 다가왔다. 그런 폭로를 어떻게 해석할 것인가에 관해 열띤 논쟁이 일었다. 몇몇 당원들은 더 일찍 그런 비밀을 폭로하는 데 실패한 지도자들을 비난했고, 또 다른 이들은 하필 곤란한 때에 이 모든 문제를 제기한 흐루쇼프를 비판했다. 많은 사람들이 자신은 스탈린의 범죄에 대해 알지 못했다는 지도자들의 주장에 대해 회의적이었다. 사람들은 지도자들이 직접 나서서 왜 그런 범죄를 막지 못했냐고 물었다. 6월경 지도부는 이런 반대자의 목소리에 대단히 염려한 나머지, 허가된 토론의 경계를 넘어선 당원들을 숙청하고 체포하라는 비밀 회람용 전단을 지역 실무자들에게 보냈다. 지도부는 흐루쇼프의 연설을 '올바르게' 해석할 지침이 될 논설문을 발표했다.

당 밖에서 어떤 이들은 흐루쇼프의 연설을 모든 것에 대해 토론하고 모든 것에 의심을 가지라는 신호로 해석했다. 지식인들이 가장 먼저 입을 열었다. 훗날 저명한 반체제 인사가 됐으나 그 당시에는 모스크바 대학생이었던 류드밀라 알렉세예바Lindmilla Alexeyeva는 "그 회의는 소련 체제에 대한 우리의 고독한 의심에 종지부를 찍었다"라고 회상했다.

남녀를 막론하고 젊은이들이 의견과 정보와 신념과 질문을 나누는 것에 대한 두려움을 떨쳐버리기 시작했다. 매일 밤 우리는 비좁은 아파트에 모였다. 시를 낭독하고, '비공식적인' 산문을 읽고, 하나로 모아지는 경우 우리나라에서 벌어지고 있는 일들을 생생하게 그려내는 이야기들을 공유하기 위해서였다.[8]

흐루쇼프의 연설에 대해 토론하는 공개회의에서는 스탈린을 '인민의 적'으로 지칭하는 성난 비판이 일었다. 지도자들의 조각상과 초상화가 파괴됐다. 그것은 스탈린을 공격하는 것에서 한 걸음 더 나아가 소비에트 체제 전체를 의심하는 것이었다. 회의마다 다당제 선거와 실질적 권리와 자유에 대한 요청이 쏟아져 나왔다.

그러나 그러한 의심은 일반적으로 지식인 계층에 국한됐다. 일반 국민들은 스탈린 체제에 너무 주눅이 들어서 공개적이거나 비판적으로 발언하지 못했다. 오랜 세월 동안의 공포정치 경험으로부터 그들은 정부를 의심하지 않고, 침묵하는 법을 배웠다. 그들은 선을 넘는 것을 두려워했다. 많은 이들이 여전히 스탈린을 숭배했다. 그들은 산업화와 독일과의 전쟁에서의 승리 등 스탈린의 통치 아래서 이루어진 소련의 업적에 대해 자긍심을 가졌다. 그것들은 그들의 인생에 의미를 부여했다. 그들은 이 모든 것에 의심을 던지는 흐루쇼프의 연설 때문에 당혹스러워했다. 스탈린 지지자들은 흐루쇼프의 연설에 소리 높여 반대했다. 그런 성향은 스탈린의 고향인 조지아에서 가장 거셌다. 3월 3일부터 10일까지 트빌리시에서는 스탈린 비판에 대한 주민들의 분노가 격렬한 민족주의 시위의 형태로 폭발했다.

———

흐루쇼프의 '비밀 연설'은 혁명의 세 번째 단계 또는 마지막 단계의 시작을 정초한다. 그 연설에 담겨진 폭로의 결과로 그 이후에 나타난 세대는 그전에 있었던 세대와는 판연히 달랐다. 연설은 모든 것을 뒤바꾸었다. 그 한순간에 당은 권위와 단결과 자기신념을 잃어버렸다. 그것은 종말의 시작이었다.

흐루쇼프의 연설로 빚어진 신뢰의 위기로부터 소련 체제는 결코 두 번다시 회복하지 못했다. 인민을 위해서라는 명분으로 그토록 많은 사람을 죽인 혁명을 국민들이 어떻게 계속 신뢰할 수 있을까? 그토록 무수히 거짓말을 쏟아낸 지도자를 어떻게 계속해서 믿을 수 있을까? 처음으로 당은 잘못을 저질렀다는 것을, 그것도 작은 잘못이 아니라 파멸을 가져올 정도의 잘못을 저질렀다고 시인했다. 어떻게 당이 국민의 신뢰를 다시 세울 수 있을까?

흐루쇼프는 1917년 10월 당시의 레닌주의적 이념에 또다시 호소함으로써 신뢰를 회복할 수 있다고 믿었다. 만약 국민들이 스탈린의 정책이 볼셰비키 전통에서 국소적인 일탈이었다는 점을 수긍한다면, 그들은 혁명의 정초적 원칙―프롤레타리아 독재정치의 실현으로서의 일당 국가, 생산수단의 국가 소유, 개인의 이익보다 집단의 이익의 우월 등등―을 다시 받아들일 것이다. 이와 같은 레닌주의적 이념의 부활 속에서 희망과 영감을 발견했던 사람들은 당과 지식인들 사이에서 많았다. 그들은 '60년대인들shestidesiatniki'이라는 한 세대를 형성했던바, 그들의 세계관은 20차 전당대회와 흐루쇼프의 '해빙'에 의해 만들어졌다. 그들은 고르바초프처럼 1930년대에 스탈린에게 박해를 당한 친소비에트 성향의 가정에서 자라난 구 볼셰비키의 자녀들이었다. 흐루쇼프는 그들이 부모 세대의 혁명적 이상과 다시 연결될 수 있으며, 부모들이 미완성 상태로 남겨놓은 작업을 계속 해나갈 수 있다는 믿음을 그들에게 심어주었다. 그러나 그의 연설은 많은 사람들에게 희망을 불어넣는 한편으로 광범위한 회의주의와 불신을 일으켰다. 연설에서 폭로된 내용은 스탈린뿐 아니라 체제 전체에 관한 의심을 불러일으켰다. 그리고 사람들이 일단 체제에 대해 의심하기 시작하자마자, 그들은 그런 체제의 대안에 대해서도 생각했다.

흐루쇼프의 연설은 폴란드에 직접적인 영향을 끼쳤다. 거기에서는 스탈린이 강제로 주입한 공산주의 체제의 권위에 도전하기 위해 노동자들이 흐루쇼프의 연설을 이용했다. 6월 말 산업도시 포즈난은 공산주의자들과 그들의 소련 스타일의 명령경제에 반대하는 파업과 집단 시위에 완전히 휩싸였다. 폴란드 군대는 모스크바 정부의 명령에 따라 군중을 해산하고, 수십 명을 죽이고, 수백 명을 부상 입히고, 그보다 더 많은 수를 체포했다. 그러나 폴란드 공산주의자들은 또한 새 지도자로 브와디스와프 고무우카Wtadystaw Gomulka를 지명하면서 한 발 물러섰다. 고무우카는 모스크바 정부와 '티토주의자들'의 갈등이 벌어지는 동안에 '민족주의 경향'에 대해 비난을 받아왔던 인물이었다. 고무우카는 폴란드가 소비에트 진영 내부에 남아 있을 것이라고 크렘린 정부를 안심시키면서 일련의 개혁을 시작했고, 민족주의 감정에 호소하기 위해 '사회주의로 이르는 폴란드식 노정'에 대해 말했다.

이런 소식은 헝가리인들을 고무했다. 10월 23일 주로 학생들로 이루어진 2만 명의 시위자들이 벰Jozsef Bem 장군의 동상 아래 모여서 과거의 혁명가들을 모방하면서, 금지된 '민족 가요'를 불렀다. 그들은 노래 가사를 따라 부르면서 "노예가 되지 않겠다"라고 맹세했다. 대규모 군중이 부다페스트에 모였다. 9미터 높이의 스탈린 동상이 쓰러졌다. 국기에서 낫과 망치가 지워졌다. 시위자들이 경찰과 싸웠다. 봉기는 다른 도시로도 확산됐다.

헝가리 지도부는 소련 군대의 출동을 요청했다. 몇 시간이 지나자 전차가 들어왔다. 그러나 소련군은 민병대를 조직하고, 바리케이드를 세우고, 소련 전차를 향해 사제 화염병(몰로토프 칵테일)을 던지는 시민들에게 저지당했다. 개혁파 공산주의자인 임레 너지Imre Nagy가 소련 군대의 철수를 협상할 새로운 국민 정부를 선언함으로써 충돌을 무마시키면서 상황을 통제했다. 11월 1일 너지는 바르샤바 조약으로부터 헝가리의 탈퇴를 선언했다.

이것은 흐루쇼프가 다시 개입하기로 마음먹게 하기에 충분했다. 만일 헝가리가 바르샤바 협약 기구를 떠난다면, 동유럽의 소비에트 제국 전체가 흔들릴지도 모를 일이었다. 11월 4일, 소련 전차가 다시 밀려들어왔다. 헝가리 시민 중 2만 명 이상이 죽거나 다쳤고, 그 뒤에 더 많은 수가 체포됐다. 봉기를 진압하는 데 일주일이 걸렸다. 너지는 모스크바 정부에 의해 '반혁명가'로 비판받으면서 체포됐고, 비밀리에 재판을 받고, 후에 "다른 사회주의 국가들의 지도자들 모두에게 귀감이 되도록" 처형당했다.[9]

서구국가들은 같은 시기에 일어난 수에즈 위기Suez Crisis •에 관심이 쏠려, 무덤덤한 반응을 보였다. 그러나 소련의 행동은 공산주의 운동에서 국제적 위기를 초래했고, 그 주요 인사들 중 상당수가 항의의 표시로 당직에서 사임했다. 크론시타트 봉기의 진압 이후로, 해외에서 러시아 혁명의 대의를 믿고 따랐던 이들에게 신뢰를 잃었다.

소련 국민은 헝가리 사태에 그다지 크게 반응하지 않았다. 모스크바 대학에서는 자잘한 시위가 있었지만, 그것이 전부였다. 언론에서는 헝가리 봉기에 대해, 서방세계가 조직해놓은 '파시스트적 반혁명'이라고 표현했다. 그러나 점점 더 사람들은 이것을 믿지 않았다. 해빙으로 인해 외국의 정보를 접하는 것이 더 쉬워졌기 때문이다. 불법적으로 복사된 서구 잡지들이 이 손에서 저 손으로 전달됐고, 사람들은 단파 라디오로 외국

• 지중해와 홍해를 통해 중동의 원유를 유럽에 공급하는 운송로인 수에즈 운하를 이집트가 국유화하자 1956년 10월, 이해당사국인 이스라엘과 영국, 프랑스가 군사 대응에 나선 사건을 말한다. 제2차 중동 전쟁이라 불린다.

라디오 방송국의 진짜 뉴스를 들었다.

해빙은 러시아 역사 내내 정치의 대용품으로 기능했던 문학에서 시작됐다. 일단 스탈린주의적 순응의 손이 치워지자, 작가들은 진정성을 갖고 정직하게 소련의 삶을 묘사하려고 노력했다. 에렌부르크의 소설 《해빙》(1954)—작품의 제목이 이 시기를 일컫는 말이 되었다—은 폭군 같은 공장장이자 소련 생활 전반에서 찾아볼 수 있는 '작은 스탈린' 중 한 명인 자신의 남편에게 억압받으며 사는 한 여인에 관한 이야기다. 봄의 해빙이 찾아오면서 그녀는 남편을 떠날 수 있는 용기를 얻는다.

훨씬 더 폭발적이었던 것은 블라디미르 두진체프Vladimir Dudintsev의 《빵만으로는 살 수 없다》(1956)였다. 이것은 산업관료들의 편협함 때문에 창의성을 억압받는 한 소련 기술자의 영웅적 모험담이다. 이 책은 소련 체제를 두드리는 망치라고 불리면서 해빙의 지지자들에게 환호를 받았다. 자신의 고유한 창작 야망의 배출구를 찾고 있었고, 스탈린 치하에서 진급한 상관들의 보수주의(이들은 정부가 뚜렷하게 허가하지 않은 것은 무엇이든지 '아니오'라고 말했다)에 좌절당한 청년 전문가들은 이 책에서 영감을 받았다. 훗날 두진체프는 출세제일주의에 관심을 두고 혁명의 에너지를 빨아들였던 그런 소련 관리들을 진짜 '인민의 적'이라고 폭로하는 것이 자신의 목표였다고 진술했다.

해빙기의 절정은 1962년 《이반 데니소비치의 하루》의 출판과 함께 찾아왔다. 이 소설은 잡지 〈신세계Novyj Mir〉에 실렸으며, 스탈린의 강제노동수용소 주제를 천착한 최초의 작품이다. 이 솔제니친 소설의 인쇄본 100만 부는 처음 여섯 달 만에 팔려나갔고, 팔려나간 책은 많은 독자들의 손을 거쳐 두루 읽혔다. 그러나 수용소에 대한 문학적 탐구가 조심스럽게 허용됐던 반면에, 10월 혁명은 소련 작가들에 의해서 비판될 수 없었다. 1956년 〈신세계〉지는 러시아 혁명과 내전을 배경으로 한 서사적 인간 드라마인 파스테르나크의 《닥터 지바고》를, 그 작품이 반소비에트적이라는 것을 이유로 게재하기를 거절했다. 이 잡지의 편집인인 시모노프는 파스테르나크가 러시아 지식인 계층이 10월 혁명에 대해 올바른 결정을 내렸는가 아닌가 하는 소설의 중심적인 문제를 제기하면서, 그 물음에 오직 부정적으로만 대답이 나오도록 작품 안의 모든 것을 구성했다고 평가했다. 즉 볼셰비키와의 동행을 결정함으로써 지식인들은 러시아인, 러시아문화, 인류에 대한 자신의 책무를 배반했다는 것이다. 《닥터 지바고》는 서구로 밀반출되어 국제적인 베스트셀러가 됐다. 1958년 파스테르나크는 노벨상 후보로 선정됐다. 그러나 소련 정부의 혹독한 압력 때문에 그는 수상을 거절했다. 그 소설은 곧 '해적출판물Samizdat'로 유통되기 시작했다. 이 책의 작가가 1960년 폐암으로 죽었을 때, 수천 명의 조문객이 장례식에 모였다. 그의 금지된 시 중 한 편이 낭독됐을 때 장례식장은 정치적 시위장으로 변할 조짐을 보였다. 소비에트 러시아에서만큼 문학이 권위와 민중의 목소리와 양심을 성취했던 나라는 없다.

해빙의 일부는 소련 사회의 서구로의 개방이었다. 흐루쇼프 정부가 국제 관광업을, 달러를 벌어들이고 소련의 성과를 세계에 과시하는 수단으로 보기 시작하면서 1917년 이후 처음으로 외국인들이 대규모로 모스크바와 레닌그라드에 도착했다.

1957년 모스크바는 131개국으로부터 3만 4000명의 대표가 참가하는, 좌파 학생 운동의 역사에서 최대 규모인 세계청년 페스티벌을 주최했다. 크렘린의 목적은 자본주의 국가의 청년들을 소련식 생활양식으로 끌어들이는 것이었다. 그러나 예상했던 것과 정반대의 결과가 나타났다. 청바

혁명의 러시아

지 차림과 느긋한 몸가짐의 방문객들이 소련의 청년들을 서구식 생활 방식으로 바꿔놓은 것이다. 록 음악과 그 부수적인 의상이 소련 대학생들 세대의 상상력을 사로잡았다. 그들은 교육 수준이 대단히 높고 세련되어서 따분하고 순응주의적인 콤소몰의 문화에는 만족하지 못했다. 그들은 서방세계의 자유에 관한 뉴스와 정보를 알리기 위한 수단으로 록과 재즈를 방송했던 '미국의 목소리Voice of America', '자유 유럽 라디오Radio Free Europe'를 단파수신기로 청취했다. 영화 〈스틸랴기Stiliagi〉에서 소련의 청년들은 '테디 보이Teddy Boys'에 대한 나름의 해석을 선보인다. 그들은 주로 소련 사회의 칙칙한 다수와 스스로를 분리하기 위해 화려한 미국식 의상을 걸치고, 머리에 기름을 바르고, 화장을 하고, 비속어를 말하는 소비에트 엘리트의 자녀들이었다. 이들은 소련 청년에게 지대한 영향을 끼친 할리우드 영화, 특히 〈황야의 7인〉, 〈뜨거운 것이 좋아〉, 〈타잔〉을 보고 서구에 대한 자신의 관점을 형성했다. 이 영화들은 청소년의 범죄를 부추긴다는 이유로 소련 정부로부터 한동안 금지됐다. 소련 시인 요시프 브로츠키Joseph Brodsky는 우스갯소리로, 영화 〈타잔〉은 "제20차 전당대회와 그후 흐루쇼프가 했던 모든 연설보다 탈스탈린화에 더 큰 기여를 했다"라고 말했다.[10]

호루쇼프에서부터 고르바초프에 이르기까지 혁명의 가장 큰 도전 중 하나는 혁명의 가치와 신념 체계 속에 이 젊은 세대를 어떻게 관여시키느냐 하는 것이었다. 10월 혁명은 낡고, 동떨어진 역사적 사건으로 변해가고 있었다. 소련 국민 중에서 10월 혁명과 관련된 인구는 점점 줄어들고 있었다. 1950년대 말, 인구의 10퍼센트만이 성인으로서 10월 혁명을 기억하기에 충분한 나이인 60세 이상이었다. 또한 불과 35퍼센트만이 30대와 60대 사이였다. 이들은 혁명에 의해 형성됐지만 전쟁 때문에 수적으로 감소한 세대였다. 그러나 가장 큰 비율인 55퍼센트는 30대 이하였다. 심각한 세대 차가 있었다. 소련 국내에서는 혁명을 인생의 의미라고 생각했던 연금수령인구 비율이 점점 줄어들고 있었고, 혁명을 인생에서 거의 의미 없는 것으로 생각하는 젊은이들이 점점 늘어가고 있었다. 1961년 '공공여론연구소'의 조사 결과에 의하면, 소련 청년 중 다수가 10월 혁명의 이상에 대해 환멸을 느끼며, 심지어는 냉소적이었다고 한다. 그들은 10월 혁명을 멀고 추상적인 것으로 생각했다. 그들은 주로 물질적인 이해관계에 따라 움직였다. 혁명의 생존 여부는 그들을 만족시키는 것에 달려 있었다.

———————

소련 정부는 공포정치의 포기와 함께 민중을 통제하고 동원하는 새로운 방법을 찾아야 했다. 소련 정부는 더 이상 국민의 두려움에 의존할 수 없었다. 흐루쇼프는 집단적 행동의 레닌주의 이상으로 돌아가려고 하면서 정책 선전에 대한 대중의 참여와, 혁명 초창기의 열정을 되살려내기 위해 고안된 풀뿌리 조직에 큰 무게를 실었다. 이런 계획들 중에는 수백만 명의 자원봉사자를 고용했던 거리 순찰, '게으름뱅이와 사회적 기생충'에게 법적인 권력을 부여했던 가정과 직장 위원회들, 시민 배심원이 참여하는 공개법정이 포함됐다. 그러나 가장 야심적이었던 것은 '미개척지 개간 운동'이었다. 여기에서 수십만 명의 청춘 남녀들이 카자흐스탄의 초원 지대에서 노동하고 정착하려고 자원했다.

흐루쇼프는 그 운동을 집단화된 농업의 위기에 대한 '레닌주의적'인 응답이라고 선전했다. 집단농장은 소련 국민을 먹여 살리기에는 너무도 비효율적이었다. 1953년, 말렌코프는 정부의 수매 가격을 인상하고 집단

혁명의 러시아

농장에 대한 세금을 낮추며, 콜호스 노동자의 개인 농지(그들이 어느 도시에서나 발견되는 농민 장터에서 팔기 위한 돼지와 닭을 키우고 채소를 재배했던 작은 정원)를 확장함으로써 문제를 해결하는 방안을 제안했다. 흐루쇼프는 말렌코프의 제안을 집단 원칙으로부터의 후퇴라고 공격했고, 미개척지 개간 운동을 이데올로기적으로 순수한 대안으로 제시했다. 카자흐 영농지도자들은 장기적으로 볼 때 그 계획이 성과를 맺지는 못할 것이라고 경고했다. 토지는 미개척지일 뿐 아니라 불모지였다. 카자흐 지도자들은 전통적인 카자흐 목초지에 러시아인과 우크라이나인이 정착하는 것에 반대했다. 그러나 미개척지 개간 운동은 계속 추진됐다.

정치선전활동을 통해 '미개척지'의 정착민들이 일구어낸 성과가 자랑스럽게 선전됐다. 흐루쇼프는 레닌의 네프 이념─경제적 영역에서 국제적인 계급투쟁을 끝까지 해내야 한다는─을 들먹이면서 '자본주의 체제에 대한 사회주의 체제의 이점'의 뚜렷한 본보기로서 미개척지 개간 운동의 중요성을 강조했다. 그러나 그 결과는 뒤죽박죽이었다. 1954년 이후 10년 동안 4000만 헥타르에 이르는 새로운 토지가 생산에 투입됐고 곡물 생산량이 늘었지만, 수확량은 들쭉날쭉했다. 무엇보다 나쁜 토지를 개선시킬 수 있는 비료가 부족한 탓에 1958년부터는 꾸준히 생산량이 감소했다. 카자흐 지도자들의 생각이 옳았던 것이다.

그러나 제3세계의 여러 농업 사회는 미개척지 개간 운동과 소련의 '경제적 기적' 속에서 발전 모델을 발견했다. 소련이 식민지 착취를 벗어난 사회에 자본주의 체제에 대한 실질적 대안을 제공하면서 미국을 따라잡고 있다는 인식이 점점 더 커져갔다. 1955년과 1960년 사이에 소련 경제는 매년 거의 10퍼센트씩 성장했고, 이것은 미국보다 세 배나 더 빠른 것이었다. 1957년의 스푸트니크 발사 프로그램 덕분에 소련은 개발도상국들 세계에서 커다란 명망을 얻었다.

중국의 대약진大躍進은 소련식 모델, 특히 1957년 10월 혁명 40주년 기념일에 모스크바의 공산주의 지도자들을 향한 흐루쇼프의 연설에서 영감을 얻었다. 여기에서 그는 15년 내에 소련이 산업 생산량에서 미국을 따라잡을 뿐 아니라 앞지르기까지 할 것이라고 자신했다. 마오쩌둥은 중국 또한 15년 내에 영국을 뛰어넘는 산업 열강으로서 우뚝 설 것이라고 응수했다. 그가 추진한 강제 집단화와 산업화 운동의 결과로 1961년 무렵 약 4200만 명이 사망했다. 이것은 정책 실행으로 인한 인명 손실 규모에서 1928~1932년의 스탈린의 제1차 5개년 계획을 훌쩍 뛰어넘는 것이었다.

이 시점부터 중국과 소련은 제3세계에서의 영향력을 두고 경쟁하기 시작했다. 그들은 각자가 올바른 혁명적 이데올로기를 갖고 있다고 주장했다. 중국은 마오의 농민 혁명의 개념에, 소련은 도시 노동계급의 전위 정당에 대한 레닌주의의 이념에 각각 기반을 두고 있었다. 흐루쇼프의 제3세계 전략은 각 민족마다의 독립적인 혁명 노선을 지지하는 레닌주의 이념으로의 회귀를 암시했다. 그는 스탈린이 자본주의 세계의 일부라고 무시했던 반식민주의적인 민족주의 운동을 지지했는데, 그것들이 이윽고 독자적인 마르크스주의 전위당을 갖춘 뒤 사회주의 혁명으로 변할 것이라고 가정했기 때문이다. 그러나 제3세계의 좌파 민족주의 지도자들이 전 세계 자본주의 시장의 압력을 물리치고 자기 국민에게 소련의 영향권 안에 속하는 것이 국익을 위하는 것이라고 설득할 가능성은 희박했기 때문에, 이것은 해보나 마나 한 도박이었다. 흐루쇼프가 지원하는 지도자들(이집트와 시리아의 나세르, 가나의 응크루마, 인도네시아의 수카르노)은 소련으로부터 막대한 군사적 원조, 산업 투자, 기술 고문단을 지원받았지만 그들 중 누구도 믿음직한 의뢰인은 되지 못했다.

모스크바 정부로서는 쿠바만이 승리한 도박이었다. 비록 1959년 1월 카스트로의 혁명 운동으로 바티스타 정부가 전복되기 전까지 큰 기대를 걸지 않았지만 말이다. 제한된 규모의 소련제 무기가 1958년 말부터 카스트로의 반란세력에게 비밀리에 지급됐다. 그러나 크렘린 정부는 새 혁명정부가 부르주아-민주주의 단계(쿠바의 '2월')를 넘어서지 못할 것이라고 생각하면서 그것에 대한 희망을 거의 드러내지 않았다. 쿠바 혁명이 점점 더 공산주의적으로 변하고 소련의 지원을 요청하면서부터 모스크바 정부의 태도는 1959년 가을에 바뀌기 시작했다. 소련 지도부는 미국과의 관계를 위태롭게 하면서 9월 말에 바르샤바 조약의 무기를 쿠바에 보내기로 결정했다. 소련 정보요원들이 아바나에 상륙했다. 1960년 2월 카스트로 정부와의 통상 조약에 서명한 후 미코얀은 미국 국무장관 딘 러스크Dean Rusk에게 이렇게 말했다. "너희 미국인들은 쿠바가 우리 구 볼셰비키들에게 얼마나 중요한가를 깨달아야 할 것이다. 우리는 평생 동안 한 나라가 붉은 군대의 개입 없이 공산주의가 되는 것을 기다려왔다. 그 일이 쿠바에서 일어났다. 그로 인해 우리는 다시 소년과 같은 감정을 갖게 됐다."[160]

워싱턴은 소련의 쿠바 개입에 경각심을 느꼈다. 흐루쇼프는 1959년 그의 미국 방문에 뒤이은 데탕트의 약속을 위태롭게 하지 않기 위해서는 자신의 정책을 펼치는 데 더 신중해야 했다. 그는 소련 경제에 좀 더 투자하기 위해서 군비 삭감이 필요했다. 그러나 그는 중국 측으로부터 혁명적 신임장을 증명해 보이라는 압력을 받고 있었고, 1960년 5월 1일 소련 영공에서 U-2 정찰기 중 한 대가 격추당하며 그 정체가 노출됐던 미국 때문에 짜증이 나 있었다. 1961년 4월 미국이 피그즈 만에서 카스트로 정권을 타도하려고 시도한 뒤에, 소련 미사일로 카스트로의 혁명을 수호하겠다고 공언했던 흐루쇼프는 미국에 대한 수월한 타격 범위 안에 있는 쿠바 안으로 핵탄두를 배치하기 시작했다. 그러나 그는 자기 역량을 과신했다. 미사일은 미국 중앙정보부의 정찰기에 의해 발각됐고, 1962년 10월 흐루쇼프가 하야하고 쿠바에서 미사일을 철수하는 데 합의하기 전까지 세계는 13일 동안 핵전쟁 발발 직전까지 내몰렸다. 이런 굴욕은 그의 몰락과 그의 개혁의 종료를 확정지었다.

Revolutionary Russia
1891~1991

18장

성숙한 사회주의

노쇠한 정부와 고르바초프의 등장

흐루쇼프는 한 번도 권력을 확고히 잡아본 적이 없었다. 처음부터 그의 탈스탈린화 계획은 스탈린의 충복으로서 정치 경력을 쌓았던 고위 당 지도자들의 반대에 부딪혔다. 1957년 6월 흐루쇼프는 중앙위원회 내 자신의 지지자들을 동원해 정치국의 3인—카가노비치, 몰로토프, 말렌코프—이 주도한 쿠데타 시도를 물리쳤다. 그러나 1964년 무렵 그런 지지는 약해져가고 있었다. 그의 정치 개혁은 지역 당서기들의 경제적 운영 책임을 분할하고, 그들이 영향력과 지원을 행사했던 중앙위원회의 최소한 4분의 1을 매 선거마다 물갈이함으로써 그들의 입지를 약화시켰다. 흐루쇼프의 변덕스러운 통솔력, 직관에 따라 행동하고 자신의 비판자들을 공격하는 습성, 자신이 잘 알지 못하는 일에 참견하는 것, 쿠바 사태와 같은 위험한 모험주의 등등으로 그는 당의 지지를 잃게 됐다. 흐루쇼프의 당 동료들은 좀 더 안정되고 집단적인 통치 형태를 원했기 때문이다.

1964년 10월 돌연히 흐루쇼프는 권좌에서 쫓겨났다. 그전에 조지아로 휴가를 떠났던 그는 쿠데타를 주도한 레오니드 브레즈네프의 전화를 받았다. 브레즈네프는 정치국 긴급회의에 그를 소환했다. 투표 결과 보직 해임된 흐루쇼프는 해외에서의 인기를 유지할 수 있도록 '좋지 않은 건강 때문에' 은퇴하도록 허락받았다. 그는 자신이 패했다는 것을 깨닫고 조용히 물러났다. 훗날 흐루쇼프는 자신의 퇴진 방식이 자신의 가장 큰 위업이었다고 빈정거리는 투로 말했다. "스탈린 같았으면 그 자들을 모두 잡아들였을 것이다."[1]

브레즈네프는 흐루쇼프를 몰아낸 정권의 밋밋한 1인자로 등장했다. 집단 지도체제의 외형을 회복하기 위해 집단적으로 정치국의 결정이 내려졌고 이름이 알파벳순으로 나열됐다. 그러나 브레즈네프는 서서히 지배자의 위용을 드러내기 시작했다. 비록 그가 권좌에 있을 때 한 번, 고급 자가용, 세련된 정장, 사냥 파티, 그리고 서방세계의 난봉꾼들이나 즐길 법한 생활방식에 대한 화려한 취향을 드러낸 적이 있기는 하지만, 그는 혁명가라기보다는 음울한 보통의 관리이자 체제의 산물에 가까웠다. 스탈린의 대숙청 시기와 전시에 그는 많은 당 기관원들처럼 당 내의 높은 직위로 쏜살같이 승진했다. 그는 정치적 동맹과 상호원조의 인맥을 구축하는 데에 능했다. 브레즈네프는 지역 당 지도자들 가운데 많은 이들을 후원세력으로 거느렸는데, 그들 중 다수는 그가 공장 밑바닥에서부터 드네프로페트로프스크의 당 제1서기까지 승진했던 1930년대부터 교류했던 동지들이었다. 다른 정치국 위원은 그와 같은 정치적 영향력을 지니지 못했다. 그러나 알렉세이 코시긴(각료회의 의장), 미하일 수슬로프Mikhail Suslov(당 이념 창안자), 알렉산드르 셸레핀Alexander Shelepin(카게베 국장을 맡았던 주도적인 스탈린주의자), 이반 카피토노프Ivan Kapitonov(모스크바 조직에서 활동한 인물) 등의 거물은 모두 하급 당 조직 안에 상호원조의 망을 보유하고 있었다. 한마디로, 브레즈네프 체제는 정치국 올리가르히Oligarch•의 연합체였다.

현 체제의 유지가 그들을 결속시켰던 토대였다. 그들은 흐루쇼프가 시

• 고대 그리스의 과두정치를 의미하는 러시아어로 소수의 정치 엘리트를 일컫는다.

혁명의 러시아

작한 당의 대대적인 개편을 중지하고, 상층 지도부에 있는 그들을 굳건히 뒷받침해줄 견고한 행정체제를 회복하고자 했다. 그들은 20차 당대회와 흐루쇼프의 해빙에 영감을 받았던 당 개혁자들 이전의 세대에 속했다. 브레즈네프가 권력의 자리에 있는 동안 당 지도자들은 각자의 자리를 지키며 늙어갈 수 있었다. 정치국원들의 평균 나이는 1964년에 60세에서 1982년 70세로 껑충 뛰어올랐다. 이것은 현 상태를 그대로 유지하는 것을 유일한 이념으로 삼는 장로 정치의 표본이었다. 브레즈네프는 이런 보수적 이념에 '성숙한 사회주의'라는 이름을 지어 붙였다. 이것은 사회주의 사회가 성공적으로 창조됐으며, 이제 필요한 모든 것은 그 성과를 굳히는 것뿐이라고 주장하는 부조리한 정책이었다. 1977년 그는 소련 체제의 통산 세 번째이자 마지막 개정 헌법인 '브레즈네프 헌법'을 도입하면서 이 점을 일깨웠다. 그러나 60대에 이른 소련의 사회주의는 성숙한 것이 아니라 연로했다. 퇴임할 연령에 이른 거나 마찬가지였다.

정치 개혁이 중단되는 동시에, 경제에 대한 국가의 통제를 완화하자는 주장 또한 번복됐다. 1965년 흐루쇼프 체제에서 입안되고 도입된 코시긴 개혁안은 기업들에게 지금보다 더 큰 자유를 허용하고 계획경제의 테두리 안에서 시장 구조를 더 많이 활용함으로써 생산을 촉진하는 것을 목표로 삼았다. 그러나 코시긴 개혁안은 체코슬로바키아에서 그것과 비슷한 개혁이 정치 자유화의 요구와 1968년 프라하의 봄을 일으키게 되자 정치적으로 위험하다는 평가를 받게 됐고, 브레즈네프 정부에 의해 백지화됐다.

어설프게 손을 대는 어떤 조치(코시긴 개혁안이 바로 그랬다)도 악화일로의 소련 경제를 호전시킬 수 없었다. 계획경제에 개혁을 도입하는 것만으로는 충분하지 않았다. 문제는 바로 계획경제 **자체**였다. 그러나 개혁 없이는 경제가, 소련 체제와 동반해 구제 불능으로 추락할 운명이었다.

만약 흐루쇼프의 시기에 소비자의 기대치가 그리 높지만 않았더라도 경제적 침체가 그렇게 치명적이지 않았을지 모른다. 1961년에 채택된 당의 새 정강에서는 소련이 1970년에는 미국 경제를 앞지를 것이라고 예측했고, "온 국민이 편안한 환경에서 살 수 있도록" "물질적이고 문화적인 혜택의 풍요"를 보장하며, 1980년에는 공산주의가 완성될 것이라고 약속했다.[2] 과거에는 혁명이 공동의 이익을 위한 개인의 희생이라는 이념에 바탕을 두고 있었으나, 지금은 상황이 뒤바뀌어 있었다. 즉 당이 개인에 대한 경제적 의무를 시인하고 나선 것이다. 마치 정부가 국민들에게 차용증을 써준 것이나 마찬가지였다.

1960년대 내내 소비자들에게 국가의 위업은 대단한 것으로 비쳐졌다. 소련 국민의 수천 만 가구들이 새 아파트로 이주했고, 이런 생활의 향상은 정치적 중요성을 띠었다. 이로 인해 스탈린 시기 공동아파트에서 시달렸던 이웃과 제보자의 등쌀에서 벗어나 자유롭게 대화하고 개인적인 생활을 누릴 수 있는 공간이 주어졌기 때문이다. 많은 가정에 냉장고와 텔레비전이 보급됐다.

그러나 성장률은 서구에 뒤처졌고, 1970년대에는 2퍼센트 미만으로 둔화됐다. 육류와 유제품을 비롯해 식료품이 부족했고, 활기 없고 거의 텅텅 비어 있는 상점에서 그나마 살 만한 무언가를 사기 위해 긴 줄이 늘어섰다. 국민들은 정부의 선전 문구에 대해 환멸을 느끼고 냉소적이 됐다. 더 이상 탄압을 두려워하지 않게 된 그들은 분을 삭이기 위해 농담을 만들어냈다.

왜 가게마다 밀가루가 하나도 없는 걸까?

혁 명 의 　러 시 아

왜냐하면 정부가 빵을 만드느라 밀가루를 쏟아부으니까.

만약 사하라 사막에서 5개년 계획이 시작된다면 무슨 일이 벌어질까?
처음에는 아무 일도 일어나지 않을 것이다. 그러다가 몇 년이 지나 모래
가 바닥 날 것이다.

집단농장은 국가의 막대한 투자에도 불구하고 비효율적으로 작동했
다. 기계들은 항상 고장이 났고, 때로는 몇 년 동안 수리 한 번 받지 못했
다. 정부가 모든 농산물(곡물, 사탕무, 목화, 아마, 가축 등)을 거둬들였던 농
업 분야에서 콜호스 노동자들은 턱없이 낮은 임금을 받았고 제대로 된 장
려책을 누리지 못했다. 그들은 각자의 텃밭에서 과일과 채소를 가꾸고 토
끼와 돼지와 가금을 키우며 더 열심히 일했다. 이것들을 길가에서, 또는
도시의 농민 시장에서 팔았다. 1970년대 말경, 국가 농토의 4퍼센트를 차
지했던 이 작은 텃밭들은 전체 돼지와 가금 생산량의 40퍼센트, 전체 과
일 생산량의 42퍼센트, 전체 감자 생산량의 절반 이상을 담당했다.
　브레즈네프는 생산을 촉진하기 위해 텃밭 면적의 확대를 허용함으로
써 농업 위기에 대응했다. 만약 그가 이 시기 중국이 시행했던 정책을 폈
다면 소련 체제의 생존 가능성을 더 높였을지도 모른다. 즉 농업을 탈집
단화하고, 네프 때처럼 계약에 의한 협동농장 및 가구 농장 체제로 다시
돌아가고, 농민들이 할당량을 초과해 생산한 작물을 자유 시장에서 팔 수
있도록 허용했다면 말이다. 소련의 개혁가들은 이런 정책적 발상을 장려
하지는 않았지만 최소한 비동조적이지는 않았다. 1978년 당 중앙위원회
에 보내는 보고서에서 이 시기 서기국 농업부에 근무하고 있었던 고르바
초프는 여러 생산 및 재정적인 문제의 결정에 관해 각개 기업과 협회에

더 많은 자율권을 줄 것을 제안했다(1982년 안드로포프는 서기장 취임 직후 이 방안을 거듭 제안했다). 그러나 브레즈네프 지도부는 이 제안을 (심지어 시험 정책으로도) 수용하지 않았다. 정권 창출의 주역들은 자신들이 청년 시절 실행한 스탈린식 집단농장제를 지키는 데 지나치게 헌신했다. 당은 수천 명의 관리들이 현지에서 집단농장을 직접 운영하는 것에 권력의 막대한 부분을 쏟았다. 어쨌거나 5년 동안의 집단화(중국보다 두 배나 더 긴 시간의)가 소련 농민들을 되살릴 수 있다는 모든 희망을 꺾어버렸음이 분명하다.

콜호스 노동자들은 자급자족하기 위해 자신의 조그만 텃밭에 의지해 살면서 지독한 빈곤에 찌들려 살았다. 다수가 수도나 전기가 끊긴 집에서 살았다. 가장 능력 있고 진취적인, 징집될 나이의 청년들은 노인, 병약자, 알콜중독자의 소굴로 변해버린 농촌에서 도망치기 일쑤였다. 한때는 100 가구가 살았음 직한 마을 전체가 통째로 버려지거나, 소수의 노인들만 남은 채 방치되어 쇠락하고 있었다.

브레즈네프 통치기 동안 음주량은 두 배 이상 뛰었다. 사람들은 체념한 나머지 술을 마셨다. 1980년대 초 평범한 콜호스 가정은 가구 수입의 3분의 1을 보드카를 사는 데 지출했다. 게다가 이것은 콜호스 노동자들이 자신들의 가정에서 만드는 밀주를 포함하지 않은 공식적인 수치였다(그들은 가게에서 술을 한 병 살 때마다 한 양동이의 밀주를 마셨다). 음주는 국가적 차원의 질병이었고, 범죄율을 높이는 중요한 요인이자(해마다 대략 1000만 명의 국민이 음주 때문에 경찰에 구금됐다) 남성의 기대수명(1964년 66세에서 1980년 62세로 감소했다)에 악영향으로 작용했다. 정부는 이 문제에 무관심했고, 오히려 다른 물건을 살 여력이 없는 국민들에게서 돈을 뜯어내기 위해 보드카 판매를 늘렸다. 물자 부족에 대해 시위하는 것보다는 술에 취해 있게 하는 편이 낫다는 계산이었다.

원유로 인한 수익은 소련 정부를 식량 폭동과 붕괴의 가능성으로부터 구출했다. 그것은 소련 경제의 수명을 임시 연장해준 셈이었다. 1973년 유류파동으로 원유 가격이 다섯 배 인상되지 않았더라면 소련 경제는 심각한 곤경에 빠졌을 것이다. 1970년대에 들어 소련은 주로 시베리아의 새로운 유전을 개발해 원유 생산을 두 배로 늘렸다. 소련 정부는 원유와 가스 판매로 벌어들인 달러로 서방세계로부터 소비품과 식료품을 살 수 있었다. 러시아는 혁명이 일어나기 전에는 주요 농산물 수출국이었으나, 60년이 채 안 되어 세계 최대의 식료품 수입국으로 변해버렸다. 소련 전체에서 구워지는 빵의 3분의 1은 외국산 곡물로 만들어졌다. 축산 또한 수입한 곡물에 전적으로 의존했다.

소련은 고유가로 인해 힘 있는 외교정책을 펼 수 있게 됐다. 브레즈네프 치하에서 8배 증가한 국방비를 충당할 수 있었던 것도 고유가 덕분이었다. 1982년 소련 국민총생산GNP의 약 15퍼센트는 군대 예산으로 소진됐다. 이런 군대 예산의 증액은 특히 카게베와 군부대, 국방부와 외무부 등 브레즈네프 정부 내 강경파의 권력의 상승을 방증한다. 이들은 나토NATO(북대서양 조약 기구)에 대한 군사적 우위를 소련 안보의 토대로 유지하는 데에 사활을 걸었다.

1968년 8월 알렉산드르 두브체크Alexander Dubcek의 개혁주의 정부를 진압하기 위해 소련 군대가 체코슬로바키아에 침공한 것에 대해 나토가 제대로 반응하지 못하면서 이들의 자신감은 더욱 커졌다. 소련 국방부 장관 안드레이 그레치코Andrei Grechko는 "설령 3차 세계대전을 일으킨다고 해도" 체코 침공을 강행하기로 맹세했다. 크렘린 정부는 한층 더 커진 대담성을 보이며 위기에서 탈출했다. 외무부 장관 안드레이 그로미코는

"(서방세계가) 우리에게 감히 도발하지 못할 정도로 세력 판도가 새로 짜였다"라고 주장했다.[3]

모스크바 정부는 소련의 침공을 정당화했고, 브레즈네프 독트린을 발표해 소련의 동유럽에 대한 통제를 강화했다. 브레즈네프 독트린은 1968년 11월 소련 지도자가 폴란드 공산주의자들에게 한 연설에서 그 전체 내용이 드러나 있다. 브레즈네프는 폴란드 국민에게 이렇게 경고했다. "사회주의에 대한 적대 세력이 어떤 사회주의 국가의 발전을 자본주의로 돌려놓으려고 한다면, 그것은 그 당사국의 개별 문제일 뿐 아니라, 모든 사회주의 국가들의 공통된 문제이자 관심 사항이 된다."[4] 이 발언이 실제로 의미하는 바는 만일 소련이 자국의 안보에 필요하다고 판단하는 경우라면 바르샤바 조약에 가입한 어떤 국가의 내정에도 기꺼이 간섭할 권리를 가지겠다는 것이다.

혁명의 야망은 또한 크렘린 정부의 군사비 증가를 부채질했다. 브레즈네프가 미국과의 데탕트를 언급하는 동안, 그의 내각의 강경론자들은 점점 더 소련 군대를 제3세계의 사회주의 혁명과 반식민주의 운동을 지원하는 쪽으로 운용했다. 미국은 소련 지도부가 외교 정책에서 더 실용적이고, 덜 이념적 또는 혁명적으로 변해가고 있다고 믿으면서 데탕트에 접근했다. 이것은 미국이 억제와 보상을 통해 소련을 '관리'할 수 있게 하는 합리적인 접근이었다. 1969년의 CIA 보고서에는 "소련은 세계 혁명의 중심이라기보다는 세계열강의 하나로서 행동하는 경향이 있다"라는 언급이 담겨 있다.[5] 그러나 이런 추정은 얼마 안 가 틀린 것으로 밝혀졌다.

소련이 베트남에 개입한 것이다. 1970년대 초 북베트남 공산주의자들은 대체로 중국과 미국이 관계를 회복했기 때문에, 또 자신들이 남베트남과 벌인 전투에서 소련이 지원을 해주었기 때문에 베이징에서 모스크바로 자신들의 충성심을 옮겼다. 소련의 지도자들은 1975년 베트남과 캄보디아, 라오스에서 공산주의가 승리를 거둔 후 자신들이 1917년 이후 줄곧 기다려온 세계 혁명의 문턱에 서 있다고 상상하면서 자만심에 빠졌다.

1975년 심각한 뇌졸중을 겪은 후 브레즈네프의 건강이 악화되면서 실질적 권력은 유리 안드로포프, 그로미코, 그리고 훨씬 대담한 외교 정책을 촉구했던 강경파 국방장관 드미트리 우스티노프Dmitry Ustinov의 손에 넘어갔다. 혁명의 수출에 대한 볼셰비키의 열정은 과거와 마찬가지로 철저하리만치 거셌다. 북아프리카, 중동과 남아시아의 마르크스주의 혁명가들에게로 소련의 군사적 원조가 이어졌다. 소련 군대는 앙골라 내전, 소말리아-에티오피아 분쟁, 그리고 모스크바 정부가 '제2의 쿠바'로 간주했던 니카라과 혁명에도 개입했다.

소련이 벌인 마지막 외교적 모험은 1979년 12월 아프가니스탄이었다. 여기서 소련 군대는 미국에 의해 무장되고 지원을 받는 아프간 무자헤딘과 맞서 싸우는 공산주의 정권을 지원하기 위해 파병됐다. 9년 동안의 침격은 소련식 '베트남전'이라고 불릴 만큼 군사적으로나 정치적으로 재앙이었다. 아무리 많은 소련 군대를 투입한다고 해도 산악 거점을 장악하고 있는 무자헤딘을 이기는 것은 불가능했다. 무슬림의 저항은 아프가니스탄과 이웃 지역의 지하드 운동을 일으켰다. 소련의 아프가니스탄 개입은 데탕트에 대한 미국의 열정을 종식시켰다. 레이건 미국 대통령은 모스크바 정부가 감당할 수 없는 우주 배치 무기(전략방위구상SDI)를 개발해 소련의 핵 위협을 중단시키겠다고 약속했다. 소련 제국은 무리한 확장으로 큰 손상을 입었다.

1980년 여름 모스크바에서 올림픽이 개최됐다. 그것은 소련 선수들의 우월성과 소련의 업적을 전 세계에 선전할 수 있는 기회였다. 미국은 소련의 아프가니스탄 침공에 항의하기 위해 대회 불참을 선언했다. 65개 국가가 이 행사에 선수단을 보내지 않았다. 소련이 메달 순위에서 선두를 달렸고, 그 뒤를 동독이 뒤쫓았다. 두 나라가 메달의 절반 이상을 나눠가졌다. 하지만 그것은 공허한 승리였다.

블라디미르 비소츠키Vladimir Vysotsky의 죽음은 모스크바 올림픽의 빛을 가렸다. 그는 가수이자 작곡가, 시인, 인기 영화배우, 연극배우로서, 소비에트 지식인 계층과 정부에 비타협적인 청년층에게 큰 사랑을 받고 있었다. 그의 장례식에는 대규모 인파가 몰렸고, 같은 날 올림픽 경기의 참관 인파는 눈에 띄게 저조했다. 비소츠키의 조문객들은 그를 반체제주의의 상징이자, 흐루쇼프가 내건 해빙의 희망과 함께 자라난 세대로서 환멸 어린 목소리의 대변자로 여겼다. 대단한 애주가이자 끽연가인 비소츠키는 그의 많은 팬들이 그 또한 감옥에 갔다 왔다고 오해했을 정도로 재소자의 걸걸한 목소리로 노래했다. 그러나 그의 노래는 길거리 은어와 정치에 대한 비통한 암시로 가득 차 있었고, 구슬프면서 분노에 차 있었다. 이런 특징 때문에 그의 노래는 소련 체제에 대한 자신의 반감이 알려지는 것을 꺼리면서 소련 체제를 싫어하거나 괴로워하는 사람들에게 감정적으로 호소했다.

이런 부류에 포함시킬 수 있는 사람들이 얼마나 됐을까? 1980년 무렵 소련 체제에 대한 환멸은 거의 모든 국민에게 일정 부분 파급됐다. 그 누구도 자신을 둘러싼 정치 선전을 더 이상 믿지 않았다. 사람들은 "공산주의의 승리를 위해 전진!"이라든지 "소련공산당 제26차 대회의 결의를 실천하자!"와 같은 선전문구가 씌어진, 거리나 공공건물에 내걸린 현수막에 거의 관심을 두지 않았다. 그러나 사람들은 체제의 가치와 이념을 당

연시하는 방식대로 살아갔고, 이것은 그들의 태도와 습관 속에, 그들이 스스로에게 던지는 물음 속에, 그들이 스스로에게 허용하는 도덕적 판단 속에 깊이 뿌리박혔고, 결국에는 그들이 그 선 바깥으로 나오지 못하도록 막았다. 사람들은 체제의 선동적 주장을 비웃는 농담을 이야기했다. 그런 농담은 소련의 일상생활에서 목격되는 초자연적인 풍경을 내용으로 하고 있었다.

소련 사회의 일곱 가지 기적

1. 실업이 존재하지 않는다. 하지만 아무도 일하지 않는다.
2. 누구도 일하지 않는다. 하지만 경제계획은 실현되어 있다.
3. 경제계획은 실현되어 있다. 하지만 가게 안에는 아무것도 없다.
4. 살 수 있는 것이 아무것도 없다. 하지만 어디를 가든지 줄이 늘어서 있다.
5. 어디를 가든지 줄이 늘어서 있다. 하지만 우리는 풍요의 문턱에 서 있다.
6. 우리는 풍요의 문턱에 서 있다. 하지만 모두가 불만족하고 있다.
7. 모두가 불만족하고 있다. 하지만 모두 '찬성!'이라고 투표한다.

이런 농담은 사람들이 환멸, 심지어 냉소주의를 자신의 친구에게 표현한 것이다. 또는 소련 체제의 공적 문화를 거부하고 그 대신 서구의 가치와 이념을 위해 록 음악과 영화와 패션을 우러러 보는 것일 수도 있다. 소련에서 비틀즈는 금지됐지만, 그들의 음악은 서방 국가의 라디오방송에서 녹음되어 테이프로 복사됐고, 비틀즈를 금지하려 애쓰는 정부 당국을 경멸했던 수백만 청소년들의 애청곡이 됐다.

그러나 이 모든 비타협의 신호들에도 불구하고, 아주 극소수만이 반체제주의자의 진영으로 넘어갔다. 반체제 운동은 정치적 견해보다는 도덕적 신념과 인권투쟁 때문에 결집됐고, 1964년에 시인 요시프 브로츠키, 1965년과 1966년에 작가 안드레이 시냡스키Andrei Sinyavsky와 율리 다니엘Yuly Daniel의 정치적 재판에 반발하면서 시작됐다. 1970년 말에는 모스크바 헬싱키 그룹(소련이 개인의 자유에 관한 헬싱키 협정을 준수하고 있는지를 감시하기 위해 1976년에 설립됐다), '거부자' 그룹(해외 망명 허가를 거부당한 유대인들이 주류를 이루었다), 반정부적인 성직자들과 안드레이 사하로프Andrei Sakharov(노벨 물리학상 수상자로 1980년에 고리키로 유형을 떠났다) 같은 공적 지식인들이 합류했다. 카게베의 괴롭힘과 감시 때문에 반체제주의자들은 자신들에게 공감하는 지식인 계층으로부터 더 많은 지지자를 끌어모으지 못했다. 1960년대 말경, 카게베는 전화 도청, 가옥 내 도청장치 설치, 편지 개봉, 반체제 혐의자 추적 등의 임무에 종사하는 요원을 16만 6000명이나 거느리고 있었다. 이것은 만유재신의 경찰국가가 요구하는 수(동독의 '스타시'는 인구 1인당 비밀요원의 수가 소련보다 10배가 많았다)보다는 적지만 반정부적 활동에 이끌릴 수 있는 사람들을 억누르기에는 충분한 숫자였다. 카게베가 권력을 행사하는 데 유리하게 작용했던 것은 그들이 '어디에나 편재한다'는 대중의 믿음이었다. 스탈린 통치기의 집단기억에 의해 세대에 걸쳐 전해져 내려온 경찰에 대한 두려움은 사람들에게 복종의 감정을 내재화시켰다. 그것은 어째서 소련 체제가 혁명의 에너지를 소진한 후에도 한참 뒤에까지 지속됐는가를 에둘러 설명해준다.

———————

카게베에 자주 박해당했던 반체제 역사가 로이 메드베제프Roy Medvedev는 (서구에서는 1972년 출간된) 자신의 책 《사회주의 민주주의에 관하여》에서 이렇게 썼다.

혁 명 의 러 시 아

우리가 살아가고 노동하는 방식이 불안정해졌다는 보편적인 느낌이 있다. 이 점은 단지 인텔리겐치아뿐 아니라 상당수의 노동계급, 화이트칼라 노동자, 그리고 아마도 농민 가운데 일부에도 해당한다. 그러나 변화라든지 민주주의적 개혁을 요구하는 어떠한 대중운동도 아직 나타나지 않고 있다. 이것이 없다면 우리 정치체제의 어떤 신속한 변형이라든지 상부의 태도변화를 기대하기는 힘들다.[6]

모든 노쇠한 정부에는 국민들이 이렇게 말하기 시작하는 순간이 찾아온다. "우리는 더 이상 이렇게 살 수는 없다." 이런 감정은 1970년대에 시작됐다. 그러나 어떤 변화를 일으킬 수 있는 사회적 힘이 전무했다. 국민들은 각자의 고민거리를 해결하지 못할 만큼 지나치게 주눅이 들어 있고 지나치게 수동적이었으며 순응적이었다. 그들은 거리 시위보다는 술에 더 탐닉했다. 반체제 인사들은 국민들에 대해서나 지도부에 대해서나 영향력을 전혀 발휘하지 못했다. 그러나 그들의 견해 중 일부는 고르바초프를 비롯해서 당내의 개혁세력이 수용했다. 이 개혁가들은 1985년 이후 페레스트로이카Perestroika(재건)와 글라스노스트를 정당화하기 위해 메드베제프의 발언을 인용하곤 했다.

결국 고르바초프의 개혁을 탄생시킨 것은 반체제 인사라든지 대중운동이 아니라 '상층 지도부의 태도 변화'였다. 고르바초프는 많은 볼셰비키 인사 중 한 명이었다. 그들 모두는 20차 전당대회의 자식들이었다. 그들은 소비에트 프로젝트에 대한 레닌주의 부활의 가치를 진정으로 믿었다. 그들은 정치집단에 소속되어 브레즈네프 시대를 보냈고, 그들 다수는 '중앙위원회' 및 그 '사무국'(소련생활의 특정 영역을 각각 관장하는 20개 이상의 부서가 딸린 거대 기구였다)과 관련된 연구소에서 일했다. 고르바초프 개혁에서 가장 중요한 인물들 다수는 이때부터 서로를 알고 지냈다. 페레스트로이카 막후의 중요한 두뇌 세력이었던 알렉산드르 야코블레프Alexander Yakovlev는 1969년부터 1973년까지 중앙위원회의 이데올로기 및 선전선동 분과의 장을 맡았다. 한 사설에서 러시아 민족주의를 비판한 죄목으로 그는 1973년에 보직에서 해임되어 캐나다주재 소련 대사로 파견됐다. 1985년 이후 고르바초프의 외교 정책 부문 수석 보좌관이었던 아나톨리 체르냐예프Anatoly Chernyaev는 1970년대에 중앙위원회 소속 국제 분과의 부대표였다. 고르바초프의 경제개혁 막후의 인물이었던 아벨 아간베갼 Abel Aganbegyan은 시베리아 내 '아카뎀고로도크'('학술의 도시') 산하 경제 연구소장을 역임했다. 그곳은 개혁주의 사상이 무제한으로 허용됐던 과학의 피난처였다.

페레스트로이카의 사상 중 어느 하나도 특별히 새로운 것이 없었다. 심지어 그 개념까지도 흐루쇼프 시기까지 거슬러 올라가는 개혁주의 관료들이 사용했던 것이다. 글라스노스트 역시, 정부의 활동은 투명해야 하며, 언론에 개방적이어야 한다고 암시하기 위해 개혁안에서 그것이 처음 사용됐던 1960년대 초로 거슬러 올라가는 개념이었다. 그 개념은 1977년의 헌법에서도 언급됐다.

따라서 본질적으로, 고르바초프의 사상은 혁명의 세 번째, 마지막 세대의 단계에 끼친 규정적인 지적 영향인 흐루쇼프의 해빙에 의해 형성됐다. 1931년에 태어난 고르바초프는 그의 전임자들이었던 당 지도자들—흐루쇼프(1894년 출생), 브레즈네프(1906년 출생), 안드로포프(1914년 출생), 체르넨코(1911년 출생) 등 모두가 1917년 이전에 태어났다—보다 젊은 세대에 속해 있었다. 고르바초프는 그들과 달리 스탈린 시대에 경력을 쌓지 않았다. 그는 스탈린의 범죄에 전혀 연루되지 않았던 최초의 소런 지도자였다. 사실 그의 가족―러시아 남부에 있는 스타브로폴 지역 출신의 농민―은 1930년대 내내 스탈린이 벌였던 농민 퇴치 전쟁의 희생자였다. 그의 친조부는 기근이 일어난 해인 1933년 파종 계획을 완수하지 못한 것 때문에 시베리아로의 유형에 처해졌다. 그때 그의 여섯 아들 중 세 명과 그의 마을 주민의 절반이 기아로 숨을 거두었다. 그의 외조부는 콜호스 의장이었는데, 1937년 '트로츠키주의자'로 몰려 체포됐다. 고르바초프는 1990년까지 이런 '일그러진 이력'을 숨겼다. 그는 인생을 개척했고, '인민의 적'의 아들이라는 그의 출신성분의 오점에도 불구하고 당내에서 승승장구했다. 의심의 여지 없이 그런 경험은 스탈린주의의 유산을 극복하려는 그의 집념에 뿌리내리고 있었다.

훌륭한 학교 성적과 콤소몰의 보고서, 콜호스로부터 받은 '붉은 노동 깃발 훈장'을 가지고 있었기에 고르바초프는 모스크바 대학교에서 법학을 공부할 수 있는 자격을 얻었다(그는 레닌 이후 대학 학사학위를 가진 첫 지도자였다). 1952년 공산당에 입당한 그는 이 시기 철저히 스탈린주의의 견해를 고집했다. 그는 아직 자기 가족의 고난을 스탈린의 정책과 연관 짓지 않았다. 그러나 그의 세계관은 흐루쇼프의 비밀 연설을 듣고 변했다. 고르바초프는 흐루쇼프와 해빙이 주창한 레닌주의 개혁사상이 정의한 대로 '60년대인'이었다. 그와 절친한 대학 동창 중 한 명인 즈데네크 믈리나르Zdenek Mlynar는 훗날 '프라하의 봄' 사건에서 중요한 역할을 했다. 그가 또한 대학에서 만났던 그의 아내 라이사는, 그들 부부가 1955년부터 살았던 스타브로폴의 농촌 사회학자가 됐다. 그녀의 연구는 농촌집단화 정책의 사회적 실패를 조명했다.

고르바초프는 당의 시 조직으로 옮기기 전에 스타브로폴에서 정치적 경력을 콤소몰에서부터 시작했다. 1970년, 약관 서른아홉의 나이에 그는 스타브로폴 지역 당서기가 됐다. 소련에서 가장 젊은, 지역 1등 서기였던 것이다. 그것은 상부로 승진할 수 있는 사다리에서 유리한 위치였다. 온천으로 유명한 스타브로폴은 크렘린의 거물들이 휴가를 보내기 위해 찾았던 명소이다. 고르바초프는 자신의 능률, 지성, 매력으로 그들에게 강한 인상을 심어줄 수 있는 그 기회를 백분 활용했다. 그곳을 자주 찾았던 두 명의 방문객은 정치국의 핵심 사상가인 미하일 수슬로프와, 고르바초프를 끌고 와서 브레즈네프의 주목을 받게 한 안드로포프였다. 1978년, 고르바초프는 모스크바로 호출됐고, 거기서 그는 농업과 관련된 부서들을 감독했으며, 이듬해에 정치국으로 승진했다.

1982년 11월 브레즈네프가 사망하자, 안드로포프는 카게베 출신으로는 처음으로 당의 새 지도자가 됐다. 그는 작업장에서의 규율을 강화하고, 모든 행정 영역에서 부패와 싸우며, 생산성을 향상시키기 위해 소련 경제를 분권화하겠다는 포부를 밝혔다. 두들겨서 형태를 바꾸는 것, 그것이 바로 국가가 직면한 문제를 처리하는 카게베식 방법이었다. 안드로포프는 어떤 체제가 경찰국가처럼 합리적으로 운영되기만 하면 제대로 작동할 수 있다고 믿었던 근대화 지지자였다. 그는 온건한 개혁을 지지했다. 그는 당내의 의사소통 채널을 넓혔고, 재능 있는 청년들에게 보상을 베풀었다. 열다섯 달의 집무 기간에 그는 당 지도부 내에서 브레즈네프주의자들로 이루어진 오래된 근위대를 대표했던 체르넨코의 영향력에 맞서기 위해서 고르바초프 및 산업부문을 담당하도록 임명한 니콜라이 리시코프Nikolai Ryzhkov처럼 다른 개혁가들을 등용했다.

만약 안드로포프가 더 오래 살았다고 한다면 어떤 일이 벌어졌을지 누가 알겠는가? 비록 혹자는 중국의 부활의 핵심인 탈집단화에 대한 당의 반대 무게를 감안할 때 이것이 과연 성취될 수 있었겠는가 하고 반문할 수 있다. 어쩌면 소련은 중국이 했던 것처럼 정치적 규제를 포기하지 않은 채 경제를 현대화하면서 옛 지휘체계로부터 점차 점진적인 이동을 겪었을지도 모른다. 운명의 뜻인 듯, 안드로포프는 권좌에 오른 뒤 불과 아홉 달 만에 치명적인 신장병을 앓게 됐고, 1984년 2월, 69세의 나이로 숨을 거두었다. 그는 유명을 달리한 병원 침상에서 중앙위원회 총회에서 낭독될 연설문―고르바초프를 자기의 계승자로 추천하는 내용을 담았다―을 썼다. 그러나 안드로포프의 서거 후 그를 체르넨코로 교체할 것을 주장했던, 개혁에 반대하는 정치국 내 '근위대' 수구파에 의해 중요한 문단이 삭제됐다. 서기장으로 임명된 지 몇 주 만에 73세의 체르넨코는 병세가 돌이킬 수 없이 악화됐다. 볼셰비키들은 노령으로 죽어가고 있었다.

고르바초프는 알맞은 때를 기다렸다. 그는 '근위대' 수구파에 자신이 안드로포프의 개혁을 이어나갈 것이라는 인상을 주지 않으려고 조심했다. 그러나 다른 한편으로 그는 중앙위원회 내에서 자신의 지지 세력을 쌓아갔고, 해외 순방으로 자신의 위신을 키워갔다. 특히 그는 1984년 12월, 런던을 방문했을 때에 마거릿 대처 영국 총리에게 깊은 인상을 주었다. 서방세계의 융자금과 군비 축소가 절실했던 소련 정부로서는 그런 인상이 중요했다. 그 두 가지는 두말할 필요 없이 그가 외무장관 그로미코와 거래를 하도록 도왔다. 고르바초프는 그로미코에게 자신을 당의 서기장으로서 체르넨코의 뒤를 잇도록 지지해준다면, 그를 국무장관(최고 소비에트 최고 간부회 의장)으로 추대하겠다고 약속했다. 이듬해 3월, 체르넨코가 서거하자 정치국의 투표에서 고르바초프에게 유리하게 저울이 기울도록 만들었던 것은 원로 브레즈네프 지지자인 그로미코의 지원이었다. 당의 주도권을 놓고 어떤 투쟁도 벌어지지 않았다. 고참 '근위병'

이 젊은 신참을 들어오도록 하기 위해 그저 한 발짝 옆으로 비켜주었을 뿐이다.

고르바초프의 선택은 1917년 이후 당의 역사에서 가장 혁명적인 사건임에 틀림없었다. 만약 정치국이 차후 몇 년 동안 고르바초프가 어디로 당을 이끌 것인가를 알았다면, 그가 당서기가 되는 것을 허락하지 않았을 것이다. 그러나 아직 이 단계에서 고르바초프의 의도는 확실히 드러나지 않았다.

Revolutionary Russia
1891~1991

19장

마지막 볼셰비키

1991년 소련의 붕괴

그 누구도 소련 체제가 그토록 급작스럽게 종말을 맞으리라고는 생각하지 못했다. 대부분의 혁명은 쿵 소리보다는 훌쩍거리면서 사멸하기 때문이다. 어떤 이들은 1985년부터 1991년의 사건들이 그 자체로 혁명을 이룬다고 말한다. 이것은 그다지 옳은 말이 아니다. 그러나 그 체제가 붕괴되는 속도가 모두를 놀라게 했다. 이 점이 유명해진 것처럼 보인다.

1985년 소련은 여느 국가 못지않게 영속적인 것처럼 보였다. 개혁을 통해 고르바초프가 해결하고자 했던 문제들 중 어느 하나도 소련 체제의 존재를 위협하는 것은 없었다. 경제는 침체되어 있었고, 연 성장률은 1퍼센트 미만이었으며, 생활수준은 서구보다 크게 뒤처져 있었다. 게다가 유가의 급격한 하락(1980년 가격의 3분의 1로 추락)은 정부의 재정에 치명타를 가했다. 그러나 소련 역사에서 정치적으로 더 불안정한 시기 때보다 상황은 더 나빴다. 사람들은 물자 부족에 익숙해져 있었고, 집단 시위의 조짐은 전혀 보이지 않았다. 정부는 개혁 없이 몇 년째 계속 버텨나갈 수 있었을 것이다. 끊임없는 추락 속에서 형편없는 생활수준을 유지하며 그럭저럭 연명해왔던 독재정부의 사례는 충분히 많다. 그들 대부분은 1980년대에 소련이 체험했던 것보다 훨씬 더 열악한 경제 상황 속에서 그렇게 생존했다.

군비는 무거운 부담이었고, 레이건의 전략방위구상의 출범과 더불어

한층 더 심각해졌다. 저렴한 원유와 식량으로 동유럽의 공산주의 정권을 지원하는 데 드는 비용 역시 막대한 부담이었다. 크렘린은 대규모 시위가 '솔리다리티Solidarity'(연대자유노조) 저항운동의 출현과 야루젤스키 정부의 계엄령 시행으로 이어졌던 1980년 폴란드 위기를 해결하기 위해 40억 달러를 지출해야 했다. 그러나 1985년 솔리다리티는 활력이 다하는 것처럼 보였고, 소련 제국은 견고해 보였다.

소련 제국이 붕괴한 속도를 설명하기 위해서 우리는 소련의 구조적 문제가 아니라 그 집권 체제가 상부로부터 와해되기 시작한 방식을 바라보아야 한다. 체제에 대한 급진적인 재편의 긴박한 요구는 없었다. 만약 '위기'가 있었다면 소련 현실과 그 사회주의 이상 사이의 점차 커져가는 차이를 느꼈던 고르바초프와 다른 개혁가들의 마음속에 있었을 것이다. 실질적인 위기, 다시 말해 공산당의 권력과 권위의 해체를 초래한 것은 고르바초프의 개혁이었다. 글라스노스트로 시작된 사상적 혁명은 체제에 대해 회의하고 대안을 요구하도록 만들었다. 토크빌Alexis de Tocqueville이 18세기 프랑스의 구체제에 대해 썼듯이, "나쁜 정부에게 가장 위험한 순간은 그것이 개혁을 시작할 때이다. 보상이 불가능한 것처럼 보이는 동안에는 불만을 참을성 있게 인내했다. 그런데 그런 불만을 제거할 수 있는 가능성이 사람들의 마음을 스치자 그것은 더 이상은 참을 수 없는 것처럼 느껴졌다."[1]

고르바초프는 레닌주의의 이상에서 시작했다. 탈스탈린화 프로그램이 정치적 발전을 이루었던 흐루쇼프 통치기처럼, 고르바초프는 '레닌으로의 복귀' 가능성을 믿었다. 다른 지도자들이 소련 정체의 창설자인 레닌을 미화했던 반면에 고르바초프는 자신이 마주하고 있는 혁명적 도전

혁명의 러시아

에 레닌의 이념이 여전히 유효하다고 믿으면서 레닌을 진지하게 받아들였다. 그는 '유언 속의 레닌'에게 공감했다. 레닌은 자신의 마지막 글에서 네프 시기에 시장을 양보·승인하는 문제, 내전 시기에 대단히 왜곡됐던 혁명을 개혁하기 위해 더 많은 민주주의가 요구되는 문제를 고심하고 있었다. 그 후로 60년이 지난 지금, 고르바초프는 거기에서 자신이 해야 한다고 생각하는 것과의 유사성을 발견했다. 소련 국민과 정치 엘리트 사이에서 냉소주의가 계속 커져가고 있던 와중에 그는 체제의 개혁 가능성을 믿었던 낙관주의자이자 진정한 신봉자로 남아 있었다. 그는 레닌의 혁명을 통해서 도덕적, 정치적 부활을 관철할 수 있다고 믿었다. 최소한 이런 의미에서 그는 마지막 볼셰비키였다.

개혁에 대한 그의 이상주의적 신념을 보여주는, 그의 최초의 제안보다 더 훌륭한 사례는 없을 것이다. 1985년 4월 4일자 명령에 의해 선언된 금주 운동으로, 보드카 가격이 세 배로 뛰고 와인과 맥주의 생산량이 4분의 3이나 줄었다. 고르바초프는 이렇게 발표했다. "우리는 보드카 위에서 공산주의를 건설할 수 없다." 그가 나중에 시인했듯이 이 초기 단계에서 그의 사상 중 일부는 "순진하고 유토피아적"[2]이었다. 결코 단념할 줄 몰랐던 전국의 알코올중독자들은 암시장에서 위험한 싸구려 밀주를 사거나(가게에서 설탕은 하룻밤 사이에 사라졌다), 향수나 로션을 마셨다. 정부는 1985년 정부의 총 수입 중 17퍼센트를 차지했던 보드카 판매를 통한 수입을 잃게 됐고, 소비재와 식품을 수입할 수 있는 재원이 감소해, 살 만한 물건이나 술이 줄어든 것에 대해 사람들이 불만을 갖게 됐다.

당 지도부 내에 개혁을 지지하는 세력 기반이 약했던 고르바초프는 만약 그가 흐루쇼프의 운명을 피하려 한다면 신중하게 행동해야 한다는 필요성을 의식했다. 1985~1986년에 그는 경제의 '가속화uskorenie'에 대해서만 논했다. 그것은 주류 금지법과 호응했던 규율 강화와 생산량 증가를 위한 안드로포프식 해법의 반향이었다. 1987년 1월 중앙위원회 총회에서야 고르바초프는 자신의 페레스트로이카를 명령경제와 정치체제의 급진적인 개혁을 통한 '혁명'이라고 부르면서 그 프로그램의 시작을 발표했다. 고르바초프는 자신의 대담한 계획을 합법화하기 위해 볼셰비키 전통을 들먹였다. 그는 고결한 낱말들로 자신의 연설을 끝맺었다. "우리는 심지어 회의주의자들조차 '그렇다, 볼셰비키는 그 무엇이라도 할 수 있다. 그렇다, 진리는 볼셰비키의 편이다. 사회주의는 인간, 인간의 사회·경제적 이익, 그리고 인간의 정신적 상승에 봉사하는 체제이다'라고 말하도록 하기를 원한다.[3] 이것이 또 다른 1917년 10월의 자유주의 정신이었다.

경제적인 측면에서 페레스트로이카는 네프와 많은 공통점을 가졌다. 그것은 시장 메커니즘이 생산을 촉진하고 소비자의 수요를 충족시킬 수 있도록 계획경제의 구조에 보충될 수 있다는 희망에 찬 추정에 기반하고 있었다. 임금과 물가에 대한 국가의 통제는 1987년의 국영기업 법에 의해 완화됐다. 1988년 협동조합이 합법화됐고, 네프 시기처럼 카페, 레스토랑, 그리고 주로 (다시 합법화된) 보드카와 담배, 해외에서 수입된 포르노 비디오를 파는 작은 상점과 키오스크가 우후죽순처럼 생겨나도록 했다. 그러나 이런 조치는 식량, 그리고 중요한 생필품의 부족을 완화하는 데 실패했다. 임금과 물가에 대한 규제가 폐지됨으로써 인플레이션이 급등했다. 오로지 계획경제의 해체만이 이 위기를 해결할 수 있었을 것이다. 그러나 이데올로기적 측면에서 그것은 고르바초프가 소련식 사고 틀에서 벗어나기 시작했던 1989년 이전까지는 불가능했다. 마침내 시장 기반 경제로의 전환에 관한 500일 계획이 최고 소비에트에 의해 도입됐던

혁명의 러시아

1990년 8월까지도 고르바초프로서는 대단히 급진적인 일이었다. 그러나 경제 실패를 멈추기에는 이미 너무 늦었다.

고르바초프는 페레스트로이카를—그 자신의 이상화된 독서 속에서—매 순간 레닌의 저작의 맥락에서 정당화하면서 그것을 사회주의적 사고에서 일대 '혁명'으로 표현했다. 그는 공직자의 진정한 선출을 포함해 정부 내에 더 많은 '민주주의'를 요구했고, 과거에는 금기시되는 낱말이었던 '다원주의'의 필요성에 대해 논했으며, 당이 그 창설자들의 '사회주의적 인본주의'로 복귀할 것을 촉구했다. 고르바초프는 10월 혁명 70주년 기념일에 이렇게 선언했다. "페레스트로이카의 목표는 사회주의의 이론적, 실천적 측면에 대한 레닌의 개념을 완전히 회복하는 것이다."[4] 레닌의 이론과 실천 속에서는 이와 같은 '인본주의'나 '민주주의'가 거의 발견되지 않았다. 그러나 고르바초프는 자신의 개혁에 대한 당 지도부의 지지를 얻기 원했기 때문에 레닌의 이름을 거론하지 않을 수 없었다.

외교정책에서 이런 '신사고'는 '보편적인 인간가치'의 진흥을 위해 계급투쟁이라는 당의 냉전 패러다임을 포기하는 것을 뜻했다. 여기에는 소련 경제를 위해 군비 축소를 향한 실천적이고 '상식적인' 접근이 포함됐다. 또한 여기에는 브레즈네프 독트린에 대한 포기도 들어 있었다. 고르바초프는 동유럽 공산주의 지도자들에게 지금 그들은 혼자임을 더없이 분명하게 전달했다. 만일 그들이 자국 국민의 지지를 잃는다면 모스크바 정부는 그들을 도우려고 개입하지 않겠다는 것이었다. 고르바초프는 그들이 각자의 페레스트로이카를 통해서 국민의 지지를 확보하기를 원했다.

글라스노스트는 사실상 고르바초프 개혁의 혁명적 요소였으며, 소비에트 체제가 이데올로기적으로 와해되기 시작했던 계기였다. 이 소련 지도자는 그것을 통해서 정부가 투명성을 확보하고, 그의 개혁에 반대하는 브레즈네프 보수주의자들의 권력 지배를 깨뜨리기를 원했다. 이보다 앞서서 글라스노스트에 대한 요구는 1986년 4월 체르노빌 핵 사태에 대한 수치스러운 은폐 때문에 강화됐다. 이것은 유럽에 큰 영향을 끼친, 역사상 최악의 사고였다. 그러나 글라스노스트의 여파는 고르바초프의 통제를 신속히 벗어났다.

검열을 완화한 글라스노스트 정책은 당으로 하여금 매스미디어에 대한 통제권을 잃게 만들었다. 이것은 과거에 정부가 은폐했던 사회문제(열악한 주택환경, 범죄성, 환경적 재앙 등)를 노출시켰고, 그럼으로써 소련 체제에 대한 대중의 신뢰를 약화시켰다.

소련 역사에 대한 폭로 역시 그것과 비슷한 효과를 낳았다. 새로 공개된 문서보관소 자료와 번역 출간된 해외 서적들을 통해 어두운 사실들이 나타나자, 소비에트 체제를 정당화하는 신화들—자본주의 사회에 대한 물질적·도덕적 우월성, 나치주의의 격퇴를 통한 정당성의 입증, 농업집단화와 5개년 계획을 통한 조국의 현대화, 1917년 10월 대중이 기반이 된 혁명 위에 세워진 것—이 하나둘씩 공격을 받게 됐다. 하루가 멀다 하고 언론은 소련의 폭력적인 역사의 '빈 곳'을 메우는 폭로—집단 테러, 집단화와 기근, 카틴 대학살, 굴라크 공포의 실상, 대조국전쟁에서 소련 국민의 무모한 희생에 대한 상세한 정보—를 쏟아냈다. 이것은 이 사건들에 대한 공식적 기록을 거짓말과 반쪽 진실의 합성으로 폭로함으로써 정부의 신뢰성과 권위를 허물었다.

혁명의 러시아

정부로부터 국민의 신뢰는 사라져버렸고, 그 상당수는 이런 진실을 폭로한 언론이라는 출구로 옮겨졌다. 가장 대담한 신문과 잡지가 엄청난 호황을 누렸다. 정부의 선전선동 기구이기를 멈추고, 소련 생활에 대한 과거의 비밀과 비판적인 견해의 원천이 됐던 〈논증과 사실Argumenty i fakty〉에 대한 한 주간 구독량은 1986년과 1990년 사이에 200만 부에서 3300만 부로 증가했다. 매주 금요일 수천만 명의 젊은 시청자들이 〈견해Vzglyad〉라는 텔레비전 프로그램을 시청했다. 사건 실황, 인터뷰, 역사에 대한 조사를 혼합한 제작물인 이 프로그램은 소련의 검열은 물론이고, 취향의 경계선까지도 도발적으로 문제 삼았다(이 프로그램은 1991년 1월에 결국 종영됐다).

글라스노스트는 사회를 정치화했다. 독립적인 공공기관들이 형성됐다. 1989년 3월 무렵 소련에는 6만 개에 이르는 비공식 단체와 클럽이 있었다. 그들은 시가지에서 집회를 열었고, 시위에 가담했으며, 그들 다수가 정치 개혁과 시민의 권리, 소련의 각 공화국과 지역의 민족적 독립, 또는 공산주의의 권력 독점에 대한 종식을 요구했다. 소련의 주요 도시들은 1917년의 혁명적 분위기로 돌아가고 있었다.

이것을 혁명적 상황으로 만들었던 것은 자신의 충성심을 바꾸고 국민의 진영에 가담했던 엘리트 지배층이었다. 사회 내의 민주세력에 도전을 받고 난 뒤, 체제 내의 개혁자들이 현 지배체제를 수호할 의지를 잃거나 반정부 세력에 대한 동정심을 노출하면서 일당 국가가 허물어지기 시작했다. 고르바초프 개혁의 이론적 설계자였던 야코블레프는 볼셰비키보다는 유럽의 사회민주주의자처럼 생각하고 타진하기 시작했다. 포퓰리스트인 모스크바 당지도자 보리스 옐친Boris Yel'tsin은 공산주의 지도부의 강경 노선파를 대놓고 공격했다. 10월 혁명 70주년 기념일에 심지어 그는 당이 레닌주의 유산을 포기할 것을 요구했고, (1917년 당시 당이 그래야 한다고 카메네프와 지노비예프가 주장했던 것처럼) 사실상 당이 민주적 사회주의의 주류로 되돌아가야 하며, 다당제 선거에서 권력을 위한 경쟁에 참여해야 함을 암시했다. 옐친은 강경주의자들에게 공격을 받고 정치국을 탈퇴해, 당 지도부에 반대하는 민중의 세력을 결집하기 시작했다.

고르바초프 역시 레닌주의의 입장으로부터 사회민주주의자와 유사한 무엇으로 서서히 변해가고 있었다. 재임 중에 그가 체제의 오류를 깨닫게 되고 그것의 가능한 개혁의 한계를 눈으로 확인하면서 그의 견해는 바뀌었다. 1988년 이후로 그는 '명령-행정 체계'를 개혁하는 것뿐 아니라 그것을 해체해야 할 필요성에 관해 논하기 시작했다. 그는 국가 내에서 견제와 균형, 권력 분립의 필요성을 논했다. 그는 경쟁 선거의 이념을 지지했고, 1977년 헌법의 6조에 명시되어 있는 공산주의의 권력 독재를 끝내는 것에 대한 민주주의자들의 요구를 점진적으로 선호하는 쪽으로 돌아섰다. 레닌이 세운 일당 국가는 머리에서부터 허물어지고 있었다.

공산주의 강경주의자들은 소련 체제가 흔들리는 그 속도에 경각심을 느꼈다. 정치 개혁은 1917년 이후 당이 이룩한 모든 것을 파괴하는 혁명이 될 것이라고 위협했다. 레닌그라드에서 화학강사로 일하고 있었던 니나 안드레예바는 1988년 5월 신문 〈소비에트 러시아Sovetskaya Rossiia〉지에 발표한 논설기사 "나는 원칙을 포기할 수 없다"에서 고르바초프의 개혁에 대한 공산주의 강경주의자들의 저항을 표현했다. 이 기사는 몇몇 정치국 위원들의 승인을 받은 뒤 소련 역사의 오점을 공격했고, "우리는 조국 역사의 중요한 전환점에서 레닌주의의 원리를 위해 싸워왔기 때문에" 국가 전체의 공산주의자들에게 레닌주의 원칙을 지키라고 촉구했다.[5]

혁명의 러시아

고르바초프는 일련의 급진적인 개혁을 강행하면서 반격하기로 결정했다. 1988년 6월 제19차 당대회에서 그는 새 입법부인 '인민대표회의'(당시 최고 소비에트 선출을 맡았던)에서 의석의 3분의 2에 대한 경쟁 선거 도입을 강행했다. 이것은 아직 다당제 민주주의는 아니었지만(선출된 의원 중 87퍼센트가 공산주의자였다), 만일 투표자들이 결집하는 경우에는 당 지도부를 퇴진시킬 수도 있었다. 39명의 당서기가 당시의 라트비아, 리투아니아의 총리와 함께 나란히, 1989년 초 의회선거에서 참패의 굴욕을 겪었다.

의회는 일당 국가에 저항하는 민주주의 연단으로 변했다. 약 1억 명으로 추산되는 시청자들이 텔레비전으로 5월 말의 개회식 행사를 관전했다. 제6항의 폐기를 중점적으로 요구했던 당 소속 개혁주의자들과 비당 소속 민주주의자들에 의해 '지역 간 그룹'이 의회 내에 설립됐다. 고르바초프는 그 제안에 동의했고, 1990년 2월 정치국에서 그 안을 통과시켰다. 일당 국가를 구하기 위해 개혁을 시작했다가 이제 그는 그것을 해체하고 있었다. 그는 7월 2일 텔레비전으로 방송되는 연설에서 이렇게 말했다. "스탈린주의적 사회주의 모델 대신에 지금 우리는 자유로운 개인들의 시민 사회로 다가가고 있다. 정치제도가 급격히 바뀌어가고 있다. 자유선거, 복수 정당과 인권이 존재하는 진정한 민주주의가 자리 잡아가고 있으며, 실제 인민의 권력이 회복되고 있다."[6] 러시아는 1917년 2월 혁명으로 돌아가고 있었다.

이 단계에서 당내에는 비록 실제로 중요한 것은 두 파(자신의 레닌주의 유산을 지켜내기를 원했던 강경주의자들과, 고르바초프와 옐친 같은 사회민주주의자들이 그들이었다)에 불과했지만, 여러 정파들이 존재했다. 사회민주주의자들은 1985년 이후 정치적으로 성장했고, 이후 몇 년 뒤에 고르바초프가 회상했듯이, "옛 볼셰비키 전통을 끝내기"를 원했다.[7] 당이 그렇게 분열된 상황에서, 혹자는 어째서 고르바초프가 당을 두 개로 나누려 하지 않았는지, 또는 최소한 1921년에 레닌이 도입한 분파에 대한 금지를 해제하고 그의 개혁을 지지해줄 사회민주주의 세력을 창출하려고 시도하지 않았는지를 물을 것이다. 그의 최측근 보좌관들은 바로 그렇게 하라고 오래전부터 그에게 주장해왔었다. 야코블레프가 1985년부터 그렇게 주장했다. 그런 조치는 소련 내 다당제를 확립했을 것이다. 소련공산당 내의 두 정파는 각각 수백만 명의 당원, 신문, 그리고 기타 매체를 인수하고, 그럼으로써 1991년 당의 몰락 후에 설립된 체제보다 더 다원적인 다당제를 만들 수 있었을 것이다. 그러나 고르바초프는 이런 분열을 강제로 조장하기를 거부했다. 정치적 기질 면에서 머뭇거리며 타협적인 그는 군대, 카게베, 당의 국가 기구에 대한 장악이나 격렬한 투쟁, 어쩌면 내전까지도 두려워했다. 고르바초프는 자신이 그것들을 여전히 장악하고 있다고 순진하게 생각했다.

고르바초프는 당의 단일성을 유지함으로써 당이 1991년 소련 체제의 붕괴와 함께 해체되는 것을 확실하게 만들었다. 그런 붕괴는 1989년 한 해 동안 동유럽에서의 혁명과 함께 소련 제국의 외곽에서 시작됐다. 모스크바 정부의 군사적 지원 없이 동유럽의 공산주의 정권은 그들을 권좌에서 축출하고 새로운 통치자를 선출하는 민주주의 운동을 견뎌낼 수 없었다.

폴란드에서 공산주의자들은 대규모 파업과 시위를 통해 솔리다리티와의 원탁 협상으로 끌려나왔고, 이후 그들이 경쟁하도록 허락받았던 모든 의석에서 솔리다리티가 압승을 거둔 1989년 6월, 내각에 대한 의회의 불신임 투표와 반半자유선거가 이어졌다. 공산주의 정권은 약화됐다. 야루젤스키는 대통령직을 사임했고, 솔리다리티 활동가인 타데우시 마조베츠키Tadeusz Mazowiecki는 1989년 9월 총리가 됐다. 그는 40년 동안 동유럽에서 내각을 이끌 최초의 비공산주의자 출신 정치인이었다.

헝가리에서 공산주의자들은, 새 의회에 대한 다당제 선거에서 최대 득표를 한 '민주주의 포럼'에 소속된 반대파 활동가들과 그들 자신의 권력 포기를 협상했다. 헝가리 혁명은 베를린 장벽의 붕괴와 동독 공산주의 정권의 몰락을 초래했다. 헝가리인들이 오스트리아로 이르는 국경선을 열어 수천 명의 동독인들이 서방세계를 여행하도록 했을 때에 위기가 시작됐다. 탈출을 저지하려는 시도는 라이프치히에서 특히 대규모 시위로 이어졌고, 정부를 압박했다. 한 정치국 대변인은 미국 텔레비전 프로그램에 출연해 시민들에게는 떠날 자유가 있음을 암시했다. 동독에서 서독 방송으로 시청한 수만 명의 동독인들은 베를린 장벽이 열렸다고 생각하고서 11월 9일 이후 국경선에 모여들었다. 정부로부터 명확한 지침을 받지 못했던 경비요원들은 시민들을 통과시켜 서독으로 가게 해주었다. 그리고 베를린 장벽은 마침내 무너졌다.

체코슬로바키아에서 베를린 장벽의 붕괴는 바츨라프 하벨과 다른 노장 반체제 인사들이 조직한 '시민포럼'이 이끄는 광범위한 시위운동을 촉발했다. 11월 25일 프라하 거리에는 80만 명의 시위인파가 몰렸다. 이틀 후 이 시위 인파의 4분의 3이 총파업에 가담했다. 공산주의 정권은 자유선거를 수락했고 권좌에서 내려왔으며, 12월 29일 연방의회의 만장일치 투표를 통해 하벨이 대통령이 되는 것을 허락했다.

동유럽의 혁명은 소련 제국의 내부에서 민족주의 운동에 불을 붙였다. 발트해 국가들이 제일 먼저 독립을 요구했고, 조지아와 아르메니아, 그리고 우크라이나와 몰다비아의 주민들 상당수가 그 뒤를 이었다. 중앙아시아의 공화국들은 그보다 느리게 반응했다. 이 나라들의 경우 엘리트는 소련식 체제에 의존했고, 민중들 사이에서는 이슬람 성향이 지배적이었다.

고르바초프의 개혁은 두 가지 방식을 통해 민족주의 운동이 융성할 수 있는 조건을 만들어냈다. 첫째, 1990년 3월에 새로 신설된 소련 대통령직으로의 그의 임명은 공화국 지도자들도 자기 나름의 세력 기반을 형성할 수 있는 선례를 만들었다. 1991년 6월 옐친은 러시아 대통령으로 당선됨으로써 의회에서 선출된 소련 대통령보다 러시아 공화국 내에서 더 큰 권위를 가지게 됐다. 둘째, 각 공화국 내에서 최고 소비에트에 대한 경선을 도입함으로써 민족주의자들은 자주적 의회를 통제할 수 있게 됐고, 모스크바 정부로부터 독립을 선언하는 데에 그 의회를 사용할 수 있게 됐다. 발트해 국가들에서 민족주의자들은 1990년 선거에서 낙승을 거뒀다. 자주권을 지지하는 정파들이 소련공산당을 떠나면서 공산당은 압력을 받아 분열됐고, 민족주의자의 표를 얻기 위해 경쟁했다.

경찰의 탄압 또한 조지아와 발트해 국가들에서의 독립 운동을 부채질했다. 1989년 4월 트빌리시에서는 소련 경찰에 의해 열아홉 명의 시위 참가자들이 피살됐고, 몇 백 명이 부상을 입었다. 리투아니아와 라트비아에서는 1991년 1월의 집중 단속에서 열일곱 명이 죽고, 수백 명이 부상을 입었다. 이런 탄압은 주로 카게베와 군대 내의 공산주의 강경론자들이 주도한 것이었고, 이들은 민족주의자들의 격한 반응을 불러일으키기를 기대했다. 그들은 그것을 이용해 소련의 붕괴를 막기 위해 계엄령의 선포를 주장할 계획이었다. 고르바초프는 강경론자들을 물리치고 당의 분열을 감수하기보다 강경론자들에게 굴복했다. 그는 보리스 푸고Boris Pugo를 내무장관으로, 겐나지 야나예프Gennady Yanaev를 소련 부통령으로 임명했다.

고르바초프는 소련을 재편하려는 자신의 계획에 대한 지지가 필요했다. 그는 만약 공화국들이 국민투표에서 찬성한다면, 그들과 새로운 동맹 조약을 협상할 것을 제안했다. 그는 소련을 계속 존속시킬 연방조직에 합의하고자 했으나 그것을 완력으로 유지하는 것은 잘못이라고 생각했다. 레닌처럼 소련이 자발적인 연합체로서 생존할 수 있을 것이라고 믿었다.

6개 공화국(조지아, 아르메니아, 몰다비아, 발트해 3국)은 소련으로부터 완전히 벗어나기로 결정했고, 투표를 거부했다. 나머지 9개 공화국에서는 1991년 3월 17일 국민투표에서 주민의 76퍼센트가 소련의 연방제도 유지를 찬성했다. 소련 정부와 9개 공화국 지도자들 사이에 조약의 초안이 성사됐고('9+1' 협정), 4월 23일 모스크바 근교의 노보-오가레보에서 서명됐다. 이 협상에서 옐친(러시아 대통령으로 당선된 후 막강한 지위에 있었던)과 레오니드 크라프추크Leonid Kravchuk(민족주의자로 자기 이미지를 바꿈으로써 우크라이나 대통령이 되려고 자세를 고치고 있었던)는 소련 대통령으로부터 과거 크렘린에 속했던 공화국들이 누린 다수의 권력을 뜯어내는 데 성공했다.

8월 무렵, 9개 공화국 가운데 8개국이 조약의 초안을 승인했다. 유일한 예외가 우크라이나였다. 우크라이나는 1990년 국가주권 선언을 토대로 한 연방에 투표했다. 조약의 초안에 따르면 소련은 유럽연합과 다르지 않은, 단일 대통령과 외교 정책과 군사력을 가진 독립국가들의 연합으로 전환되는 것이었다. 이 조약에 의하면, 소련Union of Soviet Socialist Republics 은 '소련주권공화국연합Union of Soviet Sovereign Republics'으로 개명될 것이었다(여기서 '사회주의'가 '주권'으로 대체된다). 8월 4일, 고르바초프는 크림의 포로스에서 휴가를 보내기 위해 모스크바를 떠났다. 그는 8월 20일 신

연방협약에 서명하기 위해 수도로 돌아올 계획을 갖고 있었다.

비록 조약에 연방을 구할 의도가 담겨 있었지만, 강경론자들은 그것이 연방의 해체를 부추길까 봐 두려워했다. 그들은 행동해야 될 때가 됐다고 판단했다. 8월 18일, 공모자들의 대표단이 비상사태 선포를 요구하기 위해 포로스로 날아갔고, 고르바초프가 그들의 최후통첩을 거부하자 그를 가택연금상태에 처했다. 모스크바에서 자칭 '비상사태국가위원회'(여기에는 소련 총리인 발렌틴 파블로프와 카게베 국장 블라디미르 크루치코프, 국방장관 드미트리 야조프 외에도 야나예프와 푸고가 포함됐다)가 권력 탈취를 선언했다. 알코올중독자처럼 손이 떨리며 지친 기색이 역력한 야나예프가 세계 언론을 향해 자신 없는 목소리로 자기가 대통령직을 인수했다고 밝혔다.

이 반란의 주도자들은 너무나도 머뭇거려서 어떤 실질적인 성공의 기회를 거머쥘 수 없었다. 어쩌면 그들조차 그 마지막 순간에 체제를 지키기 위해 필요한 조치를 취하려는 의지를 잃어버렸는지도 모른다. 그들은 옐친을 체포하는 데 실패했다. 옐친은 러시아의사당 건물인 '백악관Dom Sovetov RSFSR'으로 향했고, 거기서 쿠데타에 맞서 민주주의를 방어할 계획을 세웠다. 쿠데타 주모자들은 자신들을 향한 저항을 진압하기 위해 모스크바에 주둔시킨 전차 사단에 결정적인 명령을 내리는 것에 실패했다. 상급 지휘관들은 충성의 방향에 있어서 파가 갈려 있었다. 백악관 밖에 주둔해 있었던 타만스카야 사단은 옐친에 대한 충성을 선언했다. 옐친은 한 대의 전차 위로 올라가 군중에게 연설했다. 이런 상황에서 유혈 충돌 없이 쿠데타 주모자들이 백악관 공격에서 성공할 가능성은 전혀 없었다. 그러나 그들은 싸움을 벌일 생각이 전혀 없었다.

쿠데타는 곧 수포로 돌아가고 말았다. 그 주모자들은 8월 22일 체포됐다. 고르바초프는 수도로 돌아왔다. 그러나 1917년 8월 코르닐로프 반란 음모 뒤의 케렌스키처럼 그는 자신의 입지가 무너져 내렸다는 것을 깨달았다. 쿠데타로 인해 공산당의 신임이 떨어졌고, 러시아의 대통령이자 '민주주의의 수호자'인 옐친에게로 주도권이 넘어갔다. 8월 23일, 옐친은 쿠데타에서 소련공산당이 맡은 역할에 대한 수사를 보류하면서, 러시아 내 소련공산당의 활동을 중지하는 법령을 발표했다. 그날 밤 늦게, 모스크바 시내의 군중들은 루뱐카에 있는 카게베 본부 건물 바깥에서 체카의 창설자인 제르진스키의 동상을 쓰러뜨렸다. 이튿날 고르바초프는 당의 총서기직을 사임했다. 8월 25일, 모든 문서자료와 은행계좌를 포함한 당의 재산이 러시아 정부에 의해 몰수됐다.

11월 6일, 옐친은 러시아에서 공산당을 금지했다. 그의 명령은 러시아 대통령의 헌법상 권한을 넘어서기 때문에 사실상 불법이었다. 그러나 옐친은 소련공산당이 "소련 국민들을 역사적인 막다른 골목에 몰아넣은 것과 우리가 이르게 된 연방 해체의 상태"[8]에 대해 책임을 져야 한다고 선언하면서 역사적 근거를 들먹이며 그것을 정당화했다.

고르바초프는 여전히 동맹협약 회담을 재개하기를 원했다. 그러나 옐친은 소련의 해체를 러시아의 승리라고 보면서 동맹협약 회담에 반대했다. 한편, 특히 우크라이나와 같은 다른 공화국들은, 쿠데타를 통해 그 억압적 잠재력이 드러나게 된 모스크바와의 어떤 종류의 동맹에 대해서도 경계했다. 노보-오가레보 회담이 11월에 재개되자, 옐친과 크라프추크는 소련 정부로부터 더 많은 양보를 요구했다. 마치 소련이 주권 국가들의 연합으로 변할 것처럼 보였다. 그러나 12월 1일 우크라이나의 독립 투표는 소련이라는 국가의 배에 커다란 구멍을 남겼다. 일주일 후 옐친, 크라프추크, 그리고 벨라루스의 지도자인 스타니슬라프 슈시케비치Stanislav Shushkevich는 소련의 해체를 발표하기 위해 벨라루스에서 회담을 가졌다.

그 자리를 '독립국가연합CIS'이 대신할 예정이었다.

사실상 그것은 소련으로부터 탈퇴해 각자의 민족 공화국을 세우기 위한 세 지도자들(옐친, 크라프추크, 슈시케비치)이 벌인 쿠데타였다. 12월 25일, 텔레비전으로 방송된 크렘린의 고별 연설 방송에서 고르바초프는 소비에트 연방의 폐지가 헌법적 절차나 민주적 투표를 통해서 비준된 것이 아니기 때문에 자신은 소비에트 연방의 폐지를 지지할 수 없다고 선언했다. 민심은 연방을 지지해왔다. 그것을 끝낸 것은 지도자와 엘리트였다.

소련의 붕괴는 완벽한 혁명은 아니었다. 비록 고르바초프의 개혁에 의해 사회가 활성화되고 정치화됐지만, 소련 체제가 해체된 것은 고르바초프의 개혁의 결과 때문이 아니었다. 만약 그 이후의 역사가 무엇을 보여주었다면, 그것은 러시아 민주주의의 만성적 허약함이었다. 즉 실질적인 변화를 일으킬 수 없는 국민의 무능력이었다.

고르바초프는 그의 실각을 초래한 일련의 사건들에서 주요 동인이었다. 그의 원래 계획—개혁을 통해 소련을 구원하는 것—으로 미뤄보건대, 그는 실패자로 평가되어야 마땅하다. 그러나 그 자신의 견해가 발전하면서 그의 의도도 바뀌었고, 이런 맥락에서 그가 이룬 많은 성과—최소한 러시아 내에 민주주의의 토대를 놓은 것, 소련의 통치로부터 민족을 해방시킨 것, 냉전을 끝낸 것—가 인정되어야 한다. 아마도 그의 가장 큰 업적은 거의 75년 가까이 테러와 강압에 의존해 권력을 유지해온 볼셰비키가 평화적으로 권력을 내려놓도록 도모한 일일 것이다. 그는 (일어날 가능성이 농후했던) 내전이나 큰 폭력을 일으키지 않고 볼셰비키의 독재정치를 해체하는 데에 성공했다. 그리고 이런 업적에 대해 그가 (러시아에서는 아니라고 하더라도) 서유럽에서 현대 역사의 위대한 인물 중 한 명으로 자

혁명의 러시아

리매김 되는 것은 당연하다. 그는 혁명을 시작했을 뿐, 혁명을 끝내는 것이 그의 목표는 아니었다. 레닌주의자로서 그는 소련 체제를 개혁함으로써 사회주의를 건설하는 것이 가능하다고 확신했다. 그 후 몇 년 뒤, 그는 공산주의로부터 민주주의로 항로를 바꾸는 것이 그의 일관된 계획이었다고 주장하게 될 예정이었다. 그러나 사실 그는 출발할 때에는 약속의 땅을 찾기로 하고서, 정작 다른 것을 발견했던 콜럼버스와 같은 정치인이었다.

성공적인 혁명에 대한 진짜 실험은 그것이 정치 엘리트를 대신하는가의 여부이다. 대체로 이것은 동유럽의 혁명이 이룩한 성과였다. 그러나 러시아에서는 1991년의 사건의 결과보다 더 큰 변화는 없었다. 공산주의 정권의 권력 남용에 가담한 관리를 폭로하고 그들을 고위직에서 내쫓았던 대부분의 동유럽 국가와 달리 옐친 정부에는 그럴 만한 척결법이 전혀 없었다. 옐친 시기 러시아에서 정치가와 성공한 사업가들 다수는 소련 노멘클라투라(당지도자, 국회의원, 지역 지도자, 공장의 사장 등)의 일부였다. 옐친의 대통령 행정실의 직위 중 4분의 3과, 러시아 내각의 직위 중 거의 4분의 3은 1999년 당시 과거 노멘클라투라 구성원들이 차지했다. 지역 정부에서 그 비율은 80퍼센트가 넘었다. 그 지도자들 중 과반수 이상은 브레즈네프 시절 노멘클라투라의 일부였다.

1990년대의 재계 엘리트 또한 전직 소비에트 관료와 당 관료로 이루어져 있었다. 고르바초프 시기의 법률적 혼돈은 그들로 하여금 국가자산을 사유재산으로 바꾸도록 해주었다. 1986년 이후로 콤소몰은 합법적으로 상업적 시설물(수출입회사, 상점, 심지어는 은행)을 세우고 어음이나 증권을 쉽게 현금으로 전환할 수 있었다. 이것이 바로 멘델레예프 화학기술연구소의 콤소몰 소속 관리로부터 일류 민간 은행인 메나타프의 경영자로 올라섰던 미하일 호도르콥스키의 행로였다. 관리들은 서유럽 기업들과의 합병 회사를 세우거나, 러시아 암시장에서 현찰 거래를 통해 개인적 이윤을 얻으려고 해외 융자금을 사용함으로써 부자가 됐다. 1987년부터 소련 관리들은 나머지 국민들이 국가자산의 지분을 얼마간 지급받기 전에 국가자산을 매입하기 시작했다. 장관부서는 상업화됐고, 거기 소속된 고급 관리들이 부분적으로 사업체처럼 운영했다. 이들은 자신이 관리하는 자산을 최저가로 자신에게 팔았다. 공장과 은행도 마찬가지로 매각됐다.

소련 체제의 붕괴는 러시아 내 부와 권력의 분배를 민주화하지 못했다. 1991년 이후 러시아인들은 그다지 많은 것이 바뀌지 않았다고, 적어도 더 나은 쪽으로 바뀌지 않았다고 생각하는 것에 대해 동의할지도 모른다. 틀림없이 그들 다수는 1917년 이후와 많은 것이 똑같다고 생각했을 것이다.

Revolutionary Russia
1891~1991

20장

심판

혁명의 후기

엘친이 소련공산당을 금지한 것에 대해 공산주의자들은 반박했다. 그 사건에 대한 심리가 새로 세워진 러시아 헌법재판소에서 1992년 7월부터 다섯 달 동안 텔레비전으로 중계됐다. '러시아판 뉘른베르크'라고 홍보된 그 심리는 공산당에 대한 정치적 재판이었다. 하지만 1945년의 나치에 대한 재판과 달리, 범죄 행위로 기소된 피고가 한 명도 없었을 뿐더러 8월 쿠데타의 주도자들(그들은 곧 감방에서 풀려나 사면을 받았다)조차 없었다.

고르바초프는 자신이 여론 조작용 재판에서 희생양이 될 것을 우려해 증인으로 출석하는 것을 거절했다. 그는 훗날 자신의 《비망록》에서 "특정한 사람들"이 "특정한 범죄 행위를 저지른 이유로 재판을 받았던" 뉘른베르크와의 비교를 일축했다. "그러나 진짜로 죄를 저지른 소련공산당 지도자들은 세상을 떠났다. 그들은 오직 역사의 심판만을 받을 수 있다."[1] 그런데 이것은 어떤 성격의 재판이었을까?

소련공산당이 적법한 정당이 아니라 범죄정권이었음을 주장하기 위해 엘친의 법률팀은 36권 분량의 문서보관서용 자료를 발간했다. 그것은 60명 이상의 전문가 증인의 증언으로 뒷받침됐으며, 10월 혁명의 역사 전체를 포괄했다. 스탈린 숙청의 피해자인 레프 라즈곤Lev Razgon은 굴라크에서 죽은 사람들의 숫자를 정확히 계산해달라고 탄원했다. 다른 사람들은 스탈린 이후 몇 년 동안 일어났던 반체제 인사들과 사제들의 박해를 증언했다. 공산주의자들은 소련의 산업화, 1945년의 승리, 스푸트니크 위성 계획 등의 성과를 강조하면서 소련공산당의 역사에 대한 제 나름의 해석을 제시했다.

법원은 소련 역사에 대해 심판하기에 스스로 자격이 없다고 선언하며, 법률적 평결에서 어떤 타협에 도달했다. 옐친의 소련공산당 폐지를 승인하면서 다른 한편으로는 공산주의자들로 하여금 러시아 내 하나의 정당으로 재편되는 것을 허용했다. 1992년 11월 30일 법원의 판결 직후에 러시아연방공산당이 합법적으로 설립됐다. 1993년 2월경 러시아연방 공산당의 정식 등록 당원은 50만 명을 넘었고, 그 결과 러시아의 새로운 '민주주의'에서 단연코 최대 정당이 됐다.

소련공산당의 역사에 대해 어떠한 판결을 내릴 수 있었을까? 소련공산당의 '범죄' 이력에 대해 판결을 내릴 수 있는 법적·도덕적 권리는 누가 가지고 있었을까? 뉘른베르크에서는 처벌되어야 할 명백한 전쟁 범죄와, 법원의 사법권을 국제법 아래 놓이게 했던 군사적 승리자들이 있었다. 헌법재판소는 그렇게 높은 권위를 떠맡을 자격이 전혀 없었다. 13명의 판사들 가운데 12명이 과거에 공산주의자들이었다. 그러니 그들이 누구를 판결한단 말인가? 새로운 러시아 헌법은 1993년 12월에야 통과됐고, 이는 과거 소련공산당에게 독자적인 정책을 실행하도록 거의 무소불위의 권력을 제공한 과거의 브레즈네프 헌법에 따라서 합법적인 결정에 도달해야 한다는 것을 의미했다.

누구를 심판해야 한단 말인가? 고르바초프인가? 당 지도부인가? 카게베인가? 아니면 소련 체제를 가동시켰던 수백만 명에 이르는 일반 장교, 경찰관, 근위병들인가? 옐친은 자신의 대통령 포고문에서 소련공산당의 범죄에 대해 공산주의자 개개인의 책임을 물어서는 안 된다고 분명히 밝혔다(틀림없이 그는 1976년과 1985년 사이에 스베르들로프스크 당지도자를 맡으면서 자신의 경력에서 책임을 져야 할 것들이 많았을 것이다). 재판 중간에 이루어진 텔레비전 인터뷰에서 그는 이런 온건한 접근 방법의 의의를 강조했다. "아마도 1917년 이후 처음으로 우리는 이른바 복수를 시작하지 않았던 것이다. 러시아가 이런 복수를 스스로 자제했다는 점이 중요한 사실임을 당신도 이해할 것이다."[2]

법원은 또한 타협에 이르렀을 때 전 국가적 일치와 화합의 필요성에 대해 생각하고 있었다. 청문회의 첫머리에서 의장은 이렇게 발언했다. "법정의 어느 편에 어떤 정파가 앉아 있든지 앞으로 그들은 백군과 붉은 군대처럼 서로를 파괴하기보다는 더불어 함께 살아야 한다."[3]

이런 유화적 접근이 낳은 결과는 소련 정권의 인권 탄압에 대해 누구를 재판에 회부하는 일의 실패였다. 구소련의 다른 국가들, 특히 1940년대에 발트해 국가들의 국민을 대규모로 검거해 소비에트 굴라크로 강제 이송했던 퇴역한 엔카베데 요원들에 대해 세간의 높은 관심을 불러 모았던 재판이 여러 차례 열렸던 에스토니아와 라트비아에서와 달리, 러시아에서는 과거 카게베나 공산주의 장교들에 대한 기소가 단 한 건도 없었다. 동유럽과 발트해 국가들의 경우처럼 범죄에 가담한 자들의 정체를 폭로하거나 그들을 고위직에서 쫓아낼 척결법이나 정책이 없었다.

이것은 전직 공산주의자들로 채워져 있었던 러시아 정부로서는 유익한 결과임에 틀림없었다. 그러나 소련 체제의 권력 남용을 해결할 수 있는 법적 틀을 갖추지 않고는 공산주의 엘리트가 지도부로 복귀하는 것을 막을 길이 없었다. 소련 시기의 활동에 대한 본격적인 조사를 면제받은 카게베는 옐친에 의해 인원의 근본적인 교체 없이 1991년 '연방방첩국'으로, 또 4년 뒤 '연방안전국FSB'으로 재편됐다. 1992년 12월 민주주의 정치가이자 인권운동가인 갈리나 스타로보이토바Galina Starovoytova가 발의한 척결 법안—당 제1서기와 카게베 장교들에게 통치 직위 위임을 잠정적으로 규제할 것을 강제하는—은 러시아 의회에서 거부됐다(그다음 러시아 의회는 카게베 요원의 신분을 국가기밀로 만듦으로써 척결을 시작하려는 모든 차후의 노력을 배제했다). 스타로보이토바는 1998년 연방안전국에 의해 암살됐다고 전해진다.

아마도 그녀의 척결 법안의 실패는 소련의 과거와 단절하고 민주주의 문화를 진흥할 수 있는, 옐친 정부가 놓쳐버린 기회 혹은 옐친 정부가 누렸을 최고의 기회였을 것이다. 독재정치로부터 출현하는 새로운 민주정치 속에서 정의는 빨리 찾아오거나 아예 찾아오지 않을 수 있다. 흔히 그랬듯이, 옛 공산주의 엘리트는 1991년의 충격으로부터 빠르게 회복했고, 새로운 정치 정체성과 함께 정치, 미디어, 경제에 대한 자신의 지배권을 되찾았다. 그것은 그들이 소비에트 시기나 그 이후에 저질렀을지도 모를 행동에 대해 그들 자신에게 책임을 물으려는 어떠한 시도도 방지하기에 충분했다.

그러나 어떻게 러시아 법정 또는 검사가 누구를 기소하고 누구를 직위에서 쫓아낼 것을 결정할 수 있을까? 아마도 어떤 판단을 내리는 것이 불가능할 정도로 러시아 국내의 상황은 지극히 복잡했을 것이다. 동유럽과 발트해 국가들에서 공산주의 독재통치는 외국인에 의해 도입됐다. 그곳의 민족주의 지도자들에게는 소련 시기의 권력 남용에 대해 러시아(와 러시아 혁명)를 비판하는 것이 수월하고 편리했다. 그들은 러시아인과 자신을 구별함으로써 새로운 국가와 민족 정체성을 세울 수 있었다(에스토니아와 라트비아에서 대규모의 러시아 소수민족들은 엄중한 시민권 법에 의해서 공적 생

혁명의 러시아

활에서 배제됐다). 그러나 러시아인들은 비난할 만한 외국인 세력을 갖고 있지 않았다. 혁명은 러시아의 땅에서 자라났다. 수백만 명의 러시아인들이 공산당원이었고, 사실상 모두가 어떤 식으로든 소비에트 체제와 공모했다. 가해자와 희생자를 가르는 단순한 방법은 없었다. '박해의 희생자'들을 대표하는 최대 규모의 공공단체인 '기념회'의 회원 조직에는 볼셰비키 엘리트, 굴라크 관리자, 소비에트 관료처럼 스탈린 정부에 의해 그 스스로도 박해받았던 스탈린 체제의 공무원들이 포함되어 있었다. 이런 관점에서 볼 때, 소련공산당의 재판에서 심판받아야 할 대상은 단지 혁명의 범죄를 저질렀던 사람들뿐 아니라, 그런 범죄에 동조했던 국가 전체이기도 했다. 그 당시 알렉산드르 야코블레프가 표현했던 것처럼, "우리는 공산당이 아니라 우리 자신을 심판하고 있다".[4]

필시 러시아인들이 필요로 했던 것은 재판보다는 진실과 화해에 관한 위원회였을 것이다. 그 기구는 인종차별의 희생자들을 대상으로 공청회를 열고 그 폭력의 가해자들로부터 용서의 호소를 듣기 위해 남아프리카에 세워진 것과 비슷한 성격을 갖는다. 만약 어떤 선별된 과거 공산당 관료 집단을 기소하거나 금지하는 것이 부적절하다면, 과거에 저질러진 범죄에 대해 공청회와 국가의 사과를 통해 러시아인들이 자신의 과거에 관한 진실을 대면하고 소련 체제의 희생자들이 겪었던 트라우마를 인정하는 것이 정당하고 치료법적으로 유익하다고 주장됐다('복원적 정의').

이런 과정은 고르바초프 치하에서 글라스노스트와 함께 제한적인 형태로 시작됐다. 박해의 희생자들은 복권됐으며, 오명을 씻도록 허락을 받았다. 소련 체제의 붕괴 후 옐친은 새로운 민주주의와 시민사회에 필요한 체제 구축의 일부로서 이 제도를 발전시킬 기회를 가졌으나, 그 기회를 이용하지 않았다. 이것에 대한 이유는 부분적으로 정치적이었다. 카게베는 대단히 강력했고, 그곳의 문서보관소를 열어 대중의 평가를 받도록 강제할 수 없었다. 헌법재판소는 효율적인 민주적 역할을 수행하기에는 너무나 신생이었다. 기념회 같은 공공단체는 매우 약했다. 오직 경제적 자유화에만 관심이 있었던 서방세계로부터는 어떤 압력도 없었다. 그러나 또 다른 이유는 역사적인 것이었다. 국가는 소비에트 과거에 의해 분열됐다. 혁명의 역사에 관해 어떤 합의점도 없었고, 나라 전체가 진실과 화해를 추구하며 단결할 수 있는 기초가 될 만한 어떤 합의된 역사적 서사도 없었다. 남아프리카에서는 인종차별에 대한 궁극적인 도덕적 승리가 찾아왔고, 이로써 하나의 통일된 서사가 폐위된 정권의 역사에 씌워질 수 있었다. 그러나 1991년 러시아에서는 그런 승리가 전혀 없었다. 많은 러시아인들은 소련의 붕괴를 끔찍한 패배라고 생각했다.

진실과 화해는 역사적 심판을 의미한다. 그러나 러시아인들이 자기 조국의 역사에 대해 어떤 성격의 심판을 내릴 수 있었을까? 그들은 소비에트 체제가 세계에서 최고는 아니더라도 '정상적인' 체제는 된다고 믿으면서(또는 최소한 어떤 승인을 동반한 채) 인생을 살아갔다.

소련은 이따금씩 나치 체제의 독일과 비교되기도 한다. 1945년 이후 서독인들은 자신들의 최근 역사에 비춰 보면서 길고 고통스러운 자기검증의 과정을 겪었다. 그러나 소비에트 체제는 한 세기의 4분의 3동안만 지속됐다. 1991년 무렵 러시아 인구 전체가 소비에트 체제에서 교육받았고, 그 속에서 경력을 쌓아나갔으며, 그 속에서 자녀들을 키우고, 그들이 선천적으로 동질감을 느꼈던 그 성과를 쌓아올리는 데 일생을 바쳤다.

국민들은 신념과 실천의 체제였던 공산주의의 상실에 대해 당혹해했다. 그들은 도덕적 공백을 느꼈다. 어떤 이들에게는 종교가 그 공백을 메

혁명의 러시아

워주었다. 정교는 마르크스주의-레닌주의에 대한 기존의 대안이었다. 정교는 1917년 이후 상실되어버린 러시아적 삶의 방식과의 재결합, 조상들의 박해에 대한 회개, 그리고 소비에트 체제와 더불어 사는 도덕적 타협에 대한 자기 정화를 제공했다. 다른 이들은 군주제를 대안으로 생각했다. 1990년대 초에는 로마노프 왕조에 대한 러시아 국민의 관심이 부활했다. 유형지에서 돌아오는 황실가문의 자손이 있다거나, 러시아가 입헌군주국으로 변하고 있다는 소문이 돌았다. 군주제 지지자의 부흥은 1998년 7월 17일 상트페테르부르크의 바울과 베드로 성당에서 니콜라이 2세와 그의 가족의 재매장 예식에서 절정을 이루었다. 그들이 볼셰비키에 의해 처형당한 지 꼭 80년이 지난 뒤였다. 2년 뒤, 황실 가족은 모스크바 총주교구에 의해 성인으로 공표됐다.

러시아인들은 역사에 의해 패가 나뉜 다음에는 민족이나 국가의 상징을 중심으로 연합할 수 없었다. 제국의 삼색(검정-노랑-흰색)이 러시아 국기로 다시 채택됐다. 그러나 민족주의자들과 군주제 지지자들이 제국의 문장을 선호했던 반면에, 공산주의자들은 붉은 깃발을 고수했다. 소련의 전시 국가는 19세기 작곡가 미하일 글린카의 '애국가요'로 대체됐다. 그러나 글린카의 노래는 인기가 없는 것으로 드러났다. 그 곡은 러시아 축구선수들이나 다른 운동선수들에게 영감을 주지 못했으며, 국제무대에서 그들의 성과는 국가적 수치의 원인이 됐다. 푸틴은 2000년 대통령으로 당선된 직후, 87세의 작가 세르게이 미할코프가 쓴 새 가사가 담긴 오래된 소비에트 국가國歌를 다시 들여왔다. 미할코프는 1942년에 원래의 곡을 쓴 바 있다. 푸틴은 역사적 존경과 연속성의 필요성에 대해 말하면서 이 곡의 부활을 정당화했다. 그는 조국의 소비에트 역사를 부정하는 것은 오래된 세대에게서 인생의 의미를 빼앗는 것에 다름 아니라고 말했다. 민주주의자들은 스탈린 시대의 국가를 복구하는 것에 대해 반대했지만, 공산주의자들은 그것을 지지했고, 대다수 러시아인들은 옛 국가의 귀환을 환영했다.

10월 혁명의 기념행사 역시 국민들 사이에 분열을 일으키기는 마찬가지였다. 옐친은 "사회 각 부분들 사이의 대립을 줄이고 화해를 낳기 위해" '혁명 기념일'을 '합의와 화해의 날'로 바꾸었다. 그러나 공산주의자들은 붉은 깃발을 든 밀집한 군인들의 시위 형태인 전통적인 소련의 방식대로 '혁명 기념일'을 경축하기를 계속했다. 푸틴은 11월 4일(1612년 폴란드인의 러시아 점령이 끝난 날이다)을 '국민화합의 날'로 제정함으로써 그런 갈등을 해결하려고 노력했다. 그날은 2005년부터 공식 달력에서 11월 7일의 공휴일을 대체했다. 그러나 '국민화합의 날'은 인기를 얻지 못했다. 2007년의 여론 조사에 의하면, 주민의 4퍼센트만이 그것이 무엇을 위한 날인지를 말할 수 있었다. 열 명 중 여섯 명은 혁명 기념일의 누락에 반대했다.

소련 국가의 창설자들을 어떻게 대해야 하는가에 대해서 더 이상의 의견 합의를 이룰 수 없었다. 옐친과 러시아 정교회는 레닌 묘를 폐쇄하고, 레닌 스스로가 원했던 것처럼 상트페테르부르크의 볼코프 공동묘지에 있는 레닌의 모친의 무덤 옆으로 레닌의 시신을 옮겨 묻으라는 요청을 지지했다. 그러나 공산주의자들은 이것을 조직적으로 강경하게 반대했고, 그래서 그 문제는 미해결 상태로 남아 있었다. 푸틴은 소련 국가에 대해서 주장했던 것과 비슷한 이유를 들면서 레닌 묘에서 시신을 이장하는 것에 대해 자신은 반대한다고 밝혔다. 레닌 시신의 이장은 나이 든 세대에게 자신들이 소련 통치 70년 동안 거짓된 이상을 섬겼다는 것을 암시함으로써 그들의 마음을 상하게 한다는 것이었다.

혁명의 러시아

푸틴은 자신의 정권 출범 초기부터 소련 역사에 대한 자부심을 회복하는 것을 목표로 삼았다. 러시아를 열강으로 재건하는 것이 그의 의제의 중요한 한 부분이었다. 그의 계획은 특히 소련에 대한 노스탤지어와 호응했을 때에 인기를 누렸다. 소련의 붕괴는 대다수 러시아인들에게는 굴욕이었다. 불과 몇 달 사이에 그들은 모든 것을 잃었다. 그들에게 안전과 사회적 보장을 제공했던 경제체제, 초강대국의 지위를 갖춘 제국, 이데올로기. 그리고 그들이 학교에서 배웠던 소련 역사에 의해 형성된 민족 정체성. 러시아인들은 글라스노스트 시기에 조국의 역사가 더럽혀졌던 것에 대해 분개했다. 그들은 스탈린 시기의 자신의 혈육에 대한 질문을 강요당하는 것에 대해 불편함을 느꼈다. 그들은 자신들의 역사가 얼마나 '나쁜가'에 대한 강의를 듣기를 원치 않았다. 푸틴은 1917년 이후 러시아를 자랑할 만한 업적을 가진 '강대국'이라고 재천명함으로써, 러시아인들이 다시 한 번 러시아인으로서 자부심을 느끼도록 도왔다.

푸틴의 계획은 학교에서부터 시작됐다. 소련 시기를 지나치게 부정적으로 표현했다고 판단되는 교과서들은 교육부의 승인이 거부됐고, 결과적으로 교실에서 퇴출됐다. 2007년 푸틴은 역사학 교사 모임에서 이렇게 발언했다.

우리 역사 속의 어떤 문제적인 면에 관해서 살펴보면, 그렇다. 우리는 그런 면을 가지고 있다. 그런데 그런 것이 없는 나라가 과연 존재할까? 우리는 몇몇 다른 나라보다 그런 면이 적다. 게다가 우리나라의 역사는 몇몇 다른 나라의 역사만큼 끔찍하지 않다. 그렇다. 우리나라의 역사에는 몇몇 끔찍한 면들이 있다. 1937년에 시작된 사건들을 기억해보자. 그것들에 대해 잊지 말자. 그러나 다른 나라들 또한 우리나라 못지않게 그런 끔찍한 사건들을 갖고 있고, 심지어는 더 많이 갖고 있다. 어쨌든 우리나라는, 미국이 베트남에 대해 그랬던 것처럼, 화학약품을 수천 킬로미터의 지상에 쏟아붓거나 2차 세계대전을 통틀어 쓴 포탄보다 일곱 배나 더 많은 폭탄을 손바닥만 한 나라에 떨어뜨리는 짓은 하지 않았잖은가. 우리는, 이를테면 나치주의와 같은 그 밖의 어두운 면도 갖고 있지 않다. 모든 국가의 역사 속에서는 온갖 일들이 벌어질 수 있다. 따라서 우리는 우리 스스로에게 죄책감을 짊어지도록 해서는 안 된다……[5]

푸틴은 스탈린의 범죄를 부인하지 않았다. 그러나 그는 그것에 대해 깊이 골몰하지 말아야 하며 러시아가 가진 '영광스러운 소련의 과거'의 건설자로서 스탈린이 이루었던 업적과 균형을 맞추어야 할 필요성을 자세히 설명했다. 대통령이 의뢰하고 러시아 일선 학교에서 강력히 추진됐던 역사교사들을 위한 지도서에서 스탈린은 "조국의 현대화를 보장하기 위해 테러작전을 합리적으로 수행했던" "유능한 경영자"로 묘사돼 있다.[6]

여론조사는 러시아 국민들이 혁명의 폭력에 대한 이런 골치 아픈 태도에 공감하고 있다는 결과를 보여준다. 2007년 3개 도시(상트페테르부르크, 카잔, 울리야노프스크)에서 실시한 여론조사에 따르면, 시민들의 71퍼센트가 체카의 설립자 제르진스키가 '공공질서와 시민 생활을 수호했다'고 믿었다. 불과 7퍼센트만이 그를 '범죄자이자 사형집행인'이라고 생각했다. 훨씬 더 충격적인 것은, 거의 모든 사람들이 스탈린 치하의 집단 탄압에 대해서 잘 알고 있는 반면에(그들 중 대다수는 '1000만 명에서 3000만 명 사이의 희생자들'이 고통을 겪었다는 점을 인정했다), 이들 응답자 중 3분의 2는 스탈린이 조국에 긍정적이었다고 여전히 믿고 있다는 여론조사 결과였다. 심지어 많은 사람들은 스탈린 치하에서 국민들이 "더 친절하고 더 연민의 정이 깊었다"[7]라고 생각했다. 수백만 명이 살해당했다는 것을 알면서도, 러시아인들은 혁명의 목표를 충족시키기 위해서는 대규모의 국가 폭력이 정당화될 수 있다는 볼셰비키의 이념을 계속해서 인정하고 있는 것 같다. 또 다른 조사에 따르면, 러시아 인구의 42퍼센트는 '스탈린과 같은 지도자'의 귀환을 반길 것이라고 한다.[8]

2011년 가을, 수백만 명의 러시아인들이 텔레비전 쇼 프로그램인 〈시간의 법정 Sud vremeni〉을 시청했다. 이 프로그램에서는 러시아 역사에 등장하는 여러 인물과 사건이 시청자들로 이루어진 변호사, 증인, 배심원이 참여하는 모의재판에서 심판을 받았다. 시청자들은 전화 투표를 통해 판결을 이끌어 낸다. 그들이 도출하는 판결은 러시아인의 태도 변화에 큰 희망을 품게 하지 않는다. 시청자들의 78퍼센트는 스탈린의 반농민 전쟁과 집단화의 재난적 결과에 대한 증거를 접하고 나서, 소련의 산업화를 위해 농촌집단화는 정당하다고('필요악'이라고) 여전히 믿었으며, 불과 22퍼센트만이 그것을 '범죄'로 간주했다. 히틀러와 스탈린의 비밀 협약에 대해 91퍼센트의 시청자는 그것이 어쩔 수 없는 일이었다고 생각했다. 단지 9퍼센트만이 그것을 2차 세계대전을 발발하게 만든 원인이었다고 생각했다. 브레즈네프 시기에 대해서도 동일한 투표수가 기록됐는데, 91퍼센트의 시청자가 그 시기를 '가능성의 시간'이었다고 생각했으며, 소련의 붕괴에 대해 91퍼센트가 그것이 '국가적인 재앙'이었다는 평결에 동의를 표시했다.

러시아인들이 공산주의 체제의 사회적 트라우마와 질환으로부터 치료받는 데에는 수십 년이 걸릴 것이다. 정치적으로 혁명은 죽었는지 모른다. 하지만 혁명은 100년 동안의 그 폭력적인 사이클 속에 휩쓸린 사람들의 정신 속에서 사후의 삶을 계속 살아가고 있다.

| 주 |

서문

1 S. Fitzpatrick, "Ending the Russian Revolution: Reflections on Soviet History and its Interpreters", Elie Kedourie Memorial Lecture, *Proceedings of the British Academy*, vol. 162 (Oxford, 2009), pp. 36-7.

1장 시작

1 R. G. Robbins, *Famine in Russia, 1891-92* (New York, 1975), p. 6.

2 L. Tolstoi, *Pis'ma grafa L. N. Tolstogo k zhene, 1862-1910 gg.* (Moscow, 1913), p. 208.

3 L. Haimson (ed.), *The Making of Three Russian Revolutionaries: Voices from the Menshevik Past* (Cambridge, 1987), p. 68.

4 A. M. Romanov, *Once a Grand Duke* (London, 1932), pp. 168-9.

5 R. Zelnik (ed.), *A radical Worker in Tsarist Russia: The Autobiography of Semën Ivanovich Kanatchikov* (Stanford, Calif. 1986), pp. 151-2.

6 J. Słomka, *From Serfdom to Self-Government: Memoirs of a Polish Village Mayor, 1842-1927* (London, 1941), p. 171.

7 R. Suny, "Nationality and Class in the Revolutions of 1917: A Re-examination of Categories", in N. Lampert and G. Rittersporn (eds.), *Stalinism: Its Nature and Aftermath* (London, 1932), p. 232.

8 J. Brooks, *When Russia Learned to Read: Literacy and Popular literature, 1861-1917* (Princeton, 1985), pp. 55-6.

9 T. von Laue, "A Secret Memorandum of Sergei Witte on the Industrialization of Imperial Russia", *Journal of Modern History*, 26, 1954, p. 71.

10 L. Trotsky, *1905* (New York, 1972), p. 291.

11 J. Simms, "The Famine and the Radicals", in E. Judge and J. Simms (eds.), *Modernization and Revolution: Dilemmas of Progress in Late Imperial Russia. Essays in Honor of Arthur P. Mendel* (New York, 1992), p. 16.

12 A. Resis, "*Das Kapital* comes to Russia", *Slavic Review*, 24, 1970, pp. 221-2.

13 N. Valentinov, *Encounters With Lenin* (London, 1968), p. 23.

14 D. Volkogonov, *Lenin: Life and Legacy* (London, 1991), pp. 8–9.

15 M. Gorky, *Untimely Thoughts: Essays on Revolution, Culture and the Bolsheviks, 1917–1918* (New Haven, 1995), p. 88.

16 Valentinov, *Encounters*, p. 148.

17 L. Fischer, *The Life of Lenin* (London, 1965), p. 329.

18 Haimson (ed.), *The Making of Three Russian Revolutionaries*, p. 126.

2장 최종 리허설

1 W. Sablinsky, *The Road to Bloody Sunday: Father Gapon and the St Petersburg Massacre of 1905* (Princeton, 1976), p. 344.

2 같은 책, pp. 241–3.

3 같은 책, pp. 251–2.

4 V. Gurko, *Features and Figures of the Past: Government and Opinion in the Reign of Nicholas II* (Stanford, 1939), p. 304.

5 A. Ascher, *The Revolution of 1905: Russian in Disarray* (Stanford, 1988), p. 112.

6 B. Pasternak, *Stikhotvoreniia i poemy* (Moscw–Leningrad, 1965), p. 204.

7 J. Neuberger, *Hooliganism: Crime, Culture and Power in St Petersburg, 1900–1914* (Berkeley, Calif., 1993), p. 118.

8 V. Lenin, *Collected Works*, 45 vols. (Moscow, 1960–80), vol. 29, p. 310.

3장 마지막 희망

1 V. Obolenskii, *Moia zhizn', moi sovremenniki* (Paris, 1988), pp. 338–9.

2 B. Pares, *My Russian Memoirs* (London, 1931), p. 139.

3 A. Ascher, *P. A. Stolypin: The Search for Stability in Late Imperial Russia* (Berkeley, Calif., 2002), p. 209.

4 같은 책, p. 374.

5 F. Golder, *Documents on Russian History, 1914–1917* (New York, 1927), p. 21–2.

4장 전쟁과 혁명

1 A. Brusilov, *A Soldier's Notebook 1914–1918* (London, 1930), p. 37.

2 A. Pireiko, *V tylu i na fronte imperialisticheskoi voiny* (Leningrad, 1926), pp. 35–6.

3 Brussilov, *Soldier's Notebook*, pp. 170–71.

4 B. Pares (ed.), *Letters of the Tsaritsa to the Tsar* (London, 1923), p. 157.

5 O. Figes and B. Kolonitskii, *Interpreting the Russian Revolution: The Language and*

Symbols of 1917 (New Haven, 1999), p. 25.

6 R. Pearson, *The Russian Moderates and the Crisis of Tsarism, 1914–1917* (London, 1977), pp. 117–18.

7 V. Gurko, *Tsar' i tsaritsa* (paris, 1927), pp. 70–71.

8 Lenin, *Collected Works*, vol. 23, p. 253.

5장 2월 혁명

1 T. Hasegawa, *The February Revolution: Petrograd 1917* (Seattle, 1981), p.258.

2 *Padenie tsarskogo rezhima*, vol.1 (7 vols.; Petrograd, 1924–7), p.190.

3 A. Mordvinov, "Otryvki iz vospominanii", *Russkaia letopis'*, 5, 1923, p.113.

4 RGIA(Russian State Historical Archive, St Petersburg), f. 1278, op. 10, d.4, ll. 241–2.

5 L. Trotsky, *The History of the Russian Revolution* (London, 1977), p. 193.

6 R. H. B. Lockhart, *Memoirs of a British Agent* (London, 1933), p. 304.

7 S. Mstislavskii, *Five Days Which Transformed Russia* (London, 1988), p.65.

8 N. Sukhanov, *The Russian Revolution: A Personal Record* (Princeton, 1984), pp.444–7.

9 같은 책, p.450.

10 Lenin, *Collected Works*, vol.25, pp. 176, 179.

6장 레닌의 혁명

1 House of Lords Records Office, Historical Collection, London, 206, Stow Hill Papers, DS 2/2, Box 8, O. Kerenskaia, 'Otryvki vospominaniia', p. 8.

2 L. Trotsky, *My Life* (London, 1975), p. 331.

3 Lenin, *Collected Works*, vol.26, pp. 19, 21.

4 같은 책, p. 84.

5 A. Bone (ed.), *The Bolsheviks and the October Revolution: Minutes of the Central Committee of the RSDLP(b), August 1917–February 1918* (London, 1974), p.98.

6 A. Rabinowitch, *The Bolsheviks Come to Power: The Revolution of 1917 in Petrograd* (New York, 1978), p.272.

7 같은 책, p.294.

8 *Vtoroi vserossiiski s'ezd sovetov rabochikh i soldatskikh deputatov* (Moscow, 1957), pp. 43–4; I. Getzler, *Martov: A Political Biography of a Russian Social Democrat* (London, 1967), p. 162.

9 "Pis'ma moi k tebe, konechno istoricheskie", *Voprosy istorii KPSS*, 2, 1991, p. 43.

10 G. Leggett, *The Cheka: Lenin's Political Police* (Oxford, 1981), p.17.

11 Lenin, *Collected Works*, vol. 26, p. 382.

12 B. Sokolov, "Zashchita vserossiiskogo uchreditel'nogo sobraniia", *Arkhiv russkoi revoliutsii*, 13, 1924, p. 16.

13 L. Trotskii, *Sochineniia* (Moscow, 1925-7), vol.17, part 1, pp. 290-1.

14 Lenin, *Collected Works*, vol. 26, p. 414.

15 J. Reed, *Ten Days That Shook the World* (London, 1977), p. 133.

16 Bone (ed.), *The Bolsheviks and the October Revolution*, p. 174.

17 같은 책, p. 220.

7장 내전과 소비에트 체제의 형성

1 L. Trotsky, "How the Revoltuion Armed", in *The Military Writing and Speeches of Trotsky*, trans. B. pearce, vol. 1(5 vols.:London, 1979), p. 85.

2 *Odinnadtsatyi s'ezd RKP(b). Stenograficheskii otchet* (Moscow, 1922), pp. 103-4.

3 Lenin, *Polnoe sobranie sochinenii* (Moscow 1958-65), vol. 37, p. 41.

4 Trotsky, *Sochineniia*, vol. 12, pp. 136-7.

5 M. McAuley, "Bread without the Bourgeoisie" in D. Koenker, W. Rosenberg and R. Suny(eds.), *Party, State and Society in the Russian Civil War: Explorations in Social History* (Bloomington, Ind., 1989), p. 163.

6 N. Krupskaia, *Vospominaniia o Lenine* (Moscow, 1968), p. 54.

7 L. Trotskii, *O Lenine* (Moscow, 1924), p. 101.

8 L. Trotsky, *Terrorism and Communism: A Reply to Kautsky* (London, 2007), p. 63.

9 *Kronshtadstkii miatezh: sbornik statei, vospominanii i dokumentov* (Leningrad, 1931), p. 26.

10 Lenin, *Polnoe sobranie sochinenii*, vol. 43, p. 82.

8장 레닌, 트로츠키, 스탈린

1 Leon Trotsky, *My Life: An Attempt at an Autobiography* (London, 1988), pp. 527-8.

2 Lenin, *Collected Works*, vol. 36, pp. 605-11.

3 같은 책, p. 596.

4 *Istoriia TsK*, 12, 1989, pp. 193, 198.

9장 혁명의 황금기?

1 E. Goldman, *My Further Disillusionment in Russia* (Garden City, N.Y., 1924), p. 79.

2 A. Barmine, *One Who Survived: The Life Story of a Russian under the Soviets* (New York, 1945), pp. 124-5.

3 Goldman, *My Further Disillusionment*, p. 79.

4 Lenin, *Polnoe sobranie sochinenii*, vol.43, pp. 27, 329.

5 V. Zenzinov, *Deserted: The Story of the Children Abandoned in Soviet Russia* (London, 1931), p. 27.

6 W. Benjamin, "Moscow", in *Selected Writings*, 4 vols. (Cambridge, Mass., 1996–2003), vol. 2, p. 30.

7 이에 대해서는 다음의 문헌들을 참조하라. J. Hellbeck, *Revolution on My Mind: Writing a Diary under Stalin* (Cambridge, Mass., 2006); I. Halfin, *Terror in My Soul: Communist Autobiographies on Trial* (Cambridge, Mass., 2003).

8 H. Kuromiya, *Stalin's Industrial Revolution: Politics and Workers, 1928–1932* (Cambridge, 1988), p.110.

10장 대전환

1 *Pravda*, 7 November 1929; I. Stalin, *Sochineniia*, vol. 12 (13 vols.; Moscow, 1946–55), p. 174.

2 N. Patolichev, *Ispytaniia na zrelost'* (Moscow, 1977), p. 170.

3 V. Kravchenko, *I Chose Freedom* (New York, 1946), p. 91.

4 R. Davies, *The Socialist Offensive: The Collectivization of Soviet Agriculture, 1929–1930* (London, 1980), p. 198.

5 R. Conquest, *The Harvest of Sorrow: Soviet Collectivization and the Terror-Famine* (London, 1986), p. 137.

6 Vittenburg Family Archive, "Vospominaniia", ms., p. 8.

7 A. Zverev, *Zapiski ministra* (Moscow, 1973), p. 54.

8 L. Kopelev, *The Education of a True Believer* (London, 1981), p.235.

9 H. Kuromiya, "The Soviet Famine of 1932–1933 Reconsidered", *Europe–Asia Studies*, vol. 60, no. 4 (June 2008), p. 665.

10 *Pravda*, 5 February 1931.

11 S. and B. Webb, *Soviet Communism: A New Civilization?*, vol. 2 (2 vols.; London, 1935), p. 591.

11장 스탈린의 위기

1 S. Allilueva, *Twenty Letters to a Friend* (London, 1967), p. 102.

2 S. Montefiore, *Stalin: The Court of the Red Tsar* (London, 2003), p. 96.

3 J. Haslam, "Political Opposition to Stalin and the Origins of the Terror in Russia, 1932–1936", *The Historical Journal*, vol. 29, no. 2 (1986), p. 396.

4 여기에 소개된 모든 농담은 다음 문헌에서 찾아볼 수 있다. B. Adams, *Tiny Revolutions in*

Russia: *Twentieth Century Soviet and Russian History in Anecdotes and Jokes* (London, 2005).

5 R. Tucker, *Stalin in Power*: *The Revolution from Above, 1928-1941* (New York, 1990), p. 210.

6 J. Getty and O. Naumov, *The Road to Terror*: *Stalin and the Self-Destruction of the Bolsheviks, 1932-1939* (New haven, Conn., 1999), pp. 54-7.

7 *Pravda*, 11 Oct. 1932.

8 Getty and Naumov, *The Road to Terror*, p. 127.

9 E. Bonner, *Mothers and Daughters* (London, 1992), p. 148.

10 L. Siegelbaum and A.Sokolov (eds.), *Stalinism as a Way of Life*: *A Narrative in Documents* (New Haven, Conn., 2000), pp. 124-5.

11 L. Trotsky, *The Revolution Betrayed* (New York, 1972), pp. 136, 138.

12 J. Stalin, *Works*, 13 vols. (Moscow, 1952-5), vol. 13, p. 250.

13 Tucker, *Stalin in Power*, pp. 244-6.

14 Getty and Naumov, *The Road to Terror*, p. 248.

12장 후퇴하는 공산주의?

1 RGASPI [Russian State Archive of Social and Political History, Moscow], f. 17, op. 120, d. 138, 11. 78-9.

2 *Pravda*, 20 May 1935, p. 3.

3 Trotsky, *The Revolution Betrayed*, p. 156.

4 N. Timasheff, *The Great Retreat*: *The Growth and Decline of Communism in Russia* (New York, 1946), pp. 199-200, 202.

13장 대숙청

1 MM [Archive of Memorial Society, Moscow], f. 1, op. 1, d. 169 (V. A. Antonov-Ovseenko to S. I. Antonov-Ovseenko, 11 October 1937).

2 R. Conquest, *The Great Terror*: *A Reassessment* (London, 1992), pp. 424-5.

3 O. Khlevniuk, *Master of the House*: *Stalin and His Inner Circle* (New Haven, Conn., 2009), p. 174.

4 같은 책, p. 175.

5 *Istochnik*, 1994, no. 3, p. 80; N. S. *Khrushchev, Khrushchev Remembers*: *The Last Testament*, trans. and ed. S. Talbott (London, 1971;Boston, 1974), p. 283; M. Jansen and N. Petrov, *Stalin's Loyal Executioner*: *People's Commissar Nikolai Ezhov, 1895-1940* (Stanford, Calif., 2002), pp. 89, 201.

6 Getty and Naumov, *The Road to Terror*, p. 557. 부하린의 법정 진술에 대해서는 아래의 원문을 참고하라. http://www.marxists.org/archive/bukharin/works/1938/trial/1.htm.

7 Kravchenko, *I Chose Freedom*, p. 213-4.

8 MM, f. 1, op. 1, d. 169 (S. I. Antonov-Ovseeenko to V. A. Antnov-Ovseenko, 16 October 1937).

14장 혁명의 수출

1 Figes and Kolonitskii, *Interpreting the Russian Revolution*, pp. 151-2.

2 K. McDermott and J. Agnew, *The Comintern : A History of International Communism from Lenin to Stalin* (London, 1996), p. 28.

3 Tucker, *Stalin in Power*, p. 230.

4 *Pravda*, 30 Jan. 1925.

5 T. Snyder, *Bloodlands : Europe between Hitler and Stalin* (London, 2010), p. 74.

6 R. Gellately, *Stalin's Curse : Battling for Communism in War and Cold War* (Oxford, 2013), p. 46.

7 Alexander Dallin and F.I. Firsov, eds., *Dimitrov and Stalin : 1934-43 : Letters from the Soviet Archives* (New Haven, Conn., 2000), p. 151.

15장 전쟁과 혁명

1 Montefiore, *Stalin*, p. 330.

2 *Pravda*, 3 July 1941.

3 *Moskva voennaia 1941-1945 : memuary i arkhivnye dokumenty* (Moscow, 1995), p. 478.

4 *Vecherniaia Moskva*, 8 November 1941.

5 D. Samoilov, *Podennye zapisi*, vol. 1 (2 vols.,: Moscow, 2002), p. 140.

6 Interviews with Rita Kogan, St Petersburg, June and November 2003.

7 P. Kapitsa, *V More Pogasli Ogni. Blokadnye Dnevniki* (Leningrad, 1974), p. 281.

8 *Pravda*, 24 June 1944, p. 2.

9 H. Smith, *The Russians* (London, 1976), p. 370.

10 *Pravda*, 27 June 1945.

16장 혁명과 냉전

1 Gallately, *Stalin's Curse*, p. 48.

2 S. Berthon and J. Potts, *Warlords : An Extraordinary Re-creation of World War II through the Eyes and Minds of Hitler, Churchill, Roosevelt, and Stalin* (New York,

2007), p. 289.

3 M. Djilas, *Conversations with Stalin* (London, 1962), p. 90.

4 A. Gromyko, *Memoirs* (New York, 1983), p. 117.

5 이 글의 원문은 다음을 보라. www.trumanlibrary.org/whistlestop/study_collections/coldwar/documents/pdf/6-6.pdf.

6 *Pravda*, 7 Nov. 1946.

7 J. Brent and V. Naukov, *Stalin's last Crime: The Doctors' Plot* (London, 2003), pp. 9, 129, 176, 184.

17장 종말의 시작

1 MM, f. 12, op. 30, d. 2, 1. 22.

2 L. Chukovskaia, *Zapiski ob Anne Akhmatovoi*, vol. 2 (3 vols.; Paris, 1980), p. 137.

3 A. Solzhenitsyn, *The Gulag Archipelago*, vol. 3 (3 vols.; New York, 1973), p. 451.

4 http://www.guardian.co.uk/theguardian/2007/apr/26/greatspeeches1.

5 Khrushchev, *khrushchev Remembers*, p. 79; A. Hochschild, *The Unquiet Ghost: Russians Remember Stalin* (London, 1994), p. 223.

6 R. Medvedev, *Let History Judge: The Origins and Consequences of Stalinism* (New York, 1989), epigraph.

7 W. Taubman, *Khrushchev: The Man and His Era* (New York, 2004), p. 272.

8 L. Alexeyeva and P. Goldberg, *The Thaw Generation: Coming of Age in the Post-Stalin Era* (Boston, 1990), p. 4.

9 F. Burlatsky, *Khrushchev and the First Russian Spring* (New York, 1988), p. 93.

10 J. Brodsky, "Spoils of War", in *On Grief and Reason: Essays* (London, 1996), p. 8.

11 S. Farber, *The Origins of the Cuban Revolution Reconsidered* (Chapel Hill, NC, 2006), p. 147.

18장 성숙한 사회주의

1 R. Medvedev, *Khrushchev* (New York, 1983), p.245.

2 *Programme of the Communist Party of the Soviet Union. Adopted by the 22nd Congress of the CPSU, October 31, 1961* (Moscow, 1961), pp. 9, 62.

3 Haslam, *Russia's Cold War*, p. 248.

4 *Our Course: Peace and Socialism: A Collection of Speeches by L. I. Brezhnev* (Moscow, 1973), p. 226.

5 A. Konchalovsky, *The Inner Circle: An Inside View of Soviet Life Under Stalin* (New York, 2007), p. 85.

6   R. Medvedev, *On Socialist Democracy* (London, 1975), p. 314.

19장 마지막 볼셰비키

1   A. de Tocqueville, *The Old Regime and the Revolution* (London, 2012), p. 214.
2   V. Zubok, *A Failed Empire: The Soviet Union in the Cold War from Stalin to Gorbachev* (Chapel Hill, N.C., 2007), p. 314.
3   R. Daniels (ed.), *A Documentary History of Communism in Russia: From Lenin to Gorbachev* (Hanover, N.H., 1993), p. 347.
4   M. Gorbachev, *Oktiabr' i perestroika: revoliutsiia prodolzhaetsia* (Moscow, 1987), p. 32.
5   I. Tarasulo (ed.), *Gorbachev and Glasnost: Viewpoints from the Soviet Press* (Wilmington, Del., 1989), pp. 277–90.
6   A. Brown, "Gorbachev, Lenin and the Break with Leninism", *Demokratizatsiya*, vol. 15, no. 2, April 2007, pp. 235–6.
7   같은 책, p. 237.
8   S. Toymentsev, "Legal but Criminal: The Failure of the 'Russian Nuremberg' and the Paradoxes of Post-Soviet Memory", *Comparative Literature Studies*, vol. 48, no. 3, 2011, p. 298.

20장 심판

1   M. Gorbachev, *Memoirs* (London, 1995), p. 680.
2   J. Henderson, "The Russian Constitutional Court and the Communist Party Case: Watershed or Whitewash?", *Communist and Post-Communist Studies* 40, 2007, p. 14.
3   같은 책, p. 12 (의미를 분명하게 하기 위해 번역을 조금 바꾸었음).
4   *Pravda*, 22 October 1992.
5   Leon Aron, "The Problematic Pages", *The New Republic*, 24 Sept. 2008.
6   A. Filippov, *Noveishaia istoriia Rossii, 1945–2006: Kniga dlia uchitelia* (Moscow, 2007), p. 74.
7   D. Khapaeva and N. Koposov, *Pozhaleite, lyudi, palachei: Massovoe istoricheskoe soznanie v postsovetskoi Rossii i Stalinizm* (Moscow, 2007).
8   *Moscow News*, 4 March 2005.

2017년 올해로부터 100년 전인 1917년 10월 25일(신력으로는 11월 7일) 러시아에서 혁명이 일어났다. 그때부터 지금까지 긴 시간 동안 러시아 혁명의 의미에 대해 학계 안팎으로 많은 논란이 있어왔다. 혹자는 러시아 혁명을 볼셰비키의 기만적 책동에 의해 러시아의 운명에 드리워졌던 대참사로 보는가 하면, 또 어떤 이는 러시아 혁명에서 민중의 자발적 의지를 강조하는 '수정주의' 해석을 지지하기도 한다. 일례로, 작고한 영국의 역사학자 에릭 홉스봄Eric Hobsbawm은 1917년 러시아 혁명이 성공할 수 있었던 원인이 볼셰비키 외에 뚜렷한 정치적 대안이 없던 상황에서 박탈과 억압의 세월로 회귀할 것을 두려워한 러시아 민중이 스스로 혁명을 선택했기 때문이라고 분석했다. 그래서 그는 러시아 혁명을 지진이나 홍수처럼 거스를 수 없는 "아래에서부터 분출된 커다란 대중 혁명"이라고 지칭했다. 그러나 어떤 해석을 택하든 분명한 것은 러시아 혁명은 일면적으로 규정될 수 없는, 때로는 모순적이리만치 복합적인 의미를 지니고 있다는 사실이다. 무엇보다도 러시아 혁명은 러시아 역사에서 표트르 대제의 위업을 능가할 만큼 국가의 근대화를 견인하고 세계무대에서 국가 위상을 높이는 출발점으로 작용하기도 했지만, 다른 한편으로는 그 업적을 퇴색시킬 만큼 이후의 과정에서 막대한 인명의 희생과 민주주의의 후퇴를 가져오기도 했다.

런던대학 버벡 칼리지의 교수인 이 책의 저자 올랜도 파이지스는 러시아 혁명에 관한 일련의 저술(《농촌 러시아와 내전Peasant Russia, Civil War》(1989), 《민중의 비극》(1996), 《러시아 혁명의 해석—1917년의 언어와 상징Interpreting the Russian Revolution—The Language and Symbols of 1917》(1999), 《혁명의 러시아 1891~1991Revolutionary Russia 1891-1991》(2014))을 통해 러시아 혁명의 다면적인 특징을 하나하나 짚어나간다. 언급한 네 권의 저술 가운데 하나인 이 책을 집어든 독자의 눈을 가장 먼저 끄는 것은, 아마도 러시아 혁명의 시기를 1917년을 전후한 짧은 기간 혹은 길어봐야 1920년대 말까지가 아니라, 1891년 제정 러시아 말기로부터 1991년 소비에트 연방 붕괴에 이르기까지 무려 100년에 이르는 기간을 단일한 사이클로 설정한 대목일 것이다. 이것은 이 책이 러시아 혁명에 관한 기존의 역사 저술과 현격히 차별되는 지점이자 새로운 문제의식이다. 이에 더해, 저자는 혁명의 주역으로 활동한 3세대(10월 혁명을 주도한 '구 볼셰비키', 소련식 가치를 교육받은 신 엘리트, 해빙기에 성장한 1960년대 지식인)를 구심점으로 혁명의 부침을 설명하면서 러시아 혁명이 태동하게 된 원인과 그 실현 과정에서 빚어진, 최초의 유토피아적 이상으로부터의 일탈과 변형, 퇴락의 상황을 실감 나게 재현해냈다. 러시아 혁명에 관한 대다수의 저술이 1917년 2월 혁명과 10월 혁명, 또는 내전과 레닌 사망을 전후한 볼셰비키 정권 초기에 집중되어 있는데 반해 이런 주제는 이 책 전체의 서두에 해당할 뿐이며, 저자의 시야는 거기서 멈추지 않고 중후기 소비에트 사회 속에서 혁명이 굴절되어가는 과정을 추적하는 데까지 나아간다(총 20장으로 구성되어 있는 전체 내용에서 대전환점이 되는 것이 이 책의 절반에 해당하는 10장 '대전환'이다).

1941년 소비에트 체제가 직면한 비극이나 1985년 고르바초프의 당서기장 임명 등 1917년 혁명으로부터 시간적으로 멀리 떨어져 있는 사건들까지 혁명의 전개 과정에서 빚어진 모종의 결과로 보는 저자의 관점은 대단히 흥미롭다. 결론을 대신하는 마지막 장에서 저자는 소련 붕괴 이후 현대 러시아인들이 소련의 역사를 자국의 긍정적 역사로 받아들이려는 태도를 소개하면서 러시아 혁명과 소비에트 연방에 대한 평가에서 드러나는 서구인과 러시아인의 시차視差를 강조하고 있다. 러시아 혁명이 해석의 합의나 어떤 결론을 이끌어내기가 불가능한 복잡한 역사적 사건임을 강조하는 대목이 아닐 수 없다.

이 책에서 특히 흥미로운 부분은 공식적인 사건의 조망 이후에 뒤따르는, 중요한 인물의 내밀한 사생활이나 특징적인 일화에 대한 상세하고 구체적인 묘사다. 저자는 소비에트 시기의 정치적 상황과 얽혀 있는 문화계의 동향과 소련 국민들의 일상생활을 균형감 있게 소개하고 있다. 이런 서술은 필시 여러 차례 러시아를 방문함으로써 현지에서 획득한 풍부한 구술사적 연구 자료와 문서가 밑거름이 되었을 것으로 보인다. 이런 부분에서는 저자의 특징적인 문체('혁명을 추상적인 사회 세력과 이데올로기의 행진이 아니라 복잡한 개인적 비극으로 이루어진 인간적 사건'으로 묘사하는 것)가 오롯이 살아나고 있다.

《혁명의 러시아》는 국내에 번역 소개되는 저자의 세 번째 책이다. 이 책은 이미 출간된 《나타샤 댄스Natasha's Dance》(2002)와 《속삭이는 사회The Whisperers》(2007)에서 나타난 문화사 연구와 구술사 연구 각각의 장점을 포괄하는 새로운 형태의 역사적 저술이라 할 만하다. 저자의 근현대 러시아의 정치, 일상생활, 문화에 대한 균형감 있는 안목이 돋보인다. 러시아 혁명 100주년을 맞는 시점에, 이 책이 러시아 혁명이라는 세계적 사건을 새롭게 바라보고 풍성하고 유의미한 해석을 내리는 데 일조하기를 기대한다.

2017년 10월

조준래

혁명의 러시아 1891~1991

초판 1쇄 발행 2017년 11월 7일
초판 3쇄 발행 2020년 5월 25일

지은이 | 올랜도 파이지스
옮긴이 | 조준래
발행인 | 김형보
편집 | 최윤경, 박민지, 강태영, 이환희
마케팅 | 이연실, 김사룡, 이하영

발행처 | 어크로스출판그룹(주)
출판신고 | 2018년 12월 20일 제 2018-000339호
주소 | 서울시 마포구 양화로10길 50 마이빌딩 3층
전화 | 070-5080-4037(편집) 070-8724-5877(영업) 팩스 | 02-6085-7676
e-mail | across@acrossbook.com

한국어판 출판권 ⓒ 어크로스출판그룹(주) 2017

ISBN 979-11-6056-028-2 03920

이 도서의 국립중앙도서관 출판시도서목록(CIP)은 e-CIP홈페이지(http://www.nl.go.kr/ecip)에서 이용하실 수 있습니다. (CIP제어번호 : CIP2017027541)

만든 사람들
교정교열 | 서지우
디자인 | 오필민
조판 | 성인기획